AFRICAN ETHNOGRAPHIC STUDIES OF THE 20TH CENTURY

Volume 7

AFRICAN AGRARIAN SYSTEMS

AFRICAN AGRARIAN SYSTEMS

Edited by
DANIEL BIEBUYCK

LONDON AND NEW YORK

First published in 1963 by Oxford University Press for the International African Institute.

This edition first published in 2018
by Routledge
2 Park Square, Milton Park, Abingdon, Oxon OX14 4RN

and by Routledge
711 Third Avenue, New York, NY 10017

Routledge is an imprint of the Taylor & Francis Group, an informa business

© 1963 International African Institute

All rights reserved. No part of this book may be reprinted or reproduced or utilised in any form or by any electronic, mechanical, or other means, now known or hereafter invented, including photocopying and recording, or in any information storage or retrieval system, without permission in writing from the publishers.

Trademark notice: Product or corporate names may be trademarks or registered trademarks, and are used only for identification and explanation without intent to infringe.

British Library Cataloguing in Publication Data
A catalogue record for this book is available from the British Library

ISBN: 978-0-8153-8713-8 (Set)
ISBN: 978-0-429-48813-9 (Set) (ebk)
ISBN: 978-1-138-48935-6 (Volume 7) (hbk)
ISBN: 978-1-351-03766-2 (Volume 7) (ebk)

Publisher's Note
The publisher has gone to great lengths to ensure the quality of this reprint but points out that some imperfections in the original copies may be apparent.

Disclaimer
The publisher has made every effort to trace copyright holders and would welcome correspondence from those they have been unable to trace.

Due to modern production methods, it has not been possible to reproduce the fold-out maps within the book. Please visit www.routledge.com to view them.

AFRICAN AGRARIAN SYSTEMS

STUDIES PRESENTED AND DISCUSSED AT THE
SECOND INTERNATIONAL AFRICAN SEMINAR,
LOVANIUM UNIVERSITY, LEOPOLDVILLE,
JANUARY 1960

Edited with an introduction by
DANIEL BIEBUYCK

Foreword by
DARYLL FORDE

Published for the
INTERNATIONAL AFRICAN INSTITUTE
by the
OXFORD UNIVERSITY PRESS
1963

Oxford University Press, Amen House, London E.C.4
GLASGOW NEW YORK TORONTO MELBOURNE WELLINGTON
BOMBAY CALCUTTA MADRAS KARACHI LAHORE DACCA
CAPE TOWN SALISBURY NAIROBI IBADAN ACCRA
KUALA LUMPUR HONG KONG

© International African Institute 1963

Printed in Great Britain

CONTENTS

Foreword by Professor
Daryll Forde
Director, International African Institute

PART ONE. INTRODUCTION

Par Daniel Biebuyck
*Professor of Anthropology, University of Delaware;
ancien professeur d'anthropologie culturelle à
l'Université Lovanium de Léopoldville*

I. Problèmes d'analyse et de terminologie	1
II. Tenure foncière et développements historiques	20
III. Droits fonciers, pénurie et valorisation des terres	26
IV. Tenure foncière et valeurs religieuses	35
V. Plans de développement et réformes foncières	42
VI. English Summary	52

PART TWO. SPECIAL STUDIES

I. KENNETH D. S. BALDWIN. *Senior Assistant Secretary, Economic Planning Section, Ministry of Finance, Northern Nigeria*   65
Land-Tenure Problems in Relation to Agricultural Development in the Northern Region of Nigeria

II. DANIEL BIEBUYCK. *Professor of Anthropology, University of Delaware*   83
Systèmes de tenure foncière et problèmes fonciers au Congo

III. PAUL BOHANNAN. *Associate Professor of Anthropology, Northwestern University*   101
'Land', 'Tenure' and Land-Tenure

IV. JEAN-LOUIS BOUTILLIER. *Chargé de recherches de l'O.R.S.T.O.M. (Sénégal)* — 116
Les rapports du système foncier Toucouleur et de l'organisation sociale et économique traditionnelle. Leur évolution actuelle

V. ELIZABETH COLSON. *Professor of Anthropology, Brandeis University* — 137
Land Rights and Land Use among the Valley Tonga of the Rhodesian Federation: the Background to the Kariba Resettlement Programme

VI. FERNAND CRINE. *Ethnologue de l'I.R.S.A.C. (Astrida, Ruanda-Urundi)* — 157
Aspects politico-sociaux du système de tenure des terres des Luunda Septentrionaux

VII. JEAN P. DUFOUR. *Ancien Sous-directeur au Service des Terres (Léopoldville)* — 173
Quelques aspects juridiques du problème foncier au Congo

VIII. G. KINGSLEY GARBETT. *Research Fellow, International African Institute* — 185
The Land Husbandry Act of Southern Rhodesia

IX. POLLY HILL. *Research Fellow, University of Ghana* — 203
Three Types of Southern Ghanaian Cocoa Farmer

X. F. DEREK HOMAN. *African Land-Tenure Officer (Kenya)* — 224
Land Consolidation and Redistribution of Population in the Imenti Sub-tribe of the Meru (Kenya)

XI. ANDRÉ J. KÖBBEN. *Professor of Anthropology, University of Amsterdam* — 245
Land as an Object of Gain in a Non-Literate Society. Land-Tenure among the Bete and Dida (Ivory Coast, West Africa)

Contents

XII. AUDREY I. RICHARDS. *Smuts Reader in Commonwealth Studies in the University of Cambridge; former Director of the East African Institute of Social Research*   267
Some Effects of the Introduction of Individual Freehold into Buganda

XIII. MARCEL SORET. *Maître de recherches de l'O.R.S.T.O.M. (Brazzaville)*   281
La propriété foncière chez les Kongo du Nord-Ouest. Caractéristiques générales et évolution

XIV. CLAUDE TARDITS. *Attaché de recherches du C.N.R.S. (Paris)*   297
Développement du régime d'appropriation privée des terres de la palmeraie du Sud-Dahomey

XV. LOUIS V. THOMAS. *Maître de conférences de sociologie à l'Université de Dakar*   314
Essai sur quelques problèmes relatifs au régime foncier des Diola de Basse-Casamance (Sénégal)

XVI. JACQUES VANDERLINDEN. *Chargé de cours visiteur à l'Université Lovanium de Léopoldville*   331
Problèmes posés par l'introduction de nouveaux modes d'usage des terres chez les Zande vungara du Congo Belge

XVII. JAN VANSINA. *Visiting Professor of Anthropology at the University of Wisconsin; ancien chef de Centre I.R.S.A.C. (Astrida, Ruanda-Urundi)*   348
Les régimes fonciers Ruanda et Kuba: une comparaison

XVIII. CHARLES M. N. WHITE. *African Land-Tenure Officer (Northern Rhodesia)*   364
Factors Determining the Content of African Land-Tenure Systems in Northern Rhodesia

XIX. MONICA WILSON. *Professor of Social Anthropology in the University of Cape Town*   374

    Effects on the Xhosa and Nyakyusa of Scarcity of Land

XX. DOMINIQUE ZAHAN. *Professeur d'ethnologie à l'Université de Strasbourg; ancien attaché à l'office du Niger*   392

    Problèmes sociaux posés par la transplantation des Mossi sur les terres irriguées de l'Office du Niger

Index   404

Clef Française   408

LIST OF MAPS

		page
I.	Area of Southern Akim Abuakwa	205
II.	Nankese-Shai Company (*folding chart*)	*facing* 206
III.	Farm Plan of Aburi Community near Domi	207
IV.	The Imenti Sub-tribe of the Meru (Kenya) (*folding chart*)	*facing* 224
V.	Coffee and Cocoa Farms of Guézéhoa	249
VI.	Coffee Farms of Tirpoko	254
VII.	Répartition des peuplements de palmier à huile au Dahomey	299
VIII.	Extrait de la carte dressée par la Mission de l'Ouémé: région de Mitro	301

FOREWORD

The second of the series of seminars organised by the International African Institute with the aid of a grant from the Ford Foundation was held at Lovanium University over a ten-day period in January 1960 under the chairmanship of Professor Daniel Biebuyck, the Head of its Department of Anthropology. This seminar was planned to afford an opportunity of thorough discussion of existing knowledge concerning land rights and land use in Africa with reference to technical, economic and administrative factors. It sought to assess the social contexts of traditional and changing conditions in this field. Thus the discussions centred on a comparison of the various systems of land holding, the factors that accounted for their differentiation and in particular on the recent changes that were taking place as part of a more general adaptation to modern conditions. The significance of the wide range of technical, political, economic and religious aspects was brought repeatedly to the attention of the seminar group as its members analysed different systems and conditions with which they had intimate experience in the field.

Collectively the participants brought together a wide experience of African agricultural conditions, both physical and cultural, extending from Senegal to the Transkei and from commercial cocoa farmers to isolated and self-contained forest villages in the eastern Congo. Each prepared for advance circulation a study based on personal field experience of some aspect of the subject. But, diverse as were the data, all sought to distinguish and evaluate the factors and processes by which an agrarian system was shaped or, as so often, was being modified as part of a wider process of change. This series of papers, substantially revised in some instances following the discussions at the meeting, forms the greater part of the present volume.

At the sessions of the seminar more general and comparative topics were successively taken up for discussion on the basis of the material presented in the papers and other studies bearing on these topics. Thus reviews were made of conflicts between customary law on the one hand and territorial law and government regulations on the other; of the interrelations between changes in status systems and the exercise of rights in land; of the economic and social effects of the increases in land values and of the procedures involved in securing the adaptation of traditional systems to modern needs as well as of the economic and social problems set by these.

From the record of the discussions and supplementary material kindly provided by participants, Professor Biebuyck has prepared for this volume an introduction which surveys the main findings and points of view which found expression at the seminar. This survey will, I believe, provide a generally useful outline of the broad features of the contemporary agrarian scene in Africa, and a ready means of gaining insight concerning the diversity of conditions and the underlying factors which account not only for much of recent history but also for the nature of the problems and opportunities which lie before the peoples of Africa. For the energy, tact and breadth of outlook with which he conducted the meetings and prepared the preliminary reports, as well as for this valuable introductory survey, the International African Institute and the participants in the seminar are greatly indebted to Professor Biebuyck.

The Institute is also most grateful to all those who accepted invitations to participate in the seminar, both for the valuable new material which they presented in their papers and for the energy and thoroughness with which the discussions were pursued. It also wishes to express its appreciation to the University of Lovanium and its Rector, Mgr. Gillon, for generously providing facilities for holding the seminar at a time when this young University, which is fortunately surmounting the stresses and difficulties which were so soon to encompass it, had only just embarked on its first phase of development.

The papers contributed to the seminar were variously presented in French or in English. It has not been possible to provide for their publication fully in both these languages, and they are presented here in the original texts. But a fairly full summary in the other language is given at the end of each paper. A long English summary has similarly been prepared to follow the

Foreword

French text of Professor Biebuyck's introductory survey. It is hoped in this way to make the material presented and the outcome of the discussions at this seminar as widely and readily available as possible. The welcome given to the volume on *Social Change in Modern Africa*, edited by Professor Aidan Southall, which presented the studies made at the first international seminar at Makerere College in 1959, encourages us to hope that this volume will be equally of service both to specialists and also to the rapidly growing number of students concerned with one or other aspect of the lives of African peoples.

It should be noted that this second seminar was as successful as the first in bringing together, often for the first time, African field workers from different countries with common interests, and thereby laying the foundations for subsequent exchanges of information and discussion of problems. It was, as described in my foreword to the earlier volume of seminar studies, with this object that the International African Institute undertook to organize this series of small seminars, each devoted to the discussion of a different topic by some 15–20 participants actively engaged in relevant researches in different territories.

The second seminar at Lovanium was followed by a third at Salisbury, Southern Rhodesia, in December 1960, on several aspects of African religion, and a fourth held at Dakar University, Senegal, in December 1961, on the study of the history of African peoples. The studies resulting from these meetings are also being prepared for early publication. Meanwhile the International African Institute has been advised by the Ford Foundation that it will provide financial assistance for a further series of these international African seminars. The generosity of the Ford Foundation in this matter is greatly appreciated, since it is felt that these seminars are performing a valuable service not only in fostering closer contacts between research workers in social and humane studies from the many territories in Africa, but also by making available to a rapidly growing and increasingly instructed public authoritative studies presenting the more recent advances in knowledge in the different branches of this wide field.

DARYLL FORDE

I. INTRODUCTION

1. PROBLEMES D'ANALYSE ET DE TERMINOLOGIE

'Le lien entre l'homme et la terre, qui est représenté par la façon dont la terre est distribuée, conservée et transférée, est un lien fondamental qui affecte tout le progrès humain.'[1] Les systèmes fonciers, les droits et prétentions, privilèges et obligations qui grèvent la terre et ses produits, offrent à l'analyse un sujet fascinant mais difficile puisqu'il touche aux réalités économiques et sociales, politiques et religieuses les plus diverses. De là l'extraordinaire complexité de ces systèmes fonciers et le danger de les caractériser par des concepts juridiques et linguistiques qui leur sont étrangers. La vaste littérature dispersée, disparate et hétérogène parfois, qui traite des régimes fonciers africains, en fournit la preuve immédiate dans la lutte soutenue qu'elle mène contre les problèmes de terminologie, de classification des données et de caractérisation du faisceau de droits qui grèvent la terre.[2] Dans tout ce qui touche à la terre – à l'exercice des droits et obligations, aux conceptions et sentiments dont elle est entourée –, sont sous-jacentes maintes idées qui, à plusieurs reprises, ont été mises en relief par différents auteurs. Il y a cette notion de pérennité et d'immuabilité des liens, qu'exprime le proverbe Lunda: 'Le chef est la cendre que le vent emporte; "le chef de terre" est le charbon qui reste.' Il y a cette idée de l'association étroite entre la terre et une communauté

---

[1] Une des résolutions de la conférence I.N.C.I.D.I., La Haye 1953.
[2] Loin de nous de vouloir diminuer la valeur de toutes ces études foncières, dont certaines s'avèrent être de qualité exceptionnelle. Qu'il suffise de mentionner, à titre d'exemple, les contributions majeures faites en cette matière par P. Bohannan, T. O. Elias, D. Forde, M. Gluckman, P. Kaberry, L. Mair, G. Malengreau, C. Meek, I. Schapera, A. Sohier, C. M. White, G. Wilson, et autres. Mais l'examen comparatif des innombrables travaux consacrés à ces problèmes révèle, ainsi qu'il a été souligné par le Séminaire, la grande disparité des approches et l'insuffisance de la terminologie employée, l'existence d'une série de propositions inexactes et l'absence d'une véritable théorie en la matière.

composée par les membres défunts, vivants et à naître des groupes titulaires de droits et qui est condensée dans cette affirmation devenue classique d'un chef Nigérien: 'Je conçois que la terre appartient à une vaste famille, dont de nombreux membres sont morts, quelques uns sont vivants et d'innombrables sont à naître.' Il y a cette impregnation de contenu religieux de tout ce qui touche à la terre, à laquelle réfère L. S. Senghor lorsqu'il écrit que l'animisme africain fait de la terre une personne, un génie et que 'l'ancêtre du clan, le premier défricheur et occupant, a conclu, avec ce génie, un pacte', non en son nom, mais au nom de la collectivité et pour la collectivité.[3] Il y a cette opinion que l'homme ne possède pas la terre, mais qu'il est possédée par elle.[4] Il y a les phénomènes de prestige et de réputation qui sont liés à la possession de terres, à tel point que, comme l'indiqua R. Linton, le propriétaire devient un donateur pur et simple qui est récompensé en reconnaissance et en prestige social.

Mais il y a plus que tout cela. Et d'abord, cette extraordinaire imbrication de droits et titres différents – apparemment contradictoires ou complémentaires – qui grèvent une même parcelle de terre et que M. Mauss, R. Lowie et bien d'autres[5] ont fortement accentuée. Cette apparente contradiction des droits – mais qui s'explique dans ses contextes et lorsqu'on considère les circonstances dans lesquelles ils sont exercés – ressort clairement de quatre affirmations courantes chez les Nsaw[6]: 1. Les hommes possèdent la terre; les femmes possèdent les récoltes; 2. Les femmes ne possèdent que l'exploitation agricole; elles ne possèdent pas la terre; les chefs de lignage possèdent la terre; 3. Les exploitations, les collatiers, les palmiers raphia ne devraient pas être aliénés, car ce sont des choses du lignage; 4. Le chef du lignage a seulement le droit de donner un

---

[3] L. S. Senghor, Eléments constructifs d'une civilisation d'inspiration négro-africaine, *Présence Africaine*, XXIV–XXV, p. 268, 1959.
[4] Cette idée est reprise aussi par S. F. Nadel, 'Land Tenure on the Eritrean Plateau', *Africa*, XVI, 1, p. 1, 1946. Cfr. La sentence du roi Ashanti, reprise par L. S. Senghor, op. cit., p. 269: 'Je suis le petit-fils de la terre qui possède le monde'.
[5] Cfr. M. Gluckman, *The Judicial Process among the Barotse of Northern Rhodesia*, Manchester University Press, 1955, p. 193: '. . . a whole series of rights are held by various people in the same piece of land'.
[6] P. M. Kaberry, 'Land Tenure among the Nsaw of the British Cameroons', *Africa*, XX, 4, pp. 313–316, 1950.

nouvel emplacement à l'étranger; il ne devrait pas donner à un étranger une place que les hommes ont mise en culture. L'interprétation de ces quatre affirmations est rendue plus difficile encore, d'une part, à cause des attributs du Fon qui est le suzerain titulaire de toutes les terres et, d'autre part, à cause de la complexité de certains termes employés – comme par exemple, le concept *KEr* (posséder, avoir, détenir, occuper, gouverner) qui doit à lui seul exprimer les diverses relations de personnes différentes avec la terre.

A cet aspect d'imbrication des droits, il faut donc ajouter cette sorte d'ineffabilité, ces problèmes de langage qui marquent tout effort de transposer en termes précis dans un système linguistique et socio-juridique étranger les phénomènes observés et analysés dans un milieu linguistique et social très différent. A titre d'exemple, le terme Diola *ata* contient à lui seul toutes les nuances que nous pourrions formuler sous les concepts propriété, possession, usufruit, usage, gestion;[7] le concept *tar* chez les Tiv, qui réfère dans sa signification première à un territoire occupé par un segment lignager (*ipaven*), couvre une série de niveaux de subdivisions géographiques et sociales du pays pour désigner en dernière instance la totalité du pays; mais il réfère aussi à des concepts politiques, ceremoniels et magiques;[8] le terme LoWiili *so* s'applique à diverses personnes et à différents niveaux de droits et de devoirs en relation avec la terre.[9] La difficulté est donc d'interpréter à leur juste valeur des concepts uniques qui réfèrent à des situations et réalités distinctes, mais qui sont cependant envisagées sous une même optique.

Ainsi donc le concept *so* chez les LoWiili est employé pour les ancêtres, dont il est dit qu'ils 'possèdent' la terre et les récoltes, pour les patriclans et lignages qui 'possèdent' la terre, pour le leader rituel de la communauté qui 'possède' la terre, pour l'aîné d'une équipe agricole qui 'possède' l'exploitation agricole. Le terme *so* se rapporte donc à trois niveaux de droits et d'obligations:

---

[7] Cfr. l'étude de L. V. Thomas dans ce recueil.

[8] P. Bohannan, *Justice and Judgment among the Tiv*, Oxford University Press for the International African Institute, London 1957, pp. 1–4.

[9] J. R. Goody, *The Social Organisation of the LoWiili*, H.M.S.O., London, 1956, pp. 34–35.

(1) les droits de culture et les devoirs de supervision rituelle en relation avec les autels attachés aux exploitations agricoles, qui sont dévolus à l'aîné d'une équipe agricole au nom des autres membres;
(2) les droits d'octroi de terre et les devoirs de supervision rituelle en relation avec le culte ancestral, qui sont dévolus au chef du lignage au nom des autres membres;
(3) les devoirs de supervision rituelle en relation avec le culte tellurique, qui sont dévolus au leader rituel de la communauté, au nom du lignage, du patriclan et du matriclan du premier occupant et de la communauté entière.

Dès lors, il n'est pas étonnant de voir nombreux auteurs se servir d'un pêle-mêle de termes variés pour nommer et décrire la gamme de droits fonciers qui sont exercés par diverses catégories de personnes sur des terres à usage différent. Des formules clés, telles que 'chef de terre' ou 'maître du sol', droits éminents ou souverains, droits d'allocation ou de gestion, ou des oppositions catégoriques entre droits de propriété, de possession, d'usage et d'usufruit, ou des comparaisons indues avec des systèmes féodaux, ou des distinctions radicales entre droits individuels, collectifs et communaux, ont obscurci pas mal d'analyses et entravé la compréhension exacte des systèmes. Et pourtant, B. Malinowski et M. Mauss, parmi d'autres, nous ont depuis longtemps averti contre cette tendance de 'vouloir ramener les droits indigènes au code civil.[10]

Il semble, qu'en règle générale, l'attention a été trop peu portée sur l'inventaire et l'interprétation précise des divers concepts employés par les peuples africains pour décrire et différencier les droits exercés sur différentes catégories de 'terres' par diverses catégories de personnes.[11] Il est vrai que tous les systèmes n'ont pas élaboré avec la même intensité et ampleur une série nuancée de concepts en relation avec la terre. A cet égard, l'on pourrait facilement faire la distinction entre des peuples qui ont développé toute

---

[10] M. Mauss, *Manuel d'ethnographie*, Paris, Payot, 1947, p. 144.
[11] Il convient de mentionner la très intéressante analyse du concept *mung'a* que M. Gluckman a présentée dans: 'The Technical Vocabulary of Barotse Jurisprudence', *American Anthropologist*, LXI, 5, 743-759, 1959.

Problèmes d'Analyse et de Terminologie

une idéologie spéciale au sujet de la terre et de ses subdivisions et d'autres où les distinctions se situent uniquement dans l'organisation sociale. Il est utile d'examiner ici jusqu'où peut mener l'analyse des distinctions linguistiques introduites en cette matière par un peuple africain. La pensée Nyanga (montagnes du Kivu dans la République du Congo) retient en relation avec la terre une série de nuances fines et rigides.[12] C'est au moyen du seul concept *mine* (pl. *bamine* ou *bise*) que les Nyanga expriment tous les types de droits que différentes personnes exercent sur la terre. Les Nyanga mettent ce terme en rapport avec le verbe 'être avec', par quoi ils désignent une association priviligiée très étroite entre personne et objet. *Mine* acquièrt sa pleine signification:

(1) en juxtaposition avec une série de termes qui réfèrent à des subdivisions géographiques, politiques, socio-foncières, ainsi qu'à différents usages faits de la terre;
(2) par la désignation de certaines catégories de personnes comme étant les *mine* de telle ou telle entité.

Les Nyanga désignent la terre en tant que strate de leur système cosmologique par *oto*;[13] dans cette sphère le seul *mine* possible est *Ongo*, Dieu Suprême identifié au 'coeur de la terre'. Le pays Nyanga est subdivisé en grand nombre de *byuo* (sg. *cuo*); le *cuo* est un état miniature comprenant un nombre réduit de villages (rarement plus d'une quinzaine), et à la tête duquel se trouve un 'roi divin' (*mubake*). Seul le *mubake* est *mine cuo*; mais il serait de fort mauvais augure s'il se donnait ce titre; la formule ne doit être prononcée que par ses sujets. Jamais il ne viendrait à l'esprit des Nyanga de dire que les ancêtres (*bashumbu*) seraient les *bise* de *oto* ou de *cuo*. Tout petit état (*cuo*) est subdivisé en un nombre variable de *mataka* (sg. *butaka*). C'est la terre au sens socio-juridique, c'est-à-dire un domaine foncier, contigu, nettement défini et délimité. Les Nyanga

---

[12] Ces notes sont basées sur nos enquêtes personnelles effectuées en tant que chercheur de l'I.R.S.A.C. chez les Nyanga en Province du Kivu (République du Congo).

[13] La cosmologie Nyanga distingue quatre sphères: *Butu* où règne le Soleil éclatant (*Kentse*), *Mwanya* où règne l'Eclair (*Nkhuba*), *Oto* où règne *Ongo*, et *Kwèronga* (identifié aux cratères des volcans et au sous-sol) où règne *Nyamurairi*, le Dieu du Feu.

peuvent dire que les ancêtres (*bashumbu*) sont les *bise* du *butaka*; ils opposent alors cette dernière notion au concept cosmologique *oto* en insistant sur les ancêtres en tant que fondateurs de segments sociaux qui furent les premiers à subdiviser la terre. Ils conceptualisent les subdivisions du *butaka* sous une double optique: le point de vue géographique et le point de vue de l'occupation et de l'usage de la terre. Du point de vue géographique, tout *butaka* est conçu comme étant composé d'une série de *ntata* et de *metundu*, c.à.d. les montagnes et les 'enfants' des montagnes, tels que les conçoivent les Nyanga et qui incluent les bas-fonds, les petites vallées et les marais éventuels. Trois segments sociaux différents correspondent à ces trois subdivisions en *butaka*, *ntata* et *mutundu*; leurs droits sont permanents, immuables, héréditaires et fondés sur la première occupation. Les *bise* du *butaka* sont tous les membres d'un *rushu*, segment résidentiel composé d'un patri-lignage fondamental autour duquel se sont associés un faisceau de patrilignages à origine hétérogène. Ce groupe est représenté par un aîné (*mutambo*) dont il est dit qu'il est *mine* du *butaka*. Chaque patrilignage s'appelle *kesasa*, et est placé sous l'autorité d'un aîné (*mutambo*). Les membres du *kesasa* sont les *bise* d'un ou de plusieurs *ntata* et le *mutambo* d'un *kesasa* peut-être désigné comme le *mine* du ou des *ntata*. Chaque patrilignage à profondeur généalogique restreinte (4-5 générations) comprend un nombre variable de *nkhumo*, familles étendues auxquelles se joignent des clients individuels; l'aîné du *nkhumo* est appelé *mutambo*. Les membres du *nkhumo* sont les *bise* d'un ou de plusieurs *metundu* et l'aîné de ce groupe peut-être appelé le *mine metundu*. Du point de vue de l'occupation et de l'usage, chaque *butaka* comprend toujours les parties suivantes:

(1) Les parties résidentielles: *kantsare* (hameau), *murundu* (village) et *kimma* (ancien emplacement de village). D'après les cas, c'est les membres d'un des trois groupes précités et l'aîné d'un de ces trois groupes qui peuvent être désignés comme *mine* et *bise* respectivement de ces terres résidentielles. A noter que dans un hameau ou village abandonnés, les différents emplacements des cases restent l'apanage de leurs

Problèmes d'Analyse et de Terminologie

anciens occupants ou de leurs héritiers, de sorte que divers individus mâles et féminins membres des groupes précités pourront se dire *mine* d'une partie de l'ancien village, tant qu'ils y entretiennent des petits champs de tabac et que le village n'a pas été envahi par la forêt.

(2) Les parties cultivées (*mahengerero*). A noter que jusqu'à une époque récente toute l'activité agricole des Nyanga était concentrée autour de bananeraies, mal entretenues mais ayant une longue vie sur les terres fertiles de la forêt. Quelques cultures subsidiaires – arachides, patates douces –, étaient effectuées dans la jeune bananeraie. C'est en termes de l'âge relatif de la bananeraie que les Nyanga subdivisent les parties de terre cultivée en distinguant *mubese*, *kéunda*, *késambhu*; après quoi l'on considère que la bananeraie redevient forêt régénérescente (*usokora*). Les *mine mubese*, *mine kéunda*, *mine kesambhu* sont ceux qui ont fait la bananeraie ou qui l'ont héritée pourvu qu'elle se trouve dans les limites du *mutundu* de leur groupe. Si elle est en dehors de ces limites, l'exploitant de la bananeraie devra se contenter du titre de *mine mereme* (celui qui est avec les récoltes), à moins qu'il n'ait reçu la bananeraie en donation ce qui implique l'incorporation dans le lignage ou la famille donateurs. Le mariage étant virilocal, les épouses portent seulement le titre de *mine* ou *nyamukine* (forme féminine de *mine*) *mereme*. Cependant, étant donné qu'un certain nombre de femmes ne peuvent être mariées qu'à des esprits et qu'elles continuent donc à vivre sur les terres de leur lignage, il est courant de rencontrer des femmes qui sont *mine* d'une bananeraie.

(3) La forêt (*busara*) où se pratiquent diverses activités essentielles (chasse, piègeage, récolte, cueillette, pêche, extractions). Personne d'autre que le léopard porte le titre de *mine busara*. Cependant, la densité de la population étant très faible, tout *butaka* comprend normalement une grande partie de *busara*. Nous avons vu que les membres d'un segment résidentiel (*rushu*) peuvent se dire *bise butaka*. Il est donc courant d'entendre dire '*bate X bise busara wa ku Y*',

'nous autres qui sommes avec la forêt de sur le domaine Y.' C'est que le *busara* est la sphère de diverses appropriations, où les droits des familles et des individus du groupe ne sont pas strictement circonscrits et où s'exercent plusieurs activités essentiellement collectives (p. ex. chasses avec filets, chiens et lances). Les Nyanga distinguent plusieurs parties dans cette *busara*, qui ne sont cependant pas délimitées et qui réfèrent aux ressources essentielles qu'elles contiennent, p. ex. les *matimiro*, où l'on trouve le sel; le *mphuro* où l'on trouve l'argile; le *nganco* où l'on trouve le minerai de fer; le *kumatembe* où l'on trouve les bananiers sauvages (qui fournissent le ferment essentiel pour la fabrication de la bierre de bananes), etc. Tous les membres de *rushu*, tous ceux qui vivent sur le *butaka*, les alliés et amis non-résidents auxquels sont attribués des privilèges, voire même des étrangers qui en ont dûment sollicité l'autorisation et qui respectent les règles de la générosité et de la réciprocité, peuvent y exercer différentes formes d'exploitation. En outre, il est toujours loisible à un individu de s'approprier temporairement et à titre exclusif p. ex. un arbre fruitier en y apposant un signe quelconque ou en y dressant son piège.

Le matériel Nyanga révèle donc une certaine facilité d'analyse, lorsqu'on procède à l'examen des concepts employés par eux. Il ne s'agit plus de chercher des précisions en termes d'oppositions rigides entre droits éminents, de gestion, de propriété, de possession, d'usage ou d'usufruit; il ne s'agit plus d'affirmer que le seul concept *mine* doit tout expliquer et qu'il est donc inutilisable pour notre analyse, puisqu'il acquièrt sa pleine signification par les nuances introduites par l'emploi du singulier et du pluriel et par les contextes auxquels il réfère par le procédé des appositions. Pour les Nyanga, il y a lieu de parler de droit sur le *cuo*; de droit sur le *butaka*, sur le *ntata* et le *mutundu*; de droit sur le *mubese* et sur le *kimma*, et de corréler ceci avec les différentes catégories de personnes, de groupes et d'activités. Il est bon de noter que l'origine de ces différents droits n'est pas de même nature – les uns découlant du titre traditionnel immuable ou de l'appartenance pure et simple à une entité

Problèmes d'Analyse et de Terminologie

sociale, les autres résultant de l'incorporation du travail et de l'appropriation première. Ce qui importe n'est pas tellement l'origine des droits, puisque tous aboutissent à la jouissance suffisante et incontestée d'un bien ou d'une ressource, mais bien la catégorie des personnes qui peuvent être associées à des terres déterminées pour des activités définies. Employé dans un contexte spécifique le concept *mine* comporte chaque fois implicitement les limitations des droits et l'étendue des obligations, les degrés de contrôle et l'aire de prétentions, qui sont inhérents à cette désignation.

De l'exemple précité et des innombrables autres que contiennent les diverses études foncières, il résulte que l'analyse adéquate des systèmes et droits fonciers présuppose la connaissance approfondie de l'organisation sociale et politique des peuples. Les liens étroits entre les données fondamentales de cette organisation et les grandes lignes de la tenure foncière ont été suffisamment démontrés pour qu'on ne s'y attarde plus. M. Fortes a indiqué de façon convaincante comment chez les Tallensi chaque entité de terre correspond à une unité de structure sociale.[14] Chez les Tiv, la scission et le fusionnement des segments lignagers (*ipaven*) va de pair avec des subdivisions de territoires (*utar*); ainsi le pays Tiv (*tar*) comprend de nombreux territoires plus petits (*utar*) qui sont définis par les lignages dans lesquels les Tiv se subdivisent.[15] Chez les Nuer E. Evans-Pritchard a mis en relief la coördination entre segmentation territoriale et segmentation lignagère telle qu'elle apparait dans les différents niveaux d'expansion territoriale se situant du ménage jusqu'à la tribu.[16] Mais, à l'exception peut-être de certaines tribus, ceci ne revient pas à dire que la terre ne serait qu'une simple dimension de l'organisation sociale des groupes. En effet, la majorité des sociétés africaines ont élaboré en relation avec la terre une série d'idées et de conceptions spécifiques, qui vont de la reconnaissance de limites aux subdivisions topographiques, de la

---

[14] M. Fortes, *The Dynamics of Clanship among the Tallensi*, Oxford University Press for the International African Institute, London 1945, p. 171; 180–181.

[15] P. Bohannan, *Justice and Judgment among the Tiv*, Oxford University Press for the International African Institute, London 1957, pp. 1–4; L. Bohannan, 'Political Aspects of Tiv Social Organization', p. 40, dans J. Middleton–D. Tait, *Tribes without Rulers*, Routledge and Kegan Paul, London 1958.

[16] E. E. Evans-Pritchard, *The Nuer*, Clarendon Press, Oxford 1940, p. 247.

connaissance précise des diverses parties du domaine foncier à la connaissance des terres des 'autres', de l'existence du culte tellurique à la reconnaissance de droits rituels spécifiques sur la terre dans le chef de certains groupes ou personnes, etc. Ensuite, il faut noter cet équilibre délicat qui existe entre droits et obligations des individus et des groupes, des chefs politiques et des chefs de lignages, des villages ou d'autres segments sociaux, des autorités séculaires et rituelles, des 'aînés' et des 'cadets'. Souvent l'on note, dans différentes études une insistance trop forte sur l'un de ces aspects au détriment des autres, ce qui aboutit dans des interprétations erronnées ou simplifiées de situations beaucoup plus finement nuancées. C'est précisément dans ces relations équilibrées et complémentaires que réside la nature spécifique d'une grande partie des systèmes fonciers africains. Il ne faut pas non plus vouloir ignorer que dans une même société, chez le même peuple, peuvent co-exister plusieurs systèmes de tenure foncière. Les études qui ont trait dans ce recueil aux sociétés ruandaise ou sénégalaise insistent sur cet aspect et Cl. Tardits indique pour le Sud-Dahomey qu'entre les deux pôles de la propriété lignagère indivise, d'une part, et de la propriété particulière établie selon les critères de la tradition romaine, d'autre part, se trouvent les modes transitoires des droits dont sont titulaires les segments lignagers qui se décomposent entre les ayants-droit des collectivités pour aboutir à un droit d'appropriation privée.

Les règles de droit diffèrent également d'après les types et catégories de terre, voire même d'après la nature des activités ou le degré de densité de la population. Du premier aspect, G. Wagner[17] donne pour les Bantu-Kavirondo des exemples intéressants basés sur des distinctions résultant du type d'usage, des droits de contrôle et de la qualité des terres; C. K. Meek[18] pour les Ibo fait la distinction entre terres sacrées ou tabouïsées, forêt vierge, terres arables et lopins individuels pour décrire la différence des règles qui s'y rapportent. J. Vansina dans son étude présentée ici montre

[17] G. Wagner, *The Bantu of North Kavirondo*, vol. II: Economic Life (ed. L. P. Mair), Oxford University Press for the International African Institute, London 1956, pp. 76–77.
[18] C. K. Meek, *Law and Authority in a Nigerian Tribe*, Oxford University Press, London 1950, pp. 101–104.

comment au Ruanda le jeu des règles différentes est déterminé par des degrés de densité de la population, en même temps que par la distinction entre terres de pacage, terres arables et forêts vierges. Chez les Nyanga les règles du droit foncier sont différentes en matière de piègeage et de chasse aux filets et avec chiens, les premières étant beaucoup plus rigides et marquant la possibilité d'appropriations individuelles et héréditaires.

L'on peut dire que dans les situations modernes de changement économique et social, que connaissent toutes les sociétés africaines à des degrés de profondeur et d'intensité assez divergents, les variétés des systèmes de tenure et les complexités des droits fonciers n'ont fait que s'accroître, ce qui n'empêche pas qu'il est possible de dégager là encore – comme nous le verrons plus loin – certaines tendances générales. On ne saurait assez mettre en relief la grande diversité des techniques, des formes de production et des degrés de productivité en Afrique traditionnelle et moderne. La distinction classique entre chasseurs et ramasseurs, pêcheurs, agriculteurs et pasteurs ne reflète qu'un aspect assez évident de cette diversité. Chasseurs ou pêcheurs purs sont rares dans l'Afrique du XXème siècle; d'autre part, nombreux sont les agriculteurs qui continuent à attacher grande importance à la chasse ou à la pêche ou qui se sont adonnés à l'élevage. C'est précisément dans les multiples combinaisons entre ces divers modes de vie que réside une partie des complexités et des nuances. Celles-ci illustrent les innombrables adaptations et transformations qui, depuis des temps reculés, se sont manifestées dans la vie économique africaine. Au cours des siècles, de multiples sociétés ont réalisé un remarquable équilibre entre diverses orientations économiques, comme par exemple entre agriculture et élevage chez certains peuples de l'Afrique orientale et australe ou entre agriculture et chasse chez certains peuples de l'Afrique centrale. Ainsi donc les techniques d'agriculture et d'élevage se sont répandues de plus en plus intensément et de façon de plus en plus complexe chez des peuples où chasse et ramassage, combinés parfois avec une sorte de cueillette agricole, prédominaient. Tout en adoptant des modes de vie agricole, ces peuples n'avaient pour autant pas abandonné leur goût pour la chasse, voire même pour la cueillette de certains produits spontanés; c'est dire que certaines activités ou conceptions liées à la chasse restent essentielles dans le domaine politique ou rituel. Mais c'est évidemment dans le domaine agricole que cette diversité de techniques et de modes de production est encore plus prononcée. D. Forde a démontré comment en Afrique occidentale il existe chez les peuples de la forêt et de la savanne, en dehors des remarquables contrastes généraux entre types de cultures (tubercules et bananes essentiellement en forêt; graminées en savanne), de grandes variations internes en ce qui concerne le développement technique et l'efficacité et l'intensité techniques. Certains peuples du Ghana septentrional grattaient le sol avec des houes légères et pratiquaient le semis en poquets; d'autres, comme les Hausa ou Bambara, houaient le sol profondément, cultivaient sur buttes et irriguaient certaines cultures spéciales.[19] En Afrique centrale, certains peuples comme les Bakutu/Mongo ne connaissaient pas la houe au debút du siècle; d'autres, comme les Bashi, pratiquant déjà à cette époque une sorte d'horticulture.

A travers l'Afrique, l'agriculture est essentiellement faite à la hache et à la houe. Elle est généralement fondée sur une stricte division du travail entre les sexes; cette division peut conduire à la parfaite complémentaréité des techniques réservées aux hommes et aux femmes ou à une spécialisation plus poussée, comme lorsque les hommes cultivent en forêt et les femmes en savanne. Cette agriculture est géneralement extensive, voire même d'épuisement. Mais là encore les nuances sont multiples. Elle est extensive et pratiquée de façon fortuite chez certains peuples de la forêt; elle est extensive, itinérante, accompagnée d'incinération d'arbres et d'arbustes abattus chez de nombreux peuples de savanne et de forêt. La mise-en-jachère du terrain préalablement cultivé peut être plus ou moins longue; elle peut n'intervenir qu'après épuisement total du sol ou être appliquée de façon plus rationnelle; elle peut procéder par la culture de variétés intercalées ou respecter les principes de la rotation culturale. Elle peut devenir fixe et permanente grâce à l'emploi de fumures ou sur des terres particulièrement

---

[19] D. Forde, 'The Cultural Map of West Africa: Successive Adaptations to Tropical Forests and Grasslands', p. 126 in S. and Ph. Ottenberg (eds.), *Cultures and Societies of Africa*, Random House, New York, 1960.

fertiles (par exemple sur les terres annuellement inondées par les crues du Zambèse ou du Sénégal ou sur les terres de bas-fonds).

Les encouragements et améliorations qu'ont subis ces différentes formes d'agriculture sont inégaux et s'échelonnent sur une période plus ou moins longue. Dans de nombreux cas, c'est l'encouragement de cultures vivrières existantes (mäis, manioc, bananes, riz, etc.) qui a été mis à l'avant-plan des efforts, par l'amélioration des modes d'exploitation connus et des variétés plantées, par l'intensification des méthodes culturales, par l'instauration de techniques de régénérescence des sols décapés, par la création de voies de communication et de marchés, etc. Dans d'autres cas c'est l'introduction de nouvelles cultures d'exportation (cacao, café, thé, coton) ou la rationalisation de la production de cultures d'exportation déjà existantes (tabac, produits palmistes, arachides, etc.) qui sont venues transformer les techniques et modes de production agricole. Là encore les degrés et intensité de ces transformations diffèrent en fonction, entre autres, de l'ancienneté de ces entreprises, les niveaux de productivité réalisés, les opportunités créées par les marchés, etc. Ainsi le développement agricole a, dans certains cas, abouti à la production réduite de cultures vivrières principales pour les marchés locaux; dans d'autres cas il a eu pour effet une production considérablement augmentée de cultures vivrières pour les marchés africains (par exemple, le maïs aux Rhodésies); ailleurs encore il a mené à la production sur grande échelle de cultures d'exportation pour les marchés mondiaux. Il est évident que tout ceci n'est pas resté et ne restera pas sans exercer de profondes influences sur les conceptions juridiques en matière foncière.

Les systèmes fonciers traditionnels se caractérisaient par un certain nombre de traits, qui étaient largement répandus dans la majorité des sociétés africaines.[20] Il y avait, en général, abondance

---

[20] Les notes qui suivent sont basées sur les discussions du séminaire, des documents personnels et des études telles que: M. Gluckman, Studies in African Land Tenure, *African Studies*, III, 1, pp. 14–21, 1944; idem, African Land Tenure, *Human Problems in British Central Africa*, III, pp. 1–12, 1945; L. P. Mair, 'Modern Developments in African Land Tenure', et 'The Contribution of Social Anthropology to the Study of Changes in African Land Rights', pp. 46–52

de terres; ceci était approprié à l'économie de subsistance et aux différentes formes d'exploitation extensive des ressources de l'environnement. La terre était donc un élément essentiel pour la survie des groupes et des individus et n'avait pas ou presque pas de valeur d'échange. Le contrôle et la possession de terres était un moyen de prestige et de statut et signifiait pour les groupes le maintien de leur souveraineté, car dans la majorité des cas un groupe sans terre était menacé par la dislocation, la dispersion, la dépendance. Les terres étaient possédées, contrôlées et défendues par des groupes (lignages, villages, autres segments sociaux) représentés par leurs aînés ou leurs conseils; tous les individus avaient accès, avaient des droits sur l'usage de la terre et ces droits découlaient essentiellement de l'appartenance à une des unités prémentionnées ou, dans certains cas, de l'allégeance du sujet vis-à-vis d'une autorité politique. Partout la tenure foncière était donc en même temps, 'communautaire' et 'individuelle'. 'Communautaire' dans le sens que les droits individuels dépendaient des relations sociales de l'individu et de son appartenance à un groupe ayant son organisation sociale propre; 'individuelle' dans le sens que, à tout moment, des personnes particulières avaient des droits définis de participer à l'usage et de partager le produit de lopins de terre particuliers.[21] Ceci n'excluait pas que dans de nombreuses sociétés des droits analogues étaient réalisés par les liens de résidence, de mariage, d'amitié. L'idée était donc courante que tout individu avait des droits sur la terre et qu'il pouvait les exercer. De là aussi l'idée, fort répandue en matière d'héritage, que tous les héritiers d'un individu devaient bénéficier de son patrimoine foncier. A tous ces droits, qu'ils fussent exercés par des groupes ou par des individus, par des chefs politiques ou par des aînés, il y avait des limitations imposées surtout par le principe que chaque catégorie de personnes ne pouvait exercer ses droits que moyennant le respect des droits dévolus aux autres catégories, soit supérieures soit inférieures à la sienne. Des facteurs techniques, mais aussi

---

et 53–62, dans *Studies in Applied Anthropology*, The Athlone Press, London 1957; C. M. White, 'African Land Tenure in Northern Rhodesia', *Journal of African Administration*, XI, 4, pp. 171–178, 1959; XII, 1, pp. 3–10, 1960.
[21] Cf. G. Wilson, *The Land Rights of Individuals among the Nyakyusa*, The Rhodes-Livingstone Papers I, 1938, p. 29.

l'absence de stimuli économiques et parfois même des considérations magiques, imposaient des limites à la somme de terres que chaque individu ou famille demandait à utiliser. En outre, les individus jouissaient au sein de leurs groupes d'une sécurité individuelle certaine, pour autant qu'ils respectaient certaines normes imposées par l'éthique du groupe ou qu'ils ne commettaient pas des actes de rébellion. Pour jouir de cette sécurité foncière, les droits individuels ne devaient pas nécessairement être permanents ou héréditaires; la permanence des droits était d'ailleurs liée aux modes de vie, à la fertilité du sol et à d'autres facteurs écologiques, à la nature des activités économiques et à la fréquence des migrations. Pour le maintien des droits individuels et familiaux, les principes de mise en valeur et d'appropriation effectives, combinés avec ceux de la résidence effective, semblaient être fondamentaux. Il n'en était pas de même pour les droits exercés par les groupes; ceux-ci n'étaient pas affectés par l'inusage prolongé ou l'usage occasionnel de certaines parties de leur domaine, pour autant qu'ils continuaient à être reconnus par la communauté plus large ou qu'ils étaient capables d'assurer la défense de leurs terres. La notion de terres vacantes était de toute façon absente dans la plupart des sociétés, bien qu'il existait entre tribus différentes des 'no-man's land' qui servaient de zônes de protection et d'expansion éventuelles. L'autorité représentative des groupes, qui exerçait une sorte de contrôle supérieur, n'avait pas nécessairement dans ses attributions le droit d'allouer les terres à leurs membres; dans de nombreux cas, leurs obligations étaient plutôt celles de maintenir la paix au sein du groupe, de faire respecter les droits de chacun, de préserver l'intégrité du territoire foncier, d'assurer la fertilité de la terre et la qualité des récoltes. Ceci n'empêche pas qu'ils avaient des droits spécifiques, comme par exemple le droit au tribut royal, aux redevances, à certaines corvées.

D'habitude un certain nombre de personnes sociales et de groupes pouvaient se prévaloir de droits sur un même lopin de terre, sans pour cela être en conflit ou sans qu'il y ait présent un phénomène de ce que M. Gluckman a appelé une 'hierarchy of estates of holdings'. Cette pluralité de droits exercés par différentes personnes et grevant une même parcelle ne doit, en effet, pas nécessairement être conçue en termes d'une sorte de hiérarchie de tenures, qui présupposerait, ainsi que l'a souligné C. M. White, une série d'attributions successives de terres faites par une autorité foncière déterminée à des détenteurs de domaines et de parcelles socialement et/ou politiquement situés en-dessous d'elle. M. Gluckman a d'ailleurs admis que cette hiérarchie est le mieux discernable chez des peuples ayant un système d'agriculture plus ou moins fixe et une organisation sociale hiérarchique bien élaborée et que son importance était croissante là où se manifestait une certaine pénurie de terres. Ce qui importe donc c'est la considération de ce faisceau de droits, exercés par des personnes et des groupes sur chacun des différents types de terres qui sont employées à des fins spécifiques. Ce qui caractérisait, en outre, ces systèmes traditionnels c'était d'abord la rareté de litiges et graves conflits fonciers internes.

Toutefois, la distinction entre relations extérieures et intérieures de groupes (ethnies, tribus, entités politiques, villages ou lignages) s'impose. Il est un fait bien connu que le mouvement et l'expansion continuels de certains groupes, ou la transhumance et la migration, ou l'esprit belliqueux et les déplacements nécessités par des facteurs écologiques, démographiques, sociaux ou politiques, ont de tout temps causé en Afrique de multiples changements territoriaux (extension ou contraction du territoire ou du domaine; changements de limites; occupation de terres considérée comme illégale par un autre groupe) et ont parfois nécessité la coexistence sur un même territoire de deux groupes culturellement différents. Ces situations provoquaient, dans une mesure plus ou moins grande, des bouleversements dans la nature et la portée des titres et droits fonciers exercés par les groupes. Ceci prêta, non seulement à diverses sortes de conflit, d'accaparement, d'expulsion et de repli, mais aussi à plusieurs formes d'arrangements politiques et rituels. L'inimitié perpétuelle entre Nuer et Dinka et les razzias systématiquement organisés par les Nuer contre les Dinka forçaient les Dinka voisins de se retirer de plus en plus loin de leurs limites. Cependant, les Dinka de même culture que les Nuer étaient facilement assimilés par fusionnement dans le système Nuer.[22] L'expan-

[22] E. E. Evans-Pritchard, *The Nuer*, Clarendon Press, Oxford 1940, pp. 125–127.

Problèmes d'Analyse et de Terminologie

sion continuelle des Tiv et des Ibo du Nord-est au détriment de leurs voisins fournit aussi des exemples de ces conflits territoriaux continuels entre tribus ou ethnies différentes. L'expansion continuelle des Kongo sur les terres Teke mena à des conflits qui étaient cependant adéquatement résolus par des arrangements rituels favorables aux Teke.[23] Entre tribus Tswana les disputes étaient fréquentes au sujet de sources d'eau et de terres de pacage; elles concernaient les limites de territoires ou des portions entières de territoire occupé par une autre tribu.[24] Chez les Logoli la conquête de nouvelles terres pour la culture était expressément mentionnée comme une raison essentielle de guerre; entre différentes tribus il existait une zône inhabitée large de quelques kilomètres; les expéditions guerrières avaient pour effet le repli graduel d'une tribu, de sorte qua la zône inhabitée s'elargissait automatiquement et que de nouveaux pâturages et cultures pouvaient être faits sur des terres auparavant inhabitées.[25] Même entre tribus hostiles, où les conflits territoriaux étaient permanents il se trouvait donc plusieurs arrangements qui diminuaient en quelque sorte la portée de ces conflits. A l'intérieur des tribus, dans les relations entre villages ou lignages ou entités politiques plus larges et dans les relations au sein de ces groupes entre individus et segments différents, des conflits fonciers certes surgissaient; d'ordinaire, cependant, ils n'étaient ni graves ni fréquents et étaient efficacement réduits et résolus par l'acceptation de l'autorité des représentants aux divers échelons supérieurs de l'organisation politique, par la scission des groupes ou par le départ du groupe plus faible ou mécontent.

Caractéristique aussi pour les systèmes était la grande flexibilité des droits exercés sur une parcelle de terre; les droits pouvaient facilement être exercés, à titre temporaire du moins, par diverses personnes, et ceci était un corrolaire de la persistance très forte des titres traditionnels, des droits dérivés du premier occupant et

---

[23] Cfr. étude de M. Soret dans ce volume.
[24] I. Schapera, *A Handbook of Tswana Law and Custom* (second edition), Oxford University Press for the International African Institute, 1955, p. 195.
[25] G. Wagner, 'The Political Organization of the Bantu Kavirondo', pp. 227–228, in M. Fortes and E. E. Evans-Pritchard, *African Political Systems*, Oxford University Press for the International African Institute, 1950.

de son association étroite avec les pouvoirs mystiques de la terre. C'était encore, l'absence générale de droits absolus et exclusifs; diverses tolérances étaient facilement accordées sans que ne soit mis en question le titre ultime sur la terre; divers modes de contrôle et surtout la notion des devoirs qui incombaient aux titulaires de droits mettaient des freins puissants aux extravagances, aux accaparements et aux usurpations.

Finalement, bien que cet aspect ne fut pas présent dans toutes les sociétés, la conception que la terre était le berceau des ancêtres et que pour cette raison il était sacrilège d'en disposer de façon inconsidérée était largement répandue. Si, en différentes sociétés, les conditions de changement social et économique moderne ont modifié ou effacé certains de ces aspects – toutefois dans des proportions et sous des formes fort divergentes – elles ont provoqué aussi de nouveaux phénomènes qui, en de nombreux cas, n'ont fait qu'accroître l'écart entre systèmes de tenure foncière africains. Ceux-ci sont liés à des facteurs nouveaux, tels la pénurie des terres associée à la densité croissante de la population, au développement de nouvelles techniques agricoles, à l'introduction de nouvelles cultures, à la transformation de l'économie de subsistance et à la demande plus grande de bonnes terres; ou encore les nouvelles idéologies en matière d'héritage ou de coopération économique en confrontation avec des valeurs anciennes; ou bien la désacralisation des conceptions sur la terre et l'intervention de tribunaux; ou l'introduction de législations foncières étrangères à l'Afrique; ou la transplantation de populations, etc. Ainsi trouve-t-on, en dehors et au-dessus des divergences de tenure anciennes, des régions où la terre fait couramment l'objet de ventes, et d'autres territoires où l'on répugne à l'idée d'aliénation; des régions où les droits sont fortement individualisés et d'autres où ils restent essentiellement l'apanage soit de vastes lignages, soit de villages, soit des autorités politiques; des sociétés où les terres restent grevées de servitudes diverses (tributs, redevances, taxes, corvées) et d'autres où celles-ci ont été remplacées par de nouvelles relations sociales; des sociétés où les droits fonciers font l'objet d'innombrables litiges fonciers et d'autres ou la litigation foncière est pratiquement inexistante; des régions où les populations vivent difficilement sur des parcelles dont la taille est insuffisante pour assurer les besoins de subsistance d'une famille et des régions où les populations clair semées bénéficient de vastes domaines de forêt ou de savanne; des régions où de vastes groupes d'allogènes ont pu acquérir de nouveaux droits sur des terres nouvelles, et des régions où l'accès aux terres leur est resté interdit.

Tous ces nouveaux phénomènes, et les tendances divergentes auxquelles ils conduisent, ne sont pas de nature à faciliter la compréhension rapide des droits fonciers africains et rendent aléatoires bon nombre de généralisations. Comme de tout temps, beaucoup de valeurs autres qu'économiques restent dans les situations modernes attaché à la terre; prérogatives rituelles, titres à l'autorité politique, prestige et leadership, associations mystiques, affirmation des groupes de parenté et solidarité des membres de ces groupes continuent à jouer un rôle non-négligeable en matière de l'exercice de droits fonciers.

II. TENURE FONCIERE ET DEVELOPPEMENTS HISTORIQUES

Les aspects juridiques et sociaux des systèmes de tenure foncière ne peuvent être adéquatement compris sans référence à l'histoire des peuples. Ces systèmes se sont développés peu à peu, ont été exposés à des influences diverses avant et pendant la période de colonisation, et prennent des directions nouvelles dans les états indépendants d'Afrique. Les migrations ont mis en contact des peuples à culture différente; il s'est manifesté des bouleversements politiques, économiques, technologiques; il y a eu des changements idéologiques et l'introduction de nouvelles religions. Tout ceci n'est pas resté sans laisser des empreintes profondes sur les structures et les conceptions foncières. En outre, les peuples voient leur histoire dans une perspective propre à eux; ils conçoivent leurs migrations, implantations et expansions de façon particulière qui fournit, dans de nombreux cas, la charte mythico – historique de leur système. L'étude de ces divers changements dans la perspective historique faciliterait la compréhension de certains phénomènes et permettrait de dégager des tendances qui, de tout temps, se sont révélées sous l'effet de certaines formes de changement. Malheureusement nous sommes très insuffisamment renseignés sur les conditions de ces changements et l'effet qu'ils ont eu sur la nature des régimes fonciers et le contenu des droits. Des études serrées sur des cas bien documentés, comme on en trouve dans l'ouest africain, seraient révélatrices à cet égard. La disparition du gibier, l'introduction de nouvelles cultures, l'apparition des pasteurs, la stabilisation des mouvements migratoires, l'acceptation d'une agriculture plus stable, l'affaiblissement de structures politiques fortement hiérarchisées, la poussée démographique locale: autant de facteurs qui de tout temps ont travaillé sur la nature des systèmes fonciers et le contenu des droits et qu'il faudrait pouvoir analyser dans la perspective diachronique pour des cas bien documentés et des régions restreintes.

C'est sur les contacts entre populations différentes, leurs migra-

Tenure Foncière et Développements Historiques

tions et expansions, les modalités de leur installation sur de nouveaux territoires que nous sommes le mieux renseignés. De toute évidence, ces contacts entre groupes humains différents ont exercé une influence très forte sur le modelage des systèmes fonciers. Ces contacts pouvaient se présenter sous les formes de conquêtes systématiques ou d'expéditions guerrières occasionnelles causant le repli graduel d'une population quelconque, de migrations et expansions pacifiques, d'invasions et infiltrations lentes et systématiques. Ils avaient des causes multiples comme la poussée démographique, les calamités sociales, la recherche de meilleures terres ou de points d'eau, la migration des animaux, la désagrégation sociale ou politique, le bellicisme, l'erratisme, etc. Ils pouvaient être massifs ou diffus, permanents ou temporaires, réguliers ou fortuits. Différents groupes s'affrontaient ainsi sur un territoire commun, dont il fallait assurer l'organisation spatiale et assurer l'exploitation. Mais le point décisif fut l'ancienneté et la séquence des présences sur la terre. En matière foncière, l'importance accordée aux premiers occupants de la terre semble toujours avoir été grande. Au cas où le groupe autochtone s'était systématiquement replié devant les immigrants, des expériences diverses pouvaient amener les conquérants à considérer-comme c'est le cas pour les groupes Kongo immigrés sur les terres Teke au Bas Congo que les terres continuaient à être hantées par les esprits des ancêtres autochtones, de sorte que divers arrangements rituels et tolérances furent nécessités. Le groupe autochtone resté sur place pouvait être absorbé, perdre l'intégralité de ses droits fonciers antérieurs et n'acquérir que quelques droits rituels en relation, par exemple, avec les initiations de chefs; il pouvait ne retenir le contrôle efficace que sur quelques terres, comme c'est le cas pour les autochtones Lega absorbés dans la société Shi dans la Province Orientale en République du Congo. Dans les régions congolaises où cohabitent groupes pygmées autochtones et bantous ou soudanais anciennement immigrés, il y a superposition de deux sortes de domaines fonciers, chacun des deux groupes exerçant des droits spécifiques dans des sphères économiques différentes. Dans d'autres cas, les groupes autochtones ont pleinement conservé tous leurs droits sur les domaines fonciers, les conquérants ne s'attribuant que les droits politiques et, le cas échéant, s'appropriant certaines terres; ailleurs encore c'est essentiellement en termes rituels que s'expriment les anciens droits des autochtones. Ainsi, dans des sociétés fortement stratifiées qui comprennent des groupes humains adoptant des modes de vie divergents comme au Ruanda, les 'conquérants' se sont attribués les pouvoirs politiques et les droits sur les terres de pacage, mais n'ont retenu que des droits théoriques sur les terres arables et les terrains de chasse. Presque toujours, cependant, d'une façon ou autre, que ce soit chez les Tallensi ou les Lunda, les Ganda ou les Hausa-Fulani, la distinction entre autochtones et 'immigrants' est manifeste en relation avec l'exercice de certains droits sur la terre. Ainsi chez certains peuples, cette reconnaissance donne lieu à une sorte de dualisme de pouvoirs de contrôle sur la terre. Chez les Tallensi, les prérogatives de 'gardien de la terre' sont exercés au sein des lignages maximaux par les *tendaanas*, qui appartiennent à une série de clans Talis et congénères et qui – ainsi va le mythe – émergèrent primordialement de la terre. Les fonctions politiques sont assurées par les *na'am*, qui relèvent essentiellement d'une série de clans et lignages Namoos, qui seraient issus des immigrants venant de la région Mampurugu et qui réussirent à s'imposer pacifiquement à la population préétablie.[1] Une situation analogue se rencontre chez les Lunda du Congo, où se retrouvent les deux catégories de 'ceux qui regardent la terre' (*mwaantaangaand*) et de 'ceux qui regardent les hommes' (*ciloolʒ mwaant*); cependant, ici les deux groupes sont considérés comme étant de la même origine. La situation est interprétée comme étant le résultat de la 'reconquête' et du regroupement de lignages lunda dispersés.[2] Chez les Yao, où migrations et invasions constituent la clé de l'histoire Machinga au Nyassaland, les chefs actuels peuvent être groupés en trois catégories: ceux qui étaient dans le pays avant l'invasion Yao, ceux qui descendent des envahisseurs et ceux qui vinrent par après et dûrent se soumettre aux chefs Machinga. Là encore les prétentions des Nyanja comme premiers occupants de

---

[1] M. Fortes, 'The Political System of the Tallensi of the Northern Territories of the Gold Coast', *African Political Systems*, Oxford University Press for the International African Institute, London 1940, pp. 239–271.

[2] Cfr. étude de F. Crine dans ce recueil.

Tenure Foncière et Développements Historiques 23

la terre furent reconnues par les Yao, qui leur accordèrent dans la nouvelle structure une position élevée; les propriétaires fonciers originaires forment le noyau des aires localement organisées.[3] L'esprit expansioniste d'un peuple influe considérablement sur son système de tenure foncière, ses conceptions en matière de l'organisation spatiale de l'environnement, les valeurs qu'il attache à la terre. Les différentes formes de migration des Tiv – expansion et séparation – liées intimement à leur structure sociale, affectent complètement la subdivision de leur pays en petits territoires associés à des segments minimaux, ainsi que la juxtaposition des aires lignagères et la position géographique des territoires conçue d'après la division généalogique des lignages.[4] Chez les Bantu-Kavirondo du Kenya il se manifesta une tendance générale de migrations en direction de l'Est, causée partiellement par la pression exercée par les Nilotiques et les Teso, partiellement par un véritable besoin d'expansion (accroissement de la population, détérioration du sol, quantité du bétail). Ceci résulta en conquêtes de nouveaux territoires sous la forme de raids continuels qui devaient provoquer le repli graduel de la tribu voisine, de sorte que la zône inhabitée s'élargissait progressivement; ceci permettait au groupe expansioniste d'étendre ses pâturages et ses cultures. Ainsi, par un processus graduel, de nouvelles terres furent placées sous le contrôle des clans conquérants qui en firent le partage. En outre, les périodes d'expansion furent suivies par des périodes de repli sur les terres auparavant cultivées et les accroissements de terrain sur un côté du territoire furent accompagnés de pertes de terrain sur d'autres frontières. Dans ces conditions, on ne faisait pas grand cas de la possession de terres, sauf en ce qui concerne les parties de terre réellement mises en usage ou réservées pour les cultures et les pâturages.

Aussi, pour comprendre le fonctionnement de certains systèmes socio-fonciers est-il essentiel d'analyser les façons dont les peuples conceptualisent leur installation et expansion premières dans le pays. Les Bavungini (Mayumbe du Bas Congo dans la République

[3] C. Mitchell, *The Yao Village*, Manchester University Press, 1956, pp. 61-63.
[4] P. Bohannan, 'The Migration and Expansion of the Tiv', *Africa*, XXIV, 1, 2-16, 1954.

du Congo), matrilinéaires et virilocaux, conçoivent que la première installation des dix clans primordiaux se fit dans les régions forestières inhabitées. De larges segments de ces matri-clans dispersés s'établirent dans des aires déterminées, dont ils firent un premier partage: une partie fut réservée aux membres du matri-lignage localisé, une autre partie fut attribuée à un matri-lignage en formation, composé par le groupe des 'fils' qui préférèrent rester sur place plutôt que de rejoindre les lignages de leurs mères. Sur un domaine foncier, réputé unique au début, se développèrent donc deux matri-lignages se trouvant dans la relation de ' pères' à 'fils' et qui firent le partage sommaire de leur territoire. Un rituel complexe, caractérisé par la transmission de fétiches attachés au culte de la terre effectuée par les 'pères' en faveur des 'fils', consolidait les liens entre les deux lignages et assura au groupe des 'fils' des droits sur une partie du domaine, dont le titre primordial était dévolu au matrilignage de leurs 'pères'. Les deux groupes se développant se scindèrent en plusieurs segments, qui firent à leur tour un certain partage de leur terre, en la délimitant assez nettement pour l'exercice des droits de mise-en-culture et de résidence, mais non pas pour l'exercice des droits de chasse, de pêche, de cueillette. Chaque entité, que ce fut du côté des 'pères' ou du côté des 'fils', pouvait par association rituelle, à son tour, attribuer des terres à ses 'fils'; chaque entité pouvait aussi accueillir des lignages étrangers auxquels, dans certains cas, furent vendues des terres et, dans d'autres cas, furent accordées des tolérances. Ainsi les domaines des groupes primordiaux se rétrécissaient de plus en plus, laissant la question des limites dans le vague, tandis que par association rituelle et transmission de fétiches subsistait l'idée d'une sorte d'hiérarchie de droits de contrôle. Il en résulta un faisceau très complexe de prétentions historiques basées sur la priorité et la séquence d'installation, qui fut maintenu en équilibre tant que furent opératoires les sanctions traditionnelles. Sous les conditions modernes, particulièrement à cause de l'affaiblissement, voire même de la disparition des sanctions rituelles, ces groupes s'affrontent dans une série de conflits fonciers qu'il est impossible de saisir sans référence continuelle à leur histoire. C'est d'ailleurs cette charte historique, qui retrace l'origine et la nature de leur installation première et les modalités de leur expansion locale, qui guide les représentants de ces groupes dans toutes leurs discussions actuelles.

Les structures foncières ont évolué dans le temps; le découpage des domaines a été modifié; il y a eu délimitations, subdivisions et partages des terres; la nature et le contenu des droits ont changé; de nouvelles conceptions au sujet de la terre ont été développées; de nouvelles catégories de personnes ont acquis ou intensifié les droits sur la terre; les systèmes de gestion ou de contrôle ont été altérés. Cependant la conscience des titres historiques sur la terre, la reconnaissance des priorités d'installation et d'occupation, les idées sur l'expansion première, – bref la prise en considération des différentes étapes du processus historique reste forte dans de nombreuses sociétés africaines et continue à influencer la nature des droits.

III. DROITS FONCIERS, PENURIE ET VALORISATION DES TERRES

Le problème de la pénurie des terres est, dans plusieurs régions de l'Afrique, d'une brûlante actualité. Il est lié à une multitude de facteurs démographiques, écologiques, technologiques, économiques et sociaux; en certains endroits, il est lié aussi à l'accaparement de terres au profit de groupes allogènes ou aux déplacements dirigés de populations nécessités par les impératifs économiques. En dernière analyse, le problème majeur affrontant le développement des structures agraires n'est pas nécessairement le phénomène de pénurie croissante des terres mais bien celui de la redistribution adéquate de la population et de la transformation des méthodes agricoles.[1] La valorisation de la terre et de ses produits est intimement liée à la disponibilité de terres et découle de l'inclusion des systèmes agricoles africains dans l'économie monétaire mondiale. Elle doit être vue sous l'angle du développement économique et social, en général, et de l'introduction de nouvelles formes d'exploitation agricole (agriculture stable; cultures pérennes et annuelles commercialisées, etc.) en particulier. La pénurie et la charge utile des terres sont des données relatives, puisqu'elles sont conditionnées par une variété tellement grande de facteurs interchangeables. Là où les conditions physiques sont particulièrement limitées, comme chez les Lozi, une certaine pression démographique sur la terre peut se faire sentir dans des régions qui ne portent que cinq habitants au km2. En Rhodésie du Nord, sous l'effet du système *Chitemene*, la charge utile de la terre varie de 4 habitants au mille carré chez les Serenge Lala à 7 habitants au mille carré chez les Mambwe.[2] En dehors de toute considération technique, il est important de tenir compte de différentes opinions subjectives qu'affichent certains peuples en ce qui concerne leurs besoins fonciers. Chez certains peuples congolais, où chasse et cueillette

---

[1] Cfr. les études de K. Baldwin et de F. Homan dans ce recueil.
[2] C. M. White, 'African Land Tenure in Northern Rhodesia', *Journal of African Administration*, XI, 4, p. 178, 1959.

continuent à être importantes, le sentiment existe que de vastes domaines inoccupés sont strictement nécessaires; nonobstant la densité très faible, la moindre atteinte à la superficie du domaine est sentie comme une atteinte à la souveraineté et comme une menace économique directe. Si, en outre, les sols sont très pauvres comme c'est le cas en différentes parties du Kwango-Kwilu en République du Congo, les droits de cueillette des produits spontanés et de récolte de miel ou de certaines espèces d'insectes sont, nonobstant la faible densité, rigidement circonscrits. Le même sentiment de besoin en terres abondantes existe chez les peuples où la cueillette agricole, centrée autour des bananeraies, continue à être dominante et chez les peuples qui vivent de l'exploitation de vastes palmeraies naturelles mal entretenues et imparfaitement exploitées, mais qui sont entrées dans le circuit économique. Le moindre accroissement de la population, la moindre perte de terrain, une demande légèrement accrue de terres sont ressentis dans la perspective de la perte des ressources nécessaires. De même chez certaines populations pastorales où le nombre excessif de têtes de bétail et la qualité médiocre des pâturages nécessitent la disponibilité de vastes terrains de pacage. Chez d'autres peuples encore le sentiment de pénurie naît de la présence de terres très fertiles mais insuffisantes en superficie. Cette situation se présente, par exemple, dans les régions de haute altitude à collines escarpées, pelées et arides, mais où les bas-fonds limités en superficie offrent de riches possibilités. Chez les Alur et Lendu de la République du Congo, ces bas-fonds sont très recherchés parce qu'ils permettent la mise-en-culture prolongée et le développement de droits individualisés et héréditaires; ceci contraste avec les droits précaires acquis sur les champs éphémères situés sur les crêtes et pentes des collines.

Dans tous ces cas, ce n'est évidemment pas la densité de la population qui est en cause, mais bien les méthodes agricoles, le degré de développement économique général, les valeurs particulières attachées à la terre et ses produits, et, quelquefois, la pauvreté désolante des sols.

Mais il y a des situations, attestées pour différentes parties de l'Afrique, où les pénuries de terre sont réellement causées par l'accroissement considérable de la population en conjonction avec des méthodes agricoles restées trop rudimentaires et la demande accrue de superficies arables plus grandes, nécessaires pour y effectuer des cultures de rapport. Lorsque cette poussée démographique se fait sentir, plusieurs réactions semblent être possible chez des peuples pratiquant l'agriculture itinérante et donc habitués à une certaine abondance de terres. Sur la base de ses données pour la Rhodésie du Nord, C. White met en évidence les réactions suivantes. Dans une première phase, le mode d'agriculture itinérante est maintenu; les brousses sont remises sous culture avant régénérescence adéquate. Ceci mène à l'épuisement des sols et bientôt un choix s'impose: soit l'acceptation d'une existence misérable sur des sols épuisés, soit l'émigration au moins partielle, soit la modification des méthodes agricoles. Même lorsque la terre n'a pas encore acquis une valeur économique et monétaire, elle commence a en avoir une en termes de rareté et ceci affecte le système social. Chez les peuples matrilinéaires de la province orientale en Rhodésie du Nord, la pénurie des terres commence à se faire sentir; des idées précises au sujet des jachères et des terres abandonnées n'y ont pas encore été développées. Chez les Lungu patrilinéaires installés dans la région côtière du Lac Tanganyika la pénurie des terres est plus grande; la terre n'y est plus abandonnée après une première mise-en-culture; les petits patri-lignages commencent à considérer les terres exploitées par leurs membres comme étant la propriété de groupes organiques et pour les membres individuels de ces patri-lignages il devient difficile de transférer une parcelle à un non-membre, sauf à titre précaire.[3] Certaines situations, présentes en Rhodésie du Nord, semblent clairement démontrer que pénurie de terres causée par surpopulation sous les conditions d'usage traditionnel des terres n'est pas nécessairement le facteur décisif qui agit sur la nature des droits fonciers. Les règles de résidence et la place qu'occupe la terre dans l'économie monétaire exercent une influence tout aussi importante. Chez les Chewa matrilinéaires et uxorilocaux et les Ngoni patrilinéaires et virilocaux la densité critique de la population est atteinte, sous les conditions d'usage traditionnel des terres. Chez les Chewa les droits ultimes sur la terre arable furent toujours dévolus aux

[3] Données présentées au cours du Séminaire par C. M. White.

femmes, alors que ceux des hommes furent incomplets et précaires. Nonobstant la pénurie des terres, les droits sur les jachères y sont peu affirmés, la terre est facilement abandonnée pour régénérer et l'héritage des terres est rare. Quoique les Chewa s'adonnent de plus en plus aux cultures commerciales et aux améliorations agricoles, des idées au sujet de la valeur monétaire de la terre ne se sont pas développées. Chez les Ngoni, droits sur les jachères et droits d'héritage sont bien développés; d'autre part, les Ngoni ont été plus lents que les Chewa à s'intéresser aux cultures commerciales et à l'agriculture améliorée. Le contraste qu'offrent les deux sociétés, peut être interpretée comme le contraste entre un système matrilinéaire uxorilocal et un système patrilinéaire virilocal et peut, plus particulièrement, être expliqué à la lumière des valeurs différentes associées avec la permanence et la précarité des droits fonciers sous les conditions de mariages viri- et uxori-locaux.[4]

Cependant, les effets de l'accroissement de la population et de la surpopulation sur le contenu des droits fonciers doivent être étudiés conjointement avec le rôle joué par le développement de marchés et de cultures, pérennes ou annuelles, non plus uniquement orientées vers la subsistance mais avant tout vers la commercialisation et les marchés. Quelques tendances générales peuvent être dégagées en relation avec l'influence exercée sur la nature des droits fonciers par le jeu des trois facteurs mentionnés.[5]

Dans les sociétés où les terres étaient traditionnellement contôlées par des groupes de parenté, la profondeur et l'ampleur généalogiques de ces groupes tendent à diminuer. Il n'est évidemment pas facile de mesurer, par exemple, l'ampleur des lignages qui exercent des droits sur la terre, mais le fait d'une plus forte affirmation des divers segments lignagers est amplement attesté, surtout en ce qui concerne les titres sur les terres arables. Là où les droits fonciers étaient l'apanage de villages, les droits d'héritage exercés par les familles et les individus sur les champs et les jachères sont de mieux en mieux accentués, ce qui diminue les pouvoirs de contrôle du village en tant que groupe et de ses représentants. Là où,

[4] C. M. White, 'African Land Tenure in Northern Rhodesia', *Journal of African Administration*, XI, 4, pp. 177-178, 1959.
[5] Ce sont surtout M. Wilson et A. Köbben qui ont traité ce sujet lors du Séminaire.

comme chez les Nyakyusa, à chaque nouvelle génération un nouveau partage des terres était nécessité par la formation des 'age villages', cette redistribution devient impossible et les 'age villages' tendent à évoluer vers des villages composés par un patrilignage localisé. C'est dans cette perspective de la réduction des groupes exerçant les droits de contrôle sur la terre qu'il faut avant tout comprendre le concept 'individualisation' employé par certains auteurs. Quant aux pâturages, chez les uns, et les terrains de chasse, chez les autres, ils restent effectivement sous le contrôle des entités de parenté et résidentielles plus larges. Cependant, devant la demande toujours croissante de terres arables, la taille de ces pâturages et des réserves de chasse tend à diminuer. Etant donné l'importance du contrôle communautaire sur ces terrains, il y a de grosses difficultés pour en assurer le développement adéquat.

Les problèmes de succession se posent de plus en plus nettement. Dans les régions à filiation matrilinéaire, la position des fils s'affirme; le père tend – souvent non pas sans complications et conflits majeurs – à léguer à ses fils ses champs et jachères, et surtout ses plantations à cultures pérennes. Les donations *inter vivos* acquièrent une importance accrue et l'on note la timide apparition de la disposition testamentaire. Dans les sociétés où la succession est du type adelphique, l'individualisme plus grand tend à exclure l'ingérence des membres du lignage et favorise donc – non sans difficultés – la succession du type filial. L'héritage des terres devient en même temps le mode d'acquisition le plus important. En effet, chez les uns le principe que tout villageois à des droits sur les terres arables du domaine villageois et qu'il peut s'approprier les terres inoccupées sans permission ou notification préalables ne peut plus être honoré. Chez les autres, les chefs distributeurs de terres, ne disposent plus des terres inoccupées suffisantes pour les distribuer. Alors que traditionnellement l'on considérait que l'usufruit d'un champ était le droit absolu de tout couple marié, la pénurie des terres oblige les hommes à attendre leur part de l'héritage. Raréfaction des terres, accentuation des droits d'héritage, continuité du principe que tous les membres du groupe doivent pouvoir accéder à la jouissance d'une parcelle: cette combinaison mène à la subdivision des parcelles en une multitude de lopins de terre insuffisants pour entretenir un ménage ou pour y faire des cultures de rapport. Ceci implique, dans certains cas, que les jeunes se trouvent dépourvus de terres arables ou qu'ils n'en ont pas pour y effectuer des cultures de rapport. De ceci découle, dans d'autres cas, que les héritiers doivent se contenter d'une parcelle insuffisante et sont contraints d'émigrer et se disperser, ou si la possibilité existe d'acquérir par 'achat' ou 'prêt' ou 'bail' des petites parcelles dispersées. Ce dernier fait conduit au fractionnement et au démembrement des parcelles – problème particulièrement aigu lorsqu'il provoque l'existence d'une vaste mosaïque de parcelles exigües et dispersées à tel point que le cultivateur n'est plus capable de les entretenir convenablement et que certaines améliorations techniques deviennent impossibles. L'émigration périodique d'une partie des membres du groupe ou de la famille possesseurs n'est souvent qu'une solution très imparfaite du problème foncier posé par le manque de terres. L'exemple Logoli est assez typique à cet égard. Ceux qui quittent la terre familiale retiennent cependant leurs prétentions sur celle-ci. Lorsqu'ils retournent au pays ils veulent reprendre l'exercice de leurs droits. De ces longues absences et de la persistance des anciennes prétentions résulte, d'une part, l'instabilité dans l'occupation des parcelles et, d'autre part, le conflit entre droits basés sur une longue et paisible occupation et droits dérivés du titre de premier occupant. Ceci conduit au sentiment d'insécurité générale et à la subdivision et fragmentation des parcelles.[6] Le problème de la fragmentation est d'ailleurs quelque peu liée à la persistance des valeurs traditionnellement attachées au principe que tous doivent pouvoir accéder à l'usage de la terre. Certains peuples, comme les Xhosa de l'Afrique du Sud, continuent à penser qu'il serait immoral de ne pas partager la terre avec des parents qui n'en ont pas. D'autres posent une limite à cette fragmentation, et obligent donc le surplus de la population à émigrer. Cette émigration peut être définitive et permanente; mais elle peut se présenter comme un mouvement de va-et-vient entre la ville et le village de familles sans terres ou ne possédant que

---

[6] G. Wagner, *The Bantu of North Kavirondo*, vol. II: Economic Life (ed. L. P. Mair), Oxford University Press for the International African Institute, London 1956, p. 96.

des fragments insuffisants de parcelles. Ailleurs encore, cette émigration conduit à la création d'une catégorie de tenanciers ou de travailleurs salariés employés dans les plantations.

Les pouvoirs des chefs de villages et des aînés de lignages sont également affectés par cette situation. Beaucoup dépend cependant du fait s'ils avaient dans leurs attributions traditionnelles le pouvoir d'allouer des terres. Or ce droit n'était nullement généralisé. Le problème est également lié à la nouvelle position que les chefs ont su acquérir dans les nouveaux systèmes administratifs, car l'instauration de nouvelles autorités politiques et administratives a souvent privé les autorités traditionnelles de leurs fonctions et privilèges. Chez les Amba les droits des chefs de village ont été diminués en faveur des chefs des aires administratives (*muruka*), qui peuvent désormais accorder les droits d'installation dans un village et les droits de culture sur les terres inoccupées et les anciennes jachères.[7] Chez les Logoli, les fonctions des clans et l'autorité de leurs aînés furent supplantées et graduellement abolies par l'introduction d'un système de chefs salariés.[8] Chez les Nyakyusa, P. Gulliver[9] note qu'il y a en général un accroissement de l'autorité des chefs de village, qui ont acquis un contrôle plus grand sur l'allocation des terres et plus de pouvoirs en matière de règlement de disputes foncières devenues plus nombreuses. Mais M. Wilson considère que, dans certaines sociétés, avec le développement de l'individualisation plus grande des tenures, cette autorité des chefs et aînés diminue, étant donné que de plus en plus grandes parties de terres échappent à leur contrôle direct et à leur pouvoir d'attribution de parcelles. L'on peut se demander si, sous ces conditions, les pouvoirs et la position des chefs politiques ont été profondément affectés. La question se pose particulièrement là où les chefs politiques étaient traditionnellement des donateurs et distributeurs de terres. En Afrique du Sud, la pénurie des terres semble avoir amené l'accroissement des pouvoirs de ces chefs; ils

[7] E. Winter, *Bwamba. A Structural-Functional Analysis of a Patrilineal Society* Heffer and Sons pour the East African Institute of Social Research, Cambridge, p. 235.
[8] G. Wagner, op. cit., p. 75.
[9] P. Gulliver, *Land Tenure and Social Change among the Nyakyusa*. Kampala: East African Institute of Social Research, 1958.

sont restés distributeurs de terres, qui veulent toujours et de plus en plus les subdiviser pour augmenter le nombre de leurs sujets. La situation est différente en Rhodésie où les droits d'allocation de terres détenus par les chefs ont été supprimés et leur autorité diminuée. Dans les situations créées par la doctrine de la domanialité des terres vacantes, comme on les rencontrait au Congo ex-belge, l'on a vu s'accroître l'autorité des chefs politico-administratifs, auxquels des pouvoirs de contrôle et de distribution de terres avaient été attribués. Cet accroissement des pouvoirs se manifesta surtout en matière de concessions et cessions de terres, d'introduction de paysannats, de réinstallation des populations.

D'autres phénomènes se manifestent en relation avec ces facteurs. Dans certaines régions – comme chez les Mayumbe du Congo – les groupes détenteurs de domaines fonciers, en se fractionnant en segments minimaux, insistent sur la nécessité d'une délimitation précise de leurs terres et sont favorables à l'enregistrement des droits. La notion de limites devient donc plus importante. Ailleurs l'on note, la différenciation plus forte des différentes sortes de droits fonciers, qui acquièrent ainsi plus de contenu et deviennent plus nuancés. Ailleurs encore, deux tendances se manifestent en matière de sécurité de tenure: soit que les droits des individus et des familles s'intensifient et deviennent inviolables, soit que les droits des individus – ou de certaines catégories de tenanciers – s'affaiblissent et que la sécurité devient précaire, sous l'effet des pouvoirs accrus de chefs politiques ou des prétentions de certaines catégories de personnes. Pratiquement partout, la litigation foncière se développe – discussions sur les limites précises des terres, sur la nature du titre, sur l'appartenance de certaines plaines, forêts ou collines, sur la représentation des groupes détenteurs de droits fonciers, etc. Beaucoup de cas traités – inexistants ou posés autrement dans le contexte de la société traditionnelle – ne trouvent pas de solution ou seulement des solutions provisoires, à cause du manque de preuves, de la carence de règles strictes, du conflit entre situations de fait et prétentions de droit, des confusions créées par l'imposition de nouvelles structures administratives. Il est difficile d'évaluer en quelle mesure ces facteurs influent sur l'aliénation des terres – s'ils en modifient la nature, s'ils l'entravent, s'ils la facilitent.

C'est qu'il est difficile de déterminer exactement la portée du concept 'aliénation' dans le contexte africain. Différentes formes 'd'aliénation' – donation, prêt, 'vente à réméré', échanges – ont toujours été courantes; mais elles étaient conditionnées par certaines restrictions sociales et rituelles et étaient rarement faites dans la perspective économique. Il est difficile aussi de détecter en quelle mesure des 'ventes' récentes de terres n'auraient pas été la suite de certaines formes d'accaparement et de la politique suivie par les gouvernements coloniaux. Il y a l'extraordinaire exemple des allogènes – planteurs de cacao et des compagnies acheteurs de terres du Ghana. Il y a, à l'autre pôle, la situation chez les Mayumbe du Congo, où existaient traditionnellement certaines formes de transfert de terres conditionné par des 'achats symboliques' et des associations rituelles, mais où, nonobstant la poussée démographique et la commercialisation des produits agricoles, cette technique n'a pas été développée sous une nouvelle forme. Ici l'idée de vendre les terres aux allogènes est absente. Il semble que, dans de nombreuses régions, l'éclosion de nouvelles conceptions sur l'aliénabilité des terres est liée au processus de désacralisation de la terre et à l'individualisation des tenures.

Un autre point essentiel semble être de déterminer si oui ou non la terre continue à être considérée comme simple moyen de production ou si elle est devenue un moyen d'échange. A cet égard il serait possible de grouper, dans l'état actuel des choses, les sociétés africaines en deux catégories qui répondraient aux deux attitudes précitées. Il s'avérerait cependant que ces deux réactions opposées ont pour cause beaucoup de facteurs autres que ceux dont nous avons traité ici. Si dans certaines situations, demande accrue de terres et individualisation plus grande des tenures s'accompagnent inévitablement de l'acceptation de l'aliénabilité de la terre, il ne faut pas oublier qu'il y a des situations, où le sentiment d'insécurité, de menace, d'hostilité à l'égard des 'outsiders' prête à réaffirmer les droits des groupes et les sanctions rituelles d'inaliénabilité de la terre.

IV. TENURE FONCIERE ET VALEURS RELIGIEUSES

La signification traditionnelle de la terre en Afrique est déterminée autant par des considérations magico-religieuses que par des facteurs économiques et la structure sociale et politique de la communauté. Cette réalité est indiscutable et les exemples abondent dans la littérature. Il est intéressant de noter que les auteurs africains, comme L. S. Senghor, K. A. Busia, J. Kenyatta attachent grande importance aux pouvoirs spirituels de la terre et aux relations mystiques existant entre terre, ancêtres et vivants. Parlant des Ashanti, K. A. Busia écrit que les terres sont considérées comme appartenant aux ancêtres et que les vivants ont hérité d'eux le droit d'en faire usage. Non seulement les ancêtres possèdent-ils les terres, mais aussi veillent-ils à ce qu'elles soient employées adéquatement. De là chez les vivants cette sorte de peur de mal agir en aliénant la terre.[1] Chez les Logoli l'attitude religieuse vis-à-vis de la terre est principalement déterminée par l'idéologie des ancêtres. Les hommes veulent plaire à ces ancêtres par l'attitude respectueuse envers les terres premièrement occupées par eux et, en même temps, éviter leurs influences malveillantes.[2] En matière foncière, les Tallensi associent toujours la peur de punition mystique par les ancêtres aux obligations envers leurs héritiers et dépendants. L'aîné du lignage minimal doit et veut préserver son patrimoine foncier pour ses héritiers, parce qu'il est le fondement même de la subsistence du lignage.[3] Chez les Shona la terre est avant tout l'apanage des esprits ancestraux; à chaque niveau de la hiérarchie politique se situe un grand esprit ancestral (*mhondoro*) auquel est associé un medium, et qui doit assurer le bien-être du groupe. En République du Congo, où chez la plupart des tribus le culte ancestral est bien développé, cette association mystique entre terre et

---

[1] K. A. Busia, *The Position of the Chief in the Modern Political System of Ashanti*, Oxford University Press for the International African Institute, London 1951, pp. 42-44.
[2] G. Wagner, op. cit., p. 76.
[3] M. Fortes, op. cit., p. 179.

ancêtres était, sous le régime foncier de la domanialité des terres vacantes, devenue le thème majeur pour démontrer l'inaliénabilité de la terre. Il est évident que cette association entre terre, ancêtres et inaliénabilité est loin d'être universelle en Afrique et qu'elle est inexistante chez les peuples qui, comme les Tiv ou Kuba, ne pratiquent pas le culte ancestral. D'autre part, avec D. Forde l'on peut voir dans cette association l'usage de symboles en référence au maintien de la communauté et de la continuité de celle-ci.

Dans bon nombre de sociétés, le caractère spécifiquement religieux de la terre est limité à certaines parties; on y trouve donc des parties de terres sacrées. C'est ici qu'on retrouve les catégories, telles que terres d'initiation, cimetières, terres hantées, terres de l'émergence primordiale ou de l'occupation primordiale des premiers ancêtres, anciens emplacements de villages, terres portant certains autels. L'importance de ces endroits sacrés est, ainsi que l'a souligné M. Wilson, quelque peu liée au degré de mobilité des populations. Des peuples fort mobiles, comme les Zulu ou Ndebele mettent, par exemple, moins l'accent sur des autels fixes liés à un point territorial déterminé. Chez les Lunda du Congo, les terres situées autour de la rivière Bushimaie jouissent d'un statut spécial. C'est là qu'eut lieu l'émergence primordiale des ancêtres de la dynastie et des fondateurs des grands titres. Les chefs de village, qui s'y trouvent depuis toujours, ont un statut rituel spécial en relation avec l'intronisation du chef suprême, portent un titre spécial (*acubuung*) et assurent les rites fertilisateurs. Ces terres sont en même temps lieu d'intronisation, et cimetière des chefs suprêmes. Elles sont le symbole de l'unité politique lunda et de la pérennité de leur société; installation d'étrangers et aliénation de ces terres sont impensables. Chez les Mayumbe du Congo une valeur particulièrement grande est attachée aux cimetières, et notamment aux bosquets où sont ensevelis les fondatrices des lignages maximaux et leurs frères, premiers chefs des groupes locaux; ces terres, comme celles où furent organisés les rites d'initiation à l'association *bakhimba*, sont inaliénables; en plus l'usage économique en est strictement circonscrit et limité à des formes d'exploitation occasionnelle. Les Lali et Sundi qui, à une époque récente, ont repoussé les Teke attribuent à ces derniers les droits de visite aux tombaux

Tenure Foncière et Valeurs Religieuses

qu'ils ont laissés dans le pays; le droit antérieur des Teke est donc compensé rituellement par celui de revenir voir leurs morts.[4]

Chez les Luba du Katanga il existe des collines hantées par des forces néfastes et qui ne peuvent être habitées ni exploitées. Chez les Aluur du Congo on rencontre également des terres damnées: à la veille de l'implantation d'un nouveau village, il fallait semer quelques graines d'une espèce particulière; si celles-ci se trouvaient le lendemain à la surface de la terre (à cause d'une pluie, du bétail, d'un animal), l'endroit était damné et ne pouvait plus être habité. Si, d'autre part, les signes étaient favorables on procédait à l'implantation de la case des ancêtres et du ficus; ceci signifiait l'appropriation définitive de la colline et marquait son inaliénabilité. Chez beaucoup de peuples les droits sur les terres de l'ancien emplacement de village sont strictement réservés; chez les Nyanga il s'y développe des droits individuels et héréditaires; chez les Lega, où les initiés supérieurs de l'association du *bwame* étaient enterrés dans leurs cases ce qui amenait en même temps l'abandon du village, les anciens villages, où ils avaient résidé et étaient morts, devenaient une sorte de sanctuaires, particulièrement importants dans le culte des crânes. Chez les Ibo les terres sacrées incluent les bosquets entourant les autels voués aux cultes publics et les 'mauvaises brousses'. Chez les Diola, l'on considère que les génies ayant reçu de Dieu les pouvoirs d'administration de la terre les déléguèrent aux rois-prêtres et aux collectivités, mais se réservèrent les droits exclusifs sur certaines parcelles de terre, comme les cimetières, les lieux d'initiation, les sanctuaires, les domaines des ancêtres, les forêts sacrées. Ces terres sont restées inaliénables; dans les forêts sacrées la cueillette est possible seulement après consultation des génies et la remise de compensations.[5] Les Ibo attribuent la propriété de ces terres aux divinités et esprits et, normalement, personne n'est autorisée à les mettre en culture. L'on a vu chez les Ibo dans des régions surpeuplées certains individus cultiver ces terres sacrées et se développer la théorie que, si les agriculteurs les cultivent sans malheurs deux années consécutivement, ces terres cessent d'être tabou.[6] Cette attitude contraste fortement avec celle

---

[4] Cfr. M. Soret dans ce recueil.   [5] Cfr. L. Thomas dans ce recueil.
[6] C. Meek, op. cit., p. 101.

de certains sous-groupes Luba installés autour des lacs Kisale et Upemba qui, pendant des années s'opposèrent radicalement à l'administration belge parce qu'elle voulait créér un Parc National sur des terres qui sont considérées par tous les Luba comme le berceau de leurs premiers chefs (*balopwe*) et des grands esprits (*bapemba*).

En relation avec les principes de première occupation de la terre, de priorité d'installation, d'association mystique entre terre et premiers occupants, l'on observe en beaucoup d'endroits de l'Afrique l'existence de groupes et de catégories de personnes qu'on désigne souvent dans la littérature sous les appellations de 'maître de la terre et de l'eau', 'chef de terre', 'enfant de la terre', 'père de la terre', 'prêtre du sol', etc. Ces groupes et personnes dérivent généralement leur statut spécial du fait que leurs fondateurs ou ancêtres furent les premiers à se fixer dans le pays, à l'occuper, à le subdiviser et à l'exploiter. Il s'agit donc essentiellement d'une distinction qui est introduite dans des sociétés où le peuplement s'est fait par une suite de vagues d'immigration successives, ou est considéré comme tel, et de regions où des rôles rituels et politiques différents ont été attribués à deux catégories de groupes. Un peu partout, on en trouve des exemples nuancés. En différents endroits de la Rhodésie du Nord, il existe des individus considérés comme 'propriétaires de la terre' parce que leurs ancêtres furent les premiers à se fixer sur les terres inoccupées. Leur position est essentiellement liée à des fonctions rituelles en relation avec la gérance d'autels locaux, la chasse et la pêche; leurs droits de contrôle et de distribution de terres semblent cependant être obscurs.[7] Chez les Tonga la position de *sikatongo* ou leader rituel du voisinage est associée à l'ombre du premier occupant dont il a hérité; sa présence sur la terre dont il gère l'autel est indispensable pour le bien-être du voisinage.[8] Chez les Mandari, certains groupes Bora et pré-Bora sont considérés comme premiers occupants de la terre. Ainsi chaque petite chefferie comprend un ensemble de lignages interdépendants et agglomérés autour du noyau dominant des ces 'propriétaires fonciers', qu'on appelle les 'pères de la terre'. Ches chefs Bora et pré-Bora sont gardiens de la pluie, de la terre

[7] C. White, op. cit., p. 7.   [8] E. Colson dans ce recueil.

Tenure Foncière et Valeurs Religieuses

et d'autres phénomènes naturels; ils ont des fonctions rituelles, mais contrôlent en même temps la terre. Les représentants des groupes venus ultérieurement, peuvent usurper de ces droits de contrôle, mais il leur manque toujours la sanction de l'association religieuse avec le sol.[9] Chez les Konkomba certains 'districts' (unité territoriale la plus grande) sont occupés par des clans composites comprenant deux ou trois lignages majeurs qui tracent une ascendance différente et exercent des rôles politiques et rituels spécialisés et complémentaires dans l'organisation du 'district'. Les uns sont connus comme 'gens de l'Aîné' (*onekpelanib*) et les autres comme 'gens du propriétaire de la terre' (*otindanib*); les derniers sont considérés comme les plus anciens habitants du 'district' et sont associés aux autels de la terre.[10] Dans la Côte d'Ivoire chaque village Bete et Dida a son 'enfant de la terre' (*dodogba*), qui est considéré comme le descendant des premiers occupants et qui accomplit des devoirs rituels vis-à-vis de la terre.[11] Chez les Bembe de la République du Congo, les 'Bambote' pygmoïdes représentent la tradition des premiers occupants du pays; ils ont le privilège exclusif d'assurer l'implantation dans les villages Bembe des autels consacrés aux esprits des collines et des rivières (*bahombo*). Ils ont en même temps le privilège de pouvoir chasser, avec lances et chiens, sur toutes les terres Bembe sans en demander l'autorisation. Chez les Mossi du Yatenga chaque village est divisé en une ou plusieurs aires, placées sous le 'commandement' des 'gardiens de la terre', qui sont les descendants des habitants autochtones du Yatenga; le 'gardien de la terre' a des fonctions rituelles, mais c'est lui aussi qui donne les permissions d'occupation et d'installation et qui doit recevoir divers dons; c'est à lui que l'agriculteur sage expose fréquemment les différents usages qu'il fait de ses parcelles et ceci dans l'intérêt de sa propre sécurité économique.[12] En Afrique occidentale et sporadiquement en Afrique Centrale, la Terre fait

---

[9] J. Buxton, 'The Mandari of the Southern Sudan', pp. 72–73 dans J. Middleton–D. Tait (eds.), *Tribes without Rulers*, Routledge and Kegan Paul, London, 1958.

[10] D. Tait, 'The Territorial Pattern and Lineage System of Konkomba', pp. 170–171, dans J. Middleton–D. Tait (eds.), op. cit.

[11] Renseignements A. Köbben.

[12] P. Hammond, 'Economic Change and Mossi Acculturation', pp. 246–247 dans W. Bascom–M. Herskovits (eds.), *Continuity and Change in African Cultures*, The University of Chicago Press, Chicago, 1959.

l'objet d'une grande vénération. La terre a un caractère vital et sacré et n'est pas nécessairement un génie. Elle peut être personnifiée et identifiée à une divinité (*Ani* ou *Ala* des Ibo ou *Ma* des Jukun).[13] La conception peut plutôt être celle d'un pouvoir spécial possédé par la Terre; c'est le cas pour *Asase Yaa* chez les Ashanti ou *Teng* chez les Tallensi.[14] Chez les Ibo, la Terre personnifiée est l'esprit le plus important, qui règne sur les ancêtres, apporte la fertilité et le bien-être, supervise le cycle agricole. Son culte est étroitement associé à la structure de la communauté humaine; il se pratique à différents niveaux sociaux, qui vont du groupe de villages au foyer, l'unité agricole de base. Le culte a surtout une importance politique, qui dépasse celle du culte ancestral.[15] Chez les Ashanti on attribue à la terre un pouvoir unique, bénéfique lorsque propitié et maléfique lorsque négligé; le cycle agricole est inauguré par des sacrifices à la terre. Les Tallensi parlent de la terre comme d'une chose vivante, qui intervient mystiquement dans les affaires humaines. Elle est le symbole des forces qui assurent le bien-être commun des hommes et la fertilité générale. Au culte de la Terre (*teng*) sont associés les 'gardiens' ou 'maîtres de la terre' (*tendaana*) – descendants des clans Talis premiers occupants de la terre – et les autels de la terre (*tongbana*) contrôlés par les lignages maximaux. Le culte de la terre est la sanction de solidarité et le centre autour duquel les associations interclaniques et interlignagères se cristalisent.[16]

Finalement, dans certains états fortement centralisés comme chez les Lozi, l'on rencontre l'identification entre royauté, terre et nation. Le titre le plus spécifique du roi Lozi signifie 'terre' et les Lozi affirment que 'le roi c'est la terre et la terre c'est le roi'. Lors de son installation, chaque roi est mis en contact avec les pouvoirs surnaturels de la terre. Le Roi est donc le propriétaire et le distributeur de toutes les terres.[17] Chez les Lunda du Congo, il existe

[13] C. Meek, op. cit., pp. 24–32.
[14] K. Busia, op. cit., pp. 40–42; M. Fortes, op. cit., p. 107.
[15] R. Horton, 'God, Man and the Land in a Northern Ibo Village-Group', *Africa*, XXVI, 1, pp. 23–25, 1956.
[16] M. Fortes, op. cit., passim.
[17] M. Gluckman, 'The Lozi of Barotseland in Northwestern Rhodesia', pp. 19–61, dans E. Colson–M. Gluckman, *Seven Tribes of British Central Africa*, Manchester University Press, Manchester, 1951.

Tenure Foncière et Valeurs Religieuses

une identification analogue entre roi, terre et nation bien que le roi n'est pas considéré comme distributeur de terres. Ses deux titres principaux sont: Cinaweej, serpent fouisseur qui symbolise la force de la terre et *Mwiin mangaand*, celui qui est avec l'ensemble des pays, ou *Mwiin ngaand ya Aruund*, celui qui est avec le pays des Lunda. Le roi lunda personnifie la force de la terre; elle a été captée et lui a été communiquée au cours du rituel d'intronisation sur les terres sacrées du Bushimaie. Cette force est essentiellement productrice de fertilité et de bien-être; le roi assure cette fertilité en mangeant sur le sol; il redonne la vigueur à une terre 'fatiguée' en s'associant par le contact avec ses produits.

V. PLANS DE DEVELOPPEMENT ET REFORMES FONCIERES

La structure agraire d'un pays d'aujourd'hui comporte plusieurs aspects: le système de tenure du sol; tout ce qui a trait à l'exploitation de la terre et au partage du produit de cette exploitation; l'organisation du crédit, de la production et de la vente; les modes de financement de l'agriculture; les charges pesant sur les populations rurales sous forme d'impôts; divers services, tels que conseils techniques, instruction, services d'hygiène, transports et voies de communication, etc.[1] C'est dans ces différentes sphères que s'exerçait, et s'exerce, l'action des gouvernements en vue d'obtenir une structure favorable. Dans le domaine du développement agricole, divers efforts se sont manifestés dont les objectifs majeurs étaient: l'organisation d'une production meilleure et plus abondante par l'augmentation de la productivité et des rendements quantitatifs et qualitatifs; l'organisation d'une meilleure distribution des produits agricoles (conditionnement, transport, vente); la conservation de la fertilité du sol devant la demande de terres toujours accrue et la diminution de la qualité des sols; la fixation des populations rurales; la décongestion des régions surpeuplées et des terres saturées. Les efforts des gouvernements coloniaux visaient, entre autres, à faire sortir les Africains de leur économie de subsistance pour les faire participer au cycle de l'économie globale; à améliorer les formes d'usage de la terre; à solutionner les problèmes de pénurie des terres.

Les transformations dans les domaines foncier et agricole ne sont nullement un phénomène nouveau en Afrique. Nous avons indiqué aux chapîtres I et II comment les mouvements de populations avaient, entre autres, donné lieu à de multiples modifications territoriales et à divers arrangements politiques ou rituels. La scission ou l'accroissement numérique des groupes avaient des

[1] Une bonne partie des notes qui suivent a été empruntée aux rapports introductifs présentés par MM. K. Baldwin, J. Dufour, K. Garbett, F. Homan, Cl. Tardits.

Plans de Développement et Réformes Foncières

effets analogues. Les changements économiques n'étaient pas moindres. Au cours des siècles, des peuples dont l'économie avait été basée sur la chasse ou la pêche et la cueillette évoluaient vers une économie agricole; l'Afrique devenait de plus en plus une vaste paysannerie. Les complexes agricoles africains, asiatiques, américains furent diffusés à travers l'Afrique et différement acceptés et intégrés par les peuples africains; de nouvelles additions furent réalisées. Tout ceci impliquait, en même temps, l'introduction de nouvelles techniques et des adaptations du droit foncier. Plus près de nous, de nouvelles cultures d'exportation furent promptement acceptées et intégrées dans le système économique par certains peuples. Le développement de la culture du cacaoyer au Ghana démontre, ainsi que l'explique dans ce volume Polly Hill, comment l'introduction de cette culture fut facilitée par de remarquables adaptations sociales dont faisaient preuve certains peuples. Divers encouragements administratifs locaux, avec ou sans l'assistance d'organes spécialisés, ont exercé, par la lutte contre l'érosion et la dégradation du sol, par l'adoption d'un système d'assolement et de rotation culturale, par le développement et l'amélioration de la culture des plantes vivrières, par la création de marchés et l'ouverture de voies de communication, etc., de profondes influences sur le développement d'une plus grande sécurité économique et politique, sur l'accroissement réel, bien que souvent limité, de la productivité, sur le bien-être général et l'augmentation des niveaux de vie. Ces efforts ont été des plus heureux, d'autant plus que le plus souvent ils comportaient un minimum d'ingérence dans la structure sociale et spatiale de la société et dans les modes de tenure de la terre. Mais, surtout depuis la dernière guerre mondiale, l'on a vu s'élaborer une multitude de vastes programmes de développement agricole, liés parfois à de profondes réformes foncières et à des bouleversements des structures sociales.

En même temps, comme les puissances coloniales, s'efforçaient à implanter des fragments de leurs économies propres, elles introduisaient dans les pays africains des législations foncières qui devaient permettre et organiser l'accession des étrangers aux droits fonciers. Devant l'ampleur des réalisations à faire, ces projets soulevaient des problèmes en différents domains: problèmes de technique agricole, d'évacuation des produits agricoles et de recherche des emplacements favorables à ce point de vue; problèmes de financement et de droit foncier; problèmes humains.

Il n'est pas possible de passer en revue les multiples aspects de ces réformes, législations et plans. Bon nombre d'auteurs ont analysé les qualités et faiblesses, les succès et échecs de ces programmes d'action. Nous devons donc nous limiter à quelques considérations générales.

Partout, les efforts de promotion agricole se sont trouvés devant une série de problèmes et d'obstacles qu'on peut classer en quatre groupes. Premièrement, l'existence de zônes défavorisés pour un développement agricole adéquat et rapide à cause de certains facteurs naturels, économiques ou humains: mauvaises conditions physiques (sols pauvres; érosion; manque d'eau, etc.); régions écologiques très différentes à l'intérieur du territoire tribal; territoires isolés sans débouchés suffisants pour les produits agricoles par suite du manque de voies de communication et de transport, d'inorganisation de la distribution, d'absence de marchés, etc.; régions menacées par la dénatalité, où le potentiel humain nécessaire fait défaut; régions surpeuplées, où les terres sont surexploitées, les exploitations morcellées, les tenures instables.

En second lieu, il y a l'insuffisance de l'agriculture traditionnelle: simple cueillette agricole ou agriculture itinérante sous toutes sortes de nuances; dévastation de forêts; épuisement rapide des sols par l'absence de rotation culturale ou de mise-en-jachère suffisantes; besoins en terres abondantes; carence de techniques de production et de cultures appropriées; fragmentation et dispersion des parcelles, etc. En troisième lieu, il y a les obstacles culturels: imbrication des systèmes de tenure et d'usage de la terre dans les contextes d'organisation sociale et politique; problèmes d'héritage et de prestige; persistance des valeurs non-économiques attachées à la terre; absence d'idées nettes en matière de transfert des droits; absence d'une véritable mentalité paysanne chez certains chasseurs ou pasteurs, etc.

En quatrième lieu, il y a les problèmes posés par l'action législa-

Plans de Développement et Réformes Foncières 45

tive en matière foncière. Tous les gouvernements coloniaux ont élaboré des législations concernant les droits fonciers des autochtones et les concessions foncières en faveur des étrangers, qui s'expriment sous différentes formes telles la domanialité des terres vacantes, les 'crown lands', la création de réserves, l'accession à la propriété foncière, etc. Or nul doute que ces législations étaient souvent mal intégrées et mal adaptées, pour ne pas dire vagues et imprécises, et qu'elles constituaient des cadres de référence très imparfaits dans lesquels devaient se situer les efforts de promotion agricole.

Face à ces problèmes, les efforts de promotion s'exprimaient pour la plupart du temps sous les formes de transplantation ou migration dirigée de populations; remembrement des parcelles et consolidation des tenures; stabilisation des populations; modification des techniques culturales; introduction de nouvelles cultures industrielles et pérennes; extension des cultures vivrières existantes; enregistrement des droits; législation sur l'accession à la propriété privée.

Techniquement fort avancés et appréciables, bon nombre de plans de développement agricole ont échoué ou n'ont pas atteint les effets recherchés, parce qu'ils n'avaient pas suffisamment tenu compte de différents facteurs humains, qu'ils ignoraient ou qu'ils considéraient comme étant aisément malléables.

En outre, combinés aux législations existantes, certains principes directeurs de ces plans de développement agricole créaient un tas de nouveaux problèmes qui venaient s'ajouter aux obstacles déjà présents. Ainsi, dans certaines parties de l'Afrique, l'aliénation de grandes superficies de terres au profit de l'économie européenne et la création de réserves naturelles avaient, d'une part, fini par provoquer des pénuries artificielles de terres et, d'autre part, suscité la suspicion et le sentiment d'insécurité chez les populations et provoqué la résistance de groupes humains et d'autorités diverses, qui se sentaient directement menacés dans l'exercice de leurs droits et privilèges fonciers et politiques. En décrétant la transplantation ou la réinstallation de certains groupes, on avait quelquefois sousestimé l'attachement profond des populations à leur sol natal, la xénophobie éventuelle des tribus devant recevoir les paysans immigrants, l'inadaptation des immigrants au nouveau milieu socio-culturel. Ayant procédé au remembrement et à la consolidation des parcelles, on se heurtait à la structure familiale, aux conceptions en matière de l'organisation spatiale du pays, aux formes traditionnelles de coopération et de solidarité économiques. La taille optimale des parcelles étant déterminée, les règles d'héritage ne trouvaient pas une solution adéquate et remettaient en cause le système. Les nouvelles parcelles distribuées, on s'apercevait bientôt que les droits des femmes avaient été insuffisamment respectés et assurés. Le regroupement effectué, la structure et la composition des nouveaux village et voisinages s'avèraient inadaptées; des communautés étroitement liées avaient été scindées et leurs fragments épars liés dans de nouvelles unités inorganiques. Perdant leurs anciens droits et privilèges, les sources de leur prestige et de leur sécurité sur leurs anciennes terres, les paysans individuels, les familles et lignages, les aînés et chefs ne sentant guère de lien personnel avec la nouvelle terre espéraient retourner, tôt ou tard, vers les terres anciennes. La persistance des liens matrimoniaux avec le milieu d'origine, les déchirements causés par une sorte de double allégeance politique, l'inadaptation au nouveau milieu et au nouveau cycle cultural, l'inhabitude au rythme régulier d'un travail rude, augmentaient la nostalgie pour la terre d'origine.

En outre, les problèmes posés par le transfert de titres et droits fonciers aux immigrants n'étaient pas moindres, surtout lorsque la réinstallation devait s'effectuer en dehors des limites tribales sur des terres occupées déjà ou faisant l'objet de titres divers mais déclarées 'vacantes' par une doctrine juridique quelconque. Les difficultés n'étaient pas moindres dans certaines sociétés à structure segmentaire, lorsque la réinstallation s'effectuait à l'intérieur des limites tribales mais sur les terres détenues par d'autres segments de la société. Dès lors, il n'est pas surprenant de constater qu'il a été difficile de trouver les moyens de persuasion, de contrôle, de sanction contre la non-conformité; rien d'étonnant aussi que l'exécution de certains plans ait été accompagnée de diverses mesures coercitives qui devaient être contrebalancées par certains avantages temporaires accordés aux paysans réinstallés. Bon

Plans de Développement et Réformes Foncières

nombre de plans de développement agricole partaient du principe que l'objet d'une politique saine était l'encouragement de tenures individuelles stables; certaines législations préconisaient l'introduction généralisée et accélérée de la propriété privée. De ces développements on attendait la solution de plusieurs problèmes. Ainsi on espérait les regroupements économiques favorables de la libre circulation des biens et des hommes, de l'esprit de lucre, etc.; les progrès techniques de l'initiative individuelle; les facilités de crédit de la valorisation et de la mobilisation des terres, le financement agricole de l'existence d'une épargne individuelle, etc. Mais tout ceci nécessiterait la réglementation légale très forte de la propriété: protection des individus contre l'accaparement des terres, détermination des dimensions des exploitations, aide technique poussée, solution des problèmes de succession. En outre, dans le cadre de la petite propriété individuelle certains problèmes techniques comme l'utilisation des moyens de cultures mécaniques, la lutte anti-érosive, l'épandage d'insecticide, les plans d'irrigation etc. – ne sauraient trouver une solution facile.

Les diverses communications, présentées au cours du séminaire, permettent de voir que l'individualisation des droits fonciers est un fait très général en Afrique et que, dans la plupart des sociétés, les droits des individus sont bien garantis. De la conjonction de divers facteurs découle, de jour en jour, l'individualisation plus grande des droits. Cependant, il y a beaucoup de flottement lorsqu'il s'agit de définir le contenu de ces droits individuels. On souligne, en particulier, que le droit d'aliéner les biens fonciers n'est pas exercé ou qu'il l'est imparfaitement. On parle de l'aliénation des droits de culture; de l'aliénation du champ, de l'exploitation ou de la palmeraie, de la vente à réméré, mais on hésite à mentionner l'aliénation pure et simple de la terre. On insiste sur le fait que cette aliénation opère entre certaines catégories de personnes, dans certaines circonstances, moyennant certaines modalités. On met l'accent sur la persistance du sentiment qu'il est mauvais de 'vendre' la terre ou sur l'absence de circonstances économiques qui se prêtent à la 'vente' des terres.

Il est indéniable que le regime d'appropriation privée s'est développé dans diverses sociétés. On la rencontre dans des sociétés à densité moyenne, comme au Buganda, et à densité forte, comme au Dahomey; chez des populations où les techniques agricoles ont atteint des degrés de développement fort divergents, comme les Nyakyusa et les Xhosa; chez des populations qui ont été plus ou moins soumises au développement de marchés, comme les Bemba et les Bete; chez des populations à structure segmentaire et à pouvoir central; dans des sociétés où aucune législation européenne n'a explicitement introduit la propriété foncière et dans des sociétés ou elle fut imposée.

Dans ces sociétés, les effets de l'appropriation privée semblent porter moins sur la démographie et les techniques d'exploitation agricole que sur les structures sociales. A cet égard, les grands problèmes que semble soulever l'introduction de la propriété privée sont ceux de la taille de l'exploitation, du degré de stabilité qu'elle confère, du droit successoral, des conflits particuliers qu'elle crée, de la détermination des modes de preuve pour suivre les contrats conclus. En ce qui concerne les exploitations individuelles, il est difficile de déterminer avec rigidité leur taille optimale. Il faut, en effet, tenir compte du jeu de facteurs très différents, comme les variétés de terrain, l'évolution des techniques agricoles, la nature des plantes cultivées, le potentiel humain disponible, la structure de la famille, l'esprit d'initiative des cultivateurs. L'imposition de tailles optimales présuppose une économie dirigée forte et différentes mesures coercitives contre la non-conformité. Sous le régime d'appropriation privée, l'apparition d'exploitations de superficie fort variable est amplement attestée et semble inévitable. Les cultivateurs plus entreprenants ou chanceux, ayant des revenus plus grands, sont en mesure d'acquérir des terrains non mis en valeur et d'obtenir l'excédent des terres que d'autres cultivateurs mettent en gage ou vendent. Le développement de grandes exploitations est lié à la densité faible de la population, à la présence de cultures industrielles et pérennes, à la disponibilité de main-d'oeuvre constituée par les travailleurs immigrants ou par les 'sans terres' locaux. Cette situation peut conduire à la formation d'une hiérarchie de grands propriétaires, de fermiers dont certains par endettement se trouvent dans une situation de dépendance économique, de manoeuvres comprenant

Plans de Développement et Réformes Foncières

les 'sans-terre' locaux et/ou les travailleurs immigrants. Ces derniers étant le plus souvent travailleurs saisonniers ne forment qu'un *corpus alienum* dans la société locale.

Sous le système de la rédistribution des terres, les lotissements individuels sont souvent effectués sur des terres déclarées 'vacantes' ou inoccupées. Les expériences du Congo et de la Rhodésie du Nord révèlent que, dans ces situations, les individus ne se sentent pas en sécurité et qu'ils considèrent que le titre est meilleur et plus sûr sur leurs terres traditionnelles. Il y a quelques années, dans le cadre du décret sur la propriété privée, l'on a vu des 'évolués' congolais vivant en ville acquérir des exploitations de 100 Ha, mais presque toujours sur les terres de leur lignage ou de leur village. C'est que les individus sont méfiant vis-à-vis de ces soit-disant terres vacantes et inoccupées, sur lesquelles ils savent que des titres et prétentions traditionnels existent et qu'ils craignent diverses formes de pression une fois qu'ils y sont installés. Ce sentiment d'insécurité peut être renforcé encore par une réelle méfiance à l'égard des 'tribunaux indigènes', particulièrement en ce qui concerne l'inadaptation des règles aux conditions sociales et économiques nouvelles et l'insuffisance des moyens d'évaluation des témoignages. G. Wagner résume bien cette situation: 'Tant que les liens claniques, avec toutes leurs implications, étaient intacts, les erreurs judiciaires étaient moins à craindre, car les différentes personnes intéressées – plaideurs, témoins, aînés, juges – appartenaient tous à une communauté bien intégrée et étaient liés par l'interdépendance mutuelle'.[2] Certaines formes de preuves écrites, comme les 'conventions entre Africains' en Côte d'Ivoire ou les 'titres fonciers coutumiers' chez les Bashi du Congo, n'ont pas toujours eu le succès espéré, parce qu'elles laissaient la nature du titre dans le vague ou simplement, parce que la nature du droit d'une des parties contractantes était mise en cause. Il y a, en outre, les difficultées liées au droit successoral. La terre ayant acquis une valeur croissante, le régime successoral risque de varier fortement en fonction des biens croissants qui y entrent. Ce système successoral provoque-t-il le partage de la propriété entre les fils ou les frères uniquement, ou les filles viendront-elles aussi dans la

[2] G. Wagner, op. cit., p. 98.

succession? Ou n'y a-t-il pas partage? Alors le principe du seul héritier étant accepté, les autres sont sans terres et doivent aller vers les villes ou former une catégorie sociale de travailleurs agricoles. Ou bien le principe étant préservé que tous les héritiers ont le droit d'accéder à l'usage de la terre, il y a à la mort du propriétaire l'apparition d'un lignage en formation qui contrôle cette terre.

L'introduction de la propriété privée n'est pas nécessairement désirable et son apparition n'est pas inévitable. La propriété privée des terres ne contient pas nécessairement la solution de tous les problèmes; au contraire, à moins qu'il n'y aurait un bouleversement total de la structure sociale, elle crée dans le milieu socio-culturel particulier au sein duquel elle se développe, une série de nouveaux problèmes qui mettent en cause son existence et ne garantissent nullement mieux les droits individuels. Chez les Bashi de la République du Congo, les autorités locales s'opposèrent radicalement à l'accession à la propriété immobilière individuelle suivant les modalités prévues par le décret du 10 février 1953. Pourtant chez les Bashi les droits individuels s'étaient bien développés depuis de nombreuses années, mais continuaient à accuser une insécurité et instabilité assez grandes à cause du contrôle poussée qu'exerçaient les diverses autorités politiques en matière de distribution et d'attribution des terres. En outre, la demande de terres était très forte à cause de leur pénurie (forte densité de la population, surabondance du bétail, développement du colonat blanc), de l'introduction des cultures pérennes et de l'importance des cultures maraîchères. Les arguments présentés par ces autorités étaient les suivants.

Nous voulons bien stabiliser dans le cadre coutumier, mais nous refusons de passer par la Loi Ecrite.

Les terres appartiennent à la chefferie, elle seule peut les vendre.

Sous le régime de la Loi Ecrite, la terre sortirait de notre patrimoine.

Les autorités indigènes perdraient toute autorité.

Nous ne disposons pas de terres en suffisance pour les vendre.

Nous considererions qu'un Mushi, qui demanderait l'enregistrement de sa terre, commet une faute grave contre la communauté, parce qu'il veut la frustrer d'une partie de son patrimoine.

Plans de Développement et Réformes Foncières

Pour stabiliser les droits fonciers dans le cadre coutumier, nous comptons prendre deux mesures: l'enregistrement par Titre Foncier Coutumier et l'application du *bugule* (sorte de contrat de vente à réméré) traditionnel.[3]

[3] Procès-Verbal succinct du conseil des quatre chefferies tenu à Kabare le 5 avril 1956, Territoire de Kabare, n° 111/C.E.K./52.08.

VI. ENGLISH SUMMARY

The analysis of the clusters of rights and claims, privileges and liabilities which are related to the ways in which Africans hold and work the land, live on it and use its products, is complex, on the one hand, because of the difficulties in evaluating the exact nature of the rights and claims, and on the other hand, because of the imbrication of economic and social, political and religious factors. It is, therefore, difficult to characterize African systems of land-tenure in terms of familiar legal and linguistic concepts.

Again and again, scholars have stressed the various special conceptions that are related to holding and using land, and which are combined in varying degrees in different African societies. One could refer to such conceptions as: the perpetuity of some of the relationships linking particular groups of people with land; or the close association between land and a community of men, composed of dead, living and unborn members; or the religious connotations of the land; or the many prestige values attached to holding land.

There is also an extraordinary imbrication of claims and titles, which, while sometimes apparently contradictory, can be fully understood in the special contexts in which they are embedded. Many problems relating to the interpretation of particular linguistic forms are highly relevant. Common general formulae, like 'chef de terre' or 'maître du sol', ultimate or sovereign rights, rights of allocation or of control, or rigid oppositions between ownership, possession, use and usufruct, or comparisons with feudal systems and the like, have often obscured the understanding of the scope and nature of rights and claims relating to the land. Although different peoples have elaborated in different degrees special ideologies and terminologies with regard to the land and man-land relationships, the inventory of the different concepts used by Africans, and the study of the social and linguistic contexts in which they occur, deserve full attention.

Among the Nyanga of the Congo, for example, there exists a

English Summary

unique concept (*mine*, pl. *bise*) which refers to the great variety of claims and titles exercised with regard to the land by a number of groups and individuals. The concept, which in Nyanga opinion means much the same as 'being with', has full meaning only when it is used in combination with other terms referring to geographical or political subdivisions and to particular sets of social personalities, or when it is used by a particular set of speakers. The shades of meaning are different also according to whether or not the term is used in the singular or the plural.

Furthermore, the close relationship between features of the social and political organization, on the one hand, and principles of land tenure, on the other hand, as it is revealed, for example, from the close coordination that may occur between territorial and lineage segmentation, has been demonstrated by many students of African societies.

This does not mean that land tenure is merely an aspect of the social and political organization. African peoples have elaborated a series of specific ideas and conceptions with regard to land, ranging from the recognition of various kinds of boundaries to that of many topographical subdivisions, and a precise knowledge of the many parts of the environment to knowledge of other groups' lands, from an elaboration of Earth cults to the recognition of ritual rights vested in persons or groups.

There is also a delicate balance between rights and obligations vested in individuals and in groups and their segments; complex also are the relationships between the rights and duties of chiefs and headmen, villages and different social segments, secular and ritual authorities, elders and juniors, etc. Within the same society, different systems of land tenure may coexist. The effect of legal rules may differ for different types and categories of land, or for different activities (e.g. hunting as opposed to agriculture; trapping as opposed to battues, etc.), or with local differences in population density. Under conditions of modern social and economic change, the variety and multiplicity of land tenure systems and the complexity of the land rights have continually increased.

Africa has always been characterized by the diversity of its techniques, forms of production, and degrees of productivity. In the course of time, different modes of life were combined and many economic adaptations and transformations took place. Often a remarkable balance between different economic orientations was realized. The greatest diversity of techniques and developments occurs in the sphere of agriculture. Agricultural systems range from extensive and fortuitous methods to shifting cultivation, with different fallowing procedures, and to permanent and fixed agriculture.

Besides the many changes that occurred in past centuries, various encouragements, particularly in the spheres of agriculture and cattle-raising, were given during the colonial period. New food or export crops were introduced, the cultivation of existing crops was rationalized, agricultural methods were intensified, soil-protection measures were initiated, communication systems and markets were developed. The success of these transformations is often linked to such factors as the time-period involved, the new opportunities created, the degrees of adaptation, etc. Nowadays some African peoples produce food crops only for local markets; others produce them for larger African markets or world markets. These multiple and differential developments have already affected conceptions of legal right in matters of land holding, and will increasingly do so.

But some general features of African traditional systems of land-tenure can be indicated here. Generally speaking, land was plentiful; this allowed for several forms of more or less extensive exploitation of resources. Control of land was essential to the survival of the different groups but it had little value for exchange. Title to land meant both prestige and subsistence; it meant continued existence and some kind of sovereignty for the social groups. Land was vested in groups (chiefdoms, villages, lineages, other types of social groupings) represented by their chiefs, elders and/or councils. All had rights of access to land; but these rights derived essentially from membership in the groups mentioned; in some cases, they resulted from political allegiance of the subject to the political authority. Thus, land tenure was everywhere both 'communal' and 'individual'. Many rights in land could also be obtained through marriage, migration, friendship and formal trans-

English Summary

fer. Land being accessible to all, it was also commonly held that all a man's successors had equal rights to his land. The exercise of any right was always limited by obligations and counterbalanced by others' rights and privileges. Technical, economic and even magical factors limited the amount of land utilized by a family or an individual. Individual security was great, provided the necessary respect for the ethical code of the group was maintained. In order to be securely held, individual rights did not necessarily have to be permanent or hereditary. The degree of permanence of rights depended in a large measure on the particular modes of life, soil fertility, various ecological factors, frequence of migrations and nature of economic activities. Effective use and appropriation were generally essential for the maintenance of individual and familial rights in a particular piece of land. Villages and lineages, on the other hand, did not have to make continued full use of all their land in order to maintain their claim to the entirety of their territory. The notion of vacant lands, as introduced by colonial governments, did not exist, and no-man's lands between different tribes did occur. The representatives of the various land-holding groups did not necessarily have among their attributes the right to allocate land to members and non-members; their role was rather to maintain peace between the land-using units, to defend the integrity of the territory, or to ensure its fertility. They might also have specific rights in taxes, royal tribute, labour, etc. Quite often a number of different social personalities exercised rights and claims in the same piece of land; this must not necessarily be interpreted as an hierarchy of tenures or a formal system of successive allocations of land. Generally speaking, litigation over land was not frequent, particularly within the land-controlling units or in relationships between closely related groupings. Movements and expansions of groups have been recurrent causes of territorial changes (extension and contraction of territories; changes of boundaries, illegal occupation of land, etc.) and have led to the coexistence of different groups, exercising different claims, on the same tract of land. All this led to many changes in the scope of existing rights, or in the nature of the rights; it led to conflict or withdrawal, ritual or political arrangements between groups.

Conflicts within the tribe, between villages or lineages, did occur, but generally they were easily settled through the acceptance of common values, and common sanctions, through fission of groups and through various symbolic arrangements. Temporary rights could easily be exercised by different categories of persons, but the rights derived from first occupancy or first clearing were generally emphasized. Widely current was also the idea that the land is, in one way or another, associated with the ancestors. Many new factors have now entered into the picture and these are becoming increasingly important. Scarcity of land associated with increasing population, agricultural improvement, the development of new markets and the resulting greater demand for good lands; new ideologies concerning inheritance or economic cooperation; intervention by courts; new land legislation; transplantations and resettlements of groups, may especially be mentioned in this context. The range of responses made to all this is truly a wide one. The selling of land is a current practice in some regions, whereas in other areas the idea of alienating the land is still a very repugnant one. In some tribes rights have become highly individualized, whereas in others land largely remains under the control of various types of groupings or of political authorities. In some areas various services continue to be a condition to the exercise of rights in land, whereas in others such obligations have been abolished or replaced.

African systems of land-tenure today are accordingly the outcome of many developments, which occurred in pre-colonial and colonial times. Migrations, contacts between peoples, internal political, economic, social and technological changes and the spread of new religious ideas have shaped, modified or complicated the existing land-tenure systems. The composition of the groups living on and working the land has changed; the demarcation of land units has been modified or intensified; lands have been divided or shared; the nature and contents of rights have altered; new categories of persons have acquired rights of control in land; new conceptions about the land have originated. African peoples have themselves variously reinterpreted the historical events

English Summary

which shaped their land-tenure system, attributing special significance to local migrations of and contacts between different groupings, to patterns of settlement and expansion. A more systematic study of land-tenure in historical perspective might afford a deeper understanding of some trends in social arrangements which for centuries have been manifest in Africa. Contacts between different populations were established in varied ways through conquest, occasional raids, pacific expansions and infiltrations. These movements have resulted from such factors as demographic growth, social calamities, search for better lands or water sources, migrations of animals, social and political disaggregation, transhumance, nomadic ways of living. Whether they were massive or diffuse, systematic or somewhat fortuitous, continual or intermittent, and, notwithstanding the various ways in which these contacts were realized, generally speaking great importance has been attached to a first occupancy of land and to historic title in it. This has been generally expressed through various ritual arrangements, customary tolerances, and magico-religious doctrines. Generally, the meeting of two different social groupings or of two different ethnic groups resulting in the co-existence of both groups on the same lands led to a number of new and important arrangements. The autochthonous group might maintain a set of ritual privileges derived from its mythical association with the soil; it might retain the effective control of ownership only on some of its former lands or it might retain almost all its original land rights, the conquerors or newcomers claiming only political control (ruling over men, not over land); or a complex system of overlapping but different land units and rights might be elaborated together with a multiple land-tenure system.

The ideology of expansionism held by a particular people has left an imprint upon their land-tenure system, its conceptions concerning spatial organization and the values attached to the land. The ways in which expansion and conquest took place can explain a good deal concerning special features related to the holding of land. In order to understand the working of certain systems, it may be essential to analyse the ways in which peoples conceptualize their first establishment and expansion in a given area.

In many parts of Africa, the question of land scarcity is a very acute and difficult one. It is tied up with a great many factors: demographic, technological, ecological, economic and social; it is also linked with the alienation of lands in favour of strangers and with the organized displacement or migration of groups. The fundamental problems involved seem to be the adequate redistribution of the population and the transformation of agricultural methods. Land scarcity and carrying capacity of land are conditioned by a great variety of interchangeable factors; for this reason, both are relative concepts. Some pressure on the land may be manifest in regions where population density is very low, where physical conditions are particularly unfavourable or where agricultural methods are extremely extensive. Different peoples also have their particular conceptions about needs in land. Among agricultural peoples, who still attach great importance to hunting and food gathering, it may be felt that the availability of large uncleared tracks of land is vital. If moreover the soil is poor and game is rare, hunting and gathering rights may be rigidly circumscribed. The same demands for plentiful lands may be felt by pastoralists, or by banana growers or in regions where large natural palm-groves are exploited. In such areas the slightest loss of land or increase of population may be regarded as a threatening reduction of necessary resources.

In many cases, scarcity of land or the feeling of such scarcity are due to extensive agricultural methods, to particular values attached to the land, to the great poverty of the soils and to the general level of economic development. But there are regions, of course, where the considerable increase in population enters a good deal into the picture. When this demographic growth makes itself manifest among shifting cultivators accustomed to possessing plentiful lands, several reactions are possible: shifting cultivation may continue with a reduced cycle and this results in the rapid exhaustion of the soil and lowered outputs per head; the alternatives are partial emigration or modification of existing agricultural methods. Land acquires a scarcity value, more precise claims concerning fallow lands are developed, the content of rights exercised by individuals is more clearly established, and it becomes increasingly difficult to

English Summary

transfer rights in land to non-members of the kin groups or local communities. However, as was outlined for Northern Rhodesia in this respect, residence rules and the place of land in the money economy seem to be the more important factors in shaping the changing content of land rights.

When we study the effects of increase of population in conjunction with the role played by the development of markets and of the introduction of cash crops, a few general tendencies may be recognized. Where land was traditionally controlled by kinship groupings, the genealogical depth and the size of these groups tend to decrease. Where land was held by villages, inheritance rights exercised by families and individuals on fields and fallow lands tend to be more strongly stressed. This is particularly so with regard to arable land. Grazing and hunting lands may continue to be effectively controlled by larger groups, but the acreage of these lands diminishes.

With regard to inheritance rules, the claims of sons tend to be more emphasized in matrilineal societies, not however without many difficulties. Donations *inter vivos* and testamentary disposition acquire some importance. Where inheritance was of the adelphic type, rules of filial succession began to develop. At the same time, the acquisition of land is more and more based upon inheritance, for lack of available unoccupied lands. Nevertheless, the idea persists that all members of the group have the right to use the land; this leads to the continual subdivision of occupation units; lots may become so reduced that they cannot support a family. It may follow from this that younger individuals are unable to find arable land or land sufficient for growing cash crops; or that some inheritors are compelled to emigrate or to acquire, in various ways, small scattered plots. This leads to fragmentation and dismemberment of existing holdings; it hampers various technical improvements and contributes to a growing feeling of insecurity; it contributes to more or less permanent or seasonal migrations or to the emergence of categories of tenants and paid labourers. The traditional rights of village and lineage headmen and of chiefs are also affected by this growing scarcity and fragmentation of land, particularly if traditionally they had the right to distribute and assign plots. On the other hand, however, it is clear that the continuance of rights of control in land exercised by these categories of people has often been favoured through the intervention of the colonial administrations. Other tendencies are also manifest, such as, for example, a greater insistence on the concept of limits and boundaries or a greater differentiation of different types of rights in land, or greater litigation over land. Disputes over land are especially related to such questions as the precise delimitation of parcels of land, or the nature of the various titles, or the rights of the controlling groups. Many of the cases presented nowadays either did not occur formerly or, when they occurred, were placed in a different context; many of these disputes were settled, inadequately or provisionally, because of the lack of evidence, the default of strict legal rules and procedures, and the conflict between *de facto* situations and *de jure* claims, etc.

Finally it would be difficult to assess exactly the effects exercised by these new factors on the concept of alienability of land. The very definition of the exact nature of alienation is difficult, since different forms of transfer have always been conditioned by various social and ritual limitations. It would seem that in many regions the emergence of new conceptions about alienation is linked with the processes of desocialization and of individualization of land holding. We should, however, not overlook the fact that in many situations the growth of a feeling of insecurity and of hostility towards outsiders, as the outcome of increased land scarcity and greater demand for land, have resulted in stressing the concepts of inalienability, of group ownership and of ritual sanction in land-tenure.

The significance and importance of land in Africa at any given time and place are determined as much by various magico-religious considerations as by the economic factors or the social and political structures of the different communities. The special relationships between the ancestors and the land have been emphasized by many authors; in regions where the colonial governments had introduced the principle of state control over the so-called vacant lands, the mythical association between ancestors and land had become one of the major themes in demonstrating the inalienability of the land.

In many societies, the specifically religious character of relations to land is linked to certain parts of it, e.g. cemeteries, initiation lands, lands that are haunted with spirits, lands where the mythical emergence of ruling dynasties or other groupings took place, former village sites, or lands on which certain shrines occur. The existence or absence of such lands may be linked to the degree of mobility of certain populations. Several examples are given of the nature and importance of these sacred places in various parts of Africa. In relation with first occupancy, we note that there exists in many parts of Africa a special association between some social groupings, which are considered to be the first settlers in particular areas, and the exercise of special rights. This is particularly apparent in regions where the peopling of the area is the result of successive immigration waves of ethnically similar or different groupings. In these cases a set of ritual rights may be attributed to the first settlers and another set of political rights to the later immigrants. Various arrangements of this kind are discussed for the Tonga, Mandari, Bete and Dida, Bembe and Mossi.

There are also various forms of veneration of the earth. The earth may be identified with a divinity or its generic vital and sacred character may be emphasized. In centralized societies, as among the Lozi, there may also exist a special identification between kingship, land and nation.

In the past, and still today in some African countries, colonial governments have made many efforts to improve the agrarian systems. Some of the major goals to be achieved were: the organization of improved forms of more abundant production through increased productivity in quantitative and qualitative output; the better organized distribution of the agricultural produce; the preservation of soil fertility; the fixing of populations and the consolidation of lands; the relief of overpopulated areas and saturated lands. Efforts were directed towards transforming the subsistence economy, improving land usage, and solving problems of land scarcity and exhaustion.

Introduction

Transformations of land tenure and agricultural systems are not new in Africa. Movements and contacts of different peoples and social groupings, segmentation and scission of existing groups gave rise to many and varied adjustments. Many economic changes also took place in past centuries: hunting and food-gathering tribes embarked on agriculture and/or pastoralism. Particular agricultural complexes – which originated in Africa, or outside it – swept over the continent and were adopted, adapted and transformed by different peoples. In more recent decades, new cash and export crops have been accepted and integrated in the local economies; this led to some remarkable social adaptations. Many local encouragements given by colonial governments and specialized agencies were highly successful – as when, e.g., they resulted in effective action against soil erosion and degradation, the adoption of crop rotation, or the amelioration of food crops, or the development of better communication-systems and markets. These efforts were the more successful as they interfered little with the existing social and spatial organization or the modes of land-holding of the peoples concerned. However, particularly in recent years, colonial governments have initiated many large-scale plans and schemes for agricultural development, which implied extensive changes in the systems of land-holding and in the social organization of African peoples. Many of these audacious programmes faced several kinds of problems. These resulted from the existence of zones unfavourable for rapid and adequate agricultural development because of certain environmental, economic or human factors: the deficiencies of traditional agriculture; the cultural obstacles; and the difficulties of legislative action undertaken by the colonial governments which was often vague, ill-adapted and somewhat artificial.

Confronted with these problems, the plans proposed included large-scale transplantation of populations and consolidation of plots, fixing of populations and transformation of agricultural techniques, introduction of new cash crops and extension of existing food crops, registration of existing rights and legislation on the accession to private ownership, etc. Although technically very advanced, most of these plans did not produce the effects that were sought, particularly since the human factors involved – such as feelings of insecurity and frustration, attachment to the ancestral land, unadaptability of immigrants to the new social environment, structure of the family and lineage groupings, principles of inheritance, etc. – had been underestimated or were thought to be easily malleable. There were other problems involved, such as women's rights, the separation of related kinship groupings, the loss of the traditional sources of prestige, the continuity of matrimonial links, etc.

Some plans were also based on the assumption that the achievement of stable individual tenures, and the generalized introduction of private property in land were ultimate goals. But this again implied strong legal regulations, the definitions of optimum sizes of holdings, thorough technical aid, solution of inheritance problems, and it increased the difficulties linked with anti-erosive measures, utilization of mechanized cultivation, use of insecticides, irrigation, etc. It is clear that individual rights have, in general, been well secured in Africa, and that further individualization of rights is increasing rapidly. However, it remains diffcult to predict and define the exact content of these rights, particularly in the light of the problems relating to their alienation. It would seem that, in many instances, the individual rights, including the rights of alienation, refer not to the land as such, but to its produce, to the active farms and fields and that they operate only between certain categories of people, in certain circumstances and with certain restrictions.

One of the greatest difficulties that centres on the introduction of private land ownership seems to relate to determining the optimum use of agricultural exploitations. Many factors, such as soil variability, technological development, nature of the crops, available human potential, structure of the family and degree of initiative of the individual farmers, have to be taken into account. Where more or less developments towards private appropriation of lands have taken place, great differences in the size of exploitations have occurred. This may lead to the emergence of a hierarchy of large land-owners, of poor farmers some of whom are heavily indebted, and of agricultural labourers. The redistribution and allocation of so-called vacant lands to individual farmers has often been looked on by them with suspicion because they know that there were and are pre-existing rights in these lands and that therefore their title to them is precarious. This is the more so since action undertaken by courts has often, in this respect, been inadequate.

II. SPECIAL STUDIES

I. LAND-TENURE PROBLEMS IN RELATION TO AGRICULTURAL DEVELOPMENT IN THE NORTHERN REGION OF NIGERIA

KENNETH D. S. BALDWIN

INTRODUCTION

The population of the Northern Region of Nigeria, as recorded in the last Census, taken in 1952, was 16,840,000. It is generally considered that it is increasing at the rate of 2 per cent. per annum and the latest estimate available is 19,877,000.[1] The overall population density is 71 per square mile, but this obscures very wide variations. Thus in the twenty-mile belt outside Kano City and part of northern Sokoto the density is well over 400 persons per square mile, while in the Borgu Division of Ilorin Province it is under 10.

It has been stated that the main land problem in Nigeria is not at present one of shortage of land but of how to effect a redistribution of population.[2] This is essentially a social problem in which people have to decide whether to leave their native homes and settle permanently many miles away, cutting themselves off from the previous social and political organization to which they have been accustomed. As the population rises, available land becomes more scarce and local political consciousness increases, so the people in the receiving areas become less willing to accept immigrants. In contrast to the large-scale movements noted between the World Wars, which were encouraged by Emirs and others anxious to increase the numbers under their dominion, for example the great influx from French Territory into Katsina Emirate, the author is aware of only two small long-range movements in the

[1] *Digest of Statistics*, Federation of Nigeria, Lagos, Vol. 11, No. 2, April 1962.
[2] Meek, 1946, p. 146n.

last few years. These were of people from Kano and Sokoto Provinces to Northern Bornu and to the Gombe area of Bauchi Province, where there were large unpopulated areas suitable for growing rice and cotton respectively. Probably in earlier days the heterogeneous origins of the peoples who made up the political entities helped to make the acceptance of strangers into the community easier.

AGRICULTURAL ECONOMY

Eighty-three per cent. of the men working in the Region were reported at the last Census to be engaged primarily in agriculture. Most women undertake some farming work, but in few cases do any of the heavy work. It was estimated in 1951 that the farming community produced 55 per cent. of the Gross Product of the Region.[3] The background to the agricultural economy was provided by the 'fundamental doctrine' laid down by Sir Hugh Clifford, a Governor of Nigeria in the 1920s: 'Land policy should aim primarily, mainly and eventually at the development of the agricultural resources of these countries through the agency of their indigenous inhabitants'.[4] As a result, agriculture is based upon African production, carried on by hand under traditional forms of land-tenure, and, in contrast to some other parts of Africa, there is no 'estate' agriculture. After the establishment of law and order in the country, and with the improvement of communications, production for internal trade expanded and a stimulus was given to the production of crops for export. Today, it is not possible to make any clear distinction between subsistence and exchange activity; rather, the two are inextricably bound together. Everyone who is a producer of cash crops is to a greater or lesser extent a producer of crops for his own consumption. There can hardly be any people left in the Region who can be unequivocally labelled as subsistence producers only; much the most common situation is that of people consuming part and selling part of their output either for use internally within the country or for export.

[3] Prest and Stewart, 1953, p. 61.
[4] Quoted by K. M. Buchanan and J. C. Pugh, 1955, p. 100.

The export position is fairly well known. The Northern Region Marketing Board has in the last few years been purchasing over half a million tons of groundnuts and over 100,000 tons of cotton for export, apart from minor crops such as sesame and soya beans. This is exclusive of sales by the farmers for local consumption. Little is known about the trade in locally-grown foodstuffs but clearly it is in total very large. It has been estimated that over 200,000 tons of yams and over 60,000 tons of grains are sold to the Eastern and Western Regions.[5] This production comes from a very large number of small farms. How many it is hard to say. It is possible, however, to obtain some indication through data on the number of households. The total of these was recorded at the last Census as 1,881,000. If it is assumed that the ratio of farming households to the total is equal to the ratio of men engaged in agriculture to the total male working population, then the number of farming households was 1,562,000. Since the population has increased since 1952 by some 15 per cent. the number of farming households would lie between 1,800,000 and 2,200,000. It is by no means clear how a household was defined but it seems from the Census instructions that it normally meant a man and his wife or wives and their children who were living together in a recognizable grouping. It is of course not necessarily true that this group farms as a unit. Individuals within it may cultivate their own separate plots or the group may combine with others, probably related, to farm some larger area. In the absence of any other evidence, experience would appear to show that it is a not unreasonable assumption that normally the household may be taken as the farming unit.

THE SIZE OF FARMS

There has been much confusion about the sizes of farms that are cultivated, largely because agriculturists and others have been unaware of the work done by anthropologists. Farms are often said to be larger in one place than in another. This statement is only sometimes true and usually ignores the fact that the size of the

[5] Ministry of Agriculture, Northern Region, *Movement of Local Foodstuffs*, Kaduna, 1957, p. 30.

68   Special Studies

related group that lives and works together is different. Such evidence as is available shows a remarkable consistency throughout the Region in the average cultivated acreage per male engaged in agricultare. In 1950–51, a widespread enquiry showed that the average was 3·5 acres, varying from 2·2 in Sokoto Province to 5·1 in Plateau Province.[6] In Niger Province the average was 3·7 acres and when the author carried out quite independent enquiries in 1954 in two Districts in the same Province he obtained figures of 4·1 and 3·7.[7] He has also worked over the original data collected for a number of reports on other areas in the Region and has found that the figures of acreage per male adult cultivator lie in a range of 3·8 to 4·6. There is some evidence to suggest that this acreage is higher than it used to be. Thus Nadel's data on the Nupe, collected in 1935, seem to imply this, since the figures he gives work out at about 2 acres per male adult.[8] Meek, writing in 1946, refers to 'the two acres per head which have hitherto been the average amount of land worked by a single individual'.[9] No such references have been found after 1950 and the most plausible explanation would seem to be that given by a report in 1957:

> Examination of reports in files shows that there was a startling change in the movement of foodstuffs about 1950–51 when the first effects of the post-war building of feeder roads began to be felt. After 1950–51, the opening of new roads suitable for lorry traffic enabled foodstuffs to be moved more quickly and easily and in far greater quantities and over far longer distances than had formerly been possible by donkey or by simple head-loading. This change also resulted in higher prices being offered to producers in the more remote areas so that it became worthwhile to produce surpluses for export from their home areas.[10]

The average acreage cultivated per household depends largely on the number of male adults. The author found in his enquiries in Niger Province mentioned above that the average number of male adults per farming household was 2·2 and 1·7 in the two Districts investigated. A figure of 1·6 was quoted in 1948 for a

---

[6] *Report on the Sample Census of Agriculture, 1950–51*, Lagos, 1952, p. 60.
[7] Baldwin, 1957, p. 131.
[8] Nadel, 1945, pp. 212 and 367.
[9] Meek, op. cit., p. 154.
[10] *Movement of Local Foodstuffs*, p. 29.

District in Zaria Province.[11] Households in the Shendam Resettlement Scheme in the southern part of Plateau Province were found in 1957 to contain an average of 1·6 to 2·1 male adults varying according to village. Using the Census date of 1952 it would seem that the average number of adult males in farming households was 2·5. As a generalization, we may take working figures of 4 acres per male adult cultivator, and 2 male adults per farming household, or 8 acres cultivated per household. The remarkable uniformity of the data suggests that there is a critical point beyond which the farmer cannot cultivate further acreage. This point appears to be determined by the amount of weeding which is necessary *after* planting. The initial clearing of the land and harvesting are operations for which a certain leeway in timing of execution is possible. Planting is a light task which the farmer can easily perform with the help of his womenfolk and children immediately after the first rains. The post-planting weeding is tiring and tedious but must be done without delay to ensure that the crops are not smothered by weeds. Though small boys usually help in it, in most tribes, with some noteworthy exceptions, the women and girls do little and in some places nothing. Under tropical conditions the rate of plant-growth is very rapid and a delay of a day or two may result in serious loss of the crop. The author's enquiries in part of Niger Province showed that 17 man-days per acre were required for weeding, and other officers confirmed that this was in line with their own estimates of 16 man-days elsewhere in the Region. It is interesting to find that 16 man-days per acre were also required for an area in the Sudan.[12] After the farmer plants his crops in mid-May, he then has two busy months – June and July – when he is fully occupied and cannot take on any extra work.

THE IMPROVEMENT OF AGRICULTURE

The study of soils and their fertility has led agriculturists throughout Africa to pay particular attention to raising fertility or at the least to preventing its depletion.

[11] Cole, 1952, p. 9.
[12] T. W. Clouston, 1949, p. 13.

The failure of the groundnut scheme and the decay of the Mayan civilization in the seventh century should convey the same warning. The first, according to Dr. Stamp, was essentially the price of a disastrous ignorance about the soils of Tanganyika, and the second, according to Professor Gourou, was the result of precisely the same ignorance in Central America twelve centuries previously. The use of the hoe and shifting cultivation, even with unduly short bush fallows, delayed the final destruction of the agricultural land round the superb Mayan cities for a hundred years; the millions of pounds' worth of agricultural machinery at Kongwa came to grief in three or four. But in both countries disaster came from misuse of the impoverished soil of the tropics.[13]

At the same time the productivity and hence the income of the farmer must be raised. This could result from more intensive or more extensive farming or both. Most proposals have involved an increase in the acreage to be worked by the farmer but it is of little use, as has been shown above, to prepare more land for him than he can care for. Mechanization has so far failed for this reason both in Northern Nigeria and elsewhere.[14] It is probable that this too is the reason for the imperfect success of the Mixed Farming Scheme, the policy and aim of which were defined in 1953 as follows:

The present object of the Mixed Farming Scheme is to settle the mixed farmer on a permanent self-contained holding with a farming system which will not only maintain but will increase its fertility; a system which will enable the farmer to feed all his stock from the by-products of the farm and not resort to trespassing on other people's land in search of food and will, at the same time, by increased production, raise the standard of living of the farmer. While recognizing the overall necessity for increasing the size of mixed farmers' holdings, the wide differences that exist in land reserves in the various Provinces make it impossible to recommend a uniform size of holding throughout the region. It is however recommended that in establishing new mixed farmers the aim should be to ensure that each farmer has the use of as much undivided land as is consistent with the land resources of the locality and that the minimum to be aimed at should be 20 contiguous acres. In Katsina Province and parts of Kano Province a more intensive system of mixed farming embracing the heavier use of fertilizers and feeding stuffs should be introduced. In all mixed farming settlements the individual holdings should be not less than 40 acres.

[13] Review of *The Tropical World* by Pierre Gourou and *Africa: A Study in Tropical Development* by L. Dudley Stamp in *The Economist*, August 15, 1953.
[14] Baldwin, op. cit., p. 138.

Land-Tenure Problems

On this, Mr. P. C. Chambers, Adviser on Agriculture to the Region, has commented:[15]

> In connection with this declared policy and aim it should be appreciated that more than half of the mixed farmers established have less than twenty acres of land, and that, while some consolidation has resulted, most have a number of scattered fields, and that apart from crop wastes and in some cases grass on fallow land or planted as field boundaries, nearly all farmers still draw their cattle feed both grazing and cut fodder or hay from outside their farms, using their animals as fertility vectors.

Grove has stated that:[16]

> In the past half century the region between Kano and Katsina has been the most important area producing export crops in Northern Nigeria. Pressure on the land has continued to increase and has reached a stage where there are more than 300 persons to the square mile, and little more than an acre of cultivable land per head. There is insufficient land fully to occupy the capacities of many of the farmers; the land is not rested, crops are grown on soils which are not very well suited for tillage; and the common grazing-land is seriously impoverished and eroded.

He has also said that it would seem that mixed farming will make progress in the congested Districts only if a considerable number of small farmers emigrate.[17]

AGRICULTURAL DEVELOPMENT AND SETTLEMENT LAYOUT

The pressure of population and the increased acreage cultivated has seriously reduced the amount of free land available, particularly in the most northern Provinces. The old system of allocating portions of land from within a given area by a political or lineage head is giving way to permanent rights in fixed portions of land for an individual and his successors. This constant subdivision inevitably leads to very small and often scattered plots and since there is an upper limit to the amount of land that can be worked the introduction of new agricultural techniques such as mixed farming or mechanization is inhibited. It is for these reasons that the government has made many attempts at controlled population redistribution and planned land settlement. Large-scale schemes have

[15] *Report of a Conference of Directors and Senior Officers of Overseas Departments of Agriculture and Agricultural Institutions*, London, 1958, p. 27.
[16] Grove, 1957, p. 51.
[17] Ibid., p. 40.

inevitably had to be established in virtually unpopulated areas so that there is a minimum of interference with existing rights. In such areas, too, it is easier to try to find the best way of developing sound agricultural settlement before the pressure of population makes it too difficult. Most of these schemes are attempts to combine the advantages of large-scale farming with peasant holdings and are based on the rights of individuals to the usufruct of fixed demarcated areas. The intention of these schemes is essentially to replace shifting by settled cultivation, which requires the maintenance of fertility by the use of proper rotations and other methods. This demands close control over the farmers to ensure that they do use improved methods. Where there is adequate land for the continuance of shifting cultivation, farmers naturally cannot see the need for controls and it is very difficult to persuade them of this need.

Wide powers have been taken under the Land and Native Rights Ordinance to control settlement schemes through regulations known as the Native Authority (Control of Settlements) Regulation, 1949. The principal features of these regulations are that:

(1) portions of land may be declared as settlement areas by the appropriate Native Authorities with the consent of the Resident of the Province;
(2) within these areas holdings are allotted by the Native Authority which issues to the holders Certificates of Occupancy;
(3) a Certificate of Occupancy is held by one individual and a holding may not be subdivided. In the case of inheritance the holding shall either pass to one heir *in toto* or the realizable assets may be converted into cash and the land revert to the Native Authority;
(4) the Native Authority has the right to revoke the Certificate of Occupancy of any holder who does not conform to the agricultural standards laid down;
(5) the layout of villages and the design of houses shall be subject to the Native Authority's approval;

Land-Tenure Problems

(6) the number of people per holding shall be limited to ensure economic use of the land and maintain a high standard of health and hygiene within the settlement;

(7) farming shall conform to proven principles which will cover the method of cultivation, rotation and fallows, manuring, soil conservation measures, care of livestock and grazing, clearing forest cover and cutting of firewood.

These are of course only enabling Regulations, that is, they permit the Native Authorities to make orders and vary them as and when necessary. Some are essentially economic, whilst others are for welfare purposes. All however restrict severely the freedom which the farmer has hitherto enjoyed under his indigenous customs and it is not surprising that they are extremely difficult to apply and in many cases have become a dead letter.

The experience of the large Shendam Resettlement Scheme in the southern part of Plateau Province is instructive.[18] The Scheme was intended to induce certain of the peoples living in the hills to settle on the plains through the provision of roads, water supplies and other amenities. At the same time the villages, the compounds in them, and the farms are demarcated so that there could be strict control over the number of people who came in and over their farming practices.

In the first place the present state of knowledge is inadequate for the Ministry of Agriculture to give any sound advice on the optimum size of holding per farmer. When the Scheme was started in 1949, each farmer was given 20 acres comprising a 2-acre home farm near his compound and a main farm of 18 acres – 10 under cultivation and 8 grass fallow – in the shape of a rectangular strip further from his home. In the settlement villages established in the next two years, the total acreage was increased to 22 to allow for a fallow period equal to that of cultivation. The farms however were laid out in blocks as nearly square as possible. Under the previous system there was at least the advantage that all farmers started clearing from the same baseline. Under the new system the farmer could start where he liked with the result that he had an isolated

[18] Data from Luning, 1957.

field, usually without contact with his neighbours. Control over the fallow was exceedingly difficult, and through the isolation the farms suffered more seriously from diseases and the depredations of vermin and wild animals.

In 1952 the farms were reorganized so that every settler had 32 acres, 16 being fallow. A creeping fallow was decided upon, in which a plot, after being cultivated for four years, was left fallow for four years; the farmer then cleared and cultivated a new plot within his rectangle. While he could in theory farm a full 16 acres, in practice the average lay between 7 and 8 acres. Enquiries from a selection of settlers in 1957 gave the following data:

Acreage cultivated	Number of settlers	Percentage of settlers
0– 4·0	80	22
4·1– 8·0	156	42
8·1–12·0	90	24
12·1–16·0	23	6
16·1+	21	6
Total	370	100

It will be seen from these figures that 94 per cent. of the settlers were not cultivating the full acreage which was permitted. Of those cultivating less than 4 acres, 23 were farming rice in addition outside the settlement area or had other occupations, 45 had very small families and were virtually farming alone, while the remaining 12 were lazy or bad farmers. Of the 21 farming more than 16 acres, most had very large families, and some were attempting mixed farming with oxen and ploughs. The main objection to this system is its rigidity in relation to family needs. Following from this, it is obviously exceedingly difficult to enforce the fallow rule in the interests of maintaining fertility without keeping the most detailed records of all the fields of all the settlers, and this involves expensive supervisory overheads which less-developed countries can ill afford.

A new system is now being tried, the principal features of which are:

(1) the total village farming area is divided into eight blocks round the settlement village itself;

(2) at any given time half the acreage (four blocks) is to be fallow, the other half (four blocks) under crop; a four-year cropping and a four-year fallow to be enforced;
(3) one crop only is to be grown in each block, but crops were to rotate annually from block to block;
(4) the farmers themselves will allocate the land within each block to each other according to their individual requirements.

The striking similarity of these proposals to the Open Field system in medieval Britain and other Western European countries will be noticed,[19] and it will be valuable to see the progress achieved.

CHANGES IN LAND-TENURE

It is often tacitly, and sometimes openly, assumed that the object of land-tenure policy in Africa should be the encouragement of consolidated individually held holdings. It is considered that the farmer will then use better methods and make improvements to his holding, since he, and not some unknown person who will farm the land after him, will reap the benefits. Individual rights tend to emerge in any case:

(a) when the community is no longer able to resume land in individual occupation;
(b) when there is no longer any communal land available for allocation; and
(c) where the re-allocation of land is difficult owing to the existence of permanent crops and buildings.

Continuous cultivation, based upon simple crop rotations and the use of manure on permanent and well-defined holdings, is developed chiefly in the vicinity of the bigger towns of the Sudan zone, where the light, easy-working soils lend themselves to intensive cultivation, and where the absence of tsetse fly makes possible the keeping of larger types of stock. Cultivation of this type, often with subsidiary irrigated cultivation along streams, is found around Sokoto, Zaria, Katsina and Maiduguri, and attains its highest degree

[19] Orwin, 1954.

of development in the Kano close-farmed zone. Conditions in this latter area illustrate the general characteristics of the system.

The Kano close-farmed zone occupies an area of some 2,000 square miles, forming an irregular ellipse with Kano as its centre. The density of rural population is extremely high by African standards – taking the zone as a whole it is between 400 and 500 per square mile – and this has been made possible by a favourable combination of historical and physical factors; by the security afforded by the Kutumbawa state and its Fulani successor; by the presence of easily accessible ground-water supplies; and by the easy-working sandy soils which lend themselves to intensive cultivation. Of the total area, some 90 per cent. is under cultivation; even so, as a result of population pressure, holdings are small (3–4 acres), and to produce an adequate supply of basic foodstuffs and of the export crops upon which the local economy is coming increasingly to depend, the Hausa cultivator has developed a skilful system of intensive land-use. Cropping is based on the food-grains, millets and sorghums, which occupy 57 per cent. of the cropped area, and groundnuts, which occupy 31 per cent. In addition, minor crops, such as cassava, sugarcane, cocoyams and sweet potatoes, are produced, often on the heavier soils beside streams or on the floor of small marshy depressions. Every available type of manure is utilized: the droppings of sheep, goats and donkeys and of migrant cattle, ashes and household waste. Further, many of the farmsteads are insubstantially built of corn stalks thatched with mud, and these are periodically dismantled, and the site, enriched with household refuse, is cultivated while a new dwelling is built elsewhere on the farm. An additional source of nitrogen is provided by the leaf fall of the various farm trees (notably various species of acacia) which are dotted about the holdings. By these means, the farmer maintains a reasonable level of fertility in soils which have inherently a relatively low nutrient status, and has succeeded in eliminating the need for long periods of fallow.

The cultural landscape of these close-farmed areas is unique in Nigeria; except for the numerous farm trees, the natural vegetation has been obliterated over wide areas, and the land is parcelled out into small fields, bordered by boundary hedges of henna, euphorbia or *jema* grass, and closely dotted with small thatched farmsteads. It is a landscape contrasting strikingly with the landscape of irregular shrub-invaded clearings typical of the Guinea zone or the forest-girt plots of the southern high-forest zone.[20]

In such areas land is beginning to acquire a cash value[21] but it will require a major social and economic revolution to bring about consolidation into larger holdings. A strong but impersonal legal conception of 'contract' has largely taken the place of the former

[20] Buchanan and Pugh, op. cit., p. 111.
[21] Grove, op. cit., p. 45.

notions of customary tenure dominated by personal relationships particularly of kindred.

A certain amount of public control is certainly required in the interests of good husbandry. Outside the Iron Curtain it is probably greatest in the United Kingdom and Netherlands. In Africa it needs to be applied as lightly and gradually as possible. One of the lessons of Mokwa was that it was applied too abruptly and without adequate knowledge.[22] There, the settlers were told where to live, in houses of a type to which they were not accustomed and did not like; where to farm, on land selected by European strangers and not from local experience; what to plant, and frequently with seed which they did not regard as good, and when to plant, on dates which were late owing to the ridging not being finished. They found themselves in trouble if they went away to see their families or to attend some festival. Some found themselves farming on worse land or farther away than others owing to the allocations made. One local Nupe remarked bitterly about all this that 'it is better to die of hunger than to be a slave'.

No agricultural advance is possible with only a hoe and four acres; but neither will the provision of forty or four hundred acres per farmer be of any use unless capital and knowledge, for example expensive mechanical techniques, are available to develop them. In modern conditions, and in almost all countries, these are coming more and more from Government departments and public agencies. But if public capital is involved the greater will be the degree of government control and the greater the curtailment of private rights. Recognition of this in the Northern Region also shows itself in a far more sympathetic attitude than that of the previous Colonial Government to plantations. Expatriate firms, having learned the lessons from Malayan plantations, but which are still willing to provide part of the capital and most if not all the skill, now seek considerable local participation. Since the amount of local privately held capital is negligible, the only other sources are the Government and semi-Government bodies such as the Development Corporation and this capital is too scarce to risk without safeguards.

[22] Baldwin, op. cit., p. 159.

It may indeed not necessarily be desirable to encourage the trend towards individual holdings, or even to consolidation, where, for example, due to ecological factors, it may be necessary for the cash crop, the food crop and the grazing land to be farmed by one individual in different places. Everywhere in the Northern Region there are individual rights, that is to say that a single individual, or two or more close relatives, have definite rights to a particular plot of ground and to its produce. These rights are qualified by membership of a family, clan or local group, are limited to the period of effective occupation and restricted in succession or transfer. Social changes necessary because of technological advancement or economic pressure should clearly be as gradual as possible to avoid friction.

It is possible that a solution may lie along the lines of that now being tried at Shendam. Blocks of land, each under a single crop and cultivated in rotation, situated round the village and divided by the farmers according to their requirements, may enable the introduction of new methods such as mechanization and of simple systems of control. Indeed I suggest that the hypothesis of the Orwins that the Open Field System in Britain and North-West Europe was the result of the introduction of the plough may not be correct. May it not be equally reasonable that the Open Field System already existing permitted the introduction of the horse-drawn plough to a group of farmers, i.e. the village, *when it would not have been economic for any one farmer?*

It would also appear that the approach to the family has not been adequately considered. Travellers in Northern Nigeria have noticed large parcels of 50 acres or more of one crop such as guinea corn or cotton along the roadside. This often leads to assertions that certain farmers cultivate very large acreages. On investigation it is found that the 'farm' is being worked under the overall direction of the head of an extended family or that it consists of a number of contiguous plots worked by related individuals. In neither case is my previous estimate of four acres per male adult vitiated. In such cases it might again be possible to bring about conditions, by consolidation of holdings, in which modern methods could more easily be introduced, if the head of the family group himself could be sought out and induced to attempt such methods. The possible success of such an approach is indicated again by experience at Shendam where the officer-in-charge formerly used to address public meetings to induce settlers to enter his scheme, the result of which was the entry of social misfits and objectionable characters and a very few who were ambitious. When he sought the heads of sub-clans and induced them to move with the whole of the related group of which he was by long tradition the head, the success was embarrassing and the officer found he had more people than he could handle.

CONCLUSION

From this paper the following points emerge:

(1) Land-tenure systems are influenced by simple physical factors, such as available human energy for cultivation.
(2) On the other hand these systems may inhibit the introduction of certain forms of agricultural techniques, particularly where very small holdings have resulted from population pressure.
(3) It is not necessarily true that the emergence of individual tenure is inevitable and desirable.
(4) Insufficient attention is paid to making use of family relationships in promoting agricultural development.

REFERENCES

Baldwin, K. D. S.   1957.   *Niger Agricultural Project*. Oxford.
Buchanan, K. M., and 1955.   *Land and People in Nigeria*. London.
  Pugh, J. C.
Clouston, T. W.   1949.   *Mechanization of Agriculture in the rainlands of the Anglo-Egyptian Sudan 1943/48*. Khartoum.
Cole, C. W.   1952.   *Report on Land Tenure, Zaria Province*. Kaduna.
Digest of Statistics, Federation of Nigeria, Lagos. 1962. Vol. 11, No. 2.
Economist, The   1953.   Review of *The Tropical World*, by Pierre Gourou, and *Africa: A Study in Tropical Development*, by L. Dudley Stamp. 15 August.
Grove, A. T.   1957.   *Land and Population in Katsina Province*. Kaduna.
Luning, H. A.   1957.   Shendam Resettlement Scheme. Ministry of Agriculture. (Unpublished.)

Meek, C. K.	1946.	Land Law and Custom in the Colonies. Oxford.
Ministry of Agriculture, Northern Region	1957.	Movement of Local Foodstuffs. Kaduna.
Nadel, S. F.	1945.	A Black Byzantium. Oxford
Orwin, C. S. and C. S.	1954.	The Open Fields. Oxford.
Prest, A. R., and Stewart, I. G.	1953.	The National Income of Nigeria 1950–51. London.

Report of a Conference of Directors and Senior Officers of Overseas Departments of Agriculture and Agricultural Institutions. 1958. London.

Report on the Sample Census of Agriculture 1950–51. 1952. Lagos.

RÉSUMÉ

La région septentrionale de la Nigéria est habitée par une population de 19,877,000. La densité moyenne de 71 individus au mille carré ne reflète pas la situation exacte, car à certains endroits la densité dépasse les 400 hommes au mille carré et à d'autres la densité ne dépasse pas les 10 individus au mille carré. Le problème foncier majeur ne réside pas dans la pénurie des terres mais dans la question de savoir comment effectuer la redistribution de la population. Cette redistribution se heurte aux problèmes d'acceptation, de prise de conscience politique et de disponibilité de terres. Au cours des dernières années, seuls, deux mouvements migratoires assez importants ont été notés: ceux de Kano et de Sokoto vers le N. Bornu et l'aire Gombe de la Province Bauchi. 83 pour cent. de la population mâle laborieuse se consacre à l'agriculture, d'après les formes traditionnelles sous le régime de la tenure foncière. Il n'est pas possible de faire la distinction entre l'activité de subsistance et de commerce. La production agricole pour l'exportation et le marché de consommation locale est assurée par grand nombre de petites fermes (1,800,000 à 2,200,000). La taille des fermes présente dans la région une grande uniformité; elle est en moyenne de 3·5 acres. Cette superficie moyenne semble être passée au cours des dernières années de 2 à 3·7 acres. Il existe, en outre, une relation entre la superficie cultivée par famille et le nombre d'adultes mâles qui la composent. La moyenne des mâles adultes par maisonnée est de 2·5. On peut généraliser en disant qu'il y a 4 acres par cultivateur mâle et 2 cultivateurs mâles par ferme. Le point critique au delà duquel la mise-en-culture d'une superficie plus grande devient impossible est en relation avec le sarclage après mise-en-culture; celui-ci exige 17 jours de travail d'homme par acre. Pour l'amélioration agricole, les préoccupations majeures sont généralement celles d'augmenter la fertilité du sol, d'en prévenir l'épuisement et d'augmenter la productivité et les revenus de l'agriculteur. Ceci peut résulter d'une agriculture plus extensive ou plus intensive, ou des deux en même temps, et ne consiste pas nécessairement à augmenter les superficies cultivées. La pression de la population et l'augmentation des superficies cultivées ayant réduit la disponibilité des terres libres, l'on voit de plus en plus se développer des droits permanents sur des portions de terres déterminées au nom d'un individu et de ses successeurs. On note de plus en plus des subdivisions continuelles et l'existence de parcelles étroites et dispersées. Ceci entrave l'introduction de nouvelles techniques agricoles. Pour cette raison il y a eu de nombreux essais de redistribution contrôlée de la population et de peuplement planifié. Les divers programmes essaient de combiner les avantages du fermage sur grande échelle avec les tenures paysannes. Ils sont basés sur les droits qu'ont les individus à l'usufruit d'aires délimitées fixes. La 'Land and Native Rights Ordinance' stipule, entre autres, la possibilité de déclarer certaines terres comme aires de peuplement; de délivrer des certificats d'occupation; l'impossibilité de subdiviser une terre affermée; la possibilité de retirer le certificat au fermier qui ne se conformerait pas aux critères agricoles établis par la Native Authority; la nécessité de soumettre la disposition de villages et le plan des maisons à l'approbation de la Native Authority; la limitation du nombre de personnes par ferme; la mise-en-culture d'après des principes éprouvés.

Les difficultés d'appliquer ces programmes sont nombreuses et les adaptations et assouplissements qu'il a fallu introduire sont illustrés par le Shendam Resettlement Scheme. Le nouveau système prévoit que les terres du village sont divisées en huit blocs situés autour du village, que la moitié des terres reste toujours en friche; que chaque bloc porte une seule culture avec rotation annuelle, que les fermiers eux-mêmes attribuent les terres en fonction de leurs besoins.

Les droits individuels émergent de toute façon lorsque la communauté n'est plus capable de reprendre les terres individuellement occupées, lorsqu'il n'y a plus de terres communautaires disponibles pour les nouvelles attributions, lorsque la réattribution de terres devient difficile à cause de l'existence de cultures pérennes et de constructions.

Bien qu'un contrôle soit nécessaire, il n'est pas nécessairement souhaitable d'encourager les tendances vers les tenures individuelles ni la consolidation de celles-ci. Les changements doivent être graduels et l'approche au problème doit être conçue en fonction d'une meilleure connaissance de la famille. Il résulte de l'étude que:

(1) les systèmes de tenure foncière sont considérablement influencés par des facteurs physiques simples, tels p.ex. l'énergie humaine disponible pour l'agriculture.

(2) ces systèmes peuvent inhiber l'introduction de certaines formes de techniques agricoles, particulièrement où des tenures très petites résultent de la pression de population.

(3) il n'est pas nécessairement vrai que l'émergence de tenure individuelle soit inévitable ou désirable.

(4) l'attention a été insuffisamment portée à l'emploi des relations familiales dans la promotion du développement agricole.

II. SYSTEMES DE TENURE FONCIERE ET PROBLEMES FONCIERS AU CONGO

DANIEL BIEBUYCK

L'ARRIÈRE-PLAN

Le Congo, vaste territoire où sont établies plusieurs centaines de tribus, qui, sans difficultés trop grandes, peuvent être classées en groupes linguistiques, en aires culturelles ou en complexes historiques et groupées en peuples ou ethnies – offre, de toute évidence, une large variété et diversité de cultures qui toutes se distinguent par leur originalité propre. Il n'est pas inutile de passer rapidement en revue quelques phénomènes qui illustrent cette complexité. Les peuples congolais vivent dans des biotopes divers allant des forêts tropicales aux forêts claires, des savanes arbustives ou arborescentes aux steppes herbacées; des régions fort arides aux pays humides et marécageux; des régions de basse altitude aux hauts plateaux herbeux ou couverts de forêts. Ces différences biotopiques se reflètent par certaines caractéristiques de l'économie ou de l'habitat ou de la technologie et influencent l'idéologie du travail, les modes d'usage de la terre ainsi que la façon dont les diverses tribus conçoivent, subdivisent et établissent la carte de leur pays. On rencontre parmi ces tribus congolaises, certaines qui vivent uniquement de la chasse et de la cueillette (e.a. Pygmées); d'autres qui sont essentiellement agriculteurs ou qui le sont devenus à une époque plus ou moins récente (ex. Kongo); nombreux sont parmi ces agriculteurs les groupes qui continuent à attacher une importance très grande à la chasse et à l'idéologie qui l'entoure (ex. Lega; certains groupes Mongo; Lele); d'autres encore qui s'adonnent en ordre principal à la pêche (ex. certains groupes installés le long du fleuve Congo et certains de ses affluents). Il y en a chez qui l'économie reste largement concentrée sur la subsistance, et d'autres chez qui les cultures pérennes ou commerciales se sont répandues avec quelque intensité. Ces divers types économiques exercent sans aucun doute une grande influence sur les modes d'usage et d'exploitation de la terre, sur le caractère et la permanence des droits sur les parcelles et les jachères, mais semblent généralement être très peu liés aux modes de propriété et de possession de la terre ou aux subdivisions fondamentales de celle-ci.

Certaines parties du territoire sont caractérisées par une densité très forte (ex. Bashi, Banande 200 et plus au km. 2) à forte (ex. Mayumbe 50 au km. 2) à très faible (ex. certaines parties de la forêt tropicale 1 et moins au km. 2).

Là où la pression démographique existe elle n'est pas sans influencer les principes de distribution des terres, voire même d'activer la division et le démembrement des domaines; cependant beaucoup dépend ici du type économique, des cultures, de la nature des terres et du type d'organisation politique. On trouve parmi les peuples congolais des tribus à organisation patrilinéaire (Province Orientale, Kivu, Katanga, Kasai, Equateur), à organisation matrilinéaire (Kivu-Sud, Katanga, Kasai, Province de Léopoldville), à organisation bilinéaire (Province de Léopoldville), à organisation non-unilinéaire (ex. Luunda du Katanga). La plupart des sociétés à organisation unilinéaire manifestent d'ailleurs, sous une forme plus ou moins implicite ou couverte, diverses formes de filiation complémentaire et de bilatéralisme. Ces règles de descendance acquièrent toute leur importance lorsqu'on les met en rapport avec les règles de résidence, qui sont des types patrilocal, matrilocal, avunculocal et plusieurs formes intermédiaires ou combinées. Pratiquement l'entièreté des systèmes congolais est caractérisée par la résidence patrilocale; la résidence avunculocale se rencontre parmi des groupes matrilinéaires (tels les Kongo ou Yumbe) quoique là encore la résidence matrimoniale étant virilocale d'innombrables individus vivent avec le groupe de leur père (présence de fils, voire même petits-fils patrilatéraux). La résidence matrilocale se rencontre presque uniquement dans les formes complexes de résidence dites matri-patrilocales; la résidence néolocale se retrouve sporadiquement, p. ex. occasionnellement chez des groupes Luunda et Luba-Hemba. Les règles de résidence en elles-mêmes affectent profondément divers aspects de l'occupation, de l'usage et de l'exploitation de la terre. Combinées avec les règles de descendance elles donnent aux groupes de parenté et aux

Systèmes de Tenure Foncière et Problèmes Fonciers au Congo   85

groupes locaux leurs caractéristiques propres. Ces groupes à leur tour, présentent un intérêt prédominant pour l'étude du contenu et du fonctionnement des systèmes de la tenure et de la propriété foncières.

Les groupes de descendance récurrents sont les clans, les lignages, les familles étendues; mais il y a aussi comme chez les Luunda des groupes à structure bilatérale et omnilinéaire. Les communautés et groupes locaux sont les groupes de villages, les villages, les sections de villages, les hameaux, mais aussi les voisinages composés de multiples habitations dispersées. Dans la plupart des systèmes congolais le groupe local répond d'ailleurs à un groupe de parenté à structure plus ou moins composite. Certains de ces groupes ont par rapport aux systèmes de la tenure foncière une signification très grande. De peuple en peuple ces groupes peuvent différer par le degré de segmentation (Yumbe ou Lega), ou de scission (Kumu, Mongo); par le degré de dispersion territoriale et de cohésion; par les idéologies et chartes déterminant l'unité des groupes (existence de généalogies élaborées ou de généalogies fort réduites), par la nature des fonctions qui leur sont attribuées; par l'exclusivité et la nature des formes de recrutement de non-membres, par les formes de représentation, par le degré de formalisme et d'arrangements conventionnels qui caractérisent leur structure. D'aucuns se trouvent imbriqués dans des sociétés où le système et l'intégration politiques ne dépassent pas les limites d'un groupe local simple et fort réduit ou d'un groupe local à structure complexe et composite; d'autres sont imbriqués dans des structures segmentaires différement intégrées; d'autres encore existent au sein de petits états embryonnaires; d'autres finalement existent au sein de grands états à organisation centrale et à organisation territoriale bureaucratique. Ceux-ci exercent sur les systèmes fonciers des formes de pression fort divergentes, en fonction des idéologies politico-foncières qu'ils ont élaborées. Le recouvrement de peuples à culture et à origine différentes a, dans certaines régions du Congo, donné lieu à des formes particulières de symbiose sociale (p. ex. Pygmées et Lese: groupes vivants sur le même domaine et se spécialisant dans des activités économiques distinctes mais complémentaires) ou à la spécialisation des statuts et des rôles (les uns ayant le pouvoir politique et les autres les titres sur la terre; les uns ayant des fonctions rituelles et les autres jouant le rôle de contrôle et d'administration). Il y a des sociétés à composition ethnique hétérogène, qui ont plus ou moins institutionalisé cette situation (par la domination et la subordination; par le partage des rôles); il y en a d'autres à population fort homogène. Dans le premier cas, la fusion de groupes ethniques différents, et le développement corrolaire d'une organisation politique centrale, ne manquent pas de laisser une empreinte profonde sur le système des droits fonciers.

QUELQUES ASPECTS GÉNÉRAUX DES SYSTÈMES DE LA TENURE FONCIÈRE CONGOLAISE

De l'analyse comparée d'un grand nombre de systèmes fonciers il découle quelques constatations, que nous énumérerons succinctement:

(1) L'importance très grande des groupes de parenté et des groupes locaux. A quelques rares exceptions près, telles celles des Zande et Shi, on peut dire que partout au Congo la propriété de la terre est liée à l'existence de groupes de parenté localisés.

(2) L'importance très grande de l'idéologie de la descendance et des principes de la résidence; ces institutions qui manifestent toute leur importance dans la formation des groupes précités, travaillent aussi isolément en ce qui concerne p. ex. l'usage de la terre, l'occupation et l'exploitation de celle-ci, la permanence des droits. Le groupe d'usagers peut comprendre des parents éloignés, le groupe de propriétaires accordant des facilités à des parents collatéraux en fonction des critères de la solidarité. La résidence, pure et simple, ouvre les droits à l'usage de la terre, l'exemple le plus frappant étant celui des femmes mariées qui labourent la terre appartenant au groupe de leurs maris; mais il y a aussi l'exemple des amis, des concubines, des immigrants de toute sorte, des voisins, des alliés.

(3) L'importance des alliances, des voisinages, de la commu-

Systèmes de Tenure Foncière et Problèmes Fonciers au Congo

nauté des allégeances politiques, des liens rituels. Deux groupes qui se sont alliés par des pactes ou par l'échange de nombreuses femmes accordent facilement à leurs membres respectifs des droits d'usage de la terre; de même pour deux groupes voisins, non apparentés, ou pour les membres de groupes différents inclus dans une même entité territoriale ou politique (ex. Luunda) ou pour les membres de groupes qui sont rituellement liés (ex. qui organisent en commun des circoncisions ou des initiations aux associations) ou qui détiennent en commun des objets initiatiques (ex. Lega ou Yumbe).

(4) L'importance très grande des titres historiques sur la terre (ex. Yumbe-Vungani; Luunda; Lulua).

(5) Quant à la nature des activités économiques et leurs rapports avec l'exercice de droits fonciers, des distinctions importantes sont faites par exemple entre chasse et agriculture ou cueillette et agriculture. Pour une même activité économique les distinctions sont basées sur la nature des techniques employées ou sur le genre des cultures, des produits sauvages et des animaux ou sur le genre des terrains.

(6) L'importance régionale de la pression démographique et de la pénurie relative de bonnes terres. Dans les sociétés segmentaires celles-ci provoquent des tendances de subdivision et de démembrement. Dans d'autres sociétés à organisation politique centrale, à système de clientèle et inexistence de groupes de parenté localisés et durables, les effets de cette pression sont canalisés par diverses institutions. L'insécurité et l'instabilité des tenures y sont souvent fort marquées.

(7) L'attachement très grand des hommes à leur terre. Cet attachement n'est pas seulement dû à des liens mystiques, mais aussi aux préoccupations de survie du groupe, aux considérations de statut et de prestige.

(8) L'importance de la structure interne des groupes détenteurs de droits fonciers; cette structure se reflète sur le terrain par les subdivisions plus ou moins nettes et permanentes, à titre plus ou moins exclusif, et par l'existence de droits préférentiels.

(9) Dans grand nombre de sociétés, la possibilité d'aliéner la terre existe. Cette aliénation est généralement caractérisée par certaines particularités: telles la vente à réméré; la persistance du titre primordial-persistance qui se manifeste dans les relations de prestige ou de préséance ou par des arrangements rituels; l'impossibilité d'aliéner l'entièreté du domaine; la nécessité d'intervention d'un conseil de représentants; le conditionnement par des relations d'amitié, de pactes, de voisinages, d'alliances. A chaque domaine est attaché le nom d'un groupe ou le nom d'un titre et cet attachement est indélébile. Ce nom ou ce titre ne peuvent pas être aliénés, en d'autres mots ils resteront toujours liés à une terre déterminée. Mais sur cette terre de nouveaux droits et titres peuvent être créés.

(10) L'importance de la notion de limites. Nous ne connaissons pas de société au Congo qui ignorerait cette notion. Ceci n'empêche pas que certaines limites peuvent être mal définies, vagues, difficilement identifiables, contestées.

(11) Dans les sociétés où s'est développée une organisation politique centrale et une sorte de bureaucratie territoriale, les rapports entre le pouvoir politique et la tenure de la terre sont fort divergents. Chez les Luunda du Mwaant Yaav cette intervention du pouvoir en matière de la tenure foncière est fort réduite; le Mwaant Yaav n'est pas un propriétaire éminent; il est un Dieu de la terre et un ordonnateur; il peut destituer un 'chef de terre' c.à.d. représentant momentané du groupe de parenté local disposant d'un domaine, mais il ne peut aliéner ou accaparer le titre sur cette terre. Le pouvoir central a d'ailleurs très soigneusement préservé et respecté les domaines et les groupes qui y exercent des droits. Le même phénomène, les mêmes attitudes se sont manifestés dans la société Yeke-Sanga, où le pouvoir pourtant plus despotique des chefs Yeke a très largement préservé les droits des groupes. Chez les chefs militaires et despotiques Zande le pouvoir s'est intégralement attribué les droits sur la terre, le chef (gbia) est le seul *ila sende* (propriétaire ou seigneur de la terre) qu'il distribue

Systèmes de Tenure Foncière et Problèmes Fonciers au Congo 89

à ses sujets au gré de sa seule volonté. Chez les Shi la situation est plutôt dualiste et hybride; les chefs se sont attribués de larges pouvoirs en attachant les individus et les groupes à leur personne par un système de clientèle; ils se sont attribué de vastes parties de terres, dispersées dans le territoire sur lequel ils règnent. En même temps ils ont respecté certains titres et les pouvoirs de certains groupes sur des domaines plus anciens.

(12) Les règles qui régissent la propriété des domaines et l'exercice de divers droits n'ont pas toujours été clairement formulées par les diverses sociétés. De nombreuses règles, bien qu'implicites dans la structure sociale et dans les types d'interaction entre individus et groupes, n'ont jamais été formulées. D'autres font défaut dans une situation de transformation et de changement; d'autres encore sont totalement périmées.

(13) Les fondements des systèmes de la tenure foncière sont actuellement encore dans les diverses sociétés très bien préservés. Les modes d'usage, d'occupation, d'exploitation ont parfois profondément changé (par le développement de nouvelles catégories d'usufruitiers; par l'introduction de nouvelles cultures; par l'introduction de nouvelles techniques, par le regroupement ou l'établissement de populations etc.). Ces changements ont jusqu'à présent très peu affecté les titres de propriété sur les domaines ou les modes de possession des terres. Ils ont très peu entamé l'idéologie profonde qui est à la base de la propriété des terres.

(14) C'est une fausse conception de croire que le chef ou le 'patriarche' serait le propriétaire de la terre et qu'il aurait le droit suprême d'en disposer seul, en son nom. Le 'chef de terre' (qui souvent n'est autre que le chef de lignage ou de village) est vis-à-vis du monde extérieur le représentant d'un groupe d'individus, qui se trouve dans la position d'un dépositaire, d'un gérant. Il administre au nom du groupe et avec l'aide du groupe; il a autant d'obligations que de droits, et il ne dispose certainement pas de droits exclusifs ou absolus ou éminents.

(15) Il n'existe pas de terres sans propriétaires ou titulaires; il existe bien des terres contestées ou peu occupées ou mal-délimitées. Les cas de déshérence totale sont pratiquement exclus. Diverses institutions règlent d'ailleurs ces cas. Dans les systèmes segmentaires les terres en 'déshérence' sont dévolues aux segments collateraux; chez les Luunda les titres attachés à un domaine sont, en cas d'absence momentanée de successeurs, conservés et gardés par les chefs territoriaux ayant contrôle politique sur la région en question.

CARACTÉRISTIQUES DES GROUPES PROPRIÉTAIRES

Lorsqu'on analyse le fonctionnement des droits fonciers chez un peuple congolais, il y a un fait qui se révèle rapidement à l'observateur. C'est que l'individu exerce des droits parce qu'il appartient à un groupe déterminé, que ce soit un groupe de parenté ou un groupe territorial. On remarquera aussi que la nature de son appartenance peut-être nuancée, soit que l'individu est pleinement et effectivement membre de ce groupe, soit qu'il est son allié ou ami, soit qu'il est son associé ou voisin, soit qu'il a été adopté ou incorporé dans ce groupe, soit qu'il se réclame de la même ascendance lointaine que les membres du groupe avec lesquels il établit une interaction sociale. Diverses institutions conditionnent ces appartenances. Mentionnons parmi celles-ci, les principes de la descendance, de la résidence, de l'héritage et de la succession; le système de parenté; les systèmes familial et matrimonial; la morphologie et la structure particulières des groupes; l'organisation politique; les principes de solidarité, d'esprit de corps, d'échange. Ainsi donc, pour ne citer que quelques exemples, un individu Lega exerce certains droits fonciers parce qu'il appartient par le sang à un patri-lignage qui possède un domaine foncier; ou parce qu'il vit chez des amis ou alliés dont le patri-lignage dispose d'un domaine ou parce qu'il a reçu certaines autorisations des membres d'un groupe voisin. Chez les mêmes Lega une femme mariée exerce certains droits fonciers (p. ex. mise-en-valeur; culture; pêche, cueillette) sur les terres du domaine appartenant au patrilignage de son mari, parce que en sa qualité d'épouse elle vit dans le village de son mari. Chez les Kuba, un individu exerce divers droits fonciers parce qu'il appartient à un village – son village – qui possède un domaine foncier en propre. Chez les Mayumbe matrilinéaires, un homme exerce des droits fonciers parce qu'il appartient à un matri-lignage qui possède un domaine ou parce qu'il vit dans le village du matrilignage de son père ou parce qu'il les a obtenus grâce aux autorisations reçues d'un groupe voisin ou d'un groupe avec lequel il trace une parenté lointaine. Chez les Zande un individu cultive la terre parce qu'il en a reçu l'autorisation du chef politique; il cultive telle terre et pas telle autre parce qu'il réside dans tel groupe local et pas dans tel autre. C'est donc grâce et par l'intermédiaire de groupes de parenté ou territoriaux que les individus exercent une pluralité de droits dont la nature et la portée diffèrent considérablement de situation en situation. Il est à noter que le groupe territorial ne doit pas nécessairement être une unité de parenté; il peut l'être, et il l'est dans de nombreuses sociétés africaines. Il est à remarquer aussi que, pour qu'un groupe de parenté puisse effectivement exercer des droits sur un domaine, il doit constituer une entité locale minimale. Le groupe de parenté totalement dispersé ne peut assurer à ses membres la continuité des droits sur une terre déterminée ni préserver l'intégrité du domaine. Un individu, pour exercer efficacement et durablement ses droits doit résider dans un groupe local déterminé. Les critères de résidence et de localité sont donc d'une très grande importance pour l'étude adéquate des systèmes de la tenure foncière africaine et pour l'évaluation précise des droits des individus et des rapports entre ces droits et ceux du groupe. Certains groupes de parenté de vaste étendue, tels chez certains peuples les clans, étant très fortement segmentés et territorialement dispersés ne sauraient, contrairement aux slogans qui se sont faits jour en cette matière, efficacement contrôler un domaine foncier. Il importe donc de caractériser et d'isoler les groupes qui, en cette matière, sont réellement significatifs, efficaces, fonctionnels. Nonobstant la grande diversité de morphologie et de structure, qui caractérise dans les différentes sociétés congolaises ce genre de groupes nous pouvons retrouver, à quelques exceptions près parmi lesquelles les plus notoires sont celles présentées par les sociétés Zande et Shi, une sorte de groupe qui, en relation avec la tenure foncière, présente des caractéristiques identiques. Dans le contexte des différentes sociétés, ce groupe peut se présenter sous la forme d'un lignage (comme chez les Lendu ou Lugbara), d'un segment clanique localisé (comme chez les Bembe ou Lega ou certains groupes du Mayumbe), d'un segment local composé de lignages corésidentiels mais d'origine hetérogène (comme chez les Nyanga), d'un groupe de parenté bilatérale (comme chez les Luunda), d'un village (comme chez les Kuba ou Lele), d'un groupe à structure bilinéaire (comme chez les Humbu). Parmi les caractéristiques récurrentes que nous trouvons dans ces groupes, nous pouvons mentionner les suivantes:

- le groupe porte un nom spécifique et peut être nommé par un nom générique;
- le groupe existe physiquement et se manifeste en tant qu'entité résidentielle sur un domaine, avec animus domini;
- le groupe est doté d'une organisation interne, qui peut être fondée sur une généalogie commune ou sur la structuration des relations ou sur des arrangements symboliques mais fixes;
- le groupe dispose d'un système de représentation, qui peut être unitaire ou pluraliste, hiérarchisée ou purement complémentaire;
- il manifeste plusieurs formes de cohésion et de solidarité et se comporte vis-à-vis des non-membres comme un 'in-group' dont les membres sont étroitement liés par une moralité commune et par la poursuite de buts bien établis;
- l'interaction sociale entre les membres de ce groupe est particulièrement étroite, intime, personnelle; elle se manifeste sur le plan économique, mais aussi sur le plan juridique et religieux;
- ces groupes ont une durée longue et une continuité certaine;
- ils sont subdivisés en segments plus ou moins nombreux, tels les familles individuelles et étendues, les branches ou lignages d'étendue moins grande, les quartiers, sections ou hameaux. Ces segments détiennent au sein du groupe des droits dis-

tinctifs ou spécialisés; ils s'acquittent de tâches spéciales qui sont cependant liées aux buts généraux du groupe;

ces groupes se manifestent en tant que personnes morales; ils constituent un corps qui possède ses réglements, ses droits, ses obligations; ils se laissent nettement déterminer; ils sont hautement sélectifs en ce qui concerne le recrutement de leurs membres; indépendamment des membres qui les composent, ces groupes comme tels possèdent des biens. Ils disposent aussi des moyens nécessaires pour sanctionner positivement et négativement la conduite de leurs membres;

ces groupes sont reconnus par la communauté plus large; leur existence, leur personne, leurs droits sont sanctionnés par cette communauté.

Ce sont les groupes de ce type qui sont à la base des systèmes de la tenure foncière. Pour apprécier adéquatement les divers droits fonciers qui sont exercés au sein de ces groupes, il faut se souvenir qu'ils se composent d'individus et de segments divers. Ces segments groupent une partie des membres du groupe total et peuvent à leur tour n'être que les subdivisions de segments plus larges. Au sein du groupe, l'individu appartient à une famille élémentaire, à une famille composite là où existe la polygamie, à une famille étendue, à un ou plusieurs segments d'étendue variable; il fait en outre partie d'un village, ou d'une section de village ou d'un hameau ou d'un voisinage. Le groupe auquel il appartient entretient diverses relations avec ses voisins, avec ses collatéraux, avec les entités auxquelles il est historiquement ou rituellement ou politiquement lié; il entretient des relations avec le pouvoir politique central et local, là où ce pouvoir existe indépendamment. L'individu, d'autre part, est étroitement lié, en dehors de son groupe, à ses alliés (beaux-pères, beaux-frères, oncles maternels dans les systèmes patrilinéaires, 'pères' dans les systèmes matrilinéaires); il est lié à ses amis, aux membres de sa classe d'âge, aux membres des associations ou corporations auxquelles il est initié. Ces relations variées entourent les droits fonciers et les systèmes de la tenure foncière de multiples spécifications et leur donnent des connotations qui sont inconnues dans les droits occidentaux.

LES PROBLÈMES FONCIERS

Les problèmes fonciers qui se manifestent sous la forme de conflits ou de litiges ont de multiples causes et se présentent assez différemment. Leurs origines ne doivent pas toujours être cherchées dans la législation existante (introduite par le Gouvernement) qui, dans la formulation de critiques et la recherche de solutions nouvelles, a cependant été la plus visée. Dans les relations avec les instances Européennes, ces conflits se manifestent le plus souvent sous les aspects suivants: refus de marquer accord pour une concession demandée, refus d'accepter les paiements proposés, mise-en-cause de concessions déjà faites, contestation des limites de concessions, critique contre l'étendue ou la non-mise-en-valeur de la concession. Au refus d'accorder une concession les groupes donnent généralement pour motivation l'inaliénabilité de la terre, qu'ils gèrent au nom des générations passées et qu'ils préservent pour les générations futures. Cette attitude n'est pas toujours purement négative et parfois il y a eu des contre-propositions concrètes, celle par exemple d'une location ou d'une emphytéose. Implicite dans ce refus est souvent la crainte de voir l'entièreté du domaine aliénée, ce qui détruit la souveraineté du groupe, ou de voir supprimé certaines activités économiques que les intéressés continuent à considérer comme vitales ou de voir enlevé du contrôle du groupe les terres qui sont sacrées (ex. cimetières, lieux d'initiation, etc.). Aussi, lorsqu'il y a de la part du groupe détenteur une attitude plus ou moins favorable vis-à-vis de la concession, notera-t-on que les membres insistent pour pouvoir continuer certaines activités sur la terre concédée.

Ces contestations de concessions sont le plus souvent verbalement motivées par l'invocation de l'inaliénabilité. Les motivations plus profondes reposent parfois sur le fait que la concession a été décidée en l'absence des réels titulaires ou que le groupe veut récupérer des terres sacrées ou que ce groupe a un réel manque de terres ou qu'il est menacé par une perte totale. Dans le cas d'une concession déjà accordée, le conflit nait aussi du fait que celle-ci est restée inexploitée (non-mise-en valeur). Dans ce domaine, les réelles difficultés proviennent donc, d'une part, du dualisme

Systèmes de Tenure Foncière et Problèmes Fonciers au Congo

juridique et de la procédure bizarre qui consiste à faire des distinctions assez arbitraires entre divers types de droits, et d'autre part, du fait que les concessions peuvent englober l'entièreté du domaine ou sont parfois faites par l'intermédiaire de prétendus titulaires. Mais il existe également d'innombrables litiges entre groupes détenteurs de droits fonciers et de domaines. Ces conflits se manifestent le plus ouvertement par la prolifération extravagante des litiges fonciers qui dans certaines régions (ex. Mayumbe) sont portés devant les tribunaux, par les tensions et accusations mutuelles, qui peuvent par transposition dans le domaine politique et tribal prendre la forme de vengeance ouverte, par une attitude négative vis-à-vis de l'introduction de nouvelles cultures et méthodes agricoles, par l'installation massive de nouveaux groupes de 'locataires', par le sentiment d'insécurité et de frustration. Ce genre de conflits est conditionné par d'innombrables facteurs dont nous allons mentionner les principaux. Ils peuvent être directement liés au système de concessions: un groupe ayant entièrement ou en très grande partie perdu ses terres vit sur le domaine d'un voisin – avec ou sans l'accord de ce dernier – et essaie de se faire prévaloir de titres définitifs sur celui-ci. Ils proviennent aussi des regroupements administratifs: les subdivisions territoriales en groupes de villages ou groupements, en chefferies et secteurs, en territoires, – subdivisions qui ont été faites et refaites – n'ont pas toujours respecté les limites foncières des groupes; bref, ces limites administratives ne correspondent pas nécessairement à des limites foncières. Ainsi donc certains domaines ont été coupés en deux par une limite administrative et graduellement une partie des terres a été occupée et réclamée par les voisins d'une autre entité administrative. A l'intérieur des entités administratives, certains nouveaux 'chefs' en charge ont essayé de s'attribuer des parties des domaines qui n'appartenaient pas à leur groupe d'origine. Graduellement il y a eu une confusion croissante entre dominium et imperium (du nouveau type), mais les groupes réellement possesseurs n'ont pour autant pas renoncé à leurs droits. Ces aspects de subdivisions administratives, liés aux phénomènes de regroupement de populations et de déplacements locaux (faits pour une administration plus facile ou pour un développement plus harmonieux, ou pour des raisons hygiéniques etc.), sont à la base de grand nombre de palabres. Ils résultent en l'occupation de terres sans titre ou l'abandon et le délaissement en friche de terres auparavant occupées. Ainsi donc, des groupes détenteurs de domaines se trouvent établis comme 'etrangers' sans titre réel chez les voisins, les parents éloignés ou les groupes incorporés dans la même entité administrative; d'autre part, de vastes domaines sont soit totalement délaissés par leurs détenteurs soit très occasionnellement exploités par ceux-ci soit réoccupés et exploités par de tierses personnes. Les litiges proviennent aussi du fait que jamais il n'a été clairement dit dans les textes législatifs qui étaient les détenteurs de domaines et de droits fonciers; les textes ont toujours parlé 'd'indigènes' sans dire ce qu'il fallait entendre par là. D'innombrables études ont parlé de groupements, de clans, de chefs, de chefferies, voire même de tribus. Le vague des concepts ou l'imprécision des notions, combinés à des erreurs d'optique en matière d'appréciation des phénomènes sociaux sont responsables du fait que dans les applications locales et concrètes, propriétaires ont été confondus avec usagers, groupes à caractère politique avec groupes à caractère foncier, groupements administratifs avec groupes de parenté ou groupes locaux, représentants de la communauté avec la communauté, etc. Ces conceptions contradictoires ont inspiré pas mal d'arrangements et de décisions de grande portée et lourdes de conséquences. Certains systèmes d'organisation sociale, plus que d'autres, semblent lorsqu'ils sont exposés aux conditions économiques modernes porter en eux les germes d'innombrables conflits. Ceci frappe lors de l'analyse de systèmes matrilinéaires à résidence patrilocale, où l'individualisme croissant et une insistance plus grande sur les liens patrilatéraux effacent graduellement les institutions qui permettaient – comme la résidence avunculocale – les ajustements nécessaires. Ceci frappe aussi à l'analyse de certains systèmes segmentaires comme celui du Mayumbe. Chez certains groupes Yumbe (exemple dans le territoire de Tshela) le domaine est détenu par des groupes locaux vastes à base de parenté matrilinéaire, à caractère exogamique, ayant un système de représentation formelle et étant fortement cohésionnés par des liens rituels et par une charte généalogique élaborée. Ces groupes sont subdivisés en plusieurs villages et hameaux qui comprennent essentiellement les membres de divers segments de profondeur généalogique variable mais qui sont tous issus du même matri-lignage maximal localisé. Ces segments exercent sur des parties restreintes du domaine des droits préférentiels d'emprise directe; ces droits se sont perpétués et ont été transmis à travers les générations, à tel point que les habitants ont tendance de considérer que leur terre est délimitée. Cependant la vérification sur le terrain démontre que ces limites sont fort difficiles à fixer et qu'elles ne sont pas toujours réelles. Le segment de nature composite lui-même peut occuper sa terre de telle façon que chacune de ses subdivisions manifeste des droits plus ou moins préférentiels. Du point de vue de la tenure des terres les tendances de scission ont dans ce genre de système segmentaire toujours été ouvertes; elles se révèlent avec beaucoup d'intensité depuis que l'on a commencé à mettre en valeur les palmeraies naturelles, que se développent les cultures de bananes et les cultures pérennes, que deviennent rentables les coupes de bois. L'Administration ayant instauré une technique de délimitation de 'villages', les tendances de scission sur le plan foncier se sont fortement marquées. Ces tendances ne reflètent cependant pas les subdivisions structurales fixes mais bien, en grande partie, les conflits et ententes du moment, les cohésions ou inimitiés souvent passagères. Ainsi les nouvelles limites foncières ont quelquefois englobé un segment de village; d'autres fois un village, d'autres fois encore deux ou trois villages. La situation est rendue plus complexe par la présence de groupes patrilinéairement apparentés aux fondateurs. La désintégration de certains compartiments de l'organisation sociale augmente les chances du conflit. Chez les Yumbe-Bavungani du territoire de Sekebanza divers groupes voisins forment à plusieurs points de vue une entité rituelle remarquable. Ces groupes sont idéalement liés par la parenté matrilinéaire; cependant il s'en trouve parmi eux certains qui ont le statut 'd'enfants' c.à.d. qui sont patrilatéralement liés; d'autres qui ont le statut de 'sentinelles' (qui gardent la terre au nom d'un autre groupe) ou 'd'éclaireurs' qui ont découvert une terre au nom d'un autre groupe; ou encore des groupes qui ont acheté leur terre. Ces divers groupes sont considérés comme devant l'acquisition de leurs terres à un matrigroupe fondateur auquel ils sont liés par les procédés susmentionnés et qui leur aurait attribué la terre. Ces divers groupes étaient liés par un système d'investitures, d'initiations, de détention de fétiches initiatiques qui assurait leur cohésion et qui assurait au groupe fondateur le prestige et la reconnaissance voulus. Ces liens rituels n'ayant plus été renouvelés à cause de la disparition des pratiques rituelles, les groupes manifestent des tendances centrifuges nettes, ce qui les place en conflit ouvert avec les fondateurs. La transplantation sur grande échelle de certains groupes sur les terres appartenant à d'autres populations, ayant la même culture ou une culture différente, ne tarde pas de créer de nombreux problèmes et conflits. Les études techniques préalables à l'installation de ces populations sont le plus souvent fortement poussées, mais les analyses adéquates des droits, des groupes en présence, des modalités d'intégration sont généralement inadéquates. Les groupes ainsi transplantés se trouvent sur des terres étrangères sans posséder un titre réel sur celles-ci et sans que les groupes récepteurs ont pu avoir satisfaction. Il y a d'autres conflits qui naissent, les uns, de la force numérique très réduite du groupe propriétaire qui voit se substituer à lui une autre entité ou qui voit ses terres envahies par des allogènes, les autres, de la location ou de l'attribution de parcelles à des personnes installées dans les villes ou dans les centres urbains.

Il serait cependant faux de croire que tous les problèmes se manifestent sous forme de conflits.

Il y en a trop qui se posent lorsqu'il s'agit de réaliser des transformations économiques ou sociales et qui sont dûs non pas aux formes de la tenure de la propriété foncière comme telles, mais bien à certaines particularités idéologiques, telles les questions de prestige, l'inexistence des notions de prescription, l'existence des notions de vente à réméré, les connotations mystiques et rituelles.

Finalement certains litiges fonciers ne sont autre chose que la particularisation de tensions plus générales; d'autres peuvent être considérés comme simples joutes oratoires relevant de la recherche du spectacle ou du prestige.

Systèmes de Tenure Foncière et Problèmes Fonciers au Congo

SUMMARY

Although the peoples of the Congo differ widely in social and political organization and live under diverse demographic, economic and ecological conditions, their systems of land holding have many features in common. The most striking are: the primary importance of local lineage groups in matters of land ownership; the influence of rules of residence, kinship and affinity, as well as common political or ritual allegiances on the content and exercise of land rights; the maintenance of distinctions between hunting, gathering, fishing and agricultural rights, which may be vested in different social units although they are exercised in one and the same land. Other recurrent aspects of the land-tenure systems in the Congo are the wide bearing of traditional titles in land; the great emotional attachment of people to their lands; the precise knowledge not only of the different parts of the land but of its boundaries. Furthermore, while lands may be in different social or ritual contexts transferable from one group to the other, purchase and selling of land are practically non-existent. Vacant land or land without title-holders is unknown, although vast tracts may be uninhabited and only very extensively used.

In most Congo societies individuals have access to land through their natal lineages, but individual rights may also be established through marriage and friendship relations or through neighbourhood and remote kinship links. Only in a very few Congo societies are individual land rights regulated primarily by political allegiances and payments of gifts. Thus ultimate rights in land are for the most part vested in lineages whose structures, internal segmentation and degree of corporateness and compactness show wide variations. On the other hand these rights are, in Luunda society, vested in bilateral descent groups, whereas among Zande, Shi and Havu ultimate title belongs to the chiefs and their dynastic lineage and among Kuba and some Yumbe groups to a small local community. Effective establishment and exercise of land rights is always related to territorial principles and residence. The land-owning lineage groups have representative headmen and elders; they are not necessarily exogamous units and are commonly interconnected on the principles of segmentary opposition. Because of this complex structure, different segments of the one land-owning lineage may exercise more or less permanent claims on certain parts of the lineage land; individuals, too, may retain hereditary rights on fallow lands as long as these have not returned to complete bush.

Land-tenure problems very often give rise to litigation. Disputes may also arise from concessions made to European concerns or settlers; people may refuse either to transfer or to sell their lands, contest the validity of the external legislation, or claim back concessions made in the past or undeveloped parts of these concessions. One of the major attitudes involved is the concept of inalienability of land, but there are also other causes for these refusals and claims, such as the fear of lineage elders of losing control of land, imperfect understanding of traditional rights and claims, and also the fact that the allocation of many concessions was not discussed with those with traditional rights in the land but rather with various new types of local authorities. There is in addition much litigation over land between lineages. These disputes concern boundaries or alleged illegal occupation and uses of the land, or the origin and recognition of traditional titles to the land. Some of them are related to problems arising from regrouping and resettlement or to increasing pressure on the land; others are related to the break-up of the old social structure or to the disappearance of ritual sanctions; still others are directly linked to the introduction of new agricultural methods and cash-crops or to simple questions of prestige or status under new conditions.

III. 'LAND', 'TENURE' AND LAND-TENURE
PAUL BOHANNAN

It is probable that no single topic has exercised so many students and men of affairs concerned with Africa as has that of land. It is equally probable that no single topic concerning Africa has produced so large a poor literature. We are still abysmally ignorant of African land practices. That ignorance derives less from want of 'facts' than that we do not know what to do with 'facts' or how to interpret them. The reason for this state of affairs is close at hand: there exists no good analysis of the concepts habitually used in land-tenure studies, and certainly no detailed critique of their applicability to cross-cultural study.

Thinking about land has been and remains largely ethnocentric. Although many investigators have been meticulously careful in pointing out that one must not use European concepts like 'leasehold' or 'fee simple' in describing an African situation, rarely has anyone gone so far as to ask what we mean by the terms 'land', 'tenure' and 'rights'. The notion of 'land-tenure' may have distorted as much as it has clarified.

The term 'land-tenure' in its widest sense covers several implications. First, we must ask what 'land' means. Every people, including ourselves, must have some view of its physical milieu – some 'folk geography' of the world and their part of it. It is a principle of long standing in anthropology that before we can understand human behaviour, we must understand the interpretation put on behaviour by the behavers. In line with this principle, we must investigate what each people means by 'land', and the cultural concepts in terms of which they speak about it. Only by asking 'What is Land?' can a reasonable cross-cultural comparison of land practices be begun.

It is instructive to pursue the Western ethnographic situation in the matter of conceptualization of 'land'. Westerners divide the earth's surface by use of an imaginary grid, itself subject to manipulations and redefinitions. We then plot the grid on paper or on a sphere and the problem becomes one of correlating this grid to the physical features of land and sea. We have perfected instruments for locating ourselves on the earth's surface in relation to the position of the stars. There are precise rules for symbolizing the information from the instruments with which we do so and for transferring it to the gridded map. We have, for this and other purposes, perfected a system of measurement which allows us to repeat precisely operations that have been carried out in the past; thus we have been able to locate and measure pieces of the earth's surface and to record our computations on maps. These measured pieces become, for some purposes at least, identifiable 'things'.

It is obvious that the grid must be completely rigid. To achieve precision, it is defined astrally, with overtly assigned relationships to quite arbitrary points on the earth's surface. It is specifically *not* defined terrestrially by earthly landmarks, except as such landmarks have first been located astrally. The Western map, like the Polynesian, was created by sea-farers. Thus, culturally, land – whatever else it may also be – is a measurable entity divisible into thing-like 'parcels' by means of mathematical and technical processes of surveying and cartography. This complex notion of 'land', with its accompanying technology, is an absolute essential to the Western system of land-tenure.

'Tenure' presents even more difficulty because it contains a more tangled ambiguity than does 'land'. It assumes that 'land' (divisible, as we have seen, into parcels) can be 'held', thus implying a 'relationship', so-called, between a person (be he individual or social group) and a 'parcel of land'. I shall call this relationship the man–thing unit. In English we describe such units in property terms and use such verbal concepts as 'own', 'rent', 'sell'. At the same time, students of African land and law such as Gluckman and Possoz, following the best jurisprudential example, have pointed out that 'tenure' has to do with rights utilized against other persons.[1]

'Rights' is the concept we use when social relationships are of primary consideration. There is, thus, a man–man unit to be considered as well.

[1] Gluckman, 1944 and 1945; Possoz, 1944.

'Land', 'Tenure' and Land-Tenure

The confusion comes in the word 'rights'. 'Rights' are attributes of persons against other persons. But 'rights in land' are attributes of a piece of land. The most important feature of the Western system is that it assumes that rights *of people* to space and to exploit the environment have automatically as their counterparts, rights *in land*. Thus, we assume that for every man–man unit with a spatial dimension or a right to exploitation there automatically goes a man–thing unit. As we shall see, this is precisely *not* the case in Africa.

To complete the assumptions, we note that Westerners' 'rights' are not directly to 'land', but rather to a piece of the map. Should the map be legally declared 'wrong' as a result of erroneous survey or should the definitional points of the grid be changed, we 'own' the piece of land which corresponds to the map under the new survey, not the piece of land that we earlier demarcated by terrestrial signs. We 'own' a piece of a map and have reasonable assurance that the relationship between map and terrestrial surface is a permanent one.

We have found, then, that three factors are important in studying 'land-tenure' cross culturally:

(1) a concept of land;
(2) a mode of correlating man with his physical environment, and
(3) a social system with a spatial dimension.

In some instances – Western land relationships is a case in point – the spatial aspect of society is of the essence. In other instances, the spatial dimension may be unimportant, but that in itself is an ethnographic fact.

In the past, Westerners have approached the study of African land custom by searching for 'rules of tenure' based on three *a priori* judgments regarding these factors:

(1) that the Western type 'map' must be initiated in the area, or else more naively that it is already present but unknown to the people;
(2) that property concepts provide an adequate means for expressing all types of man-thing unit, and

(3) that contract and law of succession are the basic mode for dealing with social relationships in a spatial context.

Only the last of these three assumptions has ever been seriously questioned in any large number of publications dealing with African land problems. Just as it has repeatedly been proved inadequate, so may the first two assumptions prove inadequate.

It is our purpose here to replace these assumptions with some others more generalized and less ethnocentric. The ethnocentric 'folk assumptions' outlined immediately above can be fitted under the following rubric, but so can many other folk assumptions. The analytical assumptions may well need to be changed as more folk ideas are brought to light and compared. But for purposes of initiating the study, they are these:

(1) that people have a representational 'map' of the country in which they live;
(2) that they have a set of concepts for speaking about and dealing with the relationship between themselves and things, and
(3) that the spatial aspect of their social organization has some sort of overt expression in word and deed.

In sum, land-tenure is, from an ethnographic point of view, the way a people associate these three factors.

We shall find that, whereas the Western system correlates assumptions (1) and (2), allowing Westerners the more easily to question assumption (3), many African systems correlate assumptions (1) and (3), allowing Africans to question assumption (2), thereby making possible very rapid strides in approaching certain aspects of Western property law.

In short, we must look at a folk view of geography, at a folk view of the relationship between men and things, and at a folk view of a social system. For each society, we must determine the folk correlations on these points and the way in which the ideas and the correlations are being changed by contact with and better or worse understanding of Western conceptualization. When we have finished comparing these various points, we shall be able to formulate a theory of 'land-tenure', not merely a reapplication of our own folk beliefs to fit, better or worse, an African pattern.

Here we shall examine briefly land practices of three African peoples from the point of view outlined above. I have chosen the Tiv, the Plateau Tonga and the Kikuyu.

The Tiv[2] see geography in the same image as they see social organization. The idiom of genealogy and descent provides not only the basis for lineage grouping, but also of territorial grouping. Tiv group themselves according to a lineage system based on the principle of segmental opposition. Every 'minimal lineage'[3] is associated with a territory. In my samples, 83 per cent. of the adult males living in the territory are agnatic members of the lineage. This minimal lineage, made up of men descended from a single ancestor, plus their wives and unmarried daughters, is located spatially beside another of precisely the same sort, descended from the brother of the ancestor of the first. In reference to the father of the two apical ancestors of the minimal lineages, the two minimal lineages together form an inclusive lineage and their adjacent territories form a spatial unit. This process of inclusion both genealogically and spatially continues for several generations until all Tiv are included; it continues geographically until the entirety of Tivland is seen as a single area, segmenting into further segmenting lineage areas. Tiv have no place names for natural features except streams and hills. Otherwise they use the names of lineages living in the area.

I have documented elsewhere the fact that this 'genealogical map' of Tivland moves about the surface of the earth, in sensitive response to the demands of individual farmers as they change from year to year and the way in which this capacity for the particular kind of spatial readjustment has led to patterns of migration. The 'map' in terms of which Tiv see their land is a genealogical map, and its association with specific pieces of ground is of only brief duration – a man or woman has precise rights to a farm during the time it is in cultivation, but once the farm returns to fallow, the

---

[2] Laura and Paul Bohannan, 1953; Laura Bohannan, 1952; Paul Bohannan, 1954 (1) and (2).
[3] Paul Bohannan, 1954 (2), pp. 3–4.

rights lapse. However, a man always has rights in the 'genealogical map' of his agnatic lineage, wherever that lineage may happen to be in space. These rights, which are part of his birthright, can never lapse. A mathematician with whom I discussed the Tiv mode of viewing geography suggested that whereas the Western map, based on surveys, resembled geometry, the Tiv notions resembled topology, which has been called 'geometry on a rubber sheet'. Whereas the Western map is rigid and precise, the Tiv map is constantly changing both in reference to itself and in its correlation with the earth.

The Tiv concepts for discussing the spatial aspect of their social organization are simple ones: the term *tar* means the 'map on a rubber sheet' – *tar* is the people, the compounds and the farms. This is quite different from the earth or *nya*. The *tar* changes its position on the *nya*, which is itself immutable. Every Tiv has a right to an adequate farm on the earth which holds his *tar*. This is a right to a *farm*, not to a specific piece of land. A farm lasts only for two or three years, then reverts to fallow and the specific right lapses. However, the right to *some* farm in the *tar* never lapses. Thus, the position of a man's farm varies from one season to the next, but his juxtaposition with his agnatic kinsmen, and his rights to a farm, do not change. Tiv might be said to have 'farm-tenure', but they do not have 'land-tenure'.

Thus, the man–man unit relevant to land is based on agnatic kinship. The man–thing unit relates a man *not* to a 'parcel of land' but to a temporary 'farm'. This generalization will probably be found to hold for all peoples who practise shifting cultivation.

Something should also be said about the fact that lineage membership implies *sufficient* farmland. Every year when new fields are selected, a man who needs more land expands in the direction of the neighbour most distantly related to him, then disputes the precise boundary of his new farm if necessary. Judges, either those recognized by the Administration or some other, then settle the disputes and the situation remains more or less static until the next year, when similar adjustments must again be made.

So far, we have two patterns: the Western pattern of an astrally based grid map in terms of which people are, by a legal mechanism, assigned rights to specific pieces of earth–pieces which maintain their integrity even when the owners change. The other is the Tiv pattern of a genealogical map, free-floating on the earth's surface, in terms of which people are assigned, on the basis of kinship position, to specific farms for periods of only two or three years.

The Plateau Tonga of Northern Rhodesia[4] supply a third variant. Their 'map' is a series of points, each representing a rain shrine. Rain shrines are of two sorts: either natural features that have been consecrated or specially built small huts. A rain shrine never changes geographical location, though it may and probably will be forgotten after a generation or two. In former times, if a man lived within the area associated with a rain shrine, he was required to participate in its ritual. Rain-shrine neighbourhoods were the basic territorial grouping, and they changed constantly as allegiances shifted with the creation of new shrines or the shifting efficacy of old ones, as well as with people moving in and out of the area.

The rain-shrine area composes usually from four to six villages. A village is a group of people, each owing some sort of allegiance to the headman. That allegiance may be based on kinship, affinity or on friendship. People change the villages of their residence with great alacrity and frequency, so that there is a constant movement from one village to another. Concomitantly, but in longer time span, the villages themselves change locations.

Residence in a village carries with it rights to clear farms in the vicinity. The headman shows a newcomer the land that is already claimed, but does not have authority to allot him rights in any unclaimed land. Rather, every man selects his own site and works it. Once he has cleared it, he has rights in it until he abandons it to fallow or moves to another village. If he moves, he may assign it to someone else. Like the Tiv, Tonga have 'farm-tenure' rather than 'land-tenure'.

The Tonga village is not a territorially contained unit. In Dr. Colson's terms, it has a spatial dimension but is not a territorial unit. Farms of members of different villages may be intermixed.

In sum, Tonga country is hooked to the social organization at

[4] Colson, 1948, 1951 (1) and (2), 1954, and 1958.

a series of rallying points marked by shrines. Villages move about in this country, and villagers are subject to the rain shrines of their area so long as the shrines are efficacious. Whenever they are not, new shrines are created. Members of villages have rights to farm near the momentary site of the village, and once they have worked on a field retain farming rights in it so long as they want them. The man–man unit is thus based on temporary residence in a shifting village. The man–thing unit is created by work, and is maintained only at the will of the man.

As the final example to be rehearsed here, we have the Kikuyu[5] who have a notion of terrestrial boundaries. Kikuyu 'maps' are complicated because there are two principles at work which do not coincide – it is, in fact, most convenient to view the situation as two maps. One of these maps is composed of the *githaka* or estates of individuals and eventually of shallow lineages, while the other is composed of *rugongo* or 'ridges', which are political units. Kikuyu country is crossed by fast flowing streams that have cut canyons out of the hill-sides, so the word 'ridge' is to be taken more or less literally. Ridges were 'governed' by a committee called 'the council of nine', chosen by the various councils of nine of its subordinate, territorially bounded units called 'fire-units' or *mwaki*. These fire-unit councils were appointed by the councils of nine of the village-group or *itura*. Matters concerning law and warfare were handled by the smallest possible council of nine. The British, on their arrival, put a chieftainship system on top of this indigenous committee system.

From our point of view, the most important fact concerned here is that while the ridge with its subdivisions was a spatially compact and demarcated territorial unit, it had nothing to do with exploitation of the environment. Such exploitation was a feature of the estate system. The Kikuyu divide themselves into nine non-localized, patrilineal clans. These clans are composed of a series of sub-clans called *mbari*, each a group of agnates with a common ancestor. The sub-clan is a localized group: each has one or more 'estates'. Estates have recognized boundaries – trees, ridges, stones, streams, etc., being the markers. Inalienable right to land in the estate is a

[5] Kenyatta, 1938; Leakey, 1952; Middleton, 1953.

condition of membership in the associated sub-clan. Members of the sub-clan, or its head (called *muramati*), could also make temporary grants of land rights to people who were not members. These people were called *ahoi*, usually translated 'clients'. The members of the sub-clan and their clients lived on and had specific rights in the estate.

A single estate might be laid out in such a way that it crossed several ridges. Land disputes were apparently settled by the councils of nine, not by the sub-clan heads. The estates, according to Kikuyu tradition, were originally bought from a hunting tribe known as Wanderobo. Today, the estate or any piece of it can be sold so long as other members of the sub-clan are given first refusal to buy.

In this situation, we have a complex map in which the land units which are 'owned' do not correspond to political units, and in which the boundaries are marked by terrestrial signs and characteristics. The man–thing unit approaches what we ourselves term ownership, and the man–man unit is in terms of unilineal descent groups controlled, ultimately, by the political system and its 'law'.

To end this review of some of the variety of 'land-tenure systems' in Africa, it is instructive to examine the type of changes taking place in these tribes in response to Western influence. First of all, the Western 'map' is replacing all the indigenous 'maps'. Kikuyu have the least change to make: they already think in terms of bounded parcels of land. Their boundaries, indigenously marked by terrestrial signs, can be surveyed and put into the Western system. With population growth and retention of the right of all to land, subdivision was becoming a problem before Mau Mau changed all of Kikuyu culture. Among both Tonga and Tiv, the concept of 'farm' must be replaced by the concept 'parcel of land' before a Western system can be adopted. In both places, such a feat would require not only new methods of agriculture but that social organization be anchored to the earth so that titles can be recorded.

The man–thing unit is also changing. Kikuyu were demanding, many years before Mau-Mau, that they be given legally secure title deeds to their land. Among Tonga new agricultural methods and crops have lengthened the period which a man retains his claim on a farm; with cash cropping the value of land is becoming apparent and concepts of 'property' are emerging. Tiv have great difficulty in this matter, for they believe that to attach people to a piece of land is tantamount to disavowing his rights in social groups. Hence any notion of landed property is resisted. Not incorrectly, Tiv view 'property' in land as the ultimate disavowal of their social values.

Finally, the nature of the man–man unit is also changing. Basically, this change is the one that Sir Henry Maine described long ago as progression from status to contract. Perhaps the greatest single change here results from the fact that many social groups which in the past merely had a spatial dimension are now being turned into territorial groups, because they are assumed by European-dominated legal systems to be 'juridical persons'.[6] All social groups have a spatial dimension, but only a few are characteristically territorial groups.

In short, man–man relationships in space, with concomitant rights to exploit the environments are being replaced by legally enforceable man–thing units of the property type, the man becoming a legal entity and the thing a surveyed parcel of land. Rights *of people* are being made congruent with rights *in specific pieces of land* so as to accord with surveys and legal procedure. Property and contract are becoming the basis of social life in places that were once governed by considerations of status.

There are several points here that must concern social scientists: first, the distinction between territorial groups and the spatial dimension of society must be investigated. Secondly, the range of conceptualization of both sorts of spatial grouping as well as of economic exploitation must be sketched in; restatement of Western land practices in terms of a comparative frame of reference is a part of this process. Thirdly, we must be concerned with the manner in which change in the spatial aspects of society has repercussions on the rest of society and in culture.

There are still other factors which must interest men of affairs:

---

[6] An informative example is the 'Communal Land Rights (Vesting in Trustees) Law, 1958' of Nigeria's Western Region.

only if they are aware of the imagery and values in terms of which people see their map of their country, the means by which people are attached to the earth (what we have called the man–thing unit), and the spatial aspects of the society, will it be possible for them to institute land reform and agricultural modernization with maximum effectiveness and minimum distress. It is not enough to see 'land-tenure' in terms of our own system. We must see it also in terms of the people who are approaching new economic and social horizons. And that very process makes it possible for us, as social scientists, to create what has in the past been completely lacking – a theory of land-tenure.

REFERENCES

Bohannan, Laura	1952.	'A Genealogical Charter'. *Africa*, XXII, No. 4.
Bohannan, Paul	1954 (1).	*Tiv Farm and Settlement.* London: HMSO.
	1954 (2).	'The Migration and Expansion of the Tiv', *Africa*, XXIV, No. 1.
Bohannan, Laura and Paul	1953.	*The Tiv of Central Nigeria.* (Ethnographic Survey of Africa.) London.
Colson, Elizabeth	1948.	'Rain-shrines of the Plateau Tonga of Northern Rhodesia'. *Africa*, XVIII, No. 4.
	1951 (1).	'The Plateau Tonga of Northern Rhodesia' in *Seven Tribes of British Central Africa*.
	1951 (2).	'Residence and Village Stability among the Plateau Tonga'. *Human Problems in British Central Africa*, XII.
	1954.	'Ancestral Spirits and Social Structure among the Plateau Tonga'. *International Archives of Ethnography*, Leiden, XLVII, No. 1.
	1958.	*Marriage and the Family among the Plateau Tonga.* Manchester University Press.
Gluckman, Max	1944.	'Studies in African Land Tenure'. *African Studies*, III, No. 1.
	1945.	'African Land Tenure'. *Human Problems in British Central Africa*, III.
Kenyatta, Jomo	1938.	*Facing Mount Kenya.* London.
Leakey, L. S. B.	1952.	*Mau Mau and the Kikuyu.* London.
Middleton, John	1953.	*The Kikuyu and Kamba of Kenya.* (Ethnographic Survey of Africa.) London.
Possoz, E.	1944.	'Études de droit foncier'. *African Studies*, III, No. 4.

RÉSUMÉ

Notre ignorance des pratiques foncières africaines est profonde, pas tellement parce que les faits nous manquent, que parce que –

faute d'une bonne analyse des concepts habituellement employés et faute d'une critique détaillée des possibilités de les appliquer aux études comparées – nous ne savons que faire de ces faits ni comment les interpréter. Qu'entendons-nous par les concepts 'terre', 'tenure', 'droits' et 'tenure des terres'? Pour chacun des peuples étudiés, que signifie la notion 'terre' et quels sont les concepts culturels en termes desquels ils parlent de la terre? Pour les Occidentaux, la terre est, entre autres, une entité qui par des processus mathématiques et techniques peut être mesurée et divisée en parcelles qui peuvent être identifiées comme des 'choses'. La notion 'tenure' implique que la terre peut être 'tenue en possession', ce qui réfère à une relation entre une personne (individu ou groupe social) et 'une parcelle de terre'. Cette relation est appelée l'unité 'homme–chose'. En anglais, cette unité est décrite en termes de propriété; des spécialistes du droit foncier africain ont souligné que 'tenure' est en rapport avec les droits utilisés vis-à-vis d'autres personnes. 'Droits' est le concept que nous employons lorsqu'il s'agit en premier lieu de relations sociales. Il y a donc également une unité 'homme–homme'. Nous présumons qu'avec toute unité 'homme–homme', se caractérisant par une dimension spatiale ou par un droit d'exploitation, va automatiquement de pair une unité 'homme–terre'. Ceci, précisément, n'est pas le cas en Afrique. Pour l'étude comparée de 'la tenure des terres' trois facteurs émergent donc: (1) un concept de la terre; (2) un mode de mettre l'homme en corrélation avec son environnement physique; (3) un système social avec une dimension spatiale. Dans le passé les Occidentaux ont cherché 'les règles de la tenure' africaine sur la base de trois préjugés: (1) que le type de la 'carte' occidentale doit être introduit dans la région; ou bien qu'il existe déjà mais qu'il est resté inconnu à ses habitants; (2) que les concepts de propriété fournissent un moyen adéquat pour exprimer tous les types de l'unité homme-chose; (3) que le contrat et le droit de succession sont la méthode fondamentale pour traiter les relations sociales dans un contexte spatial. Il est proposé de remplacer ces hypothèses par d'autres qui sont plus générales et moins ethnocentriques: (1) les peuples ont une 'carte' qui représente le pays dans lequel ils vivent; (2) ils disposent d'une série de concepts pour parler et traiter des rapports entre eux et les choses; (3) l'aspect spatial de leur organisation sociale trouve, d'une façon ou d'une autre, une expression ouverte, en paroles et en actes. La tenure des terres est du point de vue ethnographique la façon dont le peuple associe ces trois facteurs. Pour formuler une vraie théorie de la tenure des terres, nous devons déterminer pour chaque société les corrélations sur ces points et la façon dont ces idées et corrélations sont changées. Chez les *Tiv*, l'idiome de la généalogie et de la descendance fournit non seulement la base du groupement lignager, mais également celle du groupement territorial. Ils sont groupés dans un système de patrilignages basé sur le principe de l'opposition segmentaire. Chaque lignage minimal est lié à un territoire. Le lignage minimal est spatialement localisé à côté d'un autre lignage, du même type, et lié au premier par le frère du fondateur de celui-ci. Ensemble ces deux lignages forment un lignage inclusif et leurs territoires adjacents forment une unité spatiale. Ce processus d'inclusion se poursuit généalogiquement, spatialement, géographiquement. La 'carte' Tiv est généalogique; son association avec des parties spécifiques de la terre est de courte durée. Le droit à la 'ferme' disparaît lorsque celle-ci devient jachère: mais les droits dans la 'carte généalogique' restent toujours. Les concepts désignant les aspects spatiaux de leur organisation sociale sont simples: *tar* signifie le peuple, le compound, les fermes; ceci est très différent de *nya* (la terre). Tout Tiv a droit à une ferme adéquate sur la terre où est installé son *tar*. Les Tiv ont une 'tenure de fermes' et non pas une 'tenure des terres'. En relation avec la terre, l'unité 'homme–homme' est basée sur la parenté agnatique; l'unité 'homme–chose' rattache l'homme non pas à une 'parcelle de terre' mais à une 'ferme' temporaire. Cette généralisation tiendra probablement pour tous les peuples qui pratiquent l'agriculture itinérante. La carte des *Plateaux-Tonga* est une série de points dont chacun représente un autel consacré à la pluie; ce dernier ne change jamais de localisation géographique, bien qu'il sera généralement oublié après une ou deux générations. Les voisinages de ces autels consacrés à la pluie constituaient le groupement territorial fondamental. Ils changeaient constamment comme les allégeances changeaient par la création de nouvels autels et les mouvements des hommes. L'aire de l'autel de pluie comprend de 4 à 6 villages; le village groupe des hommes qui sont liés d'une certaine façon au chef de village (parenté, alliance, amitié). Les habitants changent fréquemment de village. Les villages aussi changent de lieu. La résidence implique le droit de faire une ferme dans le voisinage; chaque homme choisit son emplacement; son droit continue jusqu'à l'abandon ou le départ; en cas de départ, il peut laisser sa ferme à un autre individu. Comme les Tiv les Plateau-Tonga ont une 'tenure de fermes' plutôt qu'une 'tenure de terres'. Le village Tonga a une dimension spatiale mais pas une unité territoriale; les fermes des membres de villages différents peuvent être mélangées. L'unité 'homme–homme' est basée sur la résidence temporaire dans un village itinérant; l'unité 'homme–chose' est créée par le travail et maintenue par la volonté de l'homme.

Les *Kikuyu* ont des notions de limites; leur 'carte' est compliquée par deux principes qui ne coïncident pas. L'une des 'cartes' est composée par les *githaka* ou les domaines appartenant à des individus et à des petits lignages; l'autre est composée de *rugongo* ou 'crêtes' (ridges) qui sont des unités politiques gouvernées par le conseil des neuf. Bien que la 'crête' soit une unité territoriale spatialement compacte et délimitée, elle n'a rien à voir avec l'exploitation de l'environnement; l'exploitation est un aspect du système des domaines. Les Kikuyu sont divisés en neuf clans patrilinéaires non-localisés, qui se décomposent en une série de sous-clans qui sont des groupes localisés et qui détiennent chacun un ou plusieurs domaines. Les domaines ont des limites reconnues; les membres du sous-clan et leurs 'clients' ont des droits spécifiques dans le domaine; un seul domaine peut chevaucher plusieurs 'crêtes'. L'unité 'homme–chose' se rapproche de ce que nous appelons la propriété; l'unité 'homme–homme' se définit en termes de groupes de descendance unilinéaire.

Quels sont les types de changements qui se manifestent dans ces trois tribus suite à l'influence occidentale?

> (1) La 'carte' occidentale remplace les cartes traditionnelles. Pour les Kikuyu ceci implique peu de changement car ils pensent déjà en termes de parcelles. Pour les Tiv et Tonga, le

concept parcelle doit remplacer celui de 'ferme'; ceci impliquerait non seulement de nouvelles méthodes d'agriculture mais également que l'organisation sociale soit attachée à la terre afin que les titres puissent être enregistrés.

(2) L'unité 'homme–chose' change. Les Kikuyu demandent des titres sûrs. Chez les Tonga les nouvelles méthodes agricoles et cultures prolongent la période pendant laquelle un homme retient ses prétentions sur la femme; la valeur de la terre devient apparente; les concepts de propriété émergent. Les Tiv rencontrent de grosses difficultés, car ils croient qu'attacher les hommes à un lopin de terre équivaut à désavouer leurs droits dans les groupes sociaux.

(3) L'unité 'homme–homme' change. De nombreux groupes sociaux qui, dans le passé, avaient simplement une dimension spatiale, sont maintenant changés en groupes territoriaux. Les relations spatiales 'homme–homme', avec les droits concomitants d'exploiter les environnements, sont remplacées par des unités 'homme–chose' du type propriété.

Plusieurs points méritent notre attention:

(1) la distinction entre les groupes territoriaux et la dimension spatiale de la société;
(2) la gamme de conceptualisation des deux sortes de groupes spatiaux et de l'exploitation économique;
(3) la façon dont les changements dans les aspects spatiaux de la société exercent des influences sur les autres aspects de la société et de la culture.

IV. LES RAPPORTS DU SYSTEME FONCIER TOUCOULEUR ET DE L'ORGANISATION SOCIALE ET ECONOMIQUE TRADITIONNELLE – LEUR EVOLUTION ACTUELLE

JEAN-LOUIS BOUTILLIER

I. INTRODUCTION

S'étendant entre deux zones subdésertiques: le Sahel mauritanien au Nord et le Ferlo sénégalais au Sud, la vallée du Sénégal s'est toujours présentée comme un centre d'attrait remarquable pour les peuples de l'Ouest Africain. Zone de contact entre population blanche et population noire, son tracé Est-Ouest en a aussi fait une voie naturelle de pénétration vers l'intérieur qui a attiré de bonne heure le commerce européen.

Rapidement des groupements humains ont discerné la valeur conférée aux terres inondables par le régime exceptionnel de la crue du fleuve Sénégal.[1] Actuellement les populations que l'on rencontre dans la vallée du fleuve sont en aval de Dagana et dans la région du Delta, une branche des Woloffs appelée 'Oualo-oualo' d'après le nom même de la région qu'ils habitent et dans la plus grande partie de la vallée, de Dagana à Dembakane, des Toucouleurs de loin le groupe ethnique le plus nombreux puisqu'à eux seuls ils représentent plus de 200,000 personnes, et ce sont eux qui font l'objet de la présente étude.

Les vastes étendues très faiblement peuplées qui bordent le Sénégal au Nord et au Sud sont très favorables à l'élevage; aussi l'économie toucouleur associe-t-elle étroitement l'agriculture et la pêche à l'élevage. Mil, lait et poisson représentent d'ailleurs l'essentiel de la subsistance. Le relatif équilibre du secteur de subsistance, la faible commercialisation des produits, un système d'échange sous forme de troc favorisé par une organisation sociale à base de caste contribuent à conserver à l'économie de la vallée un aspect très archaïque et à maintenir très bas le niveau des revenus

[1] Papy, 1951, p. 148.

Les Rapports du Système Foncier Toucouleur

monétaires. Le revenu monétaire moyen annuel par capita est de l'ordre de 4,400, – F. C.F.A.[2] pour un revenu global de 10,500, – F. C.F.A. compte tenu des opérations de trocs et de l'autoconsommation. Encore une part importante du revenu monétaire (40 per cent.) provient-elle des migrations puisque depuis quelques années des flux de plus en plus nombreux de migrants (en 1958 environ 20,000) quittent plus ou moins saisonnièrement la vallée pour venir travailler quelques mois dans les centres urbains du Sénégal surtout à Dakar. Si certains facteurs d'ordre sociopsychologique tenant à une certaine désintégration sociale: émancipation des serviteurs, conflits de génération, tiennent un rôle dans le développement des migrations, leur cause principale est sans aucun doute d'ordre économique, les migrants venant chercher en ville le 'cash' nécessaire à la satisfaction de nouveaux besoins ou même de besoins alimentaires: achats de céréales après une mauvaise récolte par exemple.

II. HISTOIRE ET STRUCTURE FONCIÈRE

L'agriculture de la vallée est caractérisée par l'existence au cours de l'année de deux campagnes agricoles nettement distinctes: l'alternance des cultures d'hivernage pratiquées sur les hautes terres de la vallée – 'Diéri' – et les cultures de saison sèche sur les terres inondées par les crues du Sénégal – 'Oualo' – amène à distinguer entre deux aspects du système foncier. En fait, comme pour l'habitant de la vallée le Oualo a beaucoup plus d'importance que le Diéri, les modalités d'appropriation de ces deux sortes de terrains sont très différentes.[3]

Les terres de Oualo, plus ou moins régulièrement inondées, occupent le lit majeur du fleuve et sont limitées en superficie. La crue, par l'apport de limon et l'imprégnation d'eau qu'elle renouvelle à chaque hivernage sur le Oualo, y rend possible la culture annuelle: aucun système de jachère n'y est obligatoire et chaque année les mêmes parcelles peuvent être remises en culture. Au contraire les superficies du Diéri sont pratiquement en quantité

[2] soit 8,800, – F. Métropolitains et environ 20 dollars U.S.
[3] Gaden, 1935, pp. 409–14; Vidal, 1935, pp. 415–48; Abdou Salam Kane, 1935, pp. 449–61.

illimitée tant au Sahel mauritanien qu'au Ferlo sénégalais; des cultures d'hivernage peuvent se pratiquer de part et d'autre du fleuve sur plusieurs kilomètres dans des régions où la densité de population est partout inférieure à 5 habitants au Km2 et où la terre est pratiquement libre pour celui qui veut la défricher et la cultiver. En contre partie les récoltes sont rendues très aléatoires par l'irrégularité des pluies et les nombreuses déprédations causées notamment par les sauterelles. Sur le Diéri, les sols non fumés s'épuisent rapidement et ne peuvent être cultivés plus de quelques années de suite sans de très fortes baisses de rendement.

Aussi n'est-il pas surprenant que les règles concernant les terres de Oualo soient beaucoup plus strictes et plus précieuses que celles concernant les terres du Diéri. L'histoire montre bien d'ailleurs qu'il n'y a pas de commune mesure: autant les terres de Oualo ont fait l'objet de conflits et de conquêtes au cours des siècles entre les diverses populations qui ont cherché à s'installer de façon stable dans la vallée, autant le Dièri n'a été que voie de passage, parcours de pâturages et trajet de nomadisation pour des groupes humains instables. En fait la structure foncière de la vallée reflète fidèlement son histoire et l'histoire de la société Toucouleur elle-même; si le système de tenure des terres paraît à l'observateur extrêmement complexe et hétérogène, c'est qu'il s'explique par la diversité d'origine des populations de la vallée, l'enchevêtrement des couches successives de peuplement, les péripéties de son histoire et les modalités de son organisation sociale.

La juxtaposition de domaines fonciers étendus et d'un système de petite propriété familiale traduit l'existence d'une classe de grands propriétaires descendants des minorités qui ont tour à tour dominé les populations sédentaires installées depuis des temps reculés dans la vallée. On peut distinguer trois principaux groupes parmi les grands domaines, suivant leur origine. Les plus anciens ont été constitués antérieurement au XVIe siècle. Ils correspondent, autant qu'on peut le savoir, aux premières dynasties qui ont régné sur la vallée notamment celle du Lam Terness (1400–1450). Certains proviennent soit de commandements territoriaux exercés par des princes Peuls, soit de donations faites à des chefs Peuls par les descendants du Lam Terness notamment dans la région du Lao, des Irlabés-Ebyabés et du Bosséa: à la tête de ces domaines correspond généralement encore le titre de Farba (Farba Walaldie, Falba N'Dioum, Farba Djévol). La majorité des grandes propriétés foncières semble dater de la période suivante, celle mieux connue du royaume Foutanké. En effet, la conquête du pays par les Déniankés de Koli Tenguella vers 1515 amena une grande modification dans la situation des terres de culture: ceux parmi les habitants qui ne combattirent pas les conquérants ou même qui embrassèrent leurs causes ne firent l'objet d'aucune spoliation. Par contre les terres des opposants furent saisies: les compagnons de Koli, une fois la conquête terminée, cherchant à se fixer de nouveau reçurent en apanage de vastes superficies de terrain, défrichées ou non. Cependant comme la souveraineté des Saltiguis connut des fortunes variées, l'instabilité politique caractérisa de longues périodes de leur règne et certains donataires ne purent réellement conserver les terres qui leur avaient été attribuées. D'autres au contraire, purent consolider ces sortes de 'fiefs' dont certains sont souvent, encore au moins partiellement, en possession de leurs descendants. Ceux-ci portent généralement un titre dont ils ont hérité en même temps que des droits sur les terres: ce sont les Ardons, les Dyom, les Kamalinkous dont parlait déjà le P. Labat quand il décrivait la cour du 'Saltigui' en 1698 d'après les notes de Brue.

Un des derniers Saltiguis, Souley N'Diaye, dont le règne dura plus de 40 ans au début du XVIIe siècle et fut marqué de graves conflits politico-religieux, eut l'idée pour consolider le trône Denianké et alimenter le trésor royal de distribuer des terres de la couronne (Baytis) et des terres appartenant à des groupements sans influence politique moyennant des tributs annuels. Les bénéficiaires de ces donations furent en général des chefs de familles influentes ou des marabouts renommés que Souley N'Diaye avait intérêt à s'attacher pour retarder le déclin de sa dynastie.

La révolution maraboutique menée par Souleyman Ball consacra pourtant la défaite des Deniankés, mais le premier des Almamys, Abdel Kader dit Abdoul, pour asseoir son pouvoir et s'attacher plus largement la population poursuivit en fait la politique de son prédécesseur et octroya un grand nombre de concessions terriennes.

L'Almamy Abdoul utilisa d'ailleurs ce système de fiefs au mieux de ses intérêts économiques et surtout militaires: les Maures ayant repris très solidement pied sur la plus grande partie de la rive droite, il chercha à placer aux endroits guéables des chefs connus pour leurs capacités guerrières, afin de regrouper les Toucouleurs sur la rive gauche et de les protéger contre les razzias des Maures. D'autre part, grâce à ces attributions de fiefs, il joua des rivalités familiales qui divisaient de nombreux groupes familiaux pour s'assurer parmi eux de fortes alliances notamment dans le Bosséa, le Nguénar et le Damga. Choisi parmi les Torobés, l'Almamy avait un pouvoir largement fondé sur le respect de la religion. L'administration qui était assez centralisée, l'Almamy ayant des représentants dans les provinces, reposait largement sur l'aristocratie Torodo à vocation mi-religieuse, mi-guerrière qui imposait la loi aux autres couches de la population, artisans et captifs. Un système complet d'impôts et de prestations en nature (mil – poissons – services) en était le fondement économique. Les Almamys n'étant que chefs élus de la Communauté musulmane et non souverains héréditaires, donc ne pouvant disposer librement des terres de cette communauté, les donations faites par eux étaient en principe faites à titre précaire et révocable; bien qu'encore actuellement les tribunaux reconnaissent comme légal le paiement des redevances coutumières, les terres qui ont fait l'objet de ces donations ont un statut équivoque et elles doivent être considérées comme 'Baïtys' terres de la communauté musulmane. Enfin l'administration française à la fin du XIXe siècle a consenti elle-même sous une forme analogue quelques donations en reconnaissance de services rendus au moment de la pénétration.

A côté de ces grands domaines, la petite propriété est très répandue; son origine remonte généralement au peuplement de la vallée par les populations d'origines diverses qui peu à peu se sont fondues pour former la société Toucouleur. Le fond de la population, apparenté aux groupements connus actuellement sous le nom de Sérères et de Oualoffs, vivait probablement à un stade très archaïque de l'organisation sociale et de l'économie, les activités principales étant la pêche, une agriculture fruste et la cueillette de produits naturels. Comme on le montrera dans l'analyse de la structure foncière il semble que ce soient les populations formant les castes actuelles des Tyouballos (pêcheurs) et des Tiédos qui descendent des groupes les plus anciennement installés dans la vallée.

D'autre part, de nombreux groupes familiaux, attirés par la réputation de fertilité de la vallée, émigrés probablement du Macina, du Cayor, du Djoloff, du Saloum, sont venus au cours des siècles, antérieurement au règne de Saltigui, se fixer dans les parties de vallée peu peuplées où des terres étaient disponibles. Ces immigrants, vivant dans un système d'autarcie presque complète sous la seule autorité de leur Chef de Famille défrichèrent et s'approprièrent toutes les terres nécessaires à leur subsistance. C'est du défrichement 'dyengol', 'droit de feu' que proviennent la plupart des droits de propriété détenus par ces groupements familiaux. Lorsqu'existait déjà un propriétaire éminent des terres ou lorsque celles-ci ont fait l'objet au cours de l'histoire de la vallée d'une de ces donations dont on vient de voir l'origine, le droit donné par le défrichement au lieu d'être un véritable droit de propriété est resté un simple droit de culture.

III. LES TYPES DE TENURE

Il faut commencer, avant de décrire la structure foncière, par analyser les différents droits que l'on peut rencontrer, leurs origines et les obligations auxquelles ils sont liés.

Le Droit de Culture

C'est le droit d'ensemencer et de récolter une parcelle de terre. Le droit de culture est donné de plein droit au défricheur du terrain et à ses descendants. C'est ce qu'on appelle le 'dyengol' (droit de feu), ou 'levré' (droit de la hache). Le titulaire de ce droit s'appelle 'Dyom Dyengol' ou 'Dyom Levré'.

Le droit de culture peut être prêté ou loué à titre personnel et révocable par son titulaire (défricheur ou descendant) suivant diverses modalités:

(1) le plus souvent c'est un prêt moyennant une redevance annuelle, 'l'assakal', égale au dixième de la récolte;
(2) ce peut être aussi le contrat 'rempetien', métayage à la moitié;
(3) la location 'Thiogou' pour une période d'une année moyennant le paiement d'une somme d'argent au moment de la mise en culture du champ, et le paiement de l'Assakal (1/10ème de la récolte).

Le Droit de Maître de la terre

'Dyom Leydi' (Maître de la terre).

On a vu que ce droit provenait soit d'une occupation de superficies importantes par une chefferie très ancienne soit de donations faites à titre d'apanage par les autorités qui ont tour à tour dominé la vallée. Celui qui en est détenteur est en quelque sorte le gérant de ces terres. Il perçoit des redevances de la part des titulaires du droit de culture sur ces mêmes terres. Il arbitre les différends qui peuvent surgir. Lorsque le droit de culture sur une parcelle de ces terres s'éteint et que la terre devient vacante, il peut la faire remettre en culture soit lui-même, soit par location ou prêt dans les conditions examinées au paragraphe précédent.

De même que le droit de culture s'apparente à un droit d'usufruit, de même le droit de maître de la terre s'apparente à la nue propriété. Pourtant il existe entre ces droits des différences essentielles provenant d'une part de la nature même de ces droits et d'autre part des formes d'organisation sociale prévalant dans la vallée. Le maître de la terre a des droits étroitement limités par ceux du 'Dyom dyengol', 'maître du feu'. Il n'a en fait qu'un simple droit de regard en plus de celui de percevoir les redevances qui lui sont dues en principe. Normalement, il ne peut reprendre ses terres pour les cultiver lui-même ou les louer à d'autres. Même à la mort du titulaire du droit de culture, se seule fonction est d'entériner la transmission de ce droit aux héritiers du *de cujus* sous réserve du paiement du 'Tiotigou', sorte de droit de mutation dû par ces héritiers au maître de terre. Ce n'est que dans la mesure où le titulaire du droit de culture ne paye pas ses redevances, Assakal et

Les Rapports du Système Foncier Toucouleur

Ndioldi annuellement et 'Tiotigou' en cas de succession, que le maître de la terre a la possibilité de réintégrer ces champs dans son domaine propre.

L'autre limite importante aux droits du maître de la terre provient du fait que les titulaires apparents de ces droits ne sont en fait généralement que des représentants de communautés familiales (généralement lignages) ou de groupes plus restreints (segments de lignage). Ce système de copropriété familiale restreint dans de grandes proportions le rôle des titulaires en titre du droit. La conséquence la plus importante est une inaliénabilité de fait de la terre, aucun membre de l'indivision ne devant prendre pour le groupe la responsabilité de gaspiller son capital foncier.

Dédoublement des droits sur les terres entre le 'Dyom Leydi' et le 'Dyom Dyengol', et indivision familiale amènent à distinguer entre les différents types de tenure:

(1) Champs en propriété personnelle: le droit de culture et celui de maître de la terre sont dans ce cas possédés par la même personne ou un groupe de frères consanguins.
(2) Champs en indivision familiale – Diowré – possédés en copropriété par les membres d'un ou plusieurs segments de lignage.
(3) Champs possédés au titre du droit de culture donc transmis suivant les règles traditionnelles de dévolution successorale et soumis à certaines redevances au maître de la terre.
(4) Champs donnés en location c'est-à-dire pour lesquels le droit de culture a été provisoirement loué.

Dans le cadre d'un 'area Survey' mené dans la vallée du Sénégal en 1957–1958 une enquête agricole par sondage a été réalisée à laquelle s'est jointe une enquête sur les modes de tenure. Cette dernière permet de donner un état exact de la structure foncière actuelle. Au total l'enquête a porté sur 1020 exploitants agricoles cultivant sur décrue 2340 parcelles.

Pour l'ensemble des champs cultivés sur décrue en 1957–58:

37 pour cent des champs ont été reçus en location.
32 pour cent sont propriété personnelles des cultivateurs eux-mêmes.

11 pour cent sont des champs en indivision familiale cultivés par des membres co-propriétaires.

21·5 pour cent sont des champs cultivés par le titulaire du droit de culture moyennant les redevances prévues par la coutume aux chefs de terre.

Ces chiffres montrent une assez forte inégalité dans la répartition des droits sur les terres qui se traduit par une proportion relativement élevée de champs donnés ou reçus en location: dans l'ensemble, 37 pour cent de champs sont loués par des exploitants qui n'ont aucun droit sur ces terres et qui, pour les cultiver, payent en argent, en nature ou en journée de travail un certain prix. Les modalités de ces contrats sont très variables suivant les cas et les régions mais on peut remarquer dès maintenant que le prix de location n'est presque jamais inférieur au 1/10ème de la récolte et qu'il va fréquemment jusqu'à la moitié. Cette inégalité se retrouve d'ailleurs à différents niveaux, d'une part entre les diverses castes qui composent la société Toucouleur, d'autre part à l'intérieur d'une même caste entre différentes communautés familiales.

IV. CASTE ET TENURE DES TERRES

Dans la vallée du Sénégal on ne rencontre qu'une dizaine de castes et encore comme le montrera la suite de l'exposé l'élevage et surtout l'agriculture ne sont pas des activités castées.

L'examen de la situation de chaque caste par rapport à l'appropriation des terres permet d'approfondir le contenu même de la notion de caste dans la société Toucouleur.

En effet, bien que le nombre de champs cultivés en moyenne par les cultivateurs de différentes castes soit assez proche, le mode de tenure varie radicalement suivant l'appartenance à une caste ou à une autre.

Une première remarque s'impose d'abord: c'est la situation foncière très exceptionnelle de la caste de pêcheurs 'Tyouballo'. C'est parmi eux que se rencontre la proportion la plus élevée d'exploitants cultivant les champs leur appartenant en propre; ainsi près de 2/3 de leurs champs sont cultivés par leur propriétaire et seulement un champ sur six est loué.

Cette position privilégiée paraît confirmer une hypothèse assez souvent avancée concernant l'origine de cette partie de la population Toucouleur: la vallée du Sénégal ayant été occupée bien avant les invasions Berbères, Arabes et Peuls par une population probablement apparentée aux Sérères actuels, les 'Tyouballo' seraient les descendants de certaines fractions de cette population dont la majeure partie aurait été chassée de la vallée par les invasions

TABLEAU I
Répartition des champs suivant leur mode de tenure (en pourcentage)

	Nb. moyen de champs		Reçu en location		Droit de culture		Ind. famil.		En toute propriété	
	N	%	N	%	N	%	N	%	N	%
Torodo	2·25	100	0·56	22·5	0·55	21·5	0·40	16·0	0·74	30·0
Tiédo	2·00	100	0·58	29·0	0·75	37·5	0·25	12·5	0·42	21·0
Tyouballo	2·92	100	0·49	16·5	0·55	19·0	0·30	10·0	1·58	54·5
Caste artis.	1·72	100	0·72	42·0	0·34	20·0	0·06	3·5	0·60	34·5
Mathioudo	2·01	100	1·57	78·0	0·25	12·5	0·04	2·0	0·15	7·5
Ensemble	2·3	100	0·85	37·0	0·50	21·0	0·25	11·0	0·70	31·0

venant du Nord et du Nord-Est, pour aller former les groupements sérères d'une part, ouoloffs, d'autre part, dans les régions qu'ils occupent actuellement dans l'ouest du Sénégal.[4]

Ceci semble se traduire dans la répartition des terres; en effet, la situation des Tyouballo dans ce domaine est non seulement supérieure à celle des autres castes par la quantité des terres possédées par eux, mais aussi par la qualité et la position de ces terres. En tant qu'habitants depuis une époque très ancienne des bords du fleuve, ils se sont assurés la propriété d'une proportion très importante des 'Falos' qui sont situés sur les berges mêmes du Sénégal et sont très appréciés en raison de la richesse de leur sol toujours refertilisé par la crue et de la diversité des cultures qui peuvent y être faites. C'est ainsi que, comme le montre le tableau n° 2, les pêcheurs ont en moyenne 2·35 fois plus de champs de Falo que l'ensemble des cultivateurs des autres castes: bien que ne

[4] H. Labouret: *Paysans d'Afrique Occidentale Française*. – N.R.F. Paris 1941, chap. III.

représentant que moins de 20·0 pour cent de la population, ils cultivent plus de 36 pour cent de l'ensemble des Falos disponibles.

En outre, sans qu'il soit possible d'évaluer avec précision les avantages que cela représente, il semble que les champs du Fondé et des Hollaldés possédés par les pêcheurs soient situés dans les

TABLEAU II

Répartition des champs entre les différentes castes suivant leur nature.[5] *En nombre par cultivateur et en pourcentage*

	Fondé Nbre	%	Hollaldé Nbre	%	Falo Nbre	%	Total Nbre	%
Torodo	0·30	13·5	1·67	74·0	0·28	12·5	2·25	100
Tiedo	0·50	24·5	1·28	64·0	0·22	11·5	2·00	100
Tyouballo	0·68	23·0	1·13	39·0	1·11	38·0	2·92	100
Caste art.	0·28	16·15	1·19	69·0	0·25	14·5	1·72	100
Mathioudo	0·26	13·0	1·36	68·0	0·39	19·0	2·01	100
Ensemble	0·39	17·0	1·43	62·5	0·48	20·5	2·30	100

abords immédiats du lit mineur et de ce fait même plus accessibles et peut-être aussi mieux drainés.

L'histoire de la vallée nous apprend que la révolution maraboutique et le gouvernement des Almamys ont consacré à partir de la fin du XVIIIe siècle l'hégémonie de la caste Torodo. Si sa domination sur la population de la vallée a eu des fondements surtout religieux et politiques, elle n'en a pas moins eu des conséquences certaines sur la structure foncière. En effet dans la mesure où les terres cultivables sur décrue étaient limitées et où le mil était la base de l'économie de cette région, la possession des terres pouvait être une source de puissance politique. Les souverains Deniankés et leur entourage de Princes Peuls l'avaient d'ailleurs très bien compris et, comme on l'a vu, c'est de leur règne, en particulier de celui de Souley N'Diaye et ensuite de celui des premiers Almamys que date la création de la plupart des apanages.

Ainsi les Torobés (singulier: Torodo) possèdent-ils une grande partie des terres de la vallée. Toutefois la situation se présente très

[5] Rappelons que: les Falos sont les terres situées sur les berges mêmes du fleuve, les Hollaldés forment la majorité de la superficie du lit majeur régulièrement inondée par la crue, alors que les Fondés situés au côtes les plus élevées ne sont inondés que les années de fortes crues.

différemment suivant les régions. C'est en amont de Boghé jusqu'à la région Sarakolé que se rencontrent la plupart des grandes propriétés. La société Toucouleur y présente certains aspects d'une véritable société féodale. C'est là que se rencontre la plus grande inégalité de répartition des terres; non seulement la caste des serviteurs et certaines castes artisanales y sont presque totalement dépourvues de droits de propriété sur les terres, mais même à l'intérieur de la caste Torodo, de nombreux exploitants manquent de terres et sont obligés pour cultiver d'en louer à d'autres. Pour l'ensemble des castes près de 70 pour cent des champs sont soit reçus en location (40·5 pour cent), soit cultivés au titre du droit de culture et doivent des redevances au maître de terre. Pour les exploitants appartenant à la caste Torodo 31·5 pour cent sont reçus en location et 21·5 pour cent sont cultivés au titre du droit de culture; alors qu'en aval sur la rive sénégalaise, la situation est inversée: il n'existe pratiquement pas de terre cultivée au titre de droit de culture, 74 pour cent des champs cultivés per les Torobés sont possédés soit à titre personnel soit en co-propriété familiale et seulement 26 pour cent sont reçus en location.

Si la situation foncière de la caste Torodo dans son ensemble est favorable, bien qu'on y rencontre de grandes inégalités, elle fait contraste avec celle de la caste Mathioudo, celle des serviteurs et des descendants de captifs. Ceux-ci, en effet, et cela tant en amont qu'en aval, tant sur la rive sénégalaise que sur la rive mauritanienne, n'accèdent que rarement à la propriété foncière sous quelque forme que ce soit, propriété personnelle ou co-propriété familiale, au total pour moins de 10 pour cent des champs qu'ils cultivent. De même ils ne sont qu'exceptionnellement (pour 12·5 pour cent des champs) propriétaires de droit de culture. Presque toutes les terres qu'ils cultivent (78 pour cent des champs, et pourtant l'agriculture est de loin leur activité principale) leur sont données en location suivant des modalités très variables suivant les régions mais dont certaines peuvent être très dures. Ainsi bien qu'à l'époque actuelle tendent à s'effacer très rapidement les distinctions rigides entre les différentes catégories, l'analyse de la structure foncière montre très nettement comment, par les conditions dans lesquelles les anciens captifs détiennent les terres qu'ils cultivent, se maintient une certaine hiérarchie entre ces catégories sociales. Quelques indices permettent de penser que la situation des Mathioubés va aller en s'améliorant. Certains en s'affranchissant se font reconnaître un droit de culture définitif ou quasi définitif sur les terres appartenant à leur maître mais qu'ils ont cultivées de père en fils pendant plusieurs générations. D'autre part la tendance qui existe à une consolidation des droits de ceux qui cultivent les terrains 'Baytis' permettra à un plus grand nombre de Mathoubés d'accéder à la propriété des terrains qu'ils cultivent actuellement.

Les autres castes occupent dans la répartition des sols des places intermédiaires entre celle des Torobés et celle des Mathioubés.

v. l'evolution actuelle du système foncier

Les défauts du régime foncier Toucouleur ressortent de la fréquence des litiges auxquels son application donne lieu. Le principal semble être sa complexité; mais l'arbitraire de certaines règles, l'ambiguité et l'incertitude concernant l'origine de nombreux droits sont aussi responsables de beaucoup de conflits.

La classification des litiges et leur analyse suivant la nature des droits invoqués permettent de mettre en lumière les difficultés qui résultent d'une part de la superposition de plusieurs droits hiérarchisés sur la même terre et d'autre part des formes d'indivision familiale.

Ainsi, bien que le schéma de fonctionnement de l'indivision semble théoriquement assez simple, il est compliqué dans la plupart des cas parce que fréquemment les chefs de ménage cultivent en plus des champs faisant partie de l'indivision, des champs qu'ils détiennent d'une autre origine – héritage du côté maternel, défrichement personnel, etc. . . . Cette diversité des modes de tenure à l'intérieur d'une même exploitation agricole est souvent à l'origine de multiples contestations, ou moment de la mort de l'exploitant, entre les membres de la collectivité familiale qui tendent à faire rentrer dans l'indivision le plus de champs possible, et les héritiers directs qui cherchent à se faire reconnaître leurs droits sur les champs ne faisant pas partie de l'indivision. Ces incertitudes concernant les titres de propriété ou de droit de culture donnent lieu à

Les Rapports du Système Foncier Toucouleur

toute une gamme de conflits dont on peut énumérer les plus fréquents d'après les recours à la justice coutumière: propriété personnelle contre indivision familiale; droit de culture contre titre de location; propriété personnelle contre droit de maître de la terre; droit de maître de la terre contre droit de maître de la terre ou droit de culture contre droit de culture; contestations de bornage.

L'évolution à venir du droit foncier et de la structure foncière est très difficile à prévoir et cela en grande partie, parce qu'elle dépend essentiellement de l'évolution politique d'ensemble que vont connaître le Sénégal et la Mauritanie au cours des prochaines années. A ce sujet, il importe d'ailleurs de signaler que la coutume prévalent aujourd'hui, n'a sa forme actuelle que depuis une époque relativement récente. Il existe une tendance persistant dans certains milieux, à considérer la coutume comme un système parfaitement défini, transmis respectueusement de génération en génération depuis les temps immémoriaux. En fait, au moins pour la vallée du Sénégal en ce qui concerne les terres, coutumes et répartitions ont été continuellement bouleversées au cours de son histoire, en particulier dans les années qui ont précédé et suivi la prise du pouvoir par le parti maraboutique à la fin du XVIIIe siècle. D'autre part de nombreux faits montrent que l'occupation française, non seulement par les saisies de terres et les redistributions qui l'ont accompagnées, mais aussi par les changements politiques qui en ont été les conséquences, a profondément modifié le système foncier: la pacification a fait se substituer à l'équilibre militaire qui existait entre tribus et ethnies voisines (surtout Maures, Toucouleurs), un équilibre fondé surtout sur leur force démographique respective. Ainsi ce ne serait qu'au cours de la période comprise entre 1880 et 1910 que le système foncier se serait à peu près stabilisé dans la vallée.

Les tendances qui se sont fait jour pendant les dernières decennies peuvent se résumer ainsi:

> Affaiblissement des droits des grands propriétaires qui semblent ne toucher les redevances auxquelles ils ont droit que de plus en plus irrégulièrement et à un taux de plus en plus faible.

Disparition des redevances payées à certains chefs coutumiers ou administratifs sur les terrains de la Communauté musulmane dits terres 'Baitys'.

Renforcement des droits des cultivateurs, titulaires de droits de cultures héréditaires au détriment des droits des propriétaires, maîtres de la terre.

Consolidation de fait des droits des cultivateurs sur les terres qu'ils ont défrichées de leur vivant.

Ces deux derniers traits ont surtout pour effet de favoriser les serviteurs et descendants de serviteurs qui autrefois de par leur statut même ne possédaient jamais de terre, et qui ces dernières années grâce aux fortes crues, ont réussi à défricher de nombreux Fondés. Cette évolution, bien que très lente, est tellement marquée aujourd'hui que les habitants de la vallée commencent à en prendre conscience, et divers courants d'opinion peuvent être enregistrés au cours des conversations tenues tant avec les habitants de la vallée qu'avec les Toucouleurs émigrés dans les grandes villes. L'opinion la plus répandue est celle qui est favorable à cette évolution: elle se rencontre naturellement parmi ses bénéficiaires – ceux qui manquent de terre et forment la plus grande masse de la population; ils en sont satisfaits et souvent cherchent même les moyens de l'accélérer dans les faits, sinon dans les droits. Parmi les 'évolués' et les 'intellectuels', ce qu'on pourrait appeler la démocratisation de la structure foncière encontre une assez large approbation au moins tacite. En effet, dans la mesure où les pouvoirs locaux – chefferies de village et de canton, cadis, fonctionnaires – sont encore largement influencés par les quelques grandes familles Torodo qui possèdent justement les larges propriétés terriennes, les partisans d'une répartition plus égalitaire des terres – paysans ou évolués – ne peuvent guère se lancer dans une campagne ouverte sur ce thème. Outre peut être qu'ils se mettraient parfois en difficultés dans leur situation personnelle, ils risqueraient de déclencher une réaction de cette classe de grands propriétaires. Réaction qui en fait se dessine depuis quelques années mais qui n'a encore qu'une très faible portée. On assiste en effet aujourd'hui à une sorte de cristallisation du courant d'opinion hostile à l'évolution décrite, et dont les tenants se recrutent naturellement parmi les grandes familles terriennes du Fouta. Ces dernières, se rendant compte que certains de leurs privilèges traditionnels sont en train de leur échapper, voudraient freiner les tendances actuelles ou même les renverser. Les grands propriétaires se sont regroupés en une association dont les membres actifs portent naturellement tous les 'grands noms' du Fouta.

Les privilèges de cette classe de grands propriétaires pourraient, aux yeux de certains, passer pour dérisoires. Pourtant pour les Foutankés dans le contexte social et économique particulier à la vallée, ces redevances représentent bien plus que les quelques têtes de bétail et quelques corbeilles de mil qui sont le revenu annuel d'une de ces familles; elles sont le signe d'une puissance politique – actuellement d'ailleurs en rapide déclin –. D'autre part, ces propriétaires tiennent par cette action à se préparer à profiter des aménagements hydro-agricoles en projet (barrage de Dagana) pour éventuellement consolider leur position et bénéficier de la revalorisation générale des terres que ne manquerait pas d'entraîner la réalisation de ces travaux.

Quelles sont les conséquences du régime actuel de tenure des sols sur l'économie de la vallée et sur son évolution? En particulier peut-on penser que des modifications du droit coutumier auraient de l'influence sur la production? Différents facteurs contradictoires semblent jouer: l'inégale répartition des terres amène, peut-être, les catégories qui en sont démunies, à cultiver de plus grandes superficies, afin, une fois les redevances payées, d'avoir une récolte suffisante pour l'autoconsommation familiale, tandis que la catégorie des propriétaires fonciers en ne cultivant que de très petites superficies a un comportement de 'classe oisive'.

En fait, dans l'ensemble cette inégalité semble actuellement freiner l'extension des superficies cultivées. L'agriculteur qui pour cultiver un champ supplémentaire est obligé de le louer et de donner une partie de la production au propriétaire peut préférer se procurer des revenus par d'autres moyens: commerce et surtout migration, dont on a signalé l'importance pour la région, à une période donnée 25 pour cent des hommes de plus de 14 ans. D'autres tendances jouent aussi dans le même sens: apparition de critères de prestige autres que la naissance ou la science coranique, émancipation des castes placées dans une perspective de développement économique; la division en castes est un facteur très défavorable dans la mesure où une armature aussi rigide ne peut que freiner l'essor de certains secteurs et au contraire contribuer à engorger certains autres.

La faiblesse des rendements contribue aussi à réduire les incitations des cultivateurs démunis de terre, à mettre en culture des superficies plus grandes qu'ils seraient forcés de prendre en location. La sorte de photographie de la structure foncière qui résulte de l'enquête statistique est assez nette en cette matière: ceux qui mettent en culture les plus grandes superficies ne se rencontrent ni chez les grands propriétaires qui tendent à vivre de leurs redevances, ni chez ceux qui manquent totalement de terre mais plutôt chez les propriétaires moyens (trois, quatre ou cinq parcelles) qui ont suffisamment de terre pour ne pas en louer.

Dans le droit coutumier, les facteurs défavorables à la production semblent aussi l'emporter nettement sur les facteurs favorables. La fréquence de l'indivision et la quasi impossibilité de vente des parcelles décourage toute tentative d'amélioration des terres. Cette situation de fait défavorise toute initiative individuelle et si au stade actuel des techniques culturales qui ne nécessitent que des travaux limités et en somme assez superficiels, l'indivision et l'inaliénabilité n'ont que des inconvénients réduits, elles seraient par contre quasiment inconcevables dans le cas où des aménagements hydroagricoles seraient réalisés. Deux solutions pourraient alors être envisagées, qui nécessiteraient d'ailleurs l'une et l'autre, de profondes réformes aussi bien dans le droit des personnes que dans le système foncier actuel introduisant soit des formes collectives d'appropriation, soit au contraire des formes nettement individualisées; dans ces deux cas la collectivité ou l'individu, suivant la solution adoptée, serait pleinement responsable et aussi évidemment bénéficiaire des améliorations qu'elle ou qu'il apporterait par ses travaux et ses investissements sur les terres lui appartenant en propre et sans ambiguité.

SOURCES

Gaden, H.	1935.	'Du régime des terres de la vallée du Sénégal au Fouta antérieurement à l'occupation française'. *Bulletin du Comité d'Études historiques et scientifiques de l'AOF*, Tome XVIII, n° 4.
Kane, Abdou Salam	1935.	'Du régime des terres chez les populations du Fouta Sénégal'. *Bulletin du Comité d'Études historiques et scientifiques de l'AOF*, Tome XVIII, n° 4.
Papy, L.	1951.	'La vallée du Sénégal'. *Cahiers d'Outre-Mer*, IV, n° 16.
Vidal, M.	1935.	'Étude sur la tenure des terres indigènes au Fouta'. *Bulletin du Comité d'Études historiques et scientifiques de l'AOF*, Tome XVIII, n° 4.

SUMMARY

The Toucouleur occupy the greater part of the lower valley of the river Senegal over a distance of more than 600 km, as far as the Atlantic. The river floods the broad plain in July and then subsides towards the end of November, making available many hundreds of thousands of hectares of moist and refertilized soil (*oualo*). The Toucouleur economy combines agriculture and fishing with cattle-raising, but it retains a strongly traditional character and the level of the receipts in cash remains very low.

The rules of land-tenure reflect the existence of two kinds of land: the seasonally flooded *oualo* lands, of limited extent, which are very fertile; and the *dieri* lands, the upland flanks of the valley, which are virtually unlimited in extent but suffer from an irregular rainfall and the ravages of locusts. The *oualo* lands can be cultivated annually, but the *dieri* lands require a system of long periods of bush fallow. The rules of tenure are far stricter for the *oualo* than for the *dieri* lands.

The pattern of land-tenure in Toucouleur society also reflects a complex history. It is accordingly lacking in uniformity and one of its characteristics is the existence side by side of extensive estates and small family properties. A distinction, based on their origins, may be drawn between three groups of large estates. The first derive from the earliest dynasties which ruled over the valley (before the sixteenth century). The second dates from the period of the

Foutanké kingdom. During these invasions the lands of adversaries were seized and distributed among the companions in arms. Some of these later failed to retain their lands while others consolidated their 'fiefs'. At the beginning of the seventeenth century lands of the court, and others belonging to groups without political influence, were distributed to influential heads of families or to celebrated marabouts in return for an annual tribute. The Alamis, who were only the elected heads of the Moslem community, followed the same policy but the grants made to them were, in principle, precarious and revocable.

The smaller properties date back to the early peopling of the valley by populations of various origins and to family groups subsequently attracted by the fertility of the valley, who came to settle in the sparsely populated areas. Most of their rights derive from the first clearing of land – *'dyengol'*. Where a superior proprietor already existed or when these lands had been made the subject of the above-mentioned grants, these have remained simple rights of cultivation.

Thus a variety of rights are recognized. The right of cultivation, acquired by whoever clears the ground and by his descendants, may be lent or rented out by its holder in return for a yearly payment. The right of master of the land is limited by the right of cultivation and by the fact that the master of the land, as a general rule, is only the representative of a lineage, with inalienability as a corollary.

The various kinds of tenure are thus: fields held as personal property (32 per cent.), fields held as joint family possessions (11 per cent.), fields occupied by virtue of right of cultivation (21·5 per cent.), and fields occupied by renting (37 per cent.).

The social organization of the Toucouleur may be analysed along two lines: a system of kinship and a stratification into 'castes' according to occupation and rank. There are some ten of these: the caste of the propagators of Islam and the literates, the castes of free men, the castes of those actually engaged in handicrafts, and the caste of captives or servants. The economic system includes the exchange of goods and services between the various specialized castes. Barter is still the basis of economic relations in the village.

The predominant form of land-tenure varies greatly among the castes. The caste of fishermen (Tyouballo) has the highest proportion of farmers cultivating fields belonging to them in their own right. It also enjoys advantages in regard to the quantity, quality and situation of the land possessed. This results from the early settlement of these fishermen before the Fula and Toucouleur invasions. The literates own a large part of the land in the valley, although their estates may be encumbered with rights of cultivation which vary according to the district. The caste of servants or captives obtains access to landed property or to the right of cultivation only in exceptional cases. Seventy-eight per cent. of their fields are rented under widely varying conditions although there is reason to believe that their position is gradually improving. The other castes occupy an intermediate position.

The defects of the Toucouleur system are apparent from the frequent law suits to which its application gives rise. This litigation results from the complexity of the system, the arbitrary nature of certain rules, and the ambiguity and uncertainty regarding the origin of many rights. Difficulties arise from the superposition of a series of rights on the same land and from the forms of joint family ownership. The most frequent disputes relate to the following issues: personal versus joint family ownership; a right of cultivation versus a right to rent the land; full personal property versus a right only as master of the land; conflicting claims to a right of master of the land or to a right of cultivation; disputes regarding land boundaries.

The further development of the structure of rights in land depends mainly on the overall political development which Senegal and Mauritania are about to undergo. The tendencies during the last few decades may be summarized as follows: a diminution of the rights of the owners of large landed estates; the lapse of rents paid on the lands of the Moslem community; the strengthening and consolidation of the rights of occupying farmers. The main effect of these tendencies has been in favour of the servant caste. In order the better to withstand these tendencies, the owners of large estates have formed an association. The disparities in the distribution of land and the low yields act as a brake on the general economic development and on any increase in the areas under cultivation. The frequency of joint ownership and the fact that it is virtually impossible to sell parcels of land discourages any attempts to improve the soil. Solutions might be envisaged in two directions – both of which would require thoroughgoing reforms – the establishment of either collective or of distinctly individualised forms of appropriation.

V. LAND RIGHTS AND LAND USE AMONG THE VALLEY TONGA OF THE RHODESIAN FEDERATION: THE BACKGROUND TO THE KARIBA RESETTLEMENT PROGRAMME

ELIZABETH COLSON

In 1955 the Federation of the Rhodesias and Nyasaland undertook the building of a hydro-electric dam at Kariba Gorge on the Zambezi River. The resulting Lake Kariba, already in process of formation, will eventually flood some 2,000 square miles of the Middle Zambezi Valley, i.e. of the Gwembe Valley. By 1958 some 52,000 Valley Tonga had been moved from their old neighbourhoods to areas away from the flooding. The Zambezi River forms the boundary between Northern and Southern Rhodesia, though in the past it has been no barrier to the movement of Valley Tonga from one side of the river to the other. Each Government moved those living within its borders into its hinterland, thus breaking the old bonds between communities which had formerly faced one another along the river.

It is inevitable that the resettlement will have major repercussions upon Valley Tonga life, but in this paper I shall be concerned with the situation with regard to land-tenure, outlining the system of land holding as it existed prior to the resettlement and indicating the changes which can at present be foreseen. I shall also deal specifically with the Valley Tonga living within Northern Rhodesia since our knowledge of conditions on that side of the Zambezi is greatest. Finally I shall deal primarily with the people who inhabited the narrow Zambezi river plain since the majority of those resettled came from this region.

[1] The field work upon which this article is based was carried out by myself and my colleague Thayer Scudder in the period October 1956–September 1957, under the auspices of the Rhodes-Livingstone Institute. This was the first phase of a long-term project which will seek to assess the changes brought about in Valley Tonga life by the resettlement programme. The first phase consisted of a study of the people in their old environment before resettlement took place. In 1962–63 we will undertake a study of the resettlement areas.

GENERAL INTRODUCTION

The Northern Rhodesian section of the Gwembe Valley forms a single administrative District, Gwembe District. In 1956 it had an estimated population of 51,000, the majority of whom were Tonga-speaking. Some 29,000 people, or 56·8 per cent. of the total population, have been resettled. With only a minor exception of some 3,000 people, all have been sent to new areas within Gwembe District. Some 6,000 have been settled on the river plain below Kariba Dam. The rest have been dispersed among the hills which rise above the Zambezi and separate it from the high plateau of Northern Rhodesia.

In the past the over-all population density for Gwembe District was low. In 1956 it was estimated as 7·9 to the square mile. At first glance it might seem that the District contained large areas of untouched land which could easily absorb those displaced by the creation of Lake Kariba. Much of the land, however, has been considered uninhabitable because of the absence of arable soil, the shortage of water during the long dry season, or the prevalence of big game and tsetse fly. The hills are rugged and offer little opportunity to the settler. The sparse population lived in small communities associated with the better soils found along the courses of tributary rivers. In the Zambezi plain, where people had access to large concentrations of alluvial soils and an abundant water supply, densities in some neighbourhoods might rise to between two and three hundred to the square mile.

Here the people were accustomed to a system of fixed agriculture based on permanent fields whose alluvial soils required no fallowing, rotation or application of manure for the maintenance of fertility. Much of this land could be cultivated twice a year, first during the rains and again during the dry season after the annual Zambezi flood. River land with its high yields and permanency was greatly valued, but it was insufficient by itself to support the dense populations in river neighbourhoods. Most cultivators also had fields in the poorer soils of the plain beyond the river margin. These had to be fallowed intermittently, but during fallow periods the rights of the cultivator and his heirs did not lapse unless land was so plentiful that there was no reason to maintain one's claim. Along the Zambezi therefore long-term rights in land tied people to an area and discouraged geographical mobility. The majority of the inhabitants of the river plain lived within their birth neighbourhoods.

Some fifty to seventy miles of rugged hills separated the Zambezi plain from the high open country of the Northern Rhodesia Plateau; similar terrain was found on the Southern Rhodesian side of the river. Until recently therefore, Gwembe District was isolated from the rest of Central Africa. As late as 1950 only one road penetrated to the river and this was at the extreme downstream end of the Valley where there were few inhabitants. Elsewhere the only access was by rough footpaths, unsuitable even for bicycle traffic. Thus, although the Zambezi plain is only some seventy-five to eighty miles from the Northern Rhodesian railway, it is more remote than many regions which are much further from major transport routes. Until the building of roads began in 1950 it was rarely visited by Europeans except for the occasional administrative officer. Schools were few, medical services non-existent, trading stores conspicuous by their absence. There was some demand for foreign goods, and to purchase these and also to meet tax and other cash requirements, the Gwembe people depended largely upon labour migration. Its men went out repeatedly to find work, usually on the farms or in the towns of Southern Rhodesia. In 1956 it was estimated that some 41 per cent. of the able-bodied men were absent from the District in wage work at any one time. Much the same had probably been true in every year since the end of the nineteenth century. Labour migration had become an accepted way of life, and Valley Tonga were fully aware of the value of money. At the same time the Valley had not become fully involved in a cash economy. Money was little used in local transactions until after 1950. Labour migrants could bring back only such goods as they could carry with them, and there were no trading stores where cash could be exchanged for goods. This began to change in 1950 with the building of the roads. Until then imports consisted chiefly of hoes, cloth and blankets, salt and ornaments. In hunger years, and these were numerous, people also bought grain from the Plateau or from Government stations.

Difficulties of transport and the shortage of cultivable soils discouraged the development of cash crops on any large scale. The Valley did support large herds of goats and sheep, and in some areas cattle. Recently a trade in sheep began to develop with the townships on the railway. The chief export, other than labour, was tobacco moulded into rough cones or cakes. Much of the tobacco left the area through a system of gift exchange entered into with African traders of other Rhodesian tribes. The trader visited the Valley to receive tobacco from men with whom he had entered into a bond of friendship. He then sold the tobacco on the Plateau and the following year returned with a load of cloth and other goods which he distributed among his friends. Cash rarely entered into the transaction. Since tobacco was grown on river land otherwise used for maize, only those with a sufficiency of river land could produce tobacco in quantity. Until about 1950 even these had little incentive to do so since disposing of the crop was uncertain. After 1950, a few men began to raise tobacco on a considerable scale. We heard of a number who sold tobacco to the value of £100 in 1956. The majority of cultivators needed such river land as they had for the production of food, and they usually sold or traded but one or two cakes of tobacco. Occasionally other produce left the Valley. There was a small internal market for grain and other produce, but this was sporadic and unorganized. If people had a surplus they were prepared to sell or trade. They did not produce for a market. Land was valued for its role in subsistence activities rather than for any cash return that could be obtained from it.

Maize, bulrush millet, and sorghum were the important grain crops; various cucurbits the most important subsidiary crops. Most cultivators still depended upon hoe cultivation, although in a few areas ploughing had been introduced. Prior to the rinderpest epidemic of 1896, tsetse fly excluded cattle from most of the Gwembe. Then the tsetse disappeared, and cattle were introduced from the Plateau. The densely populated southern portion of the Zambezi plain continued to be tsetse free, and here ploughing began in the 1930s. Further downstream, tsetse fly again occupied the Zambezi plain from 1922 to 1950. Only after 1950 was it again possible to build up cattle herds and at the same time to introduce the plough.

Agriculture provided the bulk of the food supply, but the gathering of bush produce was of considerable importance. Flocks and herds provided some milk and meat, though small stock were valued primarily as a form of wealth and cattle chiefly as plough animals. Fishing was of importance at certain seasons of the year; hunting had become a minor activity since much of the big game had been driven from the Zambezi plain into less populated regions.

LAND-TENURE

Rights in land were defined chiefly with respect to arable land. The right to graze stock, gather bush produce (with some exceptions), hunt, and fish were unrestricted although exercised chiefly by members of a neighbourhood community (*cisi*).

The basic principle underlying the system of land-tenure was the right of the individual cultivator over any land which he had brought into cultivation. Arable land pertained to a neighbourhood community; it did not belong to the community. No authority within the community had the right to allocate land. Prior to 1900 each community was an autonomous political unit under the ritual leadership of a man known as the *sikatongo*. This position was vested in a lineage which was spoken of as having the *katongo* of the neighbourhood, but this did not give either the lineage or the *sikatongo* special rights in the soil or produce of the area. The ritual association between *sikatongo* and neighbourhood persisted up to the time of resettlement in 1958, but no *sikatongo* had secured land rights which differentiated him from his followers. Nor had any of the headmen or chiefs appointed by the Administration. If there was unused land within a neighbourhood which had not been subject to cultivation, anyone, including strangers, could clear it without consultation with headman or *sikatongo*. It was possible for a man to live in one neighbourhood and have fields in another. There was no feeling that as land shortages developed, the fields should be redistributed in order to give all claimants a share.

Those without land or with insufficient land could either emigrate, as many did to the Plateau, or they attempted to persuade their own kinsmen to share with them.

Since most fields, with the exception of recently cleared bush land, had been under cultivation for many years, the right of the present holder was subject to other rights vesting in small lineages. Most river fields had been brought into cultivation in the distant past, and the original cultivators were dead. Very often their names had been forgotten. But death did not terminate the interest which the original cultivator had in his fields. His rights over them formed part of his estate and were presumed to vest for all time in his lineage.

Initially the first claim upon it vested in the member of the lineage who became associated with the shade (*muzimu*) of the dead man. If the shade holder wished to keep the fields, he could do so, or he might give them to another member of the lineage. The new holder was now spoken of as the owner of the fields, and he had the same rights as the original cultivator except that he could not give the fields absolutely to anyone outside the lineage. He could give them as he wished to lineage-mates. He then had no further claim upon the fields which now formed part of the estate of the recipient. The donor and other members of the lineage had no control over the use to which the recipient put the land so long as the latter did not attempt to transfer it to a non-lineage member.[1] Once a man was in possession of lineage land, he could not be forced to share it with other members of the lineage even if these were unable to find fields. When he died, they entered upon his estate and it was again reallocated among them.

The right to receive lineage land was not determined by sex. Men and women were equally eligible. Many women had considerable holdings in the valued river land which they had received through their lineages.

---

[1] The District Notebook records an instance of the sale of lineage land to a non-lineage person. This provoked a court case, and the Native Authority is reported to have stated that land could be sold in hunger years without permission of the lineage and at other times with permission. I have no other evidence that sale did take place. Informants denied that it could. They also denied that land was ever rented.

Land Rights and Land Use

Since river land was the most valued and also the land which was most restricted in supply, lineage rights in it were more rigidly maintained than they were in the fields beyond the river margin where fallowing was essential. According to some informants there was a sufficient supply of this land in former days so that rights were not maintained when fallowing became necessary. Then as the population increased, people found it expedient to treat the margin fields as permanent assets. By 1956 it was assumed in most areas that all land, once cleared, whether in the bush or near the margins, would ultimately become lineage land and subject to the same rights as the old river fields.

Valley Tonga are matrilineal in descent, but have no fixed residence rule. Lineages were usually small, rarely numbering more than thirty to forty members, and many were smaller. They tended to be localized in a particular neighbourhood, though some members might live elsewhere. Lineage-mates were not expected to build together or to work their lands in common. When a woman married, she joined her husband in his homestead. Her sons might continue to live with their father or if they wished they might found their own homesteads anywhere within the neighbourhood. Most marriages took place between men and women belonging to the same neighbourhood, and the children of the marriage had no reason to move to join lineage-mates. When a woman married a man of another neighbourhood, her sons might have more reason to move back to her home, but frequently they could obtain land in their father's vicinity. If they cleared this land, upon their deaths it became the property of their lineage which had the right to install another holder.

He might move to live near the fields, but if they lay near the borders of his own neighbourhood he might cultivate the land without changing his residence.

In time a lineage might have claims to land scattered through a number of contiguous neighbourhoods. Even within the neighbourhood with which it was primarily associated, it did not control a consolidated block of land. Its members might have cleared originally in various localities. In the 1950s when men were bringing new bush land into cultivation, fathers and sons and close friends tended to take up adjacent fields while lineage-mates might be clearing distant fields. It was assumed that these fields would eventually swell the land pertaining to the various lineages of the original cultivators.

Lineage land therefore consisted of a large number of small fields scattered through the cultivated area of a neighbourhood. The scattered nature of the holdings was also due to the fact that land did on occasion come to be transferred from one lineage to another. This came about because both men and women cultivated fields allocated to them by kinsmen who did not belong to their lineages. In some instances, the cultivator was almost entirely dependent upon such fields, but almost every one cultivated some land to which he had no ultimate claim.

The holder of lineage land although he could not transfer full rights in it to a non-lineage member could allocate a portion of his fields among his wives and children. Most men did so. At any time the holder could reclaim all or any portion of the allotted land, but usually he left his children in possession. When he died, his lineage could recover the fields, but the shade holder who was now the legal father of the children of the dead man usually left them in possession of the fields which they had been cultivating. When they in turn died, the lineage might still be prepared to let the land pass to their children since these were grandchildren of the lineage and closely associated with it. On the death of the grandchildren, the lineage should recover the land, but by this time the memory of the original transaction might well be forgotten. In this event, the land was assumed to form part of the estate of the last cultivator and thus passed to his or her lineage.

Lineage land therefore consisted of scattered fields in the hands of a large number of holders, some of whom might be members of other lineages. Over time the fields also became highly fragmented since they were frequently subdivided. By 1956 many river fields consisted of tiny plots sufficient only to grow a few cucurbits and a little maize. Their holders still clung to them, especially because they provided green vegetables during the long dry season.

At the same time, the fields in the possession of a man or woman usually consisted of a number of small plots, frequently at considerable distance from one another. In addition people were cultivating larger fields on the margins, sometimes at a distance of two or three miles from the river, but these too might consist of a number of separate fields. Frequently the dispersal of the fields reduced the efficiency of cultivation since the cultivator had to divide his time among the various small plots, all of which might need attention at the same time. There was also the problem of guarding the various fields against the inroads of stock, birds, and the animals of the bush. People were aware of the difficulties of the situation, but they made no attempt to exchange plots in order to consolidate their fields into more efficient holdings. They thought of each field as a separate entity. Each had its well-marked boundaries, and any attempt to encroach upon a boundary was furiously resented.

Consolidation would have been extremely difficult in any case. The Valley people had no way of evaluating one field against another except in very rough fashion, either in terms of size or productivity. Furthermore the various plots used by a cultivator were rarely held under the same form of legal tenure.

Valley Tonga do not distinguish the various forms of tenure with any precision of vocabulary, though they have a large number of terms to describe different types of fields. They are well aware, however, that rights in fields vary. We can therefore speak of a man having the use of land under four different types of tenure. The first applies to land which a man has cleared himself. By 1956 most of this land was bush land since river land had since been pre-empted in most neighbourhoods. Here the cultivator had the greatest right, including that of full transfer to a non-kinsman. Secondly he might have lineage land where the only impediment to his full possession was the right of the lineage to veto his transfer of his rights to anyone outside the lineage. Thirdly he might have land allocated to him by a father or grandfather. Usually he would be referred to as the owner of this land, but he was well aware that he held it at the pleasure of others. He could be dispossessed at any time; he would not re-allocate it without the permission of its lineage owners; it did not form part of his estate and his heirs had no claim upon it. Finally there was land allocated to a cultivator by a spouse or affine where the right to use the land is largely dependent upon the continuation of the marriage but even then might be revoked. No men to our knowledge had fields given to them by their wives, but a few had received fields from affines. A husband should provide his wife with fields, and almost every married woman had one or more fields allocated to her by her husband.

Rights in land varied with the source of the field rather than with the age or sex of the cultivator. When a woman had received fields from her lineage or from her father, she had exactly the same rights that any man had in comparable land. A woman could give lineage land to her children or other members of her lineage without consulting her husband. She could cultivate her land as she saw fit and refuse to share her crop with her husband or co-wives. Divorce or widowhood did not affect her status as a land-holder. On the other hand, land allocated to a woman by her husband was always subject to his control. He could dictate her use of it. At any time he could resume a portion of her fields to give it to another wife or to his children. On divorce or widowhood, a woman lost her right to use such land although she could remove the crop which she had tended. Women therefore felt little security of tenure in land allocated to them by their husbands. They preferred to marry within their home neighbourhoods where they had independent claims upon land. They much preferred to work their independent holdings, and here they worked with pride and enthusiasm. They were also more tenacious of existing rights in land than were men since they had little opportunity to acquire full rights in new fields by clearing bush land. Occasionally a woman could obtain the assistance of a son or son-in-law in preparing a new field. In that event, the full range of rights in it vested in her. Most women received bush land only from their husbands. This meant that they held it at the husband's pleasure.

Rights in fields determined the organization of labour and the division of the crops. Nominally the producing and consuming unit was the family composed of husband, wife, and young children. Frequently it was the polygynous family since some 40 per cent. of the married men had two or more wives. The husband was the acknowledged head of the unit, and he had a right to the

Land Rights and Land Use

labour of his wives and children. But he could organize the members of this family into a work team only in relation to the fields which he retained for himself. Food from these fields was also shared within the unit. Each wife worked independently in her fields, and could refuse to share her crop with her co-wives and her co-wives' children. Where one wife had river land and the other none, the latter was at a definite disadvantage, especially during the dry season. Inequalities in holdings therefore affected the relationships inside the family unit.

Between families, or individuals, there were considerable differentials in land holding, and status tended to be related to the amount of land which an individual controlled. Until the late 1940s it was control of river land which was of the utmost importance. An individual's opportunity to acquire such land depended very largely upon considerations of kinship. The various lineages had differential holdings in river land, depending upon the amount its members had originally brought under cultivation, the extent to which it had been able to accumulate land from other lineages, and the extent to which it had permitted the dispersal of its holdings among children and grandchildren. Where the lineage had increased in size, it might be unable to provide for all its members. Those who controlled land allocation because of their association with the shades of the dead might also monopolize the various fields and refuse to share with younger members. Members of old lineages might therefore be largely dependent upon fields on the margin, but they had at least a hope that they would eventually be in a position to acquire river land as older kinsmen died and estates became available for re-allocation. Each neighbourhood also had a few immigrants, who had no hope of ever acquiring river land since they had no kinsmen who controlled such land. Among such people feeling ran high about their exclusion from the valued land, but they were powerless to change the situation. In the late 1940s, people in some portions of the plain found it possible to develop bush gardens beyond the old borders of cultivation. Ambitious men with an insufficiency of river land acquired big holdings which were highly productive, at least initially. Inequalities in land-holding were thereby minimized for a period of some ten years, but by 1956 such neighbourhoods were again feeling the pinch of a renewed land shortage.

In 1956, probably there was still adequate land available in most neighbourhoods to provide subsistence for each family unit, though men complained that they could not find land enough for their ambitions. We have complete information on the land holdings in only one village, in the middle portion of the plain. Here the average acreage cultivated by an adult married man or woman was 2·51 acres. The average acreage in river land which could be cultivated during the dry season was only 0·26 acres. Ten people had no river land and had to rely entirely upon the rainy season cultivation. The range in holdings of adults was 1 to 6 acres. In the next village, where unfortunately we did not obtain a complete census of the holdings, lived two of the biggest land holders in this portion of the plain. One had some 5·75 acres in river land which could be cultivated during the dry season as well as in the rains, and 6·23 acres which could be cultivated only in the rains. His effective acreage therefore was 17·73 acres. The other man had a comparable acreage with equally valuable holdings of river land. The wives of the two men had their independent fields, unfortunately not measured, which might well bring the effective acreage used by each of the two family units up to 25 to 30 acres.

The existence of river land which could be kept in perpetual cultivation, and the relative shortage of such land, had led the Valley Tonga to develop a system of land-tenure based on the maintenance of permanent inheritable rights vested ultimately in small lineages. Ownership could be distinguished from occupation. The right of access to permanent fields discouraged geographical mobility. No mystical ties bound people to a neighbourhood or to their fields. Only the *sikatongo* and his lineage were in any way bound to the land. If they left, the shades might send illness until they returned to the neighbourhood with which they were associated. The rest of the people could come and go as they wished, but those who had adequate fields or the hopes of obtaining fields remained within the closely knit neighbourhood community where they cultivated the same fields year after year.

LAND-TENURE AND RESETTLEMENT

The resettlement problem as seen by Government consisted largely in technical problems relating to the provision of adequate facilities in the new areas: the location of cultivable soils, the provision of water supplies, the eradication of tsetse and game, and the building of roads and schools. Government also faced the problem of persuading people to move, and in the end of compelling the removal of those who refused to leave the plain. It was well aware that the Valley Tonga resented the move and that they were firmly attached to their old neighbourhoods. Some of the hardships that the resettlement involved were inevitable, given the conditions of the region. Since there was inadequate land for all those living in a plains neighbourhood to be settled together, closely knit communities were broken up. Some villages were settled fifty to sixty miles apart, thus separating lineage mates and other kinsmen. Property rights and claims to status were extinguished by the mere fact of removal.

The Valley Tonga were peculiarly vulnerable to the impact of resettlement because of their land-tenure system. At one blow they were faced with a reorganization also of their methods of land usage. The majority of the people have been settled in the hills where they have been allocated land which normally would be subject to shifting cultivation only. Since there is insufficient land in the hills to permit shifting cultivation given the increased population now dependent upon it, new techniques will need to be introduced permitting a conservative type of agriculture based on rotation and possibly on the use of fertilizer. There is probably too little land to permit even of short-term fallowing, which is the only conservative measure at present known to the people. In their old areas they had permanent fields, but they had not needed to develop any techniques to maintain fertility.

Even given the introduction of new techniques, it is doubtful if there is sufficient land in the resettlement areas to provide the whole of the population with adequate fields for subsistence purposes. The Administration hopes that a commercial fishing industry in

Lake Kariba will eventually absorb those who cannot be provided with land.

Initially, however, cultivation may be more efficiently organized than it was in the old areas. For the moment the old pattern of scattered small fields has vanished, as men are clearing land for themselves and their wives in a contiguous strip wherever it is possible to do so. The old bone of contention between co-wives has disappeared since each wife will now have approximately equal fields of equal value. The position of the husband as head of the family work team has also been enhanced since he is the ultimate owner of all land worked by members of his family. He will have the right to direct his wives more closely than he did in the past and will have a say in which crops are to be planted in the various fields. The distribution of produce among households belonging to a polygynous family unit will be equalized.

This advantage, however, may be of temporary nature. Although the resettlement has wiped out the existing lineage rights in land in the old neighbourhoods, these will become re-established unless some formal change is made in the rules of land-tenure.

Initially all fields in the resettlement areas will approximate to the newly cleared bush fields of the old neighbourhoods. The man who clears each field will be the owner with full rights to dispose of such land to whomsoever he will. He may give it to sons and daughters or to wives without his lineage having the right to reclaim it on his death. Since there is little land for expansion, he will have considerable incentive to provide for his children by subdividing his fields among them. Any fields which are still in his possession at the time of his death will become subject to the claims of his lineage. Since its members too will be short of land, they will undoubtedly exercise their prerogative to take the fields even if these lie at some distance from those which other members are cultivating. One can foresee the accumulation of scattered small plots in the hands of those who are installed as the holder of the shades of the first cultivators.

At this point differences in the size of holdings are likely also to be re-established. Initially because of the shortage of land, men were not permitted to clear such land as they wished or considered appropriate to their needs. An attempt was made to allocate land on a *per capita* basis. The old status differences between the man rich in land and the man poor in land were eliminated, and with it no doubt much of the influence of the wealthy land owner who tended to serve as a focus for community organization. Since the Valley Tonga do not believe that all members of the community should have equal rights in land, the ambitious men will attempt to gather into their own hands those fields to which they can lay claim through their position in the lineage. They will not thereby acquire large consolidated holdings, since lineage-mates are not clearing land in a single block. Rather they are taking up fields at various points throughout a resettlement area, and sometimes in adjacent regions. Where they are now separated by many miles, the lineage claims will probably lapse.

Women's rights in land have been seriously compromised by the resettlement. They lost their old rights without an opportunity of immediately establishing new ones. Although land has been allocated to men with regard to the number of wives which they have, this does not mean that the wives have become the owners of such land. Since the husband has the responsibility for clearing the fields, the Valley Tonga concede him the rights of ownership. Few women, except widows and divorcees, have had fields cleared for them by other men and only they can claim undisputed ownership. The rest hold land only at the pleasure of their husbands. If they seek a divorce or separation, they also vacate their fields. At the same time it will be almost impossible for them to acquire new fields since their kinsmen now have little land at their disposal to share with them. Widows, unless they have received a field in gift from the husband, are also likely to be deprived of land. Over the years, women may eventually acquire independent fields again as daughters or as members of land-holding lineages. Until then they are left in a highly ambiguous position. Their pride as land holders has been attacked, they have lost in some measure their independence, and have in general become much more vulnerable to the demands of their husbands and their husbands' lineages.

The resettlement of the Valley Tonga although it wiped out existing rights in land did not destroy the legal system under which land is controlled. The people themselves when they learned of the impending move were concerned with the loss of their old fields and the quality of the soil and other characteristics of the regions into which they were to go. As far as I know neither they nor the Administration raised the question of the legal rules which should be applied to the new holdings. What happens next depends very largely upon whether the technical officers are able to develop conservative techniques of agriculture applicable to the new regions and whether they can persuade the people to accept them. If they cannot, most of the fields will be subject to rapid loss of fertility, and the question of the establishment of permanent rights in land loses importance. If new techniques are introduced successfully, then it becomes of considerable moment to consider the possibility of altering the customary rules of tenure. Given the present shortage of available land which is somewhat offset by the present consolidated nature of the holdings, and given the tendency under customary law for holdings to become subdivided and fragmented, some change seems essential.

RÉSUMÉ

La construction de la centrale hydro-électrique et la formation du lac artificiel de Kariba avaient nécessité en 1952 le déplacement de 52,000 Valley Tonga. L'A. étudie le système de la tenure foncière antérieur aux mouvements de repeuplement ainsi que les changements prévisibles, apportés par ce système, pour le groupe Tonga habitant la plaine du Zambèse en Rhodésie du Nord (vallée Gwembe). Dans cette vallée seule, en 1956, 29,000 personnes – soit 56·8 pour cent de la population totale – avaient été déplacées, en majeure partie, vers de nouvelles régions du District Gwembe. En 1956, la densité moyenne était 7·9 au mille carré. De larges parties de terres étaient inhabitées à cause de l'absence de sols arables, le manque d'eau pendant la saison sèche prolongée et la présence de gros gibier et de tsetse. La population clairsemée vivait en petites communautés associées aux meilleurs sols. Ainsi donc certaines densités, sur les terrains d'alluvion, variaient entre 200 et 300 individus au mille carré. Ici l'agriculture était fixe, les champs permanents; deux cultures par an pouvaient être faites sur les mêmes terrains. Cependant, la plupart des agriculteurs avaient aussi des champs sur les terrains plus pauvres de la plaine en dehors des limites des crues du Zambèse; ici la mise-en-jachère était nécessaire. Sur ces jachères les droits des cultivateurs et de leurs héritiers étaient maintenus, à moins que la terre disponible soit fort abondante.

Les droits à long terme qui lient les gens à une région déterminée diminuent donc la mobilité géographique, de sorte que la majorité des individus vivaient dans leurs voisinages de naissance. La vallée étant fort isolée et séparée des plateaux de la Rhodésie du Nord par 50 à 70 milles de collines accidentées, le travail migrant était fort répandu, à tel point que 41 pour cent des hommes adultes étaient absents de la région. L'agriculture était essentiellement de subsistance, maïs, mil et sorgho étant les cultures principales. Ramassage et pêche étaient importants, mais la chasse était une activité mineure.

Les droits fonciers sont essentiellement définis en relation avec le sol arable. Les droits de pâturage, de ramassage, de chasse, de pêche sont cependant essentiellement exercés par les membres d'une communauté de voisinage (*cisi*). Le fondement du système de la tenure est le droit du cultivateur individuel sur toute terre mise en culture par lui. Aucune autorité n'a donc le droit d'attribuer la terre. Avant 1900 le *cisi* formait une communauté politique autonome, placée sous le leadership rituel du *sikatongo*. Cette position, dévolue au lignage qui avait le *katongo*, ne donnait aucun droit spécial sur le sol ou les produits de celui-ci. Cette association avait continué à exister jusqu'au moment du repeuplement. La terre non mise en culture dans une communauté donnée pouvait être défrichée par n'importe qui, même par un étranger, sans même consulter le chef ou le *sikatongo*. Il était, en outre, possible de vivre dans une communauté et d'avoir des champs dans une autre. Ceux qui n'ont pas de terre ou qui en ont trop peu sont obligés d'émigrer vers les plateaux ou de convaincre leurs parents à partager avec eux.

Les droits du premier cultivateur étaient, à sa mort, perpétuellement dévolus à son lignage. En principe, cependant les prétentions majeures étaient exercées par celui du lignage qui fut associé à l'ombre du défunt. Le 'détenteur de l'ombre' conservait le champ pour lui ou le donnait à un autre membre du lignage. Le nouveau détenteur du champ avait maintenant les mêmes droits que le premier cultivateur, sauf qu'il ne pouvait léguer le champ à quelqu'un qui n'était pas membre du lignage. D'autre part, en le donnant à un membre du lignage il n'avait plus de droits à faire valoir sur le champ. Un homme en possession d'une terre lignagère ne peut être forcé de la partager avec d'autres membres de son lignage.

Quant à l'acquisition de droits sur les terres lignagères, hommes et femmes avaient les mêmes droits. A noter aussi que les droits lignagers sur les terrains d'alluvion sont plus rigides que ceux exercés sur les terres en dehors de la limite des crues. L'accroissement de la population produisit cependant un attachement plus grand à ces derniers champs.

Les Valley Tonga sont matrilinéaires, mais ils n'ont pas des règles de résidence fixe; ils sont groupés en petits lignages de 30 à 40 membres; ces lignages tendent à être localisés dans un voisinage déterminé. Les membres du lignage ne construisent pas ensemble et ne font pas les champs en commun. Le mariage est virilocal; les fils continuent à vivre avec leur père ou fondent une habitation n'importe où dans le voisinage. La plupart des mariages ont lieu entre membres du même voisinage. Même lorsqu'une femme a été mariée à un homme d'un autre voisinage, les fils très souvent mettent en culture une terre située à proximité de celle de leur père – terre qui passe à leur mort aux membres de leur lignage. Ainsi donc le lignage peut avoir droit sur des terres dispersées dans une série de voisinages. Dans le voisinage même la terre lignagère consiste en grand nombre de petits champs dispersés à travers l'aire cultivée du voisinage. Aussi les terres peuvent elles être occasionnellement transférées d'un lignage à l'autre. En effet, le possesseur d'une terre lignagère pouvait attribuer une partie de ses champs à ses femmes et à ses enfants; il avait le droit de les réclamer à nouveau, cependant il laissa généralement ses enfants en possession de ceux-ci. A la mort du père, l'héritier de l'ombre de celui-ci pouvait les reprendre, mais comme il devint le père juridique des enfants du premier il n'exerçait pas nécessairement ce droit.

Ainsi donc des terres pouvaient être laissées même aux petits-enfants du lignage; à leur mort le lignage propriétaire devait récupérer ses droits, cependant les premières transactions ayant parfois été oubliées les terres changeaient définitivement d'appartenance lignagère.

Les droits fonciers exercés par les femmes étaient strictement comparables à ceux des hommes. Cependant les terres attribuées par leurs maris continuaient à être intégralement contrôlées par ceux-ci. Les femmes préféraient donc être mariées à un homme du voisinage afin de pouvoir travailler leurs propres parcelles. Elles défendaient leurs droits avec plus de ténacité, puisqu'elles n'avaient que peu d'opportunité pour acquérir des droits par premier défrichement.

Les droits sur les champs déterminaient l'organisation du travail et la division des récoltes. Chaque femme travaillait ses champs; seul sur ses propres champs le mari pouvait organiser les membres de sa famille en un groupe de travail. Aussi les inégalités des parcelles, détenues par les différentes femmes affectaient-elles les relations familiales. Le rang social était mis en rapport avec la somme des terres contrôlées par un individu. Avant 1940, surtout les terrains alluviaux étaient importants à cet égard; plus tard, des hommes ambitieux avaient réussi à acquérir et à mettre en valeur de larges parcelles situées en dehors des terrains alluviaux. Ainsi, pendant une dizaine d'années, les inégalités foncières étaient réduites. Cependant vers 1956, ces voisinages ressentirent une nouvelle pénurie de terres.

Pour le Gouvernement, le problème du repeuplement a été avant tout un problème technique. Certaines difficultés furent inévitables. La pénurie de terres nécessita la séparation de groupes locaux d'une structure serrée. Le déplacement impliqua aussi la perte des droits de propriété et du rang social. L'insuffisance des terres nécessitera également de nouvelles méthodes d'usage des terres. On peut considérer que certains progrès réalisés dans le cadre du repeuplement sont provisoires et que les anciens droits lignagers seront rétablis, à moins que les règles de la tenure ne soient formellement changées. Les différences de taille des parcelles s'accentueront à nouveau. Les droits fonciers des femmes sont considérablement diminués. Le repeuplement des Valley Tonga n'a pas détruit leur système juridique de contrôle foncier. Si les nouvelles techniques agricoles peuvent être introduites avec quelque succès, il devient essentiel d'envisager les possibilités de modifier les règles de tenure traditionnelles.

VI. ASPECTS POLITICO-SOCIAUX DU SYSTEME DE TENURE DES TERRES DES LUUNDA SEPTENTRIONAUX

FERNAND CRINE

> 'Le *cilool* est la cendre que le vent emporte,
> le *mwaantaangaand* est le charbon qui reste'
> Proverbe des *Aruund*.

I. CONSIDÉRATIONS PRÉLIMINAIRES

Les *Luunda* septentrionaux ou *Aruund*[1] occupent au Congo belge la plus grande partie de la zone périphérique ouest et sud katangaise. Ils se répartissent principalement dans les territoires de Kapanga et de Sandoa, accessoirement dans les territoires de Dilolo et de Kolwezi. La densité de la population oscille entre 1·9 et 4 habitants au km 2. Dans la seule province du Katanga, la somme des *Luunda* vivant en milieux ruraux et dans les centres urbains voisine quatre cent mille individus. Les sols de leur habitat, relativement pauvres, supportent une végétation dominée par la savane boisée à tendance arbustive, arborescente aux endroits les plus humides, coupée de large taches de savane herbeuse. Le climat contrasté, très sec et très pluvieux, présente une courte saison sèche de la mi-mai à la fin du mois d'août.

II. LA STRUCTURE BUREAUCRATIQUE POLITICO-FONCIÈRE

1. *Aperçu de son développement*

L'étude du fonctionnement des rouages bureaucratiques de l'Etat *luunda*, ou la simple considération des données de la tradition, assigne un même schème de croissance aux institutions politiques.

Sur la base de notes de voyages d'explorateurs portugais, l'avènement du premier chef suprême *luunda*, *Mwaant Yaav*, peut

[1] L'auteur mène des recherches ethnologiques au Katanga, sous les auspices de l'I.R.S.A.C.

être fixée au début du 17ème siècle. A cette époque, l'entité primaire *luunda* formait encore un groupe compact installé en bordure de la rivière *Nkalaany*, dans l'actuel territoire de Kapanga. Remaniée par des infiltrations de Luba Katanga, déséquilibrée par des conflits successoraux, l'entité primaire *luunda* se désagrégea rapidement à cause de désertions nombreuses. Son clivage s'effectua par groupes réduits à l'intérieur desquels les relations de parenté attestaient un double caractère: réel et conventionnel. Après s'être transporté sur des distances parfois considérables, couvrant approximativement l'actuelle aire de dispersion, les groupes émigrés se désarticulèrent sur la base de leur segmentation interne. Les membres de chaque segment établirent des droits de propriété exclusifs sur un nombre variable de brousses[2] toujours contiguës, et se groupèrent en village distinct. Premiers occupants des terres, ils adoptèrent l'appellation *aanshir a ngaand*, lit. ceux auxquels les ancêtres ont laissé la terre – et se proclamèrent *iin diiv*, lit. propriétaires terriens. Les différents segments resserèrent encore la cohésion de chaque groupe émigré, en honorant, entre eux, une commune allégeance à l'aîné ou conducteur de la migration. Le premier *Mwaant Yaav* entama l'oeuvre de conquête et de soumission des groupes émigrés détentant la propriété de l'assiette territoriale de l'Etat *luunda* naissant. Les phases de la distribution nécessaire de l'autorité, des impératifs de prestige, de représentation et de contrôle, déterminèrent le *Mwaant Yaav* à s'entourer de dignitaires recrutés parmi ses proches parents, et à envoyer, par ailleurs, d'autres parents à la conquête des groupes émigrés. Dignitaires et envoyés du *Mwaant Yaav* confièrent à leur tour des missions de subordination à leurs parents. Le phénomène pouvant se prolonger au-delà de cette limite et réclamer la collaboration d'individus revêtus d'un terme fictif de parenté qui authentifiait leur mission. Les autorités politiques ainsi désignées, et intégrées pour la plus grande partie dans une vaste généalogie axée sur la personne du *Mwaant Yaav*, se superposèrent isolément au cadre de chaque groupe émigré, sans briser son unité ni ruiner ses attributions premières.

Structurellement, l'Etat *luunda* s'édifia sur et en fonction d'un

---

[2] La brousse (*mpat*, pl. *ampat*) représente la micro-unité foncière.

Aspects Politico-Sociaux du Système de Tenure 159

soubassement de groupes propriétaires fonciers. Après la conquête pacifique ou belliqueuse, d'un ou de plusieurs de ces groupes, l'envoyé du Pouvoir central s'installa à proximité des assujettis et devint leur représentant devant le chef suprême. Nanti du titre de *ciool* ou chef politique territorial, il demeura, en toutes circonstances, responsable de la perception du tribut et de son acheminement à un dignitaire du village royal de *Musuumb*, auquel il rendit obédience pour un motif arbitraire ou pour des raisons relevant de la proximité généalogique. La désorganisation ou l'inexécution des remises de tributs concourut à flanquer le *ciool* d'un *yikeeʐy* ou surveillant direct du Pouvoir central. A *Musuumb*, les dignitaires composèrent l'entourage immédiat du *Mwaant Yaav* et assurèrent sa protection.

Remarquons encore qu'après les opérations guerrières, les porte-parole des segments résidentiels, ou les aînés des groupes émigrés, matérialisèrent fréquemment leur soumission au *ciool* en l'installant propriétaire d'une ou de plusieurs brousse (s).

2. *La terre et les catégories cheffales*

La participation du soubassement segmentaire au fonctionnement des institutions politiques développa la personnification des segments résidentiels. A l'intérieur de chacun d'eux, un représentant dénommé *mwaantaangaand*, lit. Seigneur du pays-unit son nom à une terre formée par la réunion d'un nombre variable de brousses adjacentes. La nature et le contenu des droits exercés en regard de la terre varie profondément dans la superposition des statuts politiques. L'amplitude des prétentions politiques et/ou foncières des *mwaantaangaand*, *ciool*, *yikeeʐy*, dignitaires, et *Mwaant Yaav*, est précisée par les concepts linguistiques qui soulignent une distinction fondamentale observée dans la structuration territoriale: la fracturation rigide en *pays agglomérés* et *pays dispersés*.

(*a*) *Le pays agglomeré* définit l'unité locale significative: un ensemble de villages rassemblant respectivement, sous l'autorité d'un chef politique territorial, tous les segments résidentiels d'un groupe émigré. Chaque segment résidentiel entier s'associe indéfiniment à la propriété d'une terre nettement délimitée. La relation de propriété qui lie ses membres, et plus particulièrement le *mwaantaangaand*, à la terre est consacrée par la réservation exclusive de la formule *mwiin diiv*. Le concept *mwiin* exprime la propriété et *diiv* la terre.

La domination du chef politique territorial sur un groupe local de propriétaires fonciers transperce dans l'expression *kutadiil ngaand*. lit. *regarder le pays* – ou encore dans la prononciation de la formule *mwiin ngaand: atteindre à la propriété du pays, c'est-à-dire à l'autorité sur les individus*. L'opposition franche notée dans les usages des mots *diiv*, la terre nue, et *ngaand*, le pays, ou plus exactement le facteur humain associé à un espace foncier, sépare les notions de dominium et d'imperium.

Dans les catégories cheffales, le *mwaantaangaand* se range dans la majorité capable de cumuler les statuts de *mwiin diiv* et de *mwiin ngaand*. Sa dénomination dissimule la contraction de la forme de politesse *Mwaant mwiin ngaand*. Institué propriétaire d'une terre définissant nécessairement une unité géographique, il exerce son autorité sur un segment résidentiel groupant ses parents et d'éventuels étrangers.

Le chef politique territorial limite le plus fréquemment son action à l'exercice d'une forme particulière d'imperium, en ce sens qu'il appesantit son autorité sur des individus en grande partie unis à la terre par une relation de propriété. Il contrôle un pays circonscrivant une unité géographique, et ne peut s'arroger le statut de *mwiin diiv* que lorsqu'un ou plusieurs de ses *mwaantaangaand* lui ont conféré la propriété d'une ou de plusieurs brousse (s) en signe de soumission.

L'yikeezy ou surveillant d'un chef politique territorial, responsable de la régularité des envois de tributs au village royal, représente la forme la plus pure de l'imperium. Suivant l'expression *luunda, il regarde le ciloo*l et reste traditionnellement installé au village de ce dernier. La présence de l'*yikeezy* n'est imposée par le Pouvoir central que là, où la fréquence des remises de tributs faiblissait.

(*b*) Au niveau des dignitaires du village royal, nous atteignons à la notion de *pays dispersé*. Le dignitaire protège le *Mwaant Yaav* (*ulamin Mwaant Yaav*) duquel il a reçu sa charge et auquel le

Aspects Politico-Sociaux du Système de Tenure

fondateur du titre était, le plus souvent, uni par un lien étroit de parenté. Il étend son contrôle sur une somme de *ngaand* ou *pays* que le hasard de leur conquête a rendu distants les uns des autres. Le caractère géographiquement dispersé des pays contrôlés par les chefs politiques territoriaux qui lui doivent traditionnellement allégeance l'écarte du statut de *mwiin ngaand*. Elargissant les attributions de l'*yikeezy*, *il regarde les chefs politiques territoriaux*.

Le *Mwaant Yaav*, chef suprême, règne sur tous les *ngaand*, forcément juxtaposés, et détient le titre de *Mwiin mangaand*, lit. propriétaire de tous les pays – administrés par ses chefs politiques territoriaux. Son titre de *Mwiin ngaand ya Aruund*, lit. propriétaire du pays des *Aruund* – découvre plus explicitement sa domination sur les individus. *Le chef suprême luunda regarde le pays des Aruund et assure la protection des hommes* par la puissance que lui confère son statut de roi divin.

En définitive, si toutes les catégories cheffales *luunda* s'imprègnent inévitablement d'un aspect politique, un classement rigoureux peut cependant être posé en titres relevant de la propriété foncière et en titres franchement politiques.

Les catégories cheffales *associées* à la propriété du sol (et non pas instituées propriétaires exclusives) englobent tous les *mwaantaangaand* ou Seigneurs de la terre, et la fraction des *ciloοl*, ou chefs politiques territoriaux, établis propriétaires de brousses.

Les catégories cheffales déployant des rôles exclusivement politiques rassemblent la fraction des *ciloοl* éloignés de la propriété foncière, les *yikeezy* ou surveillants, les dignitaires, et *le Mwaant Yaav*.

La propriété foncière *luunda* demeure toujours agglomérée. La dépendance d'un chef envers un autre reste toujours personnelle et n'inclut jamais la remise, totale ou partielle, au supérieur, des droits fonciers acquis. Cette dépendance personnelle se traduit dans des remises de tributs, de femmes, dans l'exécution de prestations occasionnelles, etc.

La structuration territoriale de l'Etat luunda peut être schématiquement figurée comme suit.

Dans l'unité locale significative du type ngaand A, le ciloοl, placé sous la surveillance d'un yikeezy, n'est pas institué propriétaire foncier. Il contrôle six mwaantaangaand (M).

Dans le ngaand du type B, le ciloI, placé sous la surveillance d'un yikeezy, est institué propriétaire foncier. Il contrôle cinq mwaantaangaand.

Dans le ngaand du type C, le ciloI, non surveillé par un yikeezy, est institué propriétaire foncier. Il contrôle cinq mwaantaangaand.

En ce qui concerne la taille des ngaand, un ciloI rassemble fréquemment sous son autorité une moyenne de quinze mwaantaangaand. Dans

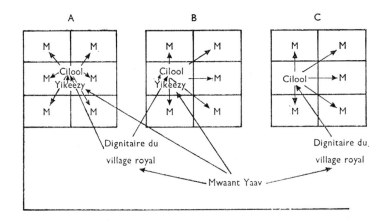

certains cas extrêmes, observés dans les zones encaissées ou à la périphérie des régions aruund, un même ciloI peut contrôler plus de soixante mwaantaangaand. La superficie de la terre d'un mwaantaangaand oscille entre cinq et dix mille km 2.

Les flèches indiquent les directions de contrôle, d'un chef sur un autre.

L'arrangement de l'univers *luunda* en unités locales significatives, du type *ngaand*, enserrant les terres respectives d'un contigent de *mwaantaangaand* groupés sous l'autorité d'un chef politique territorial, correspond à un cadre figé. La propriété de la terre et l'exercice de charges politiques sont liés à des titres perpétuels, indestructibles, qui conditionnent la continuité de l'organisation et des droits. L'individu qui porte un titre assume un rôle transitoire et ne saurait exprimer des volontés en opposition avec l'idéologie généalogique et la force conservatrice de tout titre. La nature particulière des noyaux de parenté au sein desquels se transmettent les titres, et les déportations massives *d'Aruund* en région *cokwé* suite à la grande invasion de la fin du 19e siècle, ont suscité des déshérences provisoires, condamnées à prendre fin quand un successeur possible est retrouvé. En pareilles circonstances, la coutume *luunda* assure la préservation du titre en plaçant, par exemple, les terres d'un *mwaantaangaand* sous le regard de son *cilool*, ou en confiant leur intendance à un autre *mwaantaangaand*, ou à un subordonné (*nvwab*) du *cilool*, qui tous n'exercent par rapport à ce titre que des prétentions marginales et précaires.

III. LE MWAANTAANGAAND[3] ET LA TERRE

Antérieurement au fonctionnement des rouages politiques actuels, la propriété de la terre accaparée par chaque segment résidentiel était collective, sans distinction de sexe, et exclusive.

La conquête des groupes émigrés s'accompagna d'importants mouvements de personnes qui se stabilisèrent au sein des populations assujetties. La politique assimilatrice des conquérants respecta le découpage territorial et les droits fonciers acquis. La préservation de ces derniers sanctionna indéfiniment la juxtaposition de deux catégories d'individus: une minorité de propriétaires fonciers (les membres des segments résidentiels, additionnés d'une fraction de *cilool* auxquels se joignent les parents biologiques de ces derniers) et une majorité de non-propriétaires fonciers (les conquérants).

La mise en action de l'organisation politique entrava de diverses manières la libre disposition de la propriété foncière.

L'application aux *mwaantaangaand*[4] des idéologies de la succession positionnelle[5] et de la parenté perpétuelle[6] immortalisa

---

[3] Les droits des *mwaantaangaand*, vis à vis de la terre, peuvent être étendus aux *cilool* propriétaires de brousse(s).

[4] Soulignons cependant que tous les titres cheffaux *luunda* sont marqués par les idéologies de la succession positionnelle et de la parenté perpétuelle.

[5] Fusion mentale de toute autorité cheffale avec la personne du fondateur éponyme du titre.

[6] Maintien, entre chefs en exercice, des relations de parenté biologique qui unissaient les fondateurs éponymes.

leur statut de vaincus, et rendit impérissable des titres fondés sur l'individualisation de droits collectifs détenus par les membres de segments résidentiels. L'institutionalisation de remises de tributs politiques (*milaambw*), des *mwaantaangaand* aux *cilool*, introduisit un élément de confusion en tendant vers l'attribution apparente de la propriété de la terre aux seuls *mwaantaangaand*. Le principe de l'appropriation exclusive des terres par ces derniers ne peut nullement être soutenu sur la base de marques juridiques insuffisantes retirées des attitudes cérémonielles et des rituels inhérents au jeu des institutions. La possession et le droit de s'asseoir sur une peau de serval ou de civette noire, le droit de procéder à des rituels invocatoires adressés aux ancêtres, etc. déterminent seulement des privilèges consentis aux *mwaantaangaand* par les membres de tout segment résidentiel, et non un transfert de droits. Vis à vis de ces derniers, le *mwaantaangaand* demeure un mandataire incapable d'initiatives authentiques.

Relativement au *mwaantaangaand*, les considérations suivantes peuvent être relevées du contexte culturel.

(1) Il constitue le chaînon minimal des rouages politiques de l'Etat *luunda*, et apparaît comme le représentant des membres de son village devant le chef politique territorial dont il dépend.

(2) Il associe son nom à celui d'un village et d'une terre, c'est-à-dire d'un groupe local d'individus et d'une aire territoriale.

(3) Il assume l'exécution de rituels de fertilité et de fécondité au profit d'un groupe. Il assure la satisfaction des inclinations communautaires en s'appliquant à la passation de rites conciliatoires avec les ancêtres, lors de l'installation du village, avant une chasse ou une pêche collectives, en cas de famine. Il détermine rituellement l'emplacement du village et des champs, la durée d'exploitation des terres, la fixation du moment propice de la mise à feu des brousses, etc. L'exécution de rituels de prospérité, plus efficacement alliée à la personne du *mwaantaangaand*, s'avère être une manière de réaffirmer l'union masse-chef et donc l'union latente d'un groupe à un titre.

Aspects Politico-Sociaux du Système de Tenure 165

(4) Aux notions précitées s'ajoute le sentiment complexe, ressenti par les *Luunda*, d'identifier la terre, le chef, et eux-mêmes, comme un tout indissociable, pareillement aux Lozi. Le *mwaantaangaand* ou le *ciool* propriétaire de brousse(s) ont, dans le microcosme de leur *ngaand*, rang de père fictif de leurs villageois, les seuls usufruitiers de leur domaine foncier. L'exception à cette règle est motivée par l'obligation pour tout *mwaantaangaand* d'accueillir sur ses brousses le *ciool*, dont il relève traditionnellement, et ses villageois. Les circonstances modernes en déracinant le village royal de *Musuumb* des terres sacrées de la *Nkalaany* exigent la même tolérance de tous les propriétaires fonciers.

(5) Les décisions exprimées par le *mwaantaangaand* sanctionnent obligatoirement les opinions d'un groupe. Au niveau des *mwaantaangaand* ce groupe rassemble tous les membres masculins et féminins du segment résidentiel. Dans les discussions s'affirme souvent, d'une manière plus tangible, l'importance dévolue aux aînés biologiques du *mwaantaangaand*, aux porteurs honorifiques de son titre (les chefs retirés de la vie active), et aux successeurs possibles. Mais l'esprit de groupe, aperçu à travers les critiques ou les suggestions des orateurs, infléchit et amende toutes les décisions d'intérêt public prononcées par le *mwaantaangaand*. Les décisions annoncées par toute autorité cheffale *luunda* reflètent la même intervention de l'opinion publique.

(6) L'acculement du *mwaantaangaand* à l'abdication, suite à une hostilité sourde des villageois, ou à une disette persistante rebelle à ses interventions, appuyent son pur caractère de représentant d'un groupe qui peut le plébisciter.

Sur le plan culturel global, la collectivisation de la propriété de la terre ne déborde pas les contours de réseaux exigus de parenté groupant tous les individus, et leurs descendants respectifs, rattachés par un lien biologique, soit à un *mwaantaangaand*, soit à un chef politique territorial propriétaire de brousse(s).

Pour mieux préciser les extensions de ces réseaux de parenté, il convient d'ajouter que les *Luunda* septentrionaux reconnaissent l'ascendance directe, dans toutes les lignes, du côté paternel et du côté maternel (système omnilinéaire). Il en découle logiquement qu'un même individu peut participer à la propriété de terres différentes par référence à la somme de ses droits en ligne paternelle et en ligne maternelle. L'interdiction du cumul des titres rend cependant inaltérable la configuration des *ngaand*. L'association du titre de *mwaantaangaand* à des appellations de village, de personnes, à des terres parfaitement individualisées exclusivement exploitables par les villageois relevant du titre local, immobilise la structure politique et enraye l'octroi des concessions de terres.

IV. LA PERSONNE ET LA TERRE

La possession de la terre peut être revendiquée par tout individu reconnu membre fixe d'un village nécessairement associé à un domaine foncier (sauf pour le village royal de *Musuumb*). Coutumièrement, la résidence, généralement virilocale, (éventuellement consécutive à un rite d'acceptation) confère le droit tacite d'exploiter une parcelle du domaine en vue de la satisfaction des besoins alimentaires familiaux. L'exploitation agricole, l'exercice de la chasse ou de la pêche, restent néanmoins subordonnés au paiement, par les villageois, de redevances traditionnelles: *milaangel ya ngaand*, lit. 'dormitures' de la terre – au bénéfice exclusif de leur chef. Ces redevances se composent habituellement de la cuisse et de la poitrine de tout herbivore tué à la chasse, de racines de manioc, d'arachides, d'huile, de prémices culturales, de vin de bambou, etc. La chasse individuelle n'est pas soumise à l'autorisation préalable du chef propriétaire terrien mais à la remise des parties nobles de l'animal tué: cuisse et poitrine. Si un seul animal a été abattu sur la terre d'un *mwaantaangaand*, ce dernier remet cuisse et poitrine à son chef politique, en témoignage d'allégeance, et exige pour lui une épaule.

L'homme ou la femme possesseurs d'une parcelle de terre revendiquent le statut de *mwiin cir*, lit. propriétaire du champ. Par référence à la pensée *luunda*, la propriété d'un champ explicite la propriété de tous les produits retirés de travaux d'aménagement, de semailles, de plantation, d'entretien, etc. réalisés sur une parcelle donnée. Les travaux culturaux n'entament jamais la propriété du fond.

Installés sur un sol pauvre aux possibilités agricoles limitées, le mode de vie des *Luunda* septentrionaux reste largement basé sur l'économie traditionnelle de subsistance. Les usages saisonniers, différenciés, cycliques et complémentaires, auxquels les brousses sont soumises, s'expriment dans différents types de récolte, de cueillette, de chasse et de pêche.

V. LE MWAANT YAAV ET LA TERRE

La conquête des groupes émigrés s'opéra sur une base assimilatrice qui respecta l'obstacle défensif développé par les membres des segments résidentiels: la concentration de puissances supranaturelles dans la matière terrestre. Les attaches rituelles du chef suprême avec la terre résultent de prolongements idéologiques imposés à ce principe.

L'investiture de tout *Mwaant Yaav* redécouvre et applique des rituels conçus pour le faire participer de la nature du dieu-serpent chthonien *Cinaweezy*. Le chef suprême commande aux éclairs et fait jaillir la foudre destructrice de la terre. Il régit la fécondité des champs en mangeant à terre, et en répandant, à ces occasions, un peu de nourriture sur le sol. Le *Mwaant Yaav* peut seul produire le balancement vertical de la jambe en reconnaissance de son contrôle sur les destinées terrestres. Mort, son contact avec la terre nourricière exposerait aux pires calamités.

Sans se prévaloir de droits de propriété sur la terre, le *Mwaant Yaav* trace, par l'origine de son statut divin, un axe de rapprochement avec les *mwaantaangaand*, renforce l'équilibre de l'organisation politique, et partant son acceptation.

Représentant suprême des suprastructure politique et infrastructure foncière réunies, le *Mwaant Yaav* limite ses interventions rituelles à des catastrophes d'une extrême sévérité propres à souligner sa transcendance sur les *mwaantaangaand*.

Plus généralement, ses pouvoirs – notamment le droit de mort détenu par lui seul – se manifestent sur les individus, se projettent sur les terres appropriées par ces derniers, et s'expriment en droits personnels. Ceux-ci réservent à leur titulaire la faculté d'exiger de quelqu'un une chose (le tribut par exemple), un fait (la mise à feu d'une brousse par exemple), ou une abstention (notamment en matière de concession).

Enfin, le *Mwaant Yaav* contrôle la gestion de l'empire en confirmant à *Musuumb* la nomination des plus hauts dignitaires, en usant de son droit de destitution à l'égard de tout titulaire d'une fonction cheffale, et en créant de nouveaux titres.

VI. QUELQUES INFLUENCES MODERNES

Les conjonctures modernes ont méconduit de diverses façons l'équilibre de la structure politique primaire.

1. En exigeant la concentration des villages le long des voies carrossables, les Autorités administratives ont bouleversé la mosaïque première des centres d'exploitation. Le rassemblement, quasi général, des villages des *mwaantaangaand*, autour de l'emplacement de leur supérieur politique, a rendu inévitable l'occupation intensive de certaines régions restreintes, par des individus qui coutumièrement n'auraient jamais pu les exploiter. Parmi les noyaux d'appauvrissement ainsi circonscrits, l'exemple le plus éloquent nous est donné par l'actuel *Musuumb* immobilisé depuis plus de trente ans à *Parusaambw*. Non seulement l'approvisionnement en combustibles des quatre mille villageois pose de réels problèmes, mais encore le recul des champs s'accentue d'année en année. D'autre part, les regroupements de villages susmentionnés ont accru le prestige des chefs politiques en face des Autorités administratives. La méconnaissance des droits, des fonctions, de l'existence même des *mwaantaangaand* reste trop souvent évidente.

2. Le problème de la vocation du sol a conféré aux droits d'usage de la terre un caractère finaliste. La satisfaction de nouveaux besoins des individus se canalise dans l'expérience des paysannats. Jusqu'à présent, l'exploitation agricole communautaire, orientée vers la constitution d'un appoint à l'économie de subsistance par la vente presque intégrale des produits (arachides, coton), n'a rencontré aucun obstacle de la part des Autorités foncières traditionnelles. Mais l'on peut se demander quelles seront leurs réactions

et leurs prétentions quand des autochtones prendront l'initiative d'exploiter de vastes domaines agricoles?

3. L'établissement d'une exploitation pastorale, nécessitant l'attribution de vastes concessions, a provoqué en territoires de Kapanga et de Sandoa un malaise certain. Non seulement l'économie de subsistance, mais encore le système politique des *Luunda* septentrionaux, ont été localement mis en cause par ces pertes totales qui couvrent plusieurs domaines entiers détenus par des groupes de *mwaantaangaand* relevant de titres politiques déterminés.

La reconnaissance d'une concession se satisfait de l'accord des *mwaantaangaand* intéressés, prolongé par le consentement de leur chef politique, et l'approbation du *Mwaant Yaav*. La vitalité de l'organisation politique proscrit aux *mwaantaangaand* d'agir à l'insu ou contre la volonté de leur chef politique.

Dans les rapports politiques entre *mwaantaangaand* et *ciool*, la suprématie de l'imperium sur le dominium prévaut et transparaît principalement dans des remises régulières de tributs politiques et dans les recours occasionnels à l'autorité du *ciool* pour trancher les conflits difficiles qui opposent parfois les sujets d'un *mwaantaangaand*. Par ailleurs, la communion intime des *mwaantaangaand* avec leurs ancêtres, générateurs de prospérité ou de famine, rend la vie économique largement tributaire d'un réseau d'influences mystiques qui proclament la suprématie du dominium sur l'imperium. La mainmise du *politique* sur le *mystique* et l'emprise du *mystique* sur le *politique* équilibrent les rapports réciproques et tempèrent les élans du Pouvoir politique. Dans cette imbrication entre prétentions et droits de natures diverses réside, aujourd'hui encore, la complexité des relations juridiques.

VII. CONCLUSION

L'organisation politique et l'organisation foncière *luunda* vivent en symbiose et se complémentarisent sur des plans distincts. La sécurité des personnes, autrefois assurée par les représentants politiques, a perdu sa signification. Par contre, le découpage territorial n'a subi aucun remaniement et les transferts de propriété foncière, des premiers occupants aux chefs politiques, sont demeurés insignifiants en étendue. Les *mwaantaangaand*, quelquefois secondés par les membres de leur segment résidentiel respectif, s'appliquent encore présentement à des rituels de fertilisation dont la nécessité reste incontestée.

L'évolution opérée par la montée démocratique contemporaine rend l'Etat *luunda* particulièrement vulnérable au niveau des chefs politiques, où la nécessité de poursuivre le contrôle des *mwaantaangaand* devient vitale.

Mais les restrictions apportées à la disposition et au contrôle coutumiers des individus contrastent avec le maintien des rituels liés à la propriété foncière.

Longtemps considérés comme seuls interlocuteurs valables devant les Autorités administratives, les chefs politiques ressentent maintenant la fragilité de leur position. L'introduction d'élections les a soumis récemment à un test duquel ils ne sont cependant pas sortis diminués. La proportion du cumul de charges politico-coutumières et démocratiques (neuf chefs politiques élus et nommés sur un total de vingt mandats de conseillers territoriaux) atteste l'emprise du système traditionnel et une vive résistance aux tendances politiques actuelles. La prédominance des chefs politiques sur les propriétaires fonciers s'avère encore certaine, et détermine l'autorisation ou le refus de certaines affectations des terres (concessions). Il en découle que le problème foncier *luunda* est inhérent au contenu des institutions. Le filtrage des remaniements orientés vers la démocratisation de la propriété foncière sera lent, parce qu'il restera subordonné à l'ébranlement progressif des phénomènes de structure.

SUMMARY

The political and land-owning aspects of the machinery of government of the Luunda State in the territory of Kapanga (Congo) have been determined by the historical development of this state. A large number of small kinship groups, resulting from various cleavages and segmentations, had each established exclusive rights of land ownership over a number of plots of land in the bush before the peaceful or warlike conquest of these innumerable scattered units began. The first paramount chiefs (*Mwaant Yaav*) made use of members of their kin and of loyal supporters in order to subdue the country and organize it politically. The territorial authorities and the new political leaders were superimposed upon the pre-existing landowners and local leaders, so that the Luunda state was built upon a foundation of land-owning kinship groups. Alongside the landowners (*iin diiv*) there developed, at local level, a class of territorial chiefs (*ayilool*) who sometimes received as a token of submission from the landowners a few plots of ground in the bush. In addition overseers (*yikeezy*) were often sent by the paramount chief to supervise the territorial chiefs and to ensure the regular despatch of taxes. At the same time in the royal village there arose alongside the paramount chief a class of high dignitaries and central chiefs (*mwaant*), each of whom supervised a series of territorial chiefs scattered throughout the country. The distinct conceptions of 'district' (*ngaand*) and 'land' (*diiv*) play an essential part in the Luunda system. In the political organization a distinction must be drawn between a compact and a scattered district. The former is made up of a series of adjacent villages placed under the authority of a territorial chief. Each kinship segment included in it is indefinitely associated with the ownership of a number of plots of land in the bush; the members of the segment are known as *iin diiv*, 'owners of the land'. The territorial chief is 'owner of a district' (*mwiin ngaand*) and of the men living in it. This authority is exercised over the residents and not over the land, except for any plots of land in the bush the chiefship may have received from the owners of the land.

The paramount chief is regarded as the owner of the district of the Aruund; by his ritual powers he protects men and ensures the fertility of the land. The subjection of the landowners to the political authorities has never involved the surrender of land ownership, but has taken the form of handing over of taxes and women and the performance of occasional compulsory labour. But ownership of the land and the exercise of political rights are associated with titles in perpetuity and with the principles of positional inheritance. In the case of default of heirs to a title, rights to land ownership are not absorbed by a wider community; the lands are placed temporarily under the surveillance of a territorial chief or of another administrator. Consequently, although as it developed the central political organization respected the pre-existing distribution of the land, it nevertheless hampered the free disposal of landed property by the setting up of a delicate balance between the rights of land-ownership and political rights. Furthermore, in the political system only the representative of the land-owning group, to whom the members of the group had granted juridical, social and ritual privileges in his capacity as representative, appeared as a significant link. The land-owning groups of a district are bound together by the payment of taxes and dues.

Many changes are now disturbing the balance of the traditional structure; for example, the concentration of villages along the roads, the gathering of scattered hamlets arround the village of the territorial chief, the increase in the prestige of political chiefs who have administrative powers, the problems arising from the falling of land rights into abeyance, and the introduction of new agricultural techniques. Furthermore, the development of large grazing farms has occasionally resulted in a complete loss of their lands by whole groups.

VII. QUELQUES ASPECTS JURIDIQUES DU PROBLEME FONCIER AU CONGO

JEAN P. DUFOUR

> Les institutions juridiques trouvent leur expression dans la loi; mais la loi à elle seule ne peut les créer sans tenir compte de la condition sociale, des moeurs et de la religion enchainées par une longue tradition.
>
> H. SOLUS.

Comme beaucoup de pays insuffisamment développés, le Congo est affronté par des problèmes de structure très complexes. Il s'agit en bref de rechercher les nouveaux cadres organiques grâce auxquels pourront se réaliser le plus harmonieusement possible les transformations économiques, sociales et politiques impliquées dans l'évolution actuelle du pays.

Dans cette recherche il y a lieu de tenir compte non seulement des exigences techniques du développement mais aussi des données sociologiques propres à la situation africaine, des modes de pensée et des systèmes de valeurs en présence.

Le régime foncier est une partie intégrante de l'ensemble d'institutions constitutives de ces cadres organiques, ensemble dont on ne peut le détacher arbitrairement.

En d'autres termes le régime foncier doit s'intégrer dans la structure économique, sociale et politique du pays.

A cette fin il doit remplir deux conditions essentielles:

(*a*) il doit organiser, en s'inspirant de ses fondements essentiels, la propriété foncière africaine de façon qu'elle s'adapte aux exigences de la vie économique d'un Etat moderne;
(*b*) il doit permettre et favoriser les investissements de l'extérieur en facilitant et en garantissant aux étrangers l'accès à l'usage du sol dans des conditions de sécurité et de stabilité suffisante.

Comment et dans quelles mesures ces objectifs sont-ils atteints dans le régime en vigueur?

Le régime foncier actuel est dualiste: tout en instaurant un système de propriété de droit écrit, le législateur a en effet expressément maintenu et consacré le régime coutumier pour certaines terres.

Quelle est la sphère propre de chaque système?

Tout le régime tient en deux phrases, qui constituent l'art. 2 de l'ord. du 1er juillet 1885: 'Nul n'a le droit d'occuper sans titre des terres vacantes ni de déposséder les indigènes des terres qu'ils occupent, les terres vacantes doivent être considérées comme appartenant à l'Etat'.

Dans ce régime on distingue donc deux catégories de terres:

les terres *occupées par les indigènes;*
les terres *vacantes.*

Les premières sont, aux termes de l'article 2 du décret du 14 septembre 1886, régies par *les coutumes et usages locaux.*

Les secondes sont la propriété de l'Etat qui en dispose aux conditions des réglements généraux en la matière: ainsi prend naissance la *propriété privée* qui est régie par les dispositions du droit écrit, en l'occurrence le livre II du code civil.

D'où vient ce concept de terres *'vacantes'*?

Il procède d'une analyse de la situation foncière africaine qui repose sur *la division des droits coutumiers en deux catégories.*

Dans la première, on rangea les usages du sol tels que la culture, la construction d'habitation et, d'une façon générale, les modes d'exploitation comportant une emprise évidente et permanente sur le sol; dans la seconde, on rangea les autres usages tels que la chasse, la pêche, la récolte de certains produits végétaux, la coupe de bois, etc.

Ces divers usages qui sans doute coutumièrement, ne sont que l'exercice d'un seul et même droit dans le chef du groupe détenteur ne furent pas traités avec la même faveur par le législateur. Les premiers seuls furent considérés comme traduisant une volonté suffisante d'appropriation du sol pour constituer une véritable occupation acquisitive. Les seconds, s'exerçant à la manière de simples charges, furent considérés comme n'impliquant pas l'appropriation du sol. Pour les légistes de l'E.I.C. 'l'indigène … n'a pas de titre réel à la propriété de ces vastes étendues de terres, que de temps immémorial il a laissées en friche ni de ces forêts qu'il n'a jamais fait fructifier'. (B.O. 1903, p. 152).

Celles-ci sont donc vacantes bien que grevées de certains droits, droits en quelque sorte imparfaits ou secondaires, qui furent baptisés 'droits sui generis' faute de pouvoir définir leur nature en termes de droit européen.

Cette conception apparaît très clairement dans le décret du 3 juin 1906 dans lequel le législateur fait nettement la distinction entre d'une part le droit d'occupation (terres que les indigènes habitent, cultivent ou exploitent), et, d'autre part, les autres droits exercés par les natifs: pêche, chasse, cueillette, coupe de bois sur les terres domaniales; même conception également, affirmée avec une grande netteté, dans le rapport du Conseil Colonial sur le décret du 22 mars 1910 sur le droit de cueillette.

Ayant souverainement décrété la vacance des terres non occupées du Congo, l'Etat avait le choix soit de les laisser telles et, dans ce cas, ces terres eussent été susceptibles d'appropriation par quiconque les eût occupées avec 'l'animus rem sibi habendi', soit d'empêcher pareilles occupations en se les appropriant lui-même.

C'est la seconde solution qui fut choisie comme étant plus conforme aux intérêts de la colonisation; au demeurant, l'adoption de ce système était également commandée par l'application du principe consacré en droit civil que toutes les choses sans maître appartiennent à l'Etat.

Ces conceptions étaient dominantes à l'époque de la création de l'E.I.C.; elles déterminèrent directement l'adoption par les Etats européens de régimes analogues dans leurs colonies d'Afrique.

Tel est le fondement doctrinal du régime en vigueur. Si celui-ci suscite des controverses et si sa révision est envisagée, c'est parce que, dans la réalité, il se trouve partout au Congo des communautés indigènes qui se manifestent actuellement en faisant valoir, sur les terres réputées légalement vacantes, des titres égaux à ceux qu'elles détiennent sur les terres occupées; ces terres vacantes, dont la détermination dépend d'ailleurs de la dynamique des situations, font en effet invariablement partie d'un domaine foncier déterminé sur l'entièreté duquel le groupe possesseur détient un *faisceau de droits inséparables.* Ceux-ci trouvent leur fondement dans les conceptions et valeurs consacrées par la culture particulière des différentes sociétés congolaises et leur sanction dans les institutions sociales dont celles-ci sont dotées.

Tel est le malentendu souvent dénoncé: c'est cette dualité de titres et de prétentions sur les mêmes terres, l'Etat invoquant sa doctrine et la législation qui en est issue – et en droit positif, sa position est incontestable – les indigènes invoquant leurs droits et titres traditionnels, qui ne le sont pas moins malgré qu'ils n'aient reçu dans la loi qu'une définition vague et imprécise. Ce malentendu a d'ailleurs été très souvent aggravé par la mauvaise connaissance des principes qui conditionnent les systèmes traditionnels de la tenure du sol en Afrique et, plus spécialement, au Congo, de telle sorte que les véritables détenteurs des droits fonciers ont été ignorés et refoulés et que des droits et privilèges sans fondement ont été reconnus à des entités artificielles ou à des autorités nouvelles.

Les enquêtes ethnographiques intensives prescrites par le Gouvernement depuis 1956 et dont l'exécution fut confiée à la Commission pour l'étude du problème foncier, ont apporté à cet égard des éclaircissements décisifs. Le lieu de ces enquêtes, les populations sur lesquelles elles ont porté ainsi que les résultats qu'elles ont permis d'obtenir ont fait l'objet de notre article intitulé 'Le problème foncier au Congo Belge – Etude ethnographique et juridique' publié en collaboration avec le Professeur D. Biebuyck (Zaïre 1958, XII, 4, 365–382). Elles ont abouti non seulement à l'établissement d'une typologie précise des systèmes de tenure foncière en rapport avec les organisations sociales et politiques traditionnelles et à une connaissance plus poussée des principes majeurs déterminant les principaux aspects de la tenure du sol, mais aussi à la détermination, par la technique comparative, de la cellule sociale constituant la véritable entité foncière. Cette dernière avait été identifiée aux groupes les plus divers tels que les clans, lignées, villages, groupements, familles, tribus, chefferies, collectivités, communautés, etc., alors qu'en réalité elle correspond à un groupe social bien déterminé, présentant, malgré la variété des formes extérieures, des caractéristiques structurelles et des pouvoirs juridiques identiques dans toutes les sociétés congolaises, à quelques rares exceptions près. Ces groupes très étroits, sont à la base de la pyramide sociale; ils peuvent être qualifiés, pour cette raison, d'*entités minimales ou foncières*. Ces entités exercent sur des domaines fonciers aux limites généralement très précises, un droit qui, *par sa nature*, s'apparente au droit de propriété, bien qu'il soit issu de conceptions différentes des conceptions européennes. Il ne peut, en tout cas, être confondu avec le droit de *souveraineté*, bien que les deux soient souvent réunis comme c'est le cas dans les sociétés à structure linéaire dans lesquelles les institutions politiques ne sont pas différenciées des institutions sociales et autres.

De leur appartenance à un groupe, les individus dérivent leur statut social et juridique et notamment leur droit à l'usage de la terre. Ce droit n'est pas aisé à qualifier dans nos concepts juridiques; il participe de la nature du droit du groupe mais il lui est subordonné: c'est un droit d'usage héréditaire qui, par certains de ses attributs, s'apparente aux droits réels d'usage et d'usufruit. Cependant, pour exercer son droit, l'individu doit *résider* dans son groupe.

Telles sont, très brièvement résumées, les données sociologiques du problème, données dont on pourra, par ailleurs, trouver la synthèse dans la communication du professeur Biebuyck. Elles déterminent à l'évidence un *conflit grave entre la loi et la coutume*, la première étant en contradiction avec certains fondements vitaux des systèmes fonciers traditionnels. La division des droits fonciers coutumiers en deux catégories apparait en effet comme une pure construction juridique trop exclusivement fondée sur la pensée européenne; dans la conception des Africains concernant la terre, il n'y a pas place pour la notion de terres vacantes: ainsi qu'il a été dit ci-dessus, les groupes détenteurs des domaines fonciers exercent sur l'*entièreté* de ceux-ci un faisceau de *droits inséparables* qui sont reconnus et sanctionnés dans les différentes sociétés congolaises. D'autre part il est également évident que le statut purement coutumier – qui est légalement celui des terres dites 'indigènes' – ne répond plus intégralement aux besoins de la société autochtone nouvelle et est difficilement applicable sans qu'interviennent certaines modifications, certaines orientations nouvelles des tendances et institutions traditionnelles.

En effet, les systèmes coutumiers, en même temps qu'ils manifestent une persistance remarquable, malgré certaines détériorations et pertes partielles, révèlent également des déficiences face aux nécessités du développement économique. Dans cet ordre d'idée on peut citer, à titre exemplatif, la carence des règles traditionnelles dans les conflits fonciers dus soit à des phénomènes socio-économiques nouveaux, comme c'est le cas au Mayumbe, soit à la présence de populations allogènes dans certaines régions, comme c'est le cas des Luba dans la région du rail au Kasai, des Cokwe dans l'ouest du Katanga et des Banyarwanda au Kivu; l'ambiguïté des idées concernant l'aliénabilité des terres; l'interdépendance des institutions politiques, sociales et foncières traditionnelles qui joue de telle sorte que ni le développement économique et agricole, ni la législation en matière foncière, ni les techniques nouvelles n'ont réussi jusqu'à présent à modifier profondément l'idéologie et les formes de la tenure foncière, celles-ci étant directement fonction de l'organisation sociale, laquelle ne manifeste aucun changement fondamental; l'existence de sociétés à système de descendance matrilinéaire et à résidence virilocale qui est responsable de fluctuations continuelles dans la composition interne des groupes résidentiels; les sociétés – comme celle des Bashi du Kivu – ayant une organisation qui repose sur le système de la *clientèle* et dans lesquelles l'usage du sol est fonction d'allégeances politiques mouvantes et de paiements toujours réitérés, facteurs qui déterminent l'instabilité dans la tenure et le maintien d'un niveau de vie très bas chez les cultivateurs.

Pour résoudre ces problèmes divers, il est donc nécessaire d'orienter les systèmes traditionnels vers des cadres nouveaux, non seulement techniques mais aussi juridiques et institutionnels susceptibles de les rendre aptes à participer au développement général.

Dans quelles voies est-il possible d'orienter une telle évolution?

Il n'est pas douteux que dans l'esprit du législateur, le dualisme du statut juridique des terres au Congo devait peu à peu s'effacer, le régime de la *propriété privée* de droit écrit devant être étendu progressivement à tous les habitants du pays. La loi du 18 octobre 1908, en son article 5, fait en effet au gouverneur général un devoir de favoriser le développement de la propriété et cette disposition a toujours été interprétée comme visant la propriété immobilière *individuelle*. Ce n'est cependant qu'en 1953 que diverses dispositions législatives ont rendu possible l'accession des Congolais à ce type de propriété.

Ce régime n'a d'ailleurs reçu que des applications isolées. Dans les centres les problèmes de reconversion des cités anciennes ne sont que très partiellement résolus. D'autre part, l'impécuniosité plus ou moins générale, l'idée que les Congolais ne doivent pas acheter la terre qui est à eux, le régime purement empirique de 'l'occupation', qui procure aux habitants presque tous les avantages pratiques de la propriété sans aucune des charges qu'elle entraine, sont autant d'obstacles à la diffusion de la propriété individuelle.

Dans les milieux ruraux, les obstacles sont d'ordre sociologiques: la structuration de la société en groupes résidentiels à l'appartenance desquels est subordonné l'accès à l'usage du sol, les idées, sentiments et croyances dont la terre est entourée freinent fortement l'intégration de cette institution. Le caractère itinérant de l'agriculture et le faible développement économique travaillent dans le même sens. Tant que subsisteront ces facteurs, l'avenir de la propriété immobilière individuelle pour les Congolais des milieux ruraux paraît donc pour le moins incertain.

Faut-il dès lors, considérer que la forme traditionnelle de la tenure foncière est appelée à subsister longtemps encore? Sans doute, à moins d'un bouleversement radical. Dans cette perspective il faut alors envisager le statut juridique futur de cette propriété coutumière.

1. En tout premier lieu il y aurait lieu d'instaurer les techniques juridiques, cadastrales et d'enquêtes propres à permettre la détection, la description, la reconnaissance, l'immatriculation et la délimitation des entités foncières.

2. Dans une nouvelle définition des droits de ces entités, il y aurait lieu de fixer les règles de leur reconnaissance comme personnes morales, de leur capacité, de leur représentation et de déterminer la nature et l'étendue de leurs droits fonciers.

3. Cette dernière question est essentielle; un régime qui

reconnaîtrait intégralement les droits fonciers traditionnels des entités à l'égal de la propriété devrait, en même temps, définir selon quelles modalités les terres de ces entités pourraient recevoir une affectation autre que l'usage des membres du groupe.

Se poserait, notamment, la question de savoir si ces terres seraient aliénables ou non. L'affirmation selon laquelle la terre, dans les institutions congolaises, serait inaliénable est largement répandue. Dans quelle mesure est-elle exacte? Coutumièrement la terre était aliénable, cela n'est pas douteux puisque cette aliénation faisait partie du processus dynamique caractérisant l'occupation des terres et l'installation des groupes. Mais il n'y avait pas de *motif économique* pour l'aliénation: celle-ci répondait à une situation de fait en cas de guerre ou d'émigration, elle répondait à des impératifs sociaux en cas de convention, de pacte et de partage entre groupes. Cependant, on rencontre des cas de *vente* contre certains biens déterminés (esclaves, bétail), en nombre symbolique. Mais aujourd'hui, les cadres dans lesquels se plaçaient ces transactions ont complètement changé suite au processus d'acculturation: aussi la question se pose-t-elle dans un contexte nouveau déterminé par la stabilisation des groupes, les besoins économiques, de nouvelles attitudes psychologiques concernant la terre ainsi que les spéculations politiques et économiques dont celle-ci est l'objet.

Le fait est que, dans l'esprit des Congolais, les contrats relatifs à la terre n'ont généralement pas la même portée que dans celui de leurs interlocuteurs étrangers. L'installation de ceux-ci sur les terres du groupe est presque partout acceptée, mais dans ce cas, les contrats répondent aux caractéristiques suivantes:

(*a*) ils sont conclus 'intuitu personae';
(*b*) pour un objet déterminé;
(*c*) pour une durée indéterminée, le contrat ne devant prendre fin que quand son objet n'existe plus;
(*d*) en aucun cas il n'y a aliénation du fonds: on n'emporte pas la terre avec soi. L'idée d'un lien de propriété purement abstrait est donc mal intégrée: c'est par la *présence physique* que l'on affirme et que l'on maintient ses droits fonciers.

L'emphythéose est le contrat de droit civil qui se raproche le plus de ces conceptions et sans doute pourrait-elle apporter la solution dans nombre de cas. Il n'en demeure pas moins que de pareilles conceptions, par la méfiance qu'elles peuvent susciter chez les détenteurs de capitaux, ne sont pas de nature à encourager les investissements.

4. Dans l'hypothèse visée au paragraphe précédent, ne conviendrait-il pas de doter l'Etat de pouvoirs accrus, dans la sphère de sa souveraineté, pour lui permettre de continuer à jouer son rôle de promoteur de développement économique? La fonction sociale de plus en plus marquée du droit de propriété postule que la législation organise celui-ci en le fondant sur le principe de finalité et en l'ordonnant non seulement à la satisfaction des besoins des individus mais aussi à celle des exigences sociales.

5. Il est indéniable que, ainsi que dit ci-dessus, dans certains cas, les règles traditionnelles sont devenues insuffisantes. La coutume est impuissante à répondre à certaines situations nouvelles, ou bien les règles coutumières sont devenues désuètes. Il importe donc de rechercher les règles nouvelles qui devront s'intégrer dans les systèmes traditionnels afin de leur permettre de continuer à fonctionner harmonieusement et de se développer.

6. Enfin il existe d'innombrables phénomènes fonciers locaux qui requièrent des solutions particulières.

Il existe enfin une troisième orientation possible: c'est celle qui consisterait à effacer plus ou moins progressivement les domaines lignagers des groupes en vue d'attribuer la propriété des terres à des collectivités plus larges, qui peuvent aller de la commune rurale à l'Etat.

Dans cette solution collectiviste, ce sont les pouvoirs publics qui régissent l'usage des terres; leur action peut être secondée par le développement de l'organisation coopérative dans les domaines de la production, du crédit, de la distribution des produits agricoles, etc.

CONCLUSIONS

Le problème foncier est un problème difficile parce qu'il se situe sur plusieurs plans à la fois: il met en jeu en effet des facteurs divers, d'ordre économique, juridique, social et politique, de la conjonction desquels naît une multiplicité de questions de nature différente, du fait de la complexité de ces facteurs et de la variété des configurations auxquelles ils donnent lieu. Si on le formule en termes d'économie politique, le problème foncier doit être considéré dans la perspective de l'état de sous-développement du Congo et des efforts faits en vue de favoriser son expansion économique. De cette action de promotion économique, les facteurs juridiques sont inséparables: elle se développe en effet dans le cadre des dispositions règlementant l'organisation du pays, disposition dont le régime foncier et immobilier est une partie intégrante.

Mais il ne suffit pas que cet ensemble de règles et d'institutions soit bien adapté aux nécessités économiques; encore faut-il qu'il soit adapté à la réalité sociologique. La société autochtone n'est pas seulement en effet sous-développée économiquement, elle est encore, dans ses institutions, motivations et valeurs, orientée par des principes souvent incompatibles avec ceux qui commandent les efforts en vue du développement général.

En réalité les diverses questions juridico-économiques ci-dessus évoquées ne sont que des aspects partiels du phénomène fondamental que permet de déceler l'examen du problème foncier et qui est celui du contact de deux cultures, l'européenne et l'africaine, et du processus d'acculturation qui en découle. A nos idéaux d'expansion économique, de progrès technique, de libre entreprise, d'amélioration du niveau de vie individuel, etc., s'oppose un complexe de valeurs et d'institutions différemment orientées. Dans l'élaboration d'un régime foncier bien équilibré, il importe donc en définitive tout autant de tenir compte des institutions, structures et valeurs traditionnelles que de prévoir et de favoriser leur adaptation aux nécessités impérieuses du développement général du pays.

SUMMARY

The land-tenure situation in the Congo has a dual character: besides the regime of written law there also exists a customary regime concerning 'indigenous' lands. 'Indigenous' lands are considered to be those which are cultivated and exploited by the local inhabitants under the authority of their chiefs and headmen in accordance with local custom and practice. However, only continuous or recurring forms of exploitation, which are exclusive and which procure benefits drawn from the soil, are considered to come into this category. Hunting, for example, is not regarded as being an act of exploitation in the legal sense. Vast acreages of land have been declared vacant lands in this respect and have been appropriated by the State which has assigned or granted them to third persons. These lands have then passed under the regime of property under written law. This system, although it has fostered the economic development of the country, has been much criticized both by Congolese and by jurists and anthropologists. These criticisms are mainly based on different principles drawn from African customary law.

The essential argument against this system concerns the distinctions made between customary and other rights to which the law accords different effects. To this conception may also be opposed that of the Africans, which does not allow for the conception of 'vacant' land. It is held that a group which holds land exercises over its entirety a series of rights which cannot be separated. The results of the comparative studies on land-tenure systems in the Congo, undertaken since 1956 at the initiative of the Government, have entirely corroborated this point of view. On the other hand, it also appears that the purely customary system cannot fully meet the requirements of modern African society and that it can hardly be applied today without some modifications.

In looking for a solution of land-tenure problems, two major considerations should be taken into account: (1) the need to organize, on the basis of its traditional foundations, a system of African land ownership that will be adapted to the requirements of the economic life of a modern state; (2) the need to allow for and promote investments from outside an area by facilitating and granting access to land to outsiders under conditions of sufficient security and stability.

To the legislator these problems seem best capable of solution by a gradual extension applicable to all inhabitants of the country of a regime of individual property under written law. However the integration of such an institution with the traditional systems encounters difficulties of a sociological nature such that one wonders whether it is really a workable solution in the present state of affairs. Moreover African societies in the Congo cling very tenaciously to their systems, ideals and modes of thinking. Thus it would seem best in matters of land-tenure to adjust legislation as far as possible to the content of traditional institutions. The difficulties of this procedure lie in the extremely delicate nature of this type of action. Finally one may also consider a solution which would consist of extinguishing, more or less gradually, lineage rights, not in favour of individuals but of larger communities, which might range from the 'commune rurale' to the State. But here again strong resistance may be expected.

VIII. THE LAND HUSBANDRY ACT OF SOUTHERN RHODESIA

G. KINGSLEY GARBETT

The Colony of Southern Rhodesia comprises some 100 million acres divided into two distinct geographical regions. There is the 'High Veld' plateau – land from 4,000–5,000 feet above sea level, and the 'Low Veld' – land below 4,000 feet. The Low Veld areas together form the greater proportion of the Colony. Tsetse fly and other tropical hazards exist in these areas. The High Veld is a belt of land, about 50 miles broad, which extends from Salisbury to Bulawayo with two narrow protrusions, one extending north-eastwards to the Zambesi valley; the other extending eastwards to the Portuguese border. The main soil type of the Colony is a coarse sandy detritus developed from granite. On the High Veld, however, there are pockets of dark red loams with a much higher fertility. In general rainfall decreases westwards from over 32 inches at the Mozambique borders to 20–24 inches at the western borders of the Colony. Most of the rainfall occurs during one quarter of the year. These environmental features have been important in determining patterns of human settlement.

Southern Rhodesia has been involved for a considerable period in extensive Bantu migrations. First there was the southward movement of Bantu groups and later the northward movement of Nguni groups breaking away from the growing Zulu empire. The legendary empires of Monomatapa and the Rozwi are associated with this area: they were probably destroyed by Zulu offshoots. When the first Europeans arrived in the 1870s they found the Ndebele, a Nguni splinter group, and the Shona-speaking peoples in the area. The Shona, who were subsistence cultivators, occupied the Low Veld areas, working the lighter soils and seeming to avoid the heavier red loams of the High Veld. The Ndebele, predominantly a cattle-owning warrior people, occupied a much smaller area of the High Veld around present-day Bulawayo, and periodically raided the Shona for cattle. In this paper I concern myself solely with the Shona.

The Shona are divided into a number of dialect groups. There is some indication that there are variations in social structure between the various dialect groups but they have many features in common. They are a patrilineal, virilocal people organized into shallow lineages of some 4–6 generations in extent. Though exogamous clans exist they are of the general type found in Central Africa[1] and consist solely of categories of people bearing a common name (*mutupo* and *chidao*). Exact genealogical relationships are not traced within the clans though the obligation to succour fellow clansmen in times of need is recognized. The six main dialect groups are each divided into chiefdoms (*nyika*) which are in turn subdivided into wards (*dunhu*). The chiefdoms are autonomous units and are not organized into a state under a paramount. Originally the villages (*musha*) within the wards consisted of groups of clusters of dwellings (*mana*) under a headman. Since 1926, with the implementation of the Administration's policy of 'centralization', dwellings have been placed in surveyed lines.

The traditional system of land-holding among the Shona was based upon a series of estates of holding.[2] The estates of holding descended from the chief to the ward head, to the village headman, and finally to the household head. Every adult member of a village community was entitled to land but should he leave the village or be accused of witchcraft, he forfeited his right to use land.[3] If any became unoccupied then its control reverted to the next senior in the hierarchy of holding.

Land was looked upon as being primarily vested in the ancestral spirits, particularly the spirit of the first man to occupy an area. Usually this person is said to be an ancestor of the chief, but there are cases where a commoner family sacrifices to its ancestors on behalf of the chief. Though in the domestic ancestor cult the head of the lineage could himself supplicate to the ancestral spirits, the great ancestral spirits of the chiefdom (*mhondoro*) were approached by spirit-mediums (*svikiro*). Each level of the political hierarchy –

[1] Gluckman, 1950.   [2] Cf. Gluckman, 1945.   [3] Bullock, 1928: 72.

village, ward, chiefdom – appears to have a *mhondoro* spirit and a medium associated with it. The *mhondoro* spirits are seen as responsible for the fertility of the land, for rainfall, and for the general well-being of the people. In the case of the chief the domestic and *mhondoro* cults overlap, since his ancestral spirits are also the great spirits protecting the chiefdom. As living representative of the great ancestors the chief was thus a focus for both the political and the religious organization.

Bullock[4] and Holleman[5] give some idea of how a chiefdom was founded and grew. A chief would establish himself in a particular area. He usually built his village near a granite kopje which acted as a sanctuary. After a time rivalries within his lineage for positions of leadership and population pressure on the land available would cause a group led by a brother of the chief, or other agnate, to break away. The seceding group would request an area of land from the chief. When this area had been allocated the chief selected a site and ceremonially drove a peg into the ground to mark the hut site of the new headman's wife. The headmanship of the new village, and ultimately of the ward, was vested in the lineage of the first headman. Eventually this village also broke up and the number of villages in the ward gradually increased. Ward boundaries were not clearly demarcated at first, but as the number of villages increased, the need for land and grazing areas also grew. At the first signs of friction with villages of other growing wards, natural boundaries – trees, hills, rivers – were pointed out by the chief. In the ward itself villages could move freely provided that they did not infringe on the rights of others.

According to Holleman,[6] Hera (a dialect group) land-tenure depended upon membership of the ward. He states that it was the ward (*dunhu*) rather than the chiefdom (*nyika*) or the village (*musha*) that was the most significant unit in tribal organization. Members of a ward recognized their common interest in an area as opposed to the interests of members of other wards.[7] Members of a village in a ward had to let members of other villages of that ward have access to water or wild fruits, and had to allow them to move

---

[4] 1928.   [5] 1952: 8 and 1950: 5 et seq.   [6] 1952: 12.
[7] Cf. Southall's notion of the Alur segmentary state, 1956.

their cattle through the area. Strangers who wanted land had to approach the ward head. The ward head would then seek the chief's permission and a hoe would be given as a token of the stranger's goodwill. Later a further offering of beer and a goat would be made to the chief. Members of a ward, on the other hand, would only have to seek the ward-head's permission to found a new village. The responsibility of allocating land to members of a new village then rested with the headman. Where the village was divided into sections (*mana*) of kin the headman made allocations to the heads of kin groups, who then further subdivided the land among their members. Household heads were expected to give every adult a portion of land and to provide separate gardens for each of their wives. Young men were not given land until they were about to marry.

Though each adult had rights to use land, it was never regarded as inheritable property. A close relative might be given land in preference to other relatives but this formed no part of the estate of the deceased distributed at a special ceremony (*gadzira*) sometime after his death.[8]

The traditional system of cultivation was similar to many described in this region. Some time before the rains were due, a small plot was cleared and the cut bush burnt. After the first rains, maize, finger millet, sorghum, groundnuts and various vegetables were sown over the whole clearing. Each year a further patch was added to the original area until a total of about four acres was being cultivated. When the plot had reached this size a portion of it was allowed to revert to bush and an equivalent portion of virgin land brought under cultivation. Usually an area was worked for about five years. When land was scarce, partially rested land would be recultivated. Under this system Beck[9] estimates that one square mile with 25 per cent. of the land cultivated, 5 per cent. waste and 70 per cent. grazing could support 20 people at subsistence level. Allan[10] has shown that to maintain the bush–crop–bush cycle without consequent soil degradation with a slash and burn technique and a regeneration period of 30 years considerable areas of land are necessary. If we apply Allan's reasoning Beck's estimate

[8] Holleman, 1952: 322.   [9] 1957: 9.   [10] 1945.

The Land Husbandry Act of Southern Rhodesia

has to be enlarged approximately five times for the system to be maintained in perpetuity.

The total amount of land available in Southern Rhodesia is about 97 million acres. In 1902 the Administration has estimated[11] that the African population of 530,000 then tilled about half a million acres. However, from the time of the Rudd Concession (1888), in the early days of the Colony, to the early 1900s considerable areas of land were alienated to Europeans. Several Commissions reviewed the position, e.g. the Native Reserve Commission, in 1914, the Carter Commission in 1925. Early legislation was designed to protect Africans but after the Carter Commission's report legislation was devised to separate the European and African populations to avoid racial friction. The legislation was embodied in the Land Apportionment Act of 1930 which, with its numerous amendments, 'now forms the "bible" of land-tenure in the Colony ...'[12] Under the terms of the original Act the European area amounted to 48,605,899 acres and the Native area to 28,933,362 acres; of the remaining 20-odd million acres 17 million were set aside for future determination and the rest designated as 'Game reserves, Forest areas, etc. ....' The land set aside for future determination was largely in areas which were, in 1930, unsuitable for human occupation.[13] Since that date the Administration has made great efforts to eliminate tsetse fly and irrigate arid zones in these unallocated areas. In 1941 a new Land Apportionment Act was passed. The final assignment of land was 51,987,000 acres to European areas, 41,900,000 acres to Native areas, 3,000 acres to Forest areas, and 57,000 acres to undetermined areas.

Table I shows that since 1902 there has been a fourfold increase in the African population of Southern Rhodesia and that the population has been doubling itself every 25 years or so. The factors behind this rapid increase have recently been analysed by Shaul.[14]

TABLE I
Estimates of the African Population of Southern Rhodesia

| 1902 | 530,000 | 1936 | 1,240,000 |
| 1926 | 936,000 | 1957 | 2,300,000 |

[11] Govt. Pub., 1955: 1.
[12] Powys-Jones, 1955: 20.
[13] Fitzgerald, 1955: 211.
[14] 1955.

The Demographic Survey of 1953 shows that the rate of natural increase of the African population is 28·1 per 1000. This very high rate of increase represents a doubling of the population every 25 years. Shaul shows that a high sustained birth rate (46·2 per 1000) together with a comparatively low crude death rate (18·1 per 1000) has given rise to this high rate of increase. Shaul gives reasons for supposing that the death rate will fall during the next decade whilst the birth rate will be sustained or fall only slightly, thus leading to a further rise in the rate of natural increase.

In 1926 when the African population was 936,000 (Table I), the Administration had estimated that 940,000 persons could be supported under the traditional system of land use on the Native land then available[15]. The maximum carrying capacity of the land had been almost reached. As population began to press upon available resources the movement of villages became restricted or impossible. Land was brought back into cultivation before the soil had a chance to regenerate fully. Grazing areas were also destroyed as the number of stock increased. In some areas where land was becoming particularly scarce fragmentation of holdings occurred so that individual holdings became smaller and smaller. The land could no longer support this burden and soil degradation brought falling yields. The administration realized that if natural resources were not to be destroyed and increasing poverty result, the traditional system of land holding and land use would have to be radically changed.

In 1926 the Administration devised a plan to 'centralize' villages. The Reserves were surveyed and land was divided into Arable, Grading, Forest and Waste lands. Villages which until then had been groups of clusters of dwellings were congregated in surveyed lines separating the arable from the grazing areas. Some attempt was also made to allot each adult male six acres of arable land. Compulsory destocking was put into operation and African agricultural demonstrators were placed in the Reserves. By 1944, however, the Administration realized that its plan was not being accepted rapidly enough.[16] In that year only 20 per cent. of the subsistence farmers had made use of the Demonstrators or sought

[15] Govt. Pub. 1955: 1.   [16] Pendered and Von Memerty, 1955: 100.

The Land Husbandry Act of Southern Rhodesia 191

the advice of the Administration.[17] The land problem became more acute. The population had now risen to 1,390,000 and the cattle population to 1,916,000. The Natural Resources Act dealt with the problem of overstocking but declining yields and fragmentation remained. The Administration now sought a plan which would stimulate better land use. They devised a scheme to allocate individual holdings of about six acres each and make the individual holder responsible for the improvement of his plot. Penalties were to be imposed for non-compliance. This scheme was embodied in the Land Husbandry Act of 1951. The Administration hopes that from this Act good farming will develop on a more intensive scale. The use of manure from the herds should result in higher yields. The provisions of the Act prevent fragmentation by making it impossible for a person to sell or give away a portion of his holding. Furthermore the consolidation of holdings up to a certain size is encouraged. The Administration estimates that if the terms of the Act are fully implemented improved yields will enable a monogamous family to be supported at a subsistence level with a small cash income from surplus production.[18]

Under the terms of the Act each Reserve is surveyed and the area and fertility of grazing and arable land assessed. The Administration attempts to arrange that the proportion of grazing land to arable is about 10:1.[19] When a Reserve has been surveyed a safe maximum number of cattle for that Reserve is declared. A 'standard number' is then calculated by dividing the declared safe maximum number of cattle by the number of individuals eligible for grazing rights. The standard number is expressed in terms of animal units. (5 small stock = 1 animal unit.) When the grazing rights are allocated they do not give a person rights to graze an individual plot but rights to graze a specified number of cattle on the communal grazing area. The Administration feels that the high cost of fencing would be prohibitive at this stage. Should it be found when all grazing rights have been allocated that the declared safe maximum number has been exceeded, provision is made for a *pro rata* reduction (Section 8. (3) and (5)).

In the case of arable land a standard area is calculated for each

[17] Govt. Pub. 1955.   [18] Govt. Pub. 1955.   [19] Floyd, 1958: 16.

Reserve based on the assumption that on unirrigated land a minimum of six acres is necessary to support a man, his wife and children. The standard area may be more than this, depending on the amount of land available, the fertility of the soil, and rainfall. A polygynist is allocated a third of the standard area for each additional wife providing that his total holding does not exceed three times the standard area. No minimum area has been fixed in the Act for irrigated land; the calculation of an economic holding for a particular area being left to the discretion of the Administration. Where there is insufficient land to grant every eligible person a standard area, section 27 (2) of the Act rules that all holdings above the standard area shall be reduced to the standard area. Those with less than standard holding continue to farm the land they held when the Act was implemented. If the land is very overpopulated an 'intermediate formula' is put into operation (Section 31). 'By this arrangement, those cultivating more than the standard area of, say 8 acres, are allocated only 8 acres. Those with 7 or 6 acres are allocated only 7 or 6 acres. Those with 5 acres or under are then allocated 5 acres.'[20]

Persons eligible for farming and grazing rights are: males over the age of 21, married males, widowers, widows, female divorcees, and spinsters over the age of 25. No person may hold a right in more than one district and, in the case of grazing rights, no one may hold a right for more than two years after the implementation of the Act, unless he also holds a farming right. (Section 22 (a).) All rights are registered with the Native Commissioner and are held by the individual, expiring on his death. An individual may nominate a successor but this person must be approved by the N.C. (Section 21 (1).) Persons who did not receive rights when the Act was implemented may apply to the N.C. When widows, married women with no dependent children, and spinsters over the age of 25 apply for rights they are allocated one-third of the standard area.

Special precautions have been taken, in the Act, to prevent the physical fragmentation of holdings. A person may only transfer a farming right to another farmer if his remaining portion is not less

[20] Floyd, op. cit.: 9.

The Land Husbandry Act of Southern Rhodesia 193

than the standard area. Persons buying land, on the other hand, can only increase their holdings to three times the standard area.

In the Act no mention is made of labour migration but Government and officers of the Administration have stated that they hope the Act will also provide a solution to this problem.[21] An important stimulus to labour migration was the imposition of a hut tax by the B.S.A. Company in the 1890s. The Company found it hard to induce Africans to work in the mines and consequently raised its hut tax several times.[22] However, once labour migration had begun it expanded as new needs, stimulated by increasing contact with Europeans, arose. By 1956 63·8 per cent. of males aged 15–49 were employed outside the Reserves (calculated from Demographic Survey, 1953–55). The majority of men who are in town leave their families behind in the reserves. Of a sample of 132 African workers made in Salisbury in 1958 (U.C.R.N. Sample Survey) 53·8 per cent. had no families with them. Their wives and children left behind in the Reserve cannot adequately work the land and consequently farming practices have deteriorated.[23] Also African labour is highly mobile. Of 3,600 Africans in 1953, 5·9 per cent. had remained in town for over 10 years, 5·7 per cent. between 5–10 years, and nearly 60 per cent. for less than 10 months.[24] In five villages I examined at Musami in 1958 67 per cent. of the men who returned from their first period of employment between 1940 and 1958, had spent less than 12 months in the villages before returning to seek work. Of men returning from their second period of employment in the same period 64·4 per cent. spent less than 3 months in the villages. Agrarian reform in Southern Rhodesia must be seen in relation to this vast movement of labour and the Administration hopes that when the Act is fully implemented the unsuccessful farmers together with the proportion of the new generation who will have no land rights[25] will take up permanent urban employment 'seeking a livelihood in the expanding industries of the Colony . . .'.[26]

[21] Pendered and Von Memerty, 1955: 102. Govt. Pub., 1955.
[22] B.S.A. Company Report, 1899: 20.
[23] Pendered and Von Memerty, op. cit.: 102.
[24] C.N.C. Report, 1953: 14.
[25] About 20,000 p.a. (Govt. Pub., 1955).   [26] Govt. Pub., 1955: 13.

In the Act itself no time limit was set for its full implementation in all Reserves. Estimates of the time it would take when the Act was first passed vary between 10 and 40 years according to the amount of money spent and the methods used.[27] In 1955 Government, perturbed by reports of increasing soil degradation, brought out a five-year plan to accelerate the implementation of the Act. It was hoped to have the Act implemented in all Reserves by 1960. The implementation of the Act has however been hampered by the shortage of field staff resulting from lack of money, and by a certain amount of resistance from Africans. In 1957 the Chief Native Commissioner reported[28] '... the implementation of the Act has not been a straightforward task, and during the early stages stiff opposition has been met in areas which are heavily populated and overstocked'. In 1958 the Natural Resources Board reported (p. 16) 'the three biggest problems are (a) overstocking, (b) overpopulation, (c) lack of cheap nitrogenous fertilizer', and went on to express grave concern 'that certain areas which had been destocked with considerable difficulty and unpleasantness five or six years ago are now once again 100 per cent. overstocked'.

Leaving aside the question of the lack of finance, which stems from the economic depression through which the Colony is passing, there is a little direct evidence and much indirect evidence to indicate the roots of African resistance to the Act. Furthermore, given the type of social organization found among the Shona, certain probable trends might be predicted.

In the traditional system we saw that the chief was the focus of the political and religious organization of the tribe. It was to his ancestral spirits that the spirit mediums made sacrifices on behalf of the tribe for the fruitfulness of the land. The authority of the chief over the land stemmed from his particular relationship to the founding ancestors of the tribe, 'the owners of the land'. The arrival of the Europeans modified the relationship of the chief to his people. The policy of direct rule followed by Southern Rhodesia[29] placed the chief in that difficult intercalary position where, on the one hand he had to attempt to minister to the needs of his people and on the other, to further the aims of the adminis-

[27] Govt. Pub., 1955.   [28] C.N.C. Report, 1957: 5.   [29] Howman, 1952.

The Land Husbandry Act of Southern Rhodesia 195

tration.[30] However, it was not until the late 1930s, following upon the Administration's 'centralization' policy that the political organization of the chiefdoms was radically altered. Holleman[31] shows that in one area (Hera) up to 1940, two distinct systems of authority operated: the European system, and the tribal one, largely undisturbed, with the ward head as one of its main pillars. In this area he shows that centralization endangered, for the first time, the viability of the ward. The Administration, at that time not realizing the significance of the ward as a land-holding and political unit, allocated blocks of land which cut across ward boundaries and in some cases placed ward heads under 'Headmen' (sub-chiefs) who were traditionally their subordinates. The full implementation of the Land Husbandry Act might still further weaken the traditional position of the chief since the 'ownership' of land is removed from his jurisdiction. Furthermore his position as the focus of the *mhondoro* cult may be altered. We might predict that if the Act is successfully implemented then the emphasis in Shona religion might move from the tribal cult, with the chief as its focus, to the domestic ancestral cult centred on the head of each household. The Administration is perturbed by the situation and the reports of its officers reveal the ambivalent position of the chief. The N.C. of Inyati commented[32] on the loyalty of the chiefs 'in the face of increasing opposition from numbers of their own people'. While in another report[33] a comment on the loyalty of the chiefs is followed by the statement that 'they are of little use administratively'. The Administration attempted to remedy the situation by raising the salaries of chiefs.[34] The traditional position of the chiefs has been so greatly modified that they are rapidly becoming, in effect, junior officers of the administration.[35]

Though one sector of social organization may change considerably other sectors may show more resilience. A study of the Keiskammahoek district of South Africa[36] showed that though the political system and the system of land holding has been considerably altered the kinship organization still retained its viability.

[30] Cf. Gluckman, 1949.   [31] 1950: 15–18.   [32] C.N.C. Report, 1952: 53.
[33] Ibid. 1954: 17.   [34] Ibid. 1957: 1.   [35] Beck, 1957: 163.
[36] Wilson, Miller et al., 1952.

O

In this area land was held on a freehold or quitrent basis from the end of the nineteenth century. The Administration passed laws to prevent the fragmentation of land and to govern its inheritance but the people interpreted them, as far as possible, in terms of their own system of values. Where one piece of land, for example, might belong to one man, in the eyes of the Administration, several families were found living on it, each working a small plot. Where in law, one man has the right to inherit land from his father, in practice 'the disinherited sons are allowed to continue living on the land as though there had never been a will'.[37] The informal subdivision of land among members of a lineage (strictly illegal), usually by the village headman, has developed into a ceremonial occasion 'similar to the allotment of land by the village council in a communal village'.[38] There is a strong feeling among villagers that only those who are morally entitled to land should work it.

Among the Shona the obligations arising from kinship are considerable. Within the family children have an obligation to their parents to provide for them in case of need. Brother and sister are also closely linked. The marriage payment obtained for a sister is seen as a means of providing a wife for her brother. Arising from this a man's sister has a special interest in the well-being of her brother's children while a brother has a very close reciprocal relationship with the children of his sister. After marriage a further series of relationships are established between affines. Each individual and each lineage thus becomes involved in a series of relationships often involving prestations of various kinds.

If we argue that this type of system where a person is involved in a web of kinship relationships, involving rights and obligations, is particularly resistant to change, then the Administration's attempt to prevent fragmentation of holdings may meet with considerable difficulty. Floyd, who worked for some time as a Land Development Officer, argues that the Administration is now facing a 'squatter' problem.[39] The obligations of kinship, such as e.g. the duty of a man to support his deceased brother's wife and children, or a divorced sister or daughter, may result in a man allowing others to live on his land, each working a small area.

[37] Ibid.: 51.   [38] Ibid.: 57.   [39] 1958: 15.

The Land Husbandry Act of Southern Rhodesia 197

Thus the land may be called upon to support numbers above its estimated carrying capacity.

In the traditional system the patrilineally extended family existed both as an economic and kinship unit. The viability of the unit was maintained because each individual recognized his duty to contribute to its general welfare. In the modern situation, though the form of the contribution may have changed from food and cattle to money, the principle remains. Young men return from work with gifts and money for their relatives. Fathers contribute to the bridewealth payments of their sons. Involvement in a cash economy has made money a necessity and the major way of obtaining money, at the moment, is by working in town. The Administration hopes that farmers will settle on their holdings and raise a subsistence crop which will yield a small surplus for sale.[40] The difficulty is, however, that it seems unlikely for some time to come that the land will yield a return commensurate with earnings from a similar level of activity in other occupations in town.[41] In some areas endowed with less fertile soils, the Natural Resources Board reports[42] that yields will not be raised until a cheap nitrogenous fertilizer is available. Furthermore if kinsmen are allowed to occupy a plot of land originally intended to provide subsistence, with a small cash surplus, for a man, his wife and children, the cash surplus will be reduced or disappear. This cash will therefore only be obtained by some of the men working in town and sending money back to their fellow kinsmen in the Reserves. This will still further strengthen bonds between rural and urban kin, preventing the latter from becoming permanent town dwellers.[43]

Given, therefore, the obligations of kinship and the economic necessity and attraction of working in town to obtain, e.g. capital goods, additional foodstuffs, clothes, and to provide for the education of children, it seems unlikely that the Administration's secondary aim of reducing the volume of labour migration will be achieved for some time to come.

Under the traditional system a man only obtained rights to

---

[40] Govt. Pub., 1955: 11.   [41] Makings, 1959, 2.   [42] 1955, section 49.
[43] Cf. with Keiskammahoek (Vol. II: 4), where the authors stress the almost complete dependence of the villagers on the earnings of labour migrants.

land when he was about to marry. He maintained these rights only as long as he was resident in a village. We would expect, therefore, where a man for some reason valued his rights to land, that he would take steps, if he had to leave the village, to maintain them. Migrant labourers maintain their land rights by leaving their wives and children on the land and by making frequent visits to their villages. They wish to maintain their rights because the return from the land helps to augment their cash incomes and because the land also provides a form of social security.[44] Examination of a sample of 142 Africans working in Salisbury (U.C.R.N. Sample Survey) revealed a tendency for those who were not well educated and not earning high wages to hold land rights. Other reports stress the lack of security in town, e.g. the Plewman Commission[45] and the Chief Native Commissioner's Report.[46] There is no security of tenure of housing; there are no unemployment benefits or old age pensions, etc. so that Africans see the land as a means of retreat. If now an Act is introduced which gives security of tenure to land without actually stipulating that the land must be farmed (the Land Husbandry Act does not, nor does it prohibit the renting of land), we might predict that the number of absentee land-holders would increase. The period of time the absentee is away might also increase since he would no longer forfeit his right to land by non-residence. There is no evidence for the latter proposition, but Beck[47] shows that in one Reserve where the Act has been implemented the number of absentee land holders increased.

The Administration hopes that the effectiveness of the Act will stem from the provision of individual land rights. The onus of responsibility for maintaining the fertility of the soil is placed upon the land-owner and it is thought that he will accept this responsibility and develop a sense of pride in the land he owns.[48] We have seen that resistance to the provisions of the Act derives from social and economic causes. The land-owner is not an individual standing alone but is involved in a network of kinship obligations. Economically, employment in town, at present, is

[44] Pendered and Von Memerty, 1955, 101.
[45] 1958, para. 233.
[46] 1955, 14.
[47] 1957, 203.
[48] Govt. Pub., 1953, 13.

more attractive than working on the land as a subsistence farmer. Only when the present kinship organization breaks down and the economic position in the Reserves improves, can the Administration's aim to develop peasant farmers, obtaining their sole livelihood from the soil, be fully achieved.

REFERENCES

Allan, W.	1945.	'African Land Usage'. *Human Problems in British Central Africa*, 13–20. Lusaka, R.L.I.
Beck, J. H.	1957.	*The Chinyika Reserve, Southern Rhodesia.* Unpublised thesis submitted for the degree of M.A. in the University of London.
B.S.A. Company	1899.	*Reports on the Administration of Rhodesia.*
Bullock, C.	1928.	*The Mashona.* Cape Town, Juta.
Elton Mills, M. E., and Wilson, M.	1952.	*Land Tenure.* Keiskammahoek Rural Survey. Vol. IV. Pietermaritzburg, Shuter & Shooter.
Fitzgerald, W.	1955.	*Africa.* London, Methuen.
Floyd, B. N.	1958.	*Changing patterns of African Land Use in Southern Rhodesia.* Paper read before the Social Science Research Council of the University College of Rhodesia & Nyasaland.
Gluckman, M., Mitchell, J. C., and Barnes, J. A.	1949.	'The Village Headman in British Central Africa.' *Africa*, xix: 89.
Gluckman, M.	1945.	'African Land Tenure.' *Human Problems in British Central Africa*, III.
Gluckman, M.	1950.	*Introduction to the Lamba Village.* (Mitchell, J. C., and Barnes, J. A.) School of African Studies, University of Cape Town. Communication No. 24.
Holleman, J. F.	1950.	*Tribal Organisation in the Chibi Reserve.* Paper read to the staff conference of the Rhodes-Livingstone Institute.
	1952.	*Shona Customary Law.* London, O.U.P.
Howman, R.	1959.	*Chiefs and Councils in S. Rhodesia*, in *From Tribal Rule to Modern Government.* The 13th Conference proceedings of the Rhodes-Livingstone Institute. Lusaka, R.L.I.
Makings, S. M.	1958.	*The Economy of a Native Reserve.* Salisbury. Government Printer.
Pendered, A., and Von Memerty	1955.	'The Native Land Husbandry Act of Southern Rhodesia.' *Journal of African Administration.* Vol. VII. No. 3. London, H.M.S.O.
Powys-Jones, L.	1955.	The Native Purchase Areas of Southern Rhodesia. *Journal of African Administration.* Vol. VII. No. 1. London, H.M.S.O.
Rhodesian Institute of African Affairs	1958.	*The Progress of Africans in S. Rhodesia.* Bulawayo, R.I.A.A.

Shaul, J. R. H.	1955.	'Vital Statistics of Africans living in Southern Rhodesia. 1948.' *The Central African Journal of Medicine*. Vol. 11. No. 4.
Southern Rhodesian Government	1952–1957.	*Annual Report of the Native Commissioner, the Secretary of State for Native Affairs and the Director of Native Agriculture*. Salisbury, Government Printer.
	1951.	*The Native Land Husbandry Act*. Salisbury, Government Printer.
	1955.	*What the Land Husbandry Act means to the Rural African and to S. Rhodesia*. Salisbury, Government Printer.
	1957.	*African Affairs*. Salisbury, Government Printer.
	1958.	*Report of the Urban African Affairs Commission*. (Plewman Commission) Salisbury, Government Printer.
Southall, A. W.	1956.	*Alur Society*. East African Institute of Social Research.
U.C.R.N.	1958.	*Sample Survey*. A sample survey conducted jointly by the Departments of Economics and African Studies of the University College of Rhodesia and Nyasaland in two African townships adjacent to Salisbury. This unpublished material was kindly made available by Prof. J. C. Mitchell.

RÉSUMÉ

La Colonie de la Rhodésie du Sud couvre quelque 100 millions d'acres, qui peuvent être divisées en deux régions géographiques: le Bas Veld situé en-dessous des 4,000 pieds, et le Haut Veld, situé entre 4,000 et 5,000 pieds. La Rhodésie du Sud a connu de vastes migrations Bantu. Lorsque les premiers Européens arrivèrent vers 1870, ils trouvèrent dans la région les Ndebele, de souche Nguni, et les Shona. Les Ndebele étaient, avant tout, un peuple de pasteurs et de guerriers, qui occupaient une partie du Haut Veld, aux environs de l'actuel Bulawayo.

Ils organisaient périodiquement des raids contre le bétail Shona. Les Shona, qui forment l'objet de la présente étude, occupaient le Bas Veld et semblaient avoir une certaine préférence pour ses sols plus légers.

Les Shona sont divisés en groupes dialectaux qui sont, à leur tour, divisés en chefferies autonomes. Ils sont patrilinéaires et virilocaux et organisés en petits lignages profonds de 4 à 6 générations. Il existe des 'clans' exogamiques, qui sont du type communément trouvé en Afrique Centrale.

A l'arrivée des premiers Européens, les Shona occupaient environ une demie-million d'acres et pratiquaient l'agriculture itinérante.

Dès leur arrivée et jusqu'aux débuts du 20ème siècle, les Européens aliénaient des parties considérables de terres. Différentes commissions furent chargées de la révision de la situation. La principale fut la commission Carter de 1925, dont les recommendations furent, en grande partie, incorporées dans le 'Land Apportionment Act' de 1930. Cet Acte attribuait environ 50 millions d'acres aux régions Européennes, 30 millions d'acres aux régions autochtones, tandis que 17 millions d'acres – impropres à l'époque pour l'occupation – furent réservées pour les attributions ultérieures. En 1941, un nouveau 'Land Apportionment Act' fut passé. Cet Acte attribua 52 millions d'acres aux régions Européennes et environ 42 millions d'acres aux régions autochtones.

La population africaine a un taux d'accroissement de 28·1 pour mille. On estime que la population se double en 25 ans. En 1902 la population africaine fut estimée de l'ordre de 530,000 et, en 1957, de l'ordre de 2,300,000. En 1926 déjà la capacité utile de la terre disponible fut atteinte. L'Administration introduit alors un plan de 'centralisation' afin d'installer les villages en rangées dont le levé avait été fait, de séparer les pâturages de la terre arable et d'encourager un meilleur usage de la terre.

En 1944, l'Administration revisa sa position et considéra que sa politique n'était pas assez rapidement acceptée. Le 'Natural Resources Act' traita des problèmes causés par le nombre excessif de bétail; mais les problèmes de la dégradation des sols, du démembrement des terres et de la diminution du rendement ne furent pas envisagés. Il y avait aussi le problème secondaire du travail migrant, qui s'était considérablement développé depuis le 19ème siècle, à tel point que plus de 50 pour cent. des hommes adultes furent absents des réserves. L'Administration se mit donc à la recherche d'un plan qui assurerait un meilleur usage de la terre. Un programme fut élaboré pour attribuer des parcelles individuelles d'environ 6 acres et pour rendre les agriculteurs individuellement responsables du maintien de la fertilité de leurs parcelles. Il fut également attribué des droits de pacage sur des pâturages communaux. Ces droits de pacage furent accordés en fonction de la capacité utile de la terre. Des sanctions furent prises contre la non-conformité. Ce programme fut incorporé dans le 'Land Husbandry Act' de 1951.

En 1955, l'Administration lança un plan quinquennal pour accélérer l'exécution de l'Acte. Dans cet Acte aucune mention fut faite du travail migrant. Cependant, l'on espère que l'application des dispositions de l'Acte réduira également le flux migratoire et créera des populations rurales et urbaines stables. L'exécution de l'Acte est entravée par un manque de fonds publics (crise économique) et par une certaine résistance de la part des Africains. Ces résistances résultent de causes sociales et économiques. Quoique la structure politique Shona ait été modifiée par la politique directe de l'Administration, le système de parenté offre une résistance plus vive. Il semble que, dans le but de satisfaire aux obligations de parenté, l'on permettra aux parents de cultiver de petites parties des parcelles attribuées, ce qui va réduire les boni. En outre, les boni sont, en ce moment, minimes ou inexistants, et ne pourraient entrer en compétition avec l'attraction économique exercée par le paiement de salaires en dehors des réserves. Ces deux facteurs obligeront certains hommes à travailler en ville et à maintenir leurs connexions avec les parents du milieu rural.

Pour ces raisons, il semble peu probable que le but de l'Administration pour développer une classe de fermiers capables de vivre entièrement de la terre soit atteint, à moins que l'actuelle organisation de parenté ne s'effondre et que la situation économique ne s'améliore dans les réserves.

IX. THREE TYPES OF SOUTHERN GHANAIAN COCOA FARMER

POLLY HILL

In southern Ghana, or more precisely in southern Akim Abuakwa,[1] there are three distinct types of cocoa farmer. There is the 'patrilineal stranger-farmer' who, typically, bought his land in company with a group of, mainly unrelated, fellow-farmers; there is the 'matrilineal stranger-farmer' who bought a family land for his own use and for the use of his matrilineage; and there is the native or citizen farmer, who lives in his native town, exerting his right to farm in the locality. Measured in terms of the farm area controlled, the importance of each of the first two types far exceeds that of the third. Not all migrant farmers fall into the first or second groups – there are, for example, some 'patrilineal farmers' who prefer to buy land individually, not in companies. Also the distinction between the first and second type is sometimes not clear. But in most areas of southern Akim Abuakwa the classification holds good generally.

The three types of farmer, or rather their farms, can be readily distinguished on the Ghana Division of Agriculture's plans, showing farm boundaries, which have been compiled in some areas in connexion with swollen shoot disease control. The typical company land ('company' is the word all farmers use) has an oblong shape like a matchbox and is characterized by narrow strip-farms, each owned by an individual farmer, which run down the length of the box. (See Map II.) Areas of company lands vary greatly: a small land might be 50 acres, a large one 3,000 acres. A typical company land in southern Akim country might have an area of some 600 acres – or, say, a square mile. The number of strip-farms within a company land, and their widths, vary greatly. A representative square-mile land might contain twenty or thirty

[1] The area of southern Akim Abuakwa, with which this paper is mainly concerned, is the forest area west of the river Densu shown as 'dense forest and swamps' in Map I.

strips, of a minimum width of (say) 48 yards and a mile or more long.

'Matrilineal family lands', which are usually irregularly shaped, are not so striking on the maps. (See Map III.) They are characterized by the great variation in the sizes of farms within the whole farming area. A small family land might have an area of less than 50 acres, a large one of several square miles. A large family land usually contains one or more farms which are much larger than the rest, these being owned by the original purchaser, or purchasers (perhaps, in the latter case, a group of brothers or matrilineal cousins), or by their successors. Perhaps embedded in these large farms, or in the form of ill-drawn strips or patches alongside them, there is usually a collection of much smaller farms, of differing sizes, of perhaps 1 to 10 acres, owned mainly by other members of the matrilineage and sometimes also by sons.

Thirdly, there are the farms owned by the native farmers who live in the old Akim towns, such as Asafo and Maase. Within a circle of radius 1 to 3 miles centred on the town, these farms form a pattern, resembling an ordinary jigsaw puzzle, with most of the pieces (the farms) having areas of between $\frac{1}{2}$ and 3 acres.

The early and rapid development of Gold Coast cocoa growing was entirely due to the two types of stranger-farmer who were astonishingly quick to realize the potentialities of the new tree. Had it not been for their perspicacity, enterprise and persistence, development of cocoa growing would have been much delayed and might even have been as slow as in the neighbouring Ivory Coast. In the last decades of the nineteenth century, the peoples of the Akwapim ridge and the Krobo, Shai and Ga people from the southeastern coastal plains, were more familiar with the cash economy than the enclosed forest-dwellers in their small towns further north: in particular they produced and traded in palm produce for export, and they also travelled the country as craftsmen, traders and labourers. So it came about that the finest cocoa lands in the world, the uninhabited forests of southern Akim country, were opened up not by forest-dwellers, but by 'entrepreneur-farmers' from the Akwapim ridge and the southeastern plains who, from about 1892, started to invest their savings from

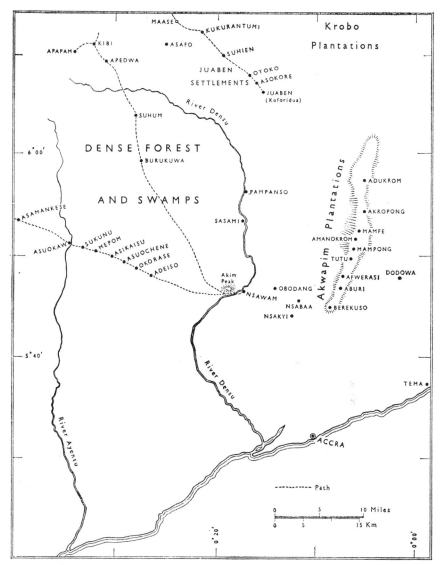

MAP I. AREA OF SOUTHERN AKIM ABUAKWA

The sellers of much of the uninhabited forest land of Southern Akim country to the west of the river Densu were the chiefs of Apapam, Apedwa, Asafo, Maase and Asamankese, all shown on this map. It also shows the situation of Aburi and other towns on the Akwapim ridge in relation to southern Akim country. (Traced by S. J. A. Nelson after a map published by the Basel Missionaries, 1885.)

the oil palm business and other economic activities, in the acquisition of forest lands for the growing of cocoa as a permanent crop.

The early history of this migration of farmers, which is in course of study by means of oral interview, will not be dwelt on here. Suffice it to point out that the Akim chiefs (Apapam, Apedwa, Asafo, Maase and the rest) who, from their small central towns, held sway over the uninhabited forests which, in some cases, extended as far as thirty miles to their south, were as eager to sell this land outright as the Akwapim, Krobo, Shai, Ga and other southerners were to buy it. Anthropologists and lawyers are agreed that the land was, in all senses, 'sold' – that no other word will do; and that, in certain areas of southern Ghana, land has been commonly bought and sold for at least the last century. Despite the varying attitude of complaisance, ignorance and opposition, of the paramount stool of Akim Abuakwa, which had far less control over the land-selling activities of its subordinate chiefs than it has ever cared to admit; and despite the absence of documents drawn up at the time of the sale – the rights of land purchasers and their successors have always been respected in the courts. As the lands acquired by the strangers were uninhabited, save by occasional hunters, no rivalries between strangers and natives developed. The strangers occupied great tracts of country, also filling in the interstices between the Akim towns, and have remained there peacefully ever since.

The main early obstacle to the migration was the river Densu which, as Plan I shows, flows from north to south. From the early eighteen nineties the migrant cocoa farmers moved westward, on foot, towards the river, acquiring and planting land as they went. In about 1896 the first real 'capitalist-farmers' acquired lands, most of them large ones, on the western bank and soon after 1900 the migration over the river became a mass movement. The women and children joined their menfolk as soon as they were established in the farming area, and in the first decade of the century the towns of the Akwapim ridge lost a great proportion of their population. To many farmers the investment of a large portion of the profits from one land in the acquisition of another land farther west became a rapid, compulsive process and many of them soon became

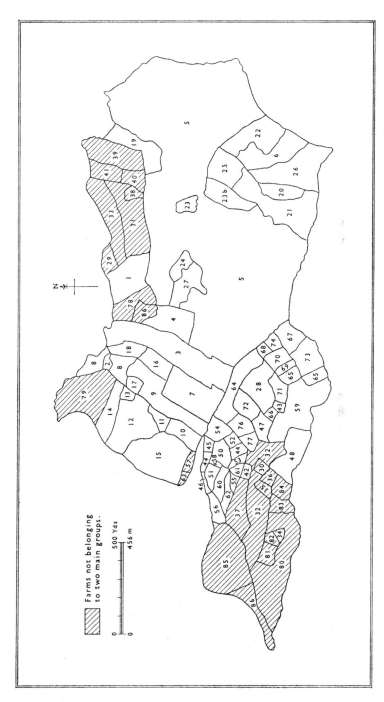

MAP III. FARM PLAN OF ABURI COMMUNITY, NEAR DOMI, SHOWING FARM BOUNDARIES

travelling managers supervising the work of relatives and paid labourers on their various farms. By about 1905 the most remarkable process of agricultural development ever achieved by unassisted African farmers was in full momentum; by 1911, largely owing to the efforts of these travelling farmers, Ghana became the largest cocoa producer in the world, although twenty years previously she had exported but 80 lb.

There were two principal routes west over the river. The more southerly route was followed by the most important group of 'matrilineal migrants', the inhabitants of Aburi and associated towns, who started their migration by dropping down westwards, through their largely uninhabited hinterland, towards Nsawam on the river, planting cocoa as they progressed. They crossed the river at Nsawam, on the southern boundary of the cocoa area and, moving rapidly north-westwards from there, became the main occupants of the most southerly Akim forests, south and west of Suhum. The more northerly route was followed by other Akwapim peoples (most of whom were patrilineal) and by the Krobo and the Shai and it therefore came about that the forests occupied by the patrilineal peoples lie north of the area mainly occupied by the matrilineal Aburi people. While there was considerable movement of patrilineal peoples to a few districts of the southern belt, this occurred before the company system was properly developed, so that the southern (mainly matrilineal) area came to be farmed by family groups, or individuals, and the more northerly (patrilineal) area by company members.

The terms 'patrilineal' and 'matrilineal', which have so far gone undefined, have reference, here, to the inheritance systems of the farmers concerned. Although Krobo, Shai and Ga people, together with the inhabitants of the highly individualized, patrilineal Akwapim towns, form in most respects a most heterogeneous group (they speak, for instance, six different languages), enquiries in the field do at least suggest that, as far as concerns the inheritance of lands and cocoa farms which had originally been bought, it is the present practice in all these societies for a man's property to pass to his sons on his death. Actual division of a farm, between all or some of the sons, may or may not occur – it is, for instance, very unlikely to occur with Larteh (Akwapim) brothers, who prefer that one of their number should be in charge of each farm and it is very likely to occur with the Krobo who are more inclined than any other farmers to endure the absurdity of very narrow strips; but *if* it occurs, then the usual rule is 'division between wives', which means that, for instance, the only son of one wife receives a portion roughly equal to that of the three sons, taken together, of another wife.

While relevant anthropological or sociological material on these patrilineal societies is astonishingly scanty, considering their accessibility, there have, on the other hand, been so many distinguished investigators of Akan matrilineal societies that the town of Aburi feels rather familiar on first acquaintance. Nevertheless, the Aburi migrant farming system cannot be properly understood until further research is carried out in Akim country. This is not so much because Rattray, in his work on Ashanti, paid so little attention to cocoa farming that he might reasonably have been supposed to have been concerned with the pre-cocoa age, as that the act of purchasing and cultivating a land outside the native area creates an entirely new tenurial system. The Division of Agriculture's maps and farm lists which, unfortunately, at present cover only a small proportion of the southern 'matrilineal area', provide an excellent framework for studying the Aburi family land; but conclusions are tentative, work being incomplete.

Fortunately, though, the essential distinction, for present purposes, between the matrilineal and patrilineal inheritance systems is clear enough. What matters is not that younger brothers, followed by maternal nephews, usually succeed in the first case and sons in the second case, but that the brother or nephew is the sole heir (holding the property in trust for the *abusua* as a whole) while property is apt to be divided among the sons. When it is added that, in contrast to Aburi, there is no evidence regarding the existence of corporate cocoa-farming lineages in the patrilineal societies, the appropriateness of each system of migration to the circumstances of the case becomes apparent.

How was it that the patrilineal farmers came to migrate in company – to adopt a system of land purchase which, so far as is known, occurs nowhere else in the world? The system was not invented by cocoa farmers at the time they crossed the river Densu, but was an adaptation of the *huza* agricultural system devised by the land-hungry Krobo people, during the last half of the nineteenth century, as their means of penetrating the eastern Akim lands which are now the states of Yilo and Manya Krobo. (The nature of the agricultural system under this earlier migration, which was for the purposes of cultivating food and the oil palm, has been well described by Dr. M. J. Field.) Now included among the migrant farmers who around 1900 were jostling for land in the most popular cocoa-farming area east of the river, the area which extended from Koforidua to Adawso, were Krobo and their near neighbours the Shai; so it was natural that the idea spread that a system which had earlier led to the acquisition and cultivation of vast areas of forest for growing oil palm would do equally well for cocoa, and from about 1905, or slightly earlier, it became conventional, as indeed it still is today, for patrilineal peoples to migrate by company.

There was one important respect in which the *huza* system was adapted by the patrilineal cocoa farmers: the company ceased to be basically a family, or even a clan, group and became, rather, a group of fellow-farmers from the same area, some of whom might happen to be related. So adapted, the system provided most suitably for the needs of the patrilineal farmer-entrepreneur. It conveniently incorporated the unrelated fellow-farmer, rather than the blood-brother, because the method of allocating land to members was so clearcut and fair. The width of each member's strip of land was proportional to his contribution. As farmers always assume, unless they have much evidence to the contrary, that lands are oblong, the width of a strip is considered as defining its area: land is effectively sold to members at a fixed price per 'rope', the rope usually having a length of about 12 or 24 double yards or handstretches. Although the farmers naturally lacked, as they still do today, an indigenous unit of area (though there is evidence that, in practice, they may be very good judges of area), it accorded with their developing commercial sense that a new-found unit of land should appear to have been created.

Accordingly, although they know that the lengths of strips vary from company to company, they insist on suppressing this knowledge, always speaking as though a rope were a standard unit and never, in practice, referring to the lengths of their strips. Land had been 'quantified' and had become a saleable commodity. Naturally, therefore, company members were free to re-sell their land to whomever they wish.

While there have been some famous Akwapim land-speculators and while cases of sub-companies buying land from individual company members are not uncommon – yet most company members do not buy land with the intention of reselling it. In buying land the farmers are thinking of the future and perhaps the most striking of all the advantages of the company system is that it is well adapted to the possible need to divide the farm between the sons on the original purchaser's death, it being clearly 'fair' to divide the strip longitudinally, as is the invariable practice.

By an accident of geography the matrilineal Aburi people were not in touch with neighbouring Krobo farmers at the time the mass movement across the Densu began. But even if they had been, it is unlikely that they would have adopted the company system, which was ill-adapted to their requirements. Under the Aburi family land system a member of the *abusua* who applies for a portion of land for farming has his request granted so long as any unallocated land remains: clearly the neat-and-tidy strip system, under which all the land is divided among members before farming starts, would not readily accommodate such people. Then there is the question of the sisters' sons. During a farmer's lifetime there is uncertainty as to which of his nephews will ultimately be chosen to succeed him (the first successor is, in any case, often a younger brother); it is, therefore, clearly desirable to provide as many nephews as possible with the opportunity of becoming familiar with the family property by means of farming their own portion.

Different considerations bring about the same result in the case of the farmer's sons who, it would seem, are never denied a small portion within their father's land for use during their own, if not their father's, lifetime. Nor is this solicitousness towards sons anything new – in the very early days some farmers set aside considerable portions of the whole land for subsequent division between their sons. But it *is* said that more sons are today effectively 'buying' lands from their father's *abusua* by means of the solemn ceremony involving the thank-offering known as *aseda*, the acceptance of which means that the *abusua* has renounced its right of control. (Such lands, incidentally, may well not pass to the son's son, as a 'new abusua', stemming from the son's sisters, is likely to come into play.) Finally, there are other non-members of the *abusua*, such as brothers-in-law, or brothers' sons, who may be granted farms. Clearly to provide, over the generations, for the changing pattern of obligation and self-interest within a large group, it is desirable for the family land system to be more flexible than the company system.

Nor are the matrilineal people much concerned with the need for fair division of land, such as occurs so readily under the company system. One member of the family group which bought the land usually dominates and in any case little attempt is made to relate the areas allocated to original subscribers to their subscriptions. And then, owing to the sole-heir system, which in fact tends to lead to the consolidation, not to the division, of farms owned by a group of brothers, the matrilineal people are unconcerned with the need for fair division between heirs.

Joint farming by relatives (or friends) never occurs under either system. Indeed, so often has it been emphasized that in matrilineal societies 'the family is a corporation', that it is here necessary to insist on the absence of positive co-operation between resident farmers who, for instance, never share labourers. Members of the *abusua* help each other in adversity; a resident farmer will 'look after', or even replant, his absent brother's or cousin's farm; and a landless member of the *abusua* need never lack work to occupy him – but resident farm-owning members of the *abusua* never farm jointly.

Although the company system lends itself so conveniently to the possible need for fair division of farms between sons, it is nonetheless the ambition of many patrilineal farmers to avoid such division by acquiring a land for each son and it is partly for this reason and also because individual property is always in process of conversion to family property (a process which is nearly always complete at the grandson level), that patrilineal farmers are very apt to invest the profits from one land in the acquisition of another and very apt, also, to leave lands unplanted for decades until the sons require them. The ordinary middle-aged, or elderly, patrilineal farmer usually has partial or full control over two, three or four (sometimes many more) widely dispersed cocoa lands which have been acquired by his grandfather, his father, or himself, at intervals during the last sixty-five years. Until the arrival of the lorry, some forty years ago, all these lands would have been situated east of the river Densu or in southern Akim country, within a radius of some thirty-five miles of the home-town; during the subsequent 'lorry-age' the farmers have shown much enterprise in travelling farther afield and the supply of land is not yet exhausted.

The quality of much of the land acquired during the lorry-age has proved much inferior (though capsid-spraying may alter this) to that of the older Akim land and this may be one reason, low world cocoa prices being another, why the cumulative process of expansion began to slow down in the nineteen thirties, when the great proportion of mature cocoa owned by the patrilineal migrants was still in the older Akim area. The farmers were not, therefore, in a strong position to withstand the shock of swollen shoot which, during the last twenty years, has resulted in the death (or removal) of nearly all the cocoa trees planted on the pre-lorry age lands. Most fortunes have been lost and, as most replanting has been quite recent, many patrilineal farmers are temporarily producing no cocoa at all.

The matrilineal farmers are similarly situated. Although there are, perhaps, fewer 'land maniacs' among them – fewer farmers who are unable to resist any bargain offered by the agent of a vendor chief, fewer farmers who regard land as the only proper repository (apart from house property) for idle funds – each farmer is usually interested in several lands. While the process of reinvestment in land does not, perhaps, directly affect so many individuals, some of whom may be content to remain quietly on existing *abusua* lands, and while the number of lands owned per head may be less, the outstanding Aburi farmers, the heads of the large family groups, have bought 'land-sequences' as long as those of the patrilineal farmers. The fortunes of these farmers, too, have been destroyed by swollen shoot.

Despite the calamity of swollen shoot, both types of stranger-farmer have continued, to a great degree, to adhere to their old Akim lands, each one of which is usually 'looked-after' by a relative, if not by the farmer himself. The love of the stranger-farmers for their land, on which traditionally they always reside (though during the last forty years or so they have, to some extent, tended to establish, and progressively move into, their own towns), rather puts the native Akim farmer, who never lives on his land, to shame. But despite this deep attachment, the migrant farmer always remains, and insists on remaining, a stranger in Akim country, a man who 'belongs' to his home town. He, as well as his father, may have been born in the forest in which he still resides. But he owes allegiance to the chief of his home town; has married one, or more, of its daughters; sends his children to school there if he can afford to do so; returns there periodically for ceremonies and festivals; and retires there (if it suits his convenience) or, being an old man, at least hopes to be buried there. Although, whatever his fortune, he resides in the utmost simplicity in the forest, so that there is no visible distinction between the rich and the poor, he invests (or did in the past) a large proportion of his cocoa-farming profits in the erection of a house in the home town – a house which should be as ostentatious as possible. If he is a large Aburi farmer, his village in the forest may continue, despite the death of all the cocoa, to be inhabited by a hundred or more members of his *abusua* and other relatives, who grow all the food, other than meat and fish, which they require, but whose standard of living, in other respects, is little higher than in the pre-cocoa days.

In extraordinary contrast to the two types of stranger-farmer is the native farmer who, though relatively unimportant in the history of Ghana cocoa growing outside Ashanti, and absolutely unimportant in the years of development up to 1911, is yet regarded by all the world as the typical Ghana cocoa farmer. Why this should be so, and why there should be no literature on the stranger-farmer, is something of a mystery. The influence of Beckett's *Akokoaso*, a famous book about a remote village of native farmers in the north-west of Akim country, is too recent to be more than a partial explanation. Much more important, it must be supposed, is the failure of the stranger-farmer to fit into anyone's preconceived ideas. It was surprising, but not utterly astonishing, that small-scale native food farmers should (as the supposition goes) have succeeded in the space of twenty years in creating the world's largest cocoa growing industry, merely by 'fitting the permanent tree crop into their traditional system of shifting cultivation'. It was utterly inconceivable, and not only because of sentimental misapprehensions about the traditional system of land-tenure, that uneducated farmer-entrepreneurs, from outside the forest area, should have created the industry deliberately, almost as an act of economic planning. In a continent where economic men were assumed to be traders, produce buyers, middlemen and (at best) transport owners, and where farmers were always 'peasants', the large-scale matching of enterprise and agriculture was, presumably, so absurd a possibility as to escape notice altogether.

So the main characteristics of the native Akim cocoa farmer are well known. Typically, he is a small man with a right to farm the land that he, or his predecessor, had cleared and cultivated and producing annually about 20 loads of cocoa (with a gross value today of about £60) from about 3 to 6 small farms, each of one or 2 acres, all situated near the town where he lives. He usually (though not always) grows all the food he requires for his own consumption, except meat and fish, onions and tomatoes, and may, especially if he has young farms not yet in bearing, have surplus foodstuffs for sale. He never, in any circumstances, such as the death of all his cocoa from swollen shoot, becomes a migrant farmer.

This simple picture is not too misleading, as far as it goes; but it fails to indicate how the farmers 'fitted cocoa into their traditional system of shifting cultivation' (if they did so at all), and lays no emphasis on the importance of women farmers who, in many areas, are nearly as numerous as men farmers, though they always own less than half the land. It often seems to be assumed that it was because of this 'traditional system' that farmers own several farms each. But why, then, was it found at Akokoaso that the older bearing farms were mostly within 1½ miles of the town, while the much younger non-bearing farms were in the second concentric ring of the same width? And what was the position of women under the traditional system?

Traditionally, most of the food farming in Akim country was undertaken by women as it still is today. The men assisted by felling and clearing, but the women planted, weeded and harvested the food-crops. But it is never asserted that under the traditional system women owned the food farms. How, then, did they come to possess such a great proportion of the cocoa farms? When questioned the oldest women insist that they made most of their farms for themselves, perhaps with the help of labourers; the younger generation say that they inherited most of their farms from their mothers. All are insistent that they are cocoa farmers in their own right. This being so, it might be expected that the women's pattern of tenure would differ from the men's – if, that is to say, the men's system grew out of the traditional one. But the Division of Agriculture's maps in the New Juaben, Asafo and Maase areas show that this is not so and that the only difference is that the women's farms are, on the average, slightly smaller than the men's – they may, in addition, own somewhat fewer farms per head. Most striking is the very high proportion of farms, both men's and women's, which are between ½ and 3 acres in area. It therefore seems reasonable to suggest that the men, like the women, created their cocoa farms deliberately and it is here tentatively suggested that the typical cocoa farm is simply of a size which represents a single season's clearing by farmer, labourer or family group. As the ordinary small farmer does not wish to make a new farm until he has drawn at least two seasons' foodstuffs from the intercropped plantain and cocoyam on the young farm, he is likely to have to move a little farther away from the town when, after an interval, he plants again. Why the typical woman's farm is smaller than the typical man's farm, is not clear, though perhaps in earlier times (when farm sizes were determined) women were not so apt to employ labourers as they are today; another possibility is that the women have less time to spend on their own farms, because of their obligations with regard to the foodcrops on their husband's farms.

Most groups of native Akim farmers include a few exceptionally large farmers owning a great many farms or farms of large acreage. The former have usually either benefited from the consolidating effect of the 'sole-heir system' (having, perhaps, inherited farms from two or more uncles), or have had farms pledged, or sold, to them. The rather large farms, of 20 to 100 acres, or occasionally even more, were many of them created in the 1920s, or later, by enterprising Akim farmers who were imitating the strangers.

In the old cocoa-growing area of Akim Abuakwa, with which this paper has been mainly concerned, most of the old cocoa has died of swollen shoot. Although the patrilineal stranger-farmers have their long unplanted strips ahead of them; although the matrilineal stranger-farmers still have many members of their *abusua* living on their cocoa-less lands; and although few of the native farmers have abandoned cocoa farming as an occupation (in the sense that there is very little absenteeism) – yet the farmers can hardly be said to suffer from a sense of *déjà vu*. Economic circumstances, too, are different. A stranger-farmer who owns fifty acres, or more, may be able, with scarcely any effort, to sustain a large family group on the natural fruits of the forest (oil palm, cocoyam, etc.) which now abound as a result of the earlier plantings; the greater demand for foodstuffs from the large towns and municipalities has presumably increased the relative attractiveness of food compared with cocoa growing. Though there is little large-scale commercial food growing in the area, labourers cost far more, relative to the price the farmer receives for his cocoa, than they did in the old days. The pattern of replanting is now starting to become apparent, and some relationship between the rate and efficiency of replanting and the type of farmer, as defined in this paper, may emerge. But major modifications in the two systems of migration are unlikely to occur spontaneously, for each has found itself capable of withstanding a shock (the shock of swollen shoot) which has already lasted for more than twenty years.

REFERENCES

Beckett, W. H.	1944.	*Akokoaso*.
Field, M. J.	1943.	'The Agricultural System of the Manya-Krobo of the Gold Coast.' *Africa*, XIV, No. 2.
	1948.	*Akim-Kotoku: An Oman of the Gold Coast*.
Fortes, Meyer	1950.	'Kinship and Marriage among the Ashanti', in *African Systems of Kinship and Marriage*, ed. A. R. Radcliffe-Brown and Daryll Forde.
Hill, Polly	1959.	'The History of the Migration of Ghana Cocoa Farmers.' *Transactions of the Historical Society of Ghana*, vol. IV, Part 1.
Pogucki, R. J. H.	1955.	*Report on Land Tenure in Adangme Customary Law*. (Gold Coast Land Tenure, vol. II.)
Rattray, R. S.	1923.	*Ashanti*.
	1929.	*Ashanti Law and Constitution*.

RÉSUMÉ

En pays Akim, on trouve trois catégories de planteurs de cacao: l'étranger patrilinéaire qui acheta sa terre en compagnie d'un groupe de fermiers, généralement non-apparentés; l'étranger matrilinéaire qui acheta une terre familiale pour son usage et pour celui de son matrilignage; le fermier autochtone qui exerce ses droits sur une ferme de sa communauté. Les terres du premier groupe – appelées terres de la compagnie – ont une forme rectangulaire; les fermes individuelles forment d'étroites bandes. Une terre de la compagnie typique couvre 600 acres et comprend de 20 à 30 parcelles. Les terres des matrilinéaires ont généralement des formes irrégulières; leur taille varie considérablement de moins de 50 acres à plusieurs milles carrés. On y rencontre généralement quelques fermes qui sont plus grandes que les autres et qui sont possédées par les premiers acquéreurs ou par leurs héritiers.

Inclus ou à côté de ces grandes fermes se trouvent de petites fermes (1 à 10 acres) qui sont possédées par les autres membres du lignage et par des fils. Les fermes des autochtones sont situées autour des villes dans un rayon de un à trois milles et mesurent d'une demie à trois acres. Les étrangers – immigrants Akwapim, Krobo, Shai, Ga – producteurs et commerçants de produits palmistes, commençaient à partir de 1892 à investir leurs économies dans l'acquisition de terres pour la culture du cacao.

Les chefs Akim, qui contrôlaient de vastes forêts inhabitées, les vendaient allégrement à ces étrangers. Il s'agissait de réelles ventes, qui ont toujours été sanctionnées par les tribunaux. Il n'y avait, en outre, pas de tensions entre étrangers et autochtones. Le mouvement migratoire vers l'ouest, commencé après 1890, passa après 1900 la rivière Densu et vida les villes Akwapim d'une grande partie de leurs populations. En 1911, le Ghana était devenu le plus grand producteur de cacao du monde. La migration à l'ouest de la rivière Densu avait suivi deux routes principales: la plus méridionale fut suivie par les migrants matrilinéaires; la plus septentrionale fut suivie par les groupes Akwapim dont la plupart étaient patrilinéaires.

Les termes 'patri-' et 'matrilinéaires' réfèrent ici aux systèmes d'héritage. Les Krobo, Shai, Ga et Akwapim forment des groupes hétérogènes, mais ont des systèmes d'héritage semblables: la propriété d'un homme passe à ses fils. La division par héritage de la ferme existe (ex. Krobo) ou n'existe presque pas (Larteh); lorsqu'elle existe, elle est généralement faite 'entre femmes' c'est-à-dire que les enfants respectifs de chacune des épouses du défunt reçoivent une partie de la ferme en indivision. Dans les groupes matrilinéaires le système d'héritage est tel que le frère cadet ou le neveu sororal du défunt est le seul héritier, qui garde la propriété au nom de l'*abusua*.

Pour quelles raisons les fermiers patrilinéaires ont-ils migré en compagnies et ont-ils adopté une système d'achats de terres qui est inconnu dans le monde entier? Le nouveau système était l'adaptation du système agricole *huza* que les Krobo avaient inventé au 19ème siècle pour acquérir des parcelles de la forêt vièrge. Ces compagnies n'étaient cependant plus des groupes familiaux ou claniques, mais bien des groupes de compagnons-fermiers venant de la même région. L'incorporation de compagnon-fermiers non-apparentés était facilitée par le méthode précise d'attribution de parcelles; la largeur de la parcelle était en proportion avec la contribution financière de son récipiendaire.

La terre est vendue aux membres de la compagnie pour un prix fixe par 'rope' (dont la longueur est généralement de 12 à 24 doubles yards) de largeur, la longueur des parcelles variant de compagnie en compagnie.

Le Aburi matrilinéaires ne connaissaient pas ce système de compagnies. Dans leur système foncier un membre de l'*abusua* qui demande une parcelle la recevra pour autant qu'il y a disponibilité de terres non-mises en culture. En outre, puisqu'il est impossible de prévoir qui des neveux sororaux succèdera au défunt, on offre au plus grand nombre possible de neveux la possibilité de cultiver un lopin de terre. Les fils aussi reçoivent de petites parties de la terre de leur père.

De plus en plus les fils 'achètent' au cours d'une cérémonie des terres à l'*abusua* de leur père. Les divisions équitables des terres sont moins recherchées. L'exploitation en commun entre parents ou amis est inconnue des deux systèmes.

Beaucoup de fermiers patrilinéaires, afin d'éviter la division de leur terre entre leurs fils, s'efforcent d'en acquérir une pour chacun d'eux ou laissent pendant longtemps certaines parties de leur terre en friche jusqu'au moment où les fils en auront besoin. Nombreux sont les fermiers qui ont de 2 à 4 champs de cacao dispersés dans un rayon de 35 milles autour de la ville. Les fermiers matrilinéaires aussi ont généralement plusieurs terres, bien que le processus de réinvestissements fonciers est moins prononcé chez eux. Les fortunes des fermiers sur les vieilles terres Akim ont presque entièrement été détruites à cause de la maladie des 'swollen shoot'. Nonobstant cette calamité, ces fermiers étrangers continuent à adhérer à leurs vieilles terres.

Nonobstant l'attachement profond à sa terre, sur laquelle il réside de préférence, le fermier étranger a toujours continué à se considérer comme un homme de sa ville natale; il continue à donner ses allégeances au chef de cette ville; c'est là qu'il prend ses femmes et qu'il envoie ses enfants à l'école; c'est là qu'il retourne périodiquement pour les cérémonies et les festivités, qu'il investit une grande partie de ses bénéfices agricoles pour la construction d'une maison fastueuse.

Les fermiers autochtones Akim n'ont pas joué un rôle important dans le développement de la culture du cacao. Ces fermiers exercent des droits sur 3 à 6 petites fermes, situées près de leur ville, dont eux ou leurs prédécesseurs ont été les premiers défricheurs. Ils ne deviennent jamais fermiers migrants. Les fermières aussi sont très nombreuses, bien que traditionnellement elles ne possédaient pas les fermes. Cependant entre les fermes détenues par les hommes et celles possédées par les femmes il n'y a pas de différence autre que celle de la taille et du nombre de ces fermes. Dans la plupart des groupes Akim on trouve quelques très grands fermiers, qui ont bénéficié du système d'héritage ou qui ont acheté des fermes ou les ont reçu en gage.

Dans la région étudiée, la plupart des cacaoyers sont morts à cause de la maladie des 'swollen shoot'. D'ailleurs la demande plus grande de denrées a augmenté l'attrait des cultures vivrières. Les modèles de remise en culture deviennent maintenant apparents et une certaines relation entre l'efficacité et le pourcentage des replantations et le type de fermier pourra se manifester.

NOTE ON THE MIGRANT OR STRANGER-FARMERS

(i) *The Akwapim*

After the Akwamu empire collapsed in 1730 the smaller states of the present Akwapim area were combined together into the modern state of Akwapim, with a dynasty of Akim origin established at Akropong, the capital. The towns which comprise the backbone of this heterogeneous state are strung along the top of a steep ridge about 1,500 ft high. The five Kyerepon towns to the northeast (Adukrom and the rest) formed the right wing division; Larteh, Mamfe, Tutu, Mampong and Obosomase (all towns in the centre of the ridge) formed the left wing; Aburi, Ahwerease and Berekuso, to the south-west, formed the central division; and the van of the main body of the army consisted of the Akims of Akropong and Amanokrom. The inhabitants of the first two groups have patrilineal inheritance systems; those of the last two groups are matrilineal – the Aburi people being Akwamu. Larteh and Kyerepon farmers are those most given to migrating in company. Among the matrilineal peoples the Aburi are those with whom the family land system is most highly developed. It may be estimated that in 1948 there were about 40,000 Akwapim (excluding Kyerepon), living in Akwapim (not all of them on the ridge) and about

22,000 (most of them cocoa farmers and their dependants) in Akim country.

(ii) *The Krobo*

The seats of government of the Yilo and Manya Krobo states are at Somanya and Odumase, in the plain south of the forest not far west of the river Volta. In about the middle of the last century groups of Krobo began to purchase land on the forest ranges northwest of the plain for the purpose of cultivating food crops and the oil palm and most of the large area that was acquired from the Akim under this *huza* system of land purchase is now included within one or other of the Krobo states. Soon after the Akwapim began crossing the river Densu in search of land for cocoa growing, the Krobo, mainly the Yilo Krobo, followed suit. They are Adangme with a patrilineal succession system. It may be estimated that in 1948 (when the total number of Krobo in the Gold Coast was recorded as 96,000) there were some 12,000 Krobo (many of them not farmers) living in Akim country.

(iii) *The Shai*

The Shai people inhabit a small area in the plains south of the Akwapim ridge and to the west of the Krobo, an area which includes the market town of Dodowa. They are Adangme with a patrilineal succession system. The population of the Shai Native Authority area in 1948 was about 18,000; the number of Shai in Akim country cannot be estimated, but was less than 10,000.

(iv) *The Ga*

These people inhabit Accra and other coastal towns farther east, including Tema. All the Ga cocoa farmers so far encountered appear to have patrilineal descent systems. About 8,000 Ga were recorded as living in Akim country and Kwahu in 1948.

(v) *Other*

There have been a few other peoples, some more numerous than the Ga, who have migrated as cocoa farmers to Akim country, among them being:

(a) Ewe people from east of the Volta (in Akim country they are more often labourers than farmers);

(b) Fanti, Gomoa and Awutu people from the southwest (their movement has been neglected in this paper, having been a casual seeping to the southern area of Akim country only, rather than an organized flow);

(c) people from Anum and Boso, two towns east of the Volta (matrilineal Guan people who have concentrated on a few areas of Akim country); and

(d) farmers (not fishermen) from a few Adangme coastal towns, such as Prampram and Ada – who have occasionally joined companies formed by other peoples.

X. LAND CONSOLIDATION AND REDISTRIBUTION OF POPULATION IN THE IMENTI SUB-TRIBE OF THE MERU (KENYA)

F. DEREK HOMAN

THE MERU LAND UNIT[1]

Tribes and their country

The Meru tribes formerly occupied a part of the Kikuyu Native Land Unit, but a separate Meru Native Land Unit was created in October 1958. The tribes living in it are the Meru, Mwimbi, Muthambe, Tharaka and Chuka. It lies to the east and north-east of Mount Kenya, which is the dominant feature, others of importance being the Nyambeni Range in the north-east of the District. The District as a whole has a wide range of climate and fertility, from the edge of the Mount Kenya Forest, with an altitude of 7–8,000 feet and average annual rainfall of over 80 inches, down to the hot, infertile region near the Tana River, the south-easterly boundary of the District, which lies at only 2–3,000 feet and has an annual rainfall of less than 20 inches. The Meru recognize a number of sub-tribes – the Imenti, Miutini and Egoji which live on the eastern slopes of Mount Kenya, and the Tigania and Igembe which live to the south-west and north-east of the Nyambeni range.

Indigenous System of Government

Very full accounts of the Meru system of indigenous government are found in the published works of Lambert and Laughton.[2]

[1] My thanks are due to Mr. J. P. Benson, Manager of the Meru Union of Coffee Co-operative Societies and previously (1935–1955) Agricultural Officer at Meru, to Mr. V. E. M. Burke (Agricultural Officer at Meru, 1949–1957), from whose notes most of the other agricultural information is taken, and to the present District Commissioner and Agricultural Officer at Meru for allowing me free access to their official records. Last, but not least, I should like to thank the '*Njuri Ncheke*' for allowing me to attend their meetings both during and after my time at Meru.

[2] To avoid further footnotes I have referred to two of Mr. H. E. Lambert's works as (A) and (B) as follows: (A) *The Use of Indigenous Authorities in Tribal Administration: Studies of the Meru in Kenya Colony.* (University of Cape Town,

It is only necessary here to mention the executive and legislative 'arm' of this government which is called the '*Njuri ya Kiama*'. Membership of this select body is attained only by men of the appropriate age-grade at the invitation of existing members. The initiation rites are a closely guarded secret and for some time it was regarded as anti-Government and anti-Christian and attempts were made to suppress it. Mr. H. E. Lambert, however, while District Commissioner, Meru, came to the conclusion that peaceful administration of the tribe could only be achieved by enlisting the assistance of the '*Njuri*'. With the co-operation of the Rev. A. J. Hopkins of the Methodist Missionary Society, arrangements were made, and accepted by the tribe, for the admission of Christians into the '*Njuri ya Kiama*' with Christian, instead of pagan rites. Since then the Meru indigenous government has been recognized by the Kenya Government and has proved invaluable to it. Each year, in September usually, a meeting of the '*Njuri Ncheke*' is held, at which representatives of the Njuri of all the tribes in the Meru District attend. They discuss and make recommendations to Government on all matters of importance to the tribe as a whole. The existence and recognition of this indigenous body is of great significance in a study of land-tenure amongst the Meru for two reasons; first, it is usually difficult to discover what the customary law of a tribe is at any particular time owing to a divergence of opinion amongst the tribal elders; in Meru, however, it is always possible to get a 'ruling' from the '*Njuri Ncheke*'.

Land-Tenure – General

It is generally accepted that the Meru arrived from the east and moved up towards Mount Kenya (B). Traditionally, all land belongs to the clan and not to the individual and this principle of clan ownership was stated in the following minute recorded after a meeting of the '*Njuri Ncheke*' in 1942:

Communications from the School of African Studies, New Series, No. 16) – April 1947; (B) *The Systems of Land Tenure in the Kikuyu Land Unit*. (University of Cape Town, etc. New Series, No. 22) – February, 1950. The work by Mr. Laughton – to which I have referred – is *The Peoples of Kenya*, No. 10, The Meru. By W. H. Laughton. Drafts of the two Ordinances referred to under the section on registration were included as Appendices to the Report of the Working Party on African Land Tenure, 1957–58 (Government Printer Nairobi, 1958).

'*Ngwato*' is land taken and marked by honey barrels, red aloes, sticks or other marks. The man who placed these marks was known as the '*Mugwati wa Nthi*'.

No Meru today can say – 'this is my "*ngwato*" ' – but all Meru land was so acquired by the elders in the past who led their families 'up' the Mountain (i.e. towards Mount Kenya). These families are now our '*Mwirigas*' and each '*mwiriga*' today knows its boundaries with other, adjoining *mwirigas*.

The disposition of the land within these tribal boundaries today is in the hands of the elders of the '*mwiriga*' – not in the hands of any one man or in the living descendants of any one man – even the '*Mugwati wa Nthi*'. This is our law, but people from one '*mwiriga*' are often given land to cultivate ('*mborago*') in another '*mwiriga's*' land (e.g. on marrying a girl of that '*mwiriga*') and they, or their living descendants, nowadays are claiming rights in that '*mborago*' – often based on the undisputed fact that their forefathers cut the bush or forest there. This constitutes no valid claim to rights in the land – all the land within any '*mwiriga*' boundary is owned by that '*mwiriga*' and under the absolute control (save as regards inheritable rights) of the elders of the '*Mwiriga*'.[3]

It follows from the way the clans originally took up their land that each clan normally has a chain of land rights from the low country up to the high level near the forest. An individual, therefore, may also have rights (within the clan area) to several pieces of land situated in different zones.

Redeemable Sales

Until recently outright sales of land were not recognized by Meru customary law. All transfers were 'redeemable'; that is to say, if a man does not want to use or occupy a piece of land to which he has a right he may 'sell' it at a nominal price to another person, but, at any time, by refunding the 'purchase' price, he may retake the land, including all improvements.

In Abothuguchi, one of the locations of Imenti, a right of irredeemable sale was claimed before the Committee on Land Tenure in the Kikuyu Province, 1929, but Lambert (B) quotes in this respect the comment of Captain V. M. McKeag, while District Commissioner, Meru:

[3] The above is reproduced '*verbatim*' from the record made by an English-speaking Meru. '*mwiriga*' (pl. '*miiriga*')=a clan or sub-clan. The form with an 's' is merely an Anglicized plural. '*Ngwato*' is common used for any 'redeemable' sale.

Land Consolidation

I am informed that these five sub-clans had come under 'advanced' Kikuyu influence and the majority of their elders, swayed by a few strong personalities, had agreed to recognize outright sales and consequently evidence was given to the Committee that such was their custom. Subsequently the *'Njuri ya Kiama'* of Imenti, alarmed at this departure from traditional usage, took the matter up and ruled that these Elders had no power to come to such an agreement and that a condition of irredeemability was invalid. Since then a number of shambas which had been sold subject to this condition have been redeemed on equitable terms.

With the growth of the coffee industry in Meru (see p. 241) this law of redeemability began to cause concern to Government and to the Meru coffee growers themselves, for it meant that if a man planted coffee on a piece of land which had been purchased from another, the seller, under Meru law, could redeem the land and take over all the coffee trees on it without payment of compensation. Usually some arrangement was made between the parties (hence, probably, the words 'on equitable terms' used by Captain McKeag) but this depended entirely on an amicable agreement between them and the payment of compensation could not be enforced through the African Courts.

In 1949, therefore, suggestions were made to the Meru, through the African District Council, that Meru law should be changed. In January 1950, a special committee of Council recommended to the *'Njuri Ncheke'* as follows:

(*a*) in principle all land is redeemable;

(*b*) in respect of land on which coffee has been planted by a person who bought it on a redeemable basis, the seller could redeem it by the following payments –

(i) Sh. 2/50 per tree for each year in which the tree had borne a crop; plus
(ii) Sh. 1/- per tree per year for manure and improvements;

(*c*) although redemption by a cash payment was not normal in Meru custom it should be done in this case for coffee shambas, because assessment on any other basis was impossible. The payment of a bull, as in the redemption of Yam Shambas, was grossly inadequate.

The *'Njuri Ncheke'* are a very conservative body – rightly so because their decisions affect not only a particular area but all the Meru land and peoples – and they referred the matter back twice for discussion by local *'Njuri'* before, in September 1951, nearly two years later, they recorded a 'decision' as follows:

Coffee on reclaimed shambas: The true owner of a piece of land which is occupied by another may, if he wishes, forbid the occupier to plant coffee on that land. If his order is ignored then the true owner shall not, when he recovers the land, be liable to pay any compensation in respect of established coffee trees but shall take them over as his own.

When the above rule does not apply compensation for growing coffee will be paid at rates to be given later.

This did not alter the position materially. The 'owner' of a piece of land would often prohibit coffee-planting when he sold it, in the hopes that his prohibition would be ignored. As recently as March 1954, while District Commissioner, Meru, I was obliged to uphold, on appeal, a conviction by an African Court for destruction of coffee trees. The accused had bought the land on a redeemable sale with a prohibition against coffee-planting. When the owner redeemed the land the accused cut the coffee trees down out of 'pique' and of course under Meru law, as the owner had paid back the nominal purchase price, the land, including the coffee trees, was his.

During the Emergency the *'Njuri Ncheke'* were preoccupied with other matters but the number of coffee-growers increased rapidly even during this period. Consequently the question of redeeming coffee shambas was again referred to the *'Njuri'* in 1954 and, in October of that year, they issued an edict removing the right of the owner to forbid coffee-planting and making payment of compensation for coffee trees compulsory in every case when land was 'redeemed'.

Finally, in December 1956, the *'Njuri Ncheke'* recorded the following minute:

12/12/56: Resolved that land redemption in the Meru District should be discontinued as from today's date.

This represents a sweeping change in Meru law as enunciated after the 1942 meeting. It means, on the face of it, the recognition of individual ownership as opposed to clan ownership, not only in the areas where coffee and other permanent crops are grown,

Land Consolidation

but throughout the whole Meru Land Unit. For, if a purchaser acquires outright ownership, it follows that the seller had an equal interest. It is doubtful whether the '*Njuri*' intended to go as far as this. At meetings which I have attended subsequently, at which the form of title to be registered was discussed, the majority of the '*Njuri Ncheke*' have firmly maintained that all land is still owned by the clan. Probably the most they intended was to stop redemption of land in the coffee-growing areas where clan control over the disposition of land has virtually disappeared.

THE IMENTI SUB-TRIBE

General

The Imenti sub-tribe of the Meru occupies an area on the northeast slopes of Mount Kenya. The sub-tribe is divided, on a clan basis, into three locations, Miiriga Mieru, Nkweni and Abothuguchi. The latter is again divided into two sections, Upper and Lower Abothuguchi, for purely administrative reasons. The area to the north of the Imenti Forest, approximately one-third of the area, is traditionally reserved for grazing. The '*Njuri Ncheke*' in 1942 recorded the following resolution:

> *Resolution 6/42:* All areas to the north and east of the Imenti Forest and north and west of the foothills of the Nyambenis are reserved for grazing. No cultivation will be allowed without a permit from the District Commissioner.

Ecology

The remainder of the area which, excluding forest (54 sq. miles), totals about 300 square miles, can be divided into five main

Zone	Miiriga Mieru	Abothuguchi	Nkweni	Total
High Bracken	—	3,500	13,250	16,750
Kikuyu Grass	4,500	10,000	9,000	23,000
Star Grass	30,000	30,000	20,000	80,000
Grass/Woodland	26,250	40,400	4,850	71,500
Total	60,750	83,900	47,100	191,750

ecological zones: High Bracken, Kikuyu Grass, Star Grass, Grass/Woodland and Acacia/Combretum.

The land in the first four zones is nearly all of high agricultural potential and Burke gives the acreages in these zones, by locations (see page 229).

The adult male population of Imenti in 1958 was 26,902 and therefore, if all this land could be made available for cultivation, each adult male would have just over seven acres.

Factors preventing use of all the land

Unfortunately, in all these zones at least a part is denied to settled cultivation for various reasons. Approximately half of each location is infested by tsetse fly (East Coast Fever is even more prevalent), baboon and buffalo infest most of the Grass/Woodland and part of the Star Grass zones, which are also malarious, while the High Bracken and the top of the Kikuyu Grass Zones, although free from disease, suffer extreme cold, excessive rainfall and mist, and the soil is deficient in minerals.

In addition, particularly in the Nkweni Location, a large part of the Star Grass Zone is of low fertility and is covered with bracken. Burke estimates the areas thus denied to settled cultivation as follows:

Location	Miiriga Mieru	Abothuguchi	Nkweni	Total
Total high potential	60,750	83,900	47,100	191,750
Excessive rain, cold, mist and mineral deficiency	—	4,000	12,000	16,000
Low fertility	1,000	5,000	10,000	16,000
Tsetse fly, malaria, buffalo, baboon, etc.	33,000	34,000	10,000	77,000
Total area denied to settled cultivation	34,000	43,000	32,000	109,000
Balance available	26,750	40,900	15,100	82,750

Land Consolidation

The average acreage available per adult male, therefore, is only about 3 acres. It is more realistic, however, to take the figures for married men (the 'settled' cultivators) which give the following results:

Location	Müiriga Mieru	Abothuguchi	Nkweni	All Imenti
Married men (1958)	6,841	7,924	5,147	19,912
Average acreage per married man	3·9	5·1	2·9	4·1

Factors preventing full development of available land

The most important of these is fragmentation which, in Meru, is due to two causes. First, the system of inheritance whereby a man's land, on his death, is divided among his heirs, and, secondly, the manner in which the clans acquired the land in the first instance which has resulted in clans, and therefore individuals, having interests in land in several different zones. Burke quotes a survey of fragmentation carried out in 1950 when it was found that the average number of fragments was 8 per farmer, the maximum being 23 and the minimum 3. The maximum distance between fragments was 25 miles.

The second factor in this category, which is closely related to the first, can best be described as 'traditional land usage'. The upper part of the Star Grass Zone and the lower part of the Kikuyu Grass Zone (which I will call the 'middle area') is not ideal for the growing of staple food crops such as maize and sorghum which, however, grow very well in the lower part of the Star Grass Zone, and the Grass/Woodland Zone. Consequently the normal pattern is that homesteads are established in the 'middle area', between 4,500 and 6,000 feet, where cash crops (mainly coffee), bananas and famine reserve crops (yams) and some other food crops are grown. The same householder, however, having rights 'lower down', derives a lot of his food from shambas in the lower Star Grass Zone and the Grass/Woodland Zone. Cultivators rarely live in these lower shambas; the ground is cleared before the onset of each rainy season (March/May and October/November) and thereafter it is untended until the harvest-time, except that a few children are left to scare off the birds. The annual loss from the depredations of birds, baboon and buffalo is enormous.

Another factor which must be taken into account here is coffee-growing. The rapid growth of the coffee industry in Meru, while bringing inestimable benefits to the District by way of increased wealth and a rise in the standard of living, has undoubtedly encouraged fragmentation. The policy of Government has been, and still is, to limit initial plantings to 100 trees per grower. He is allowed a further 100 trees in each of the second and third years but, thereafter, he can only go beyond 300 if he can satisfy the Agricultural Officer that he is capable of caring for more than that number. This policy ensures personal individual attention to coffee trees and enables any outbreak of disease to be isolated and it has contributed largely to the maintenance of an extremely high standard of Meru coffee. A study of the figures of coffee-growing on p. 241, however, shows that the average grower has just under $\frac{1}{3}$ of an acre under coffee. In 1958 there were about 10,600 coffee-growers in Imenti (approximately 39 per cent. of the adult male and 53 per cent. of the married male population) each of whom had about 160 coffee trees (at 537 to the acre). This policy has three effects from the land-tenure point of view. First, it has introduced a degree of permanency into existing fragmentation, since a coffee grower will normally plant his coffee on the fragment containing his homestead; secondly, it has led to further fragmentation as pieces of land have been sold for coffee-growing to persons whose other holdings are a considerable distance away; and, lastly, it obscures the harmful aspect of fragmentation because 160 coffee trees at present-day prices brings in a nett profit of about £40 per annum, and it is difficult to argue that such a holding is uneconomic, especially if the owner has alternative sources of food supply.

The present state of affairs in Imenti can be summarized as follows:

(*a*) Owing to the fact that a large area is not suited to settled cultivation, there is a heavy concentration of population in the

Land Consolidation

upper Star Grass and lower Kikuyu Grass Zones (up to 800 to the sq. mile).

(*b*) For the same reason, large acreages of land of high agricultural potential are undeveloped or not developed to their full capacity.

(*c*) Fragmentation is serious and, in the densely populated area, the majority of fragmented holdings are planted with coffee.

Proposal for Solving the Problem

The general plan for solving the problem in Imenti, which was formulated in 1956, is:

(i) to make areas of hitherto undeveloped land available for settled cultivation by bush-clearing and other measures to eradicate tsetse fly and malaria;
(ii) to ease the pressure of population in the 'middle area' by moving those persons who have no land rights or whose total holdings are too small for economic development, and to resettle them on holdings of 'economic size' in the new areas;[4]
(iii) to consolidate the remaining holdings in the 'middle area' so as to permit of planned farming and the maximum agricultural development; and
(iv) to register individual title both in the 'middle areas' and the new settlement areas in order to give security of tenure.

In theory the above solution appears simple; in practice difficulties have been encountered at all stages. These will be taken separately.

(i) *New Areas for Settled Cultivation:* It must be pointed out that surplus population can only be moved on to land in which their own clan have rights under Meru law. It would not be possible, for instance, to settle persons from Miiriga Mieru on land within

---

[4] The term 'economic size' here is used to mean the size of holding, in any area, from which a farmer, after growing, or buying, all food necessary for his family, and after paying all such expenses as rates and taxes, school fees, clothing, etc., may expect to make a clear profit of £100 annually.

the Nkweni location. It was therefore necessary to find suitable areas for each of the three Imenti locations.

The areas chosen are shown on the map. They are, by locations:

'Upper Areas'

Abothuguchi	Kiamigogo (Kiberichia)
	Kirwa
Miiriga Mieru	Kirwa
	Naari
	Nchoroiboro
	Ruiri
Nkweni	The 'Mile Strip'

'Lower Areas'

Abothuguchi	Gaetu
Miiriga Mieru	Giaki

The first five of the 'Upper Areas' form part of the area traditionally reserved for grazing. Neither the *'Njuri'* nor Government, however, had been able to prevent a considerable amount of 'illegal' cultivation, particularly in the Naari area and that above the road Kirwa–Kiberichia, owing to the fact that excellent 'European' potatoes grow in those parts. During the Emergency a 'mile strip' along the forest edge throughout the whole of the Meru District was cleared of all cultivation and inhabitants as a precaution against Mau Mau infiltration from the Forest. When the Emergency died down, the *'Njuri'* were persuaded to allow these areas to be used for resettlements on a planned basis. Nearly two years were required, however, to obtain this agreement. The upper part of Nkweni was also within the 'mile strip' though there had been little or no cultivation. The difficulty in this location is that there is no other area available and the 'mile strip' is not attractive to the Meru as a place for permanent residence owing to intense cold at night and excessive rainfall. Gaetu and Giaki were largely a question of finance for bush-clearing and tsetse fly eradication. Approximately £25,000 has been spent by Government in opening up these areas.

Land Consolidation

The acreages made available, the size of 'economic' holding and the number of families it is hoped to accommodate is shown below. The figures are very approximate as the total areas eventually utilized must depend upon the response of the Meru to this scheme.

Areas	Total acreage	Size of holding	No. of families
Kiamigogo, Kirwa, Naari, Nchoroiboro and Ruiri	12,000	12	1,000
Gaetu and Giaki	12,000	15 (average)	800
Total (excluding Nkweni)	22,000	—	1,800

To the above figures for families settled, must be added 1,800 in the Kiamigogo/Kirwa area who live in large villages with smallholdings of 1–2 acres each round the villages. These are persons repatriated during the Emergency who had no remaining land rights elsewhere. The total number of families therefore is 3,600 and the total area for cultivation about 24,000 acres.

In the Nkweni 'Mile Strip' over 6,000 acres are available but it is too early to give other figures for this area.

(ii) *Redistribution of Population:* The basic principle, which has been agreed by the '*Njuri*' and the elders of the clans concerned, is that a man who is allotted land in one of the settlement areas must relinquish all land rights elsewhere and must take up permanent residence on his new holding. His inducement to move is that he obtains a holding of 'economic' size which is cleared and planned for him free of charge and he is given a loan to assist him in building his house.

In the 'Upper Areas' of Abothuguchi and Miiriga Mieru, where there had been cultivation prior to the Emergency, there was great enthusiasm to take up holdings and these areas are already fully settled. Unfortunately, a large influx of persons released from prisons and detention camps, and repatriates from the larger towns and European farming areas, made it necessary to start the Kiamigogo, Kirwa and Naari settlements at a time when Government

Officers were still fully occupied with duties connected with the Emergency. Consequently it was not possible to exercise proper supervision and it has since been found that settlers have frequently not relinquished their rights elsewhere, and that a number of influential elders have taken advantage of their position in the tribe to acquire holdings in the settlement areas, although they already have (and retain) sufficient land for their needs. It is proving extremely difficult to find a way of rectifying this because the offenders are often the very elders who were most enthusiastic in support of the scheme.

The lower areas of Gaetu and Giaki are not nearly so attractive to the Meru, who normally live in a zone which has an equable climate and is practically free from malaria. They are quite ready to accept a 'gift' of additional land and to cultivate it seasonally after Government has prepared it for them, but they are reluctant to take up permanent residence there. In these areas, however, unless a farmer gives full-time attention to his holding and keeps the bush cleared it is only a short time before tsetse fly and buffalo again take over. Government is therefore insisting that no person shall be acknowledged as the owner of a farm in these areas until he has proved his willingness to remain there and his capacity to farm his land properly. Paludrine and other prophylactics against malaria are being issued free until swamp drainage and other measures become effective.

Resettlement in the Nkweni 'Mile Strip' has not yet begun. In addition to the unattractive climate in this area the difficulty is to find an economic use for the land. A Livestock Improvement Centre, established at Marimba since 1948, has shown the possibilities of the area for ranching but the Meru do not take readily to this way of life. European potatoes can be grown but not so successfully as on the other side of the Meru–Imenti Forest owing to the wet conditions in Nkweni. Experiments in tea-growing are, it is hoped, going to start shortly in Meru District and this might prove to be the answer. The present intention, however, is for initial development to take place in Tigania on the Northern slopes of the Nyambeni Range and this will not help the Imenti immediately.

Land Consolidation

(iii) *Consolidation:* The processes used for the consolidation of fragmented holdings in the Kikuyu Districts of the Central Province are fully described in paragraph 24 of the Report of the Working Party on African Land Tenure, 1957–58. Briefly, the whole process is carried out by committees of elders which first adjudicate as to the nature and extent of each man's rights to land in the area concerned, and then, after deducting a percentage from each for land required for 'public purposes' (roads, schools, markets, etc.), re-allocate all land in the area so as to give each man, in one piece, the equivalent of the total he previously had in a number of fragments. In principle this system is admirably suited to the Meru for, in theory, all land is still owned by the clan (but see the remarks above under the heading of 'Redeemable Sales') and it would seem that the committees already exist in the form of the '*Njuri*'. There are, however, factors which make consolidation more difficult to carry out in Meru than in Kikuyuland, that is to say:

(*a*) Survey is made more difficult and more costly by the large amount of indigenous tree-cover which makes aerial methods almost impossible in some areas. There are few indigenous or other large trees in Kikuyuland.

(*b*) The average land-holder in the densely populated area has at least one of his fragments planted with coffee. In Kikuyuland coffee growing developed much later than in Meru.

(*c*) Each married land-holder has his homestead on one of his fragments and these have been built, usually, without any system of planning either in relation to his own holdings or to those of his neighbours. A similar state of affairs existed previously in Kikuyuland but, during the Emergency, the population were moved into villages. In Meru, generally speaking, only the areas within a few miles of the Mount Kenya Forest, were 'villagized' in this way.

In Kikuyuland the aim has always been to consolidate a man round his largest, or his most valuable fragment (i.e. where he has planted permanent crops). In Meru it is rarely possible to do this for the reasons (*b*) and (*c*) above. Consequently consolidation involves a complicated system of mutual compensation for loss or exchange of coffee trees, etc.

(iv) *Registration:* The Working Party recommended that '... the Committees should list those persons whose rights they considered should be recognized as ownership and that subsequent registration should convert that recognition into a freehold title...' (paragraph 34). The Kenya Government accepted this recommendation and the necessary legislation is contained in the Native Lands Registration Ordinance, 1959. The Meru elders, however, did not like the idea of an individual having 'outright' ownership of his land, chiefly because they feared that land might be sold outside the tribe. They asked, instead, that the freehold should be vested in the clan and that the individual should hold his land on a long lease granted by the '*Mwiriga*'. The possibility of doing this was very fully explored but it was decided that it was not feasible. A clan, or '*mwiriga*', is merely a collection of persons deriving from a common ancestry and although, in the Meru tribes, there exists the clan council or '*Njuri*', it would not be possible to form this into a body of trustees for the purpose of holding land. The practical difficulty of arranging for the execution of leases by such bodies is self-evident. Lastly, if the freehold is held by the clan, one of the main advantages of registration (to the individual) would be lost. He would not be able to obtain a loan for development on the security of his land because a would-be lender would know that, in the event of failure to repay, the land could only be sold to another member of the clan and it is doubtful whether any fellow clansman would be prepared to buy.

Registration of individual title is, however, an essential finish to the consolidation process, otherwise fragmentation may begin all over again, owing to inheritance and the uncontrolled buying of small pieces of land for coffee-growing, and the individual's tenure will be just as insecure as it was before the process started.

A 'sub-committee' of the '*Njuri Ncheke*', consisting of better educated elements, is at present studying this problem with a view to persuading the main body to agree to allow registration of individual freehold title in an experimental area.

Land Consolidation

As regards the fear of the Meru that land will be sold outside the clan, an Ordinance, enacted simultaneously with the Native Lands Registration Ordinance, the Land Control (Native Lands) Ordinance, 1959, provides for control over land transactions to be exercised by local control Boards the composition of which is predominantly African. If the '*Njuri*' wish, these Boards can be established on a '*mwiriga*' basis and the clan elders will be able, if they wish, to prevent sales outside the clan or tribe. Rigid control of this nature will, of course, also be a deterrent to lenders; but the advantage of the control system, as opposed to vesting the land in the '*mwiriga*', is that control Boards can relax their rules to suit changing circumstances; were land vested in the '*mwiriga*' it would need a new resolution of the '*Njuri Ncheke*' before it could be transferred in freehold to the individual – and that body, as has been said, usually requires a period of years to make major changes in Meru law.

CONCLUSIONS

It is essential to proceed with the general plan for three reasons. First, in order to develop the full agricultural potential of the Meru Land Unit, not only the areas already chosen but others, elsewhere, must be opened up; future schemes will only be possible if the present ones are carried through to a successful conclusion. Secondly, if population is not drawn-off from the 'middle areas', the holdings registered and control over sub-division exercised, the position as regards fragmentation will deteriorate rapidly. Lastly, Government has already spent a lot of money on this plan. In addition to the £25,000 spent on opening-up the Giaki and Gaetu areas, at least an equal amount has been spent on survey and other work connected with consolidation and the establishment of the Kiamigogo, Kirwa and Naari settlements.

The original plan will have to be modified in various respects and the future form of it must be a matter for agreed policy between the Provincial Administration and the Department of Agriculture. The following are some suggestions which might be considered:

(1) In the case of well-established settlers who have also retained their rights in the 'middle area' no attempt should be made to make them relinquish those rights. The 'fait accompli' should be accepted, otherwise the opposition of influential elders may be aroused to the general plan.
(2) Although every encouragement should be given to coffee growers to exchange or sell fragments it would be unwise to apply too much pressure to this end. Committees have power, under the Registration Ordinance, to enforce such exchanges and sales upon payment of mutual compensation, but the Committee, in Meru, will normally be the '*Njuri*' of the '*mwiriga*'. As has been mentioned, in the coffee areas these elders have largely lost control over the disposition of land; moreover they will nearly always be coffee growers themselves.
(3) The acquisition of isolated fragments for coffee planting should be stopped. The Land Control (Native Lands) Ordinance already applies to the coffee areas but it is doubtful whether it will be effective in this respect initially. The members of Control Boards will again be the '*Njuri*' and it will probably take some time before they become accustomed to exercising, under the Ordinance, powers similar to those they previously held traditionally but have at present lost. It might, therefore, be advisable to refuse further licences for coffee-planting, except on the larger holdings, unless the applicant has first consolidated his fragments as far as is possible.
(4) A trial area should be selected in the coffee zone. A definite period should be fixed during which all voluntary exchanges and sales of fragments must take place. After that, the area should be registered, regardless of whether it presents an 'untidy' pattern. Only in this way will it be possible to form an exact picture of the situation on the ground and the extent to which voluntary exchange and enclosure has taken place. It should also serve to popularize registration which can be used as an inducement to consolidate in other areas.

(5) Everything possible should be done to make the lower areas more attractive for permanent residence. Attraction might include additional facilities for education and social purposes.

(6) Freehold title to a holding in any settlement should not be registered until it is certain that the occupier will remain there permanently. In the meantime, to avoid holding up the completion of the register of the settlement, doubtful cases should be registered in the name of the Native Lands Trust Board as freehold proprietor and the occupier should hold his farm on a yearly lease from the Trust Board until he has proved himself.

Appendix
COFFEE GROWING
1949–1958

IMENTI

Year	Acreage	Growers	Average acreage per grower
1949	146	758	0·19
1950	326	1,400	0·23
1951	509	2,041	0·25
1952	770	2,858	0·27
1953	925	3,482	0·27
1954	1,190	4,179	0·29
1955	1,527	5,385	0·28
1956	1,942	6,767	0·29
1957	2,492	9,426	0·27
1958	3,140	10,611	0·3

Nett Revenue to Imenti Coffee Co-operatives (Meru, Katheri and Nkubu) approx. £375,000 (1958).

ALL MERU (for comparison)

	Acreage	Growers	Average acreage
1958	6,889	22,718	0·33

Total Nett Revenue (approx.) £800,000 (1958).

RÉSUMÉ

Depuis 1958 il existe une 'Meru Native Land Unit' séparée, qui inclut les Mweru, Mwimbi, Muthambe, Tharaka et Chuka. Cette région, située à l'est et au nord-est du Mont Kenya offre des conditions de climat et de fertilité fort différentes. Les Imenti, étudiés dans la présente étude, forment une des cinq sous-tribus des Meru. Dans l'organisation politique Meru, l'assemblée *'Njuri Ncheke'* joue un rôle prépondérant. Cette assemblée, qui comprend le corps des aînés des différents clans, exerce des pouvoirs législatifs. Traditionnellement, la terre appartient au clan. Les individus ont, à l'intérieur de l'aire clanique, des droits sur plusieurs lopins de terre géographiquement non-contigus. Jusque récemment toutes les ventes étaient faites à réméré. La plantation de café souleva des difficultés à cause de ce système de ventes à réméré. En 1950 des recommandations furent faites pour que, en cas de rachat d'une terre vendue à réméré et sur laquelle du café avait été planté, des paiements supplémentaires soient faits pour les caféiers et pour les engrais, et pour que le rachat se fasse en espèces. Après deux ans d'attente, en 1951 le *'Njuri Ncheke'* décida que le propriétaire d'une terre pouvait défendre à un autre occupant de planter du café sur celle-ci. En 1954, les Njuri retirèrent au propriétaire du champ le droit d'interdire à l'occupant la plantation de café et décidèrent que le paiement d'une compensation était obligatoire en cas de rachat d'un champ vendu à réméré. En 1956 finalement le *'Njuri Ncheke'* décida de l'abolition du rachat. Chaque homme adulte marié de la sous-tribu Imenti dispose, en dehors des pâturages et de la forêt, de 4·1 acres. Parmi les facteurs qui entravent le plein développement de la terre disponible, il faut signaler en premier lieu la fragmentation; elle est due au système d'héritage (la terre est divisée entre les héritiers du défunt) et à la façon dont les clans ont acquis leurs terres. Ainsi donc la moyenne des parcelles exploitée par un même agriculteur est de 8 acres; les distances maxima qui séparent ces lopins vont jusqu'à 25 milles.

Un autre facteur est le système traditionnel d'usage de la terre: les habitants étant généralement établies dans la 'middle area' (4,500 à 6,000 pieds) où prospèrent les bananeraies, le café et les ignames, les autres champs situés plus bas ou plus haut sont très peu surveillés, ce qui cause de graves déprédations. La culture du café est un autre facteur désavantageux, parce qu'elle a augmenté la fragmentation des champs.

Chez les Imenti une vaste région n'est donc pas appropriée pour l'agriculture sédentaire; il y a de grandes concentrations de population (jusque 800 au mille carré) et de vastes superficies de bonnes terres qui ne sont pas pleinement développées; le démembrement est considérable; une large partie des parcelles est couverte de café.

Les solutions proposées en 1956 sont: la mise à la disposition de terres jusqu'à présent impropres à l'agriculture sédentaire; le déplacement de personnes sans droits fonciers ou n'ayant que de très petites parcelles; la consolidation des parcelles restantes dans la 'middle area', l'enregistrement de titres individuels afin d'assurer la sécurité de la tenure.

Ce plan se heurte cependant à de nombreuses difficultés d'exécution. L'excédent de la population ne peut être déplacé que sur les terres contrôlées par leurs clans respectifs. Dans la totalité des différentes aires claniques, quelque 24,000 acres sont disponibles pour 3,600 familles. L'individu qui acquièrt des terres dans une nouvelle aire de peuplement doit abandonner tous ses droits fonciers antérieurs et doit résider sur sa nouvelle parcelle. Il s'avère cependant que dans certaines régions, de nombreux individus – parmi lesquels, souvent aussi les aînés – ont conservé leurs droits antérieurs en même temps qu'ils acquéraient de nouveaux droits dans les régions repeuplées. Le climat de certaines basses terres n'attire pas les Meru; ils veulent bien y cultiver, mais pas y résider. La consolidation est entreprise par des comités d'aînés qui après avoir déduit un certain pourcentage de chaque terre pour des raisons publiques, réattribuent en un seul bloc l'équivalent des fragments précédents. Cette procédure implique certaines difficultés: difficultés de survey, existence des champs à café, dispersion de l'habitat, nécessités d'un système de compensations compliqué. En ce qui concerne l'enregistrement, les terres étant toujours contrôlées par le clan, le 'Njuri Ncheke' n'a pas encore accepté l'idée d'enregistrements de propriétés individuelles.

Bien qu'il soit nécessaire de poursuivre le plan général, celui-ci devra être modifié à maints points de vue. Les suggestions suivantes peuvent être formulées:

(1) les émigrants bien établis, qui ont conservé leurs droits fonciers dans la 'middle area', ne devraient pas être obligés à abandonner ceux-ci;

(2) il faut encourager les planteurs de café à échanger ou vendre les multiples fragments de terres cultivées par eux, mais sans exercer trop de pression;

(3) il faut arrêter l'acquisition de lopins de terre isolés pour la culture du café;

(4) il faudrait choisir une région-pilote – où les échanges et ventes volontaires de fragments de terre devraient se faire dans les limites d'une période déterminée;

(5) il faudrait rendre les basses terres plus attrayantes afin d'y assurer une résidence permanente;

(6) il ne faudrait pas enregistrer les titres individuels, tant qu'il n'est pas établi que l'occupation sera permanente.

XI. LAND AS AN OBJECT OF GAIN IN A NON-LITERATE SOCIETY. LAND-TENURE AMONG THE BETE AND DIDA (IVORY COAST, WEST AFRICA)

A. J. F. KÖBBEN

> 'Il n'y a pas un pouce
> de terrain qui n'ait pas
> son ou ses propriétaires.'
> M. Delafosse, p. 109.

INTRODUCTION

The Bete and the Dida are two of the peoples inhabiting the area of tropical forest which comprises the southern part of the Republic of the Ivory Coast. Traditionally they have the shifting type of cultivation: when land has been worked for some years, it needs to lie fallow for the next six years, and the farmer is obliged to practise what Portères has strikingly called a 'parcours de culture' over the years.[1] Rice, taro, manioc, bananas and yams are the main crops. In addition, however, both peoples are now conversant with the cultivation of coffee and cocoa, which crops occupy the ground permanently or at any rate for at least twenty years. Production of these cash crops began in the 1930s, but did not become well developed until after the second world war. This development has not yet reached its peak, since the coffee-growing area in particular increases each year.

Bete and Dida societies have exogamous patrilineages and are virilocal. A village usually consists of one patrilineage (reduced of course by the female members who have married *outside*, and increased by the women from outside who have married *into* the village concerned). Villages (lineages) are sub-divided into from two to six segments and number from one hundred to five hundred inhabitants.

Inheritance follows the lateral principle so that ideally the

---
[1] Quoted from Labouret, 1941, p. 167.

younger generation has to wait its turn until the previous one is exhausted. (See diagram.) Thus the son does not – may not, in fact – inherit from the father, at any rate traditionally he did not. The changes in this rule wrought by modern influences will be dealt with in a later passage.

The eldest man of the segment is the owner (or perhaps the word 'holder' is more accurate) of all possessions of his family

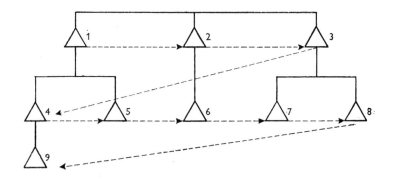

group. Marriage money for girls of the segment is paid to him, and the members must work for him, or at any rate hand over the monetary earnings of their labour to him. In many cases, however, the latter rule is no longer observed nowadays. Besides these *rights* the segment-elder has *duties*, including that of paying the marriage money for the men of his segment.

The village, as an exogamous group, must draw its wives from other villages. Relations between these groups are maintained by means of a complicated system of ceremonial payments, of which the marriage money is only a part.

The political structure of these societies is very simple. Before the arrival of the French there was no governmental organization which transcended the village. Within the village, authority is primarily in the hands of the senior lineage-elder, the eldest men of the respective segments coming next. The authority of these elders is quite informal (there are no emblems of office or physical means of power) but their influence is nonetheless great. It is so to this day, although the younger people contest their decisions

Land as an Object of Gain in a Non-Literate Society 247

more and more. There is a belief in Heaven (*Lagó*) and Earth (*Dodo*) as well as an ancestor cult. Each village has its 'Child of the Earth' (*Dodogba*), a man considered to be the descendant of the first settlers there, who mainly fulfils ritual functions in connexion with the Earth.

During my field work I concentrated on the sub-groups which live around the towns of Gagnoa and Lakota. The following figures are mainly derived from these sub-groups; for various reasons they should be regarded as no more than a rough indication. It should also be borne in mind that production, particularly that of coffee, has shown a marked increase in the last few years.

Population

Bete (total)	150,000
Bete of Gagnoa	67,000
Dida (total)	75,000
Dida of Lakota	43,000

Production of cocoa and coffee

	Indigenous production of cocoa in tons 1951–1952	Indigenous production of coffee in tons 1951–1952	Income from coffee and cocoa in millions of francs C.F.A.[2]	Income from coffee and cocoa per head of population
Sub-division Gagnoa:	1,000	2,200	400	6,000 fr. C.F.A.
Sub-division Lakota:	2,000	1,000	330	7,500 fr. C.F.A.

The average income per head of population as given in the last column, should not be taken to mean that income is evenly distributed. The areas planted in coffee per nuclear family vary greatly. Many families have less than 3 acres under coffee or cocoa, 10 acres is above the average, 30 acres is exceptional.

[2] C.F.A.: abbreviation of 'Colonies Françaises d'Afrique'. The official exchange is one franc C.F.A. to two French francs, but the purchasing power of the C.F.A. francs is, roughly speaking, no greater than that of the ordinary franc in France (at least this was so in the years 1953–1954).

I

The quotation from Delafosse at the beginning of this article refers to the Agni in the East of the Ivory Coast, but can be applied to the Bete and the Dida with equal truth[3]: here, too, we find 'not an inch of land without its owner'. Oral traditions show how strange the notion of unowned land is to these people. Almost constantly mention is made of ancestors who came from elsewhere in search of land and who settled *after asking permission from the owner of the land*. There are a few references to 'vacant' land, but in that case the ancestor had asked permission of a powerful local spirit, as the owner, to settle there.

Each village has its own territory, the boundaries of which are fairly precisely defined: a certain tree referred to by name, or a small stream, serving as landmark. One is continually amazed by the precision with which everyone knows the boundaries in the midst of the forest; not only those between a man's own village and the neighbouring ones, but also those of many other villages with which he has no direct dealings.

I propose to regard a village of this type as a small *state*, on the premise that one can speak of a state where a group has sovereign government and its own territory. The Bete village fulfils these conditions, or rather, it did so before the French colonial government there being established.[3a] Formerly the borders of such a small state were not inalterable. The villages fought with one another, and the winner could expand its territory at the expense of the loser. On the decision to cease hostilities, delegates from the two villages selected a site where they jointly made a sacrifice (e.g. slaughtered a chicken) in conclusion of the peace, and the border was henceforth regarded as having been moved to this site. Now, however, war as a means of solving differences is forbidden and

---

[3] This is not to say that this motto holds good for *all* African territories.

[3a] Not everyone agrees with the use of this term for villages with such a small population and simple form of government. Fortes and Evans-Pritchard (p. 5) suggest that 'primitive states' should be spoken of only where separate governmental institutions are present. Schapera (pp. 1–2) gives the same definition of 'state' as I do, but on p. 8 of his book he rather inconsistently replaces this term by 'political community'. I have an illustrious supporter in Lowie (p. 11), however who also advocates the use of the term 'state' for very small groups.

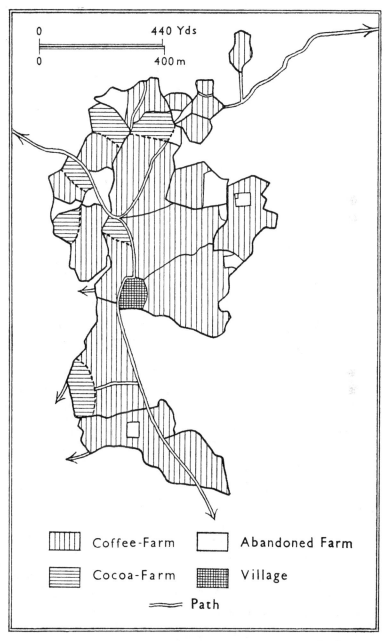

MAP V. COFFEE AND COCOA FARMS OF GUÉZÉHOA

conflicts are solved by the *Tribunal Coutumier*. The territory of a village, however, is by no means an undifferentiated whole. In the first place, a distinction between primary and secondary forest must be made. The primary forest is common property of the villagers. Anyone wishing to do so may hunt or gather food there, or may obtain a parcel for clearing. The parts, however, that have once been cleared (secondary forest) are divided among the respective lineage-segments. The right such a lineage has may be defined as 'inherited use ownership', to phrase it in the term proposed by Herskovits.[4] The ancestors of a lineage-segment have acquired this right by being the first to clear the parts concerned.

The segment-elder has control of such a part and he decides annually, in consultation with the nuclear family heads, where the rice fields are to be. But he does not supervise the way in which the designated land is worked. This is the responsibility of the head of the nuclear families (as far as clearing the land is concerned) and his wife (or wives) who carry out the major part of the actual agricultural work.

After having been planted in rice or another food crop land nowadays, however, is put into coffee in a large number of cases. This means that it is withdrawn from the control of the segment-elder, not merely for one year or a few years but for an indefinite length of time. The owner of such a coffee farm now begins to think of the land concerned as belonging more especially to him.

We have already seen that according to traditional law the monetary profit of labour should be handed over to the segment-eldest. In the past this meant in particular the profits from cola nuts; nowadays the money earned from coffee and cocoa is much more important. But the younger generation scarcely observe this tradition any more – at least those who have founded families of their own. These people work and keep their incomes for themselves so that they may purchase such European goods as clothing and footwear, camp beds, bicycles, hats and wristwatches. Most of the older people regard this as money thrown away and prefer to keep their money for the above-mentioned system of ceremonial exchanges. Of course the contrast should not be exaggerated: the

[4] Herskovits, 1952, pp. 362 sqq.

younger people observe their ceremonial payments too, although they often regard it as a burden. Those who are married already seek to have money to make payments for additional wives, further proof that they are still strongly tied to the traditional values.

The inheritance of coffee and cocoa fields: for some time these farmers have wished to be able to leave their coffee farms, even though only in part, to their own sons after their death. A man can achieve this by planting a coffee field and presenting it to his son before his death. Even the old men, the natural guardians of tradition, raise no objections to these *inter vivos* gifts, since they have a precedent in the past: before the introduction of coffee and cocoa a man could single out one or more cola trees for his son in this way. But of course the inheritance of a coffee farm means much more than the odd cola tree that a son could inherit in the past, so that in this respect an important gradual difference with the past has emerged. Besides, a coffee farm may go to the son even where there has been no such *inter vivos* gift, for many an heir *presents* such a farm to the son of the deceased. Nor is this procedure of recent date; it was already in existence when Dunglas wrote on the Bete in 1939.[5]

But a new development is the desire to secure the proceeds from the cash crops for the son, not *occasionally* as a favour, but *in all cases*, as a right. Not that there is a settled opinion in this matter: on the contrary, it is a moot question causing feelings to run high, and showing a clear difference between the generations in most cases. For instance, a man harvested the coffee of his deceased father and sold it on his own behalf without consulting anyone. The segment-elder (the heir according to tradition) regarded this as theft and reproachfully asked the accused youngster: 'Who will bear the cost of a wife for you and who will pay for your funeral gifts if you do not let me have the farm of my dead brother?' But the young man in question regarded it as his right: 'For my father planted the farm himself, and I, as a boy, helped him with the work'.

It should not be assumed, however, that all young men insist on

[5] Cf. Dunglas, 1939, p. 419 and pp. 430–431.

taking over the farms of their deceased fathers. When they are in agreement with the leadership of the family-elder, and particularly when he does his best to pay the marriage money for them, they leave the traditional inheritance rule unchallenged. Only a minority feel such an urge to escape the economic and social corporation formed by the family that they try to force a conflict in this case as well. But in the event of a family-elder not satisfactorily fulfilling his obligations towards his 'sons' (the younger members of his segment) they may annex their fathers' farms, with the support of the French administrative authorities, the *Chef de Canton* and the *Tribunal Coutumier*.

Raulin (p. 84) states that in 1955 for the Gagnoa area this new development was embodied in a *Code Coutumier*. Art. VII, par. 1 states:

> En vertu du régime patriarcal qui nous régit, l'héritage laissé par un père était recueilli, non par ses fils, mais par le chef de famille qui en disposait à sa volonté. *Mais désormais il revient de droit aux fils.* [The italics are mine.]

This Article was drawn up by the most 'enlightened' and progressive notables among the Bete. Very probably reality does not yet correspond to this rule, but it is moving in this direction. The fact of this rule now being officially recognized will, moreover, undoubtedly encourage the development in the sense described.

II

Disputes about land are common occurrences among the Bete and the Dida, not only disputes of the type discussed in the preceding paragraph (about plots planted in coffee), but about land lying fallow as well. Together with *histoires de femmes* land disputes are the main issue dealt with by the tribunals. They are an inexhaustible topic of conversation for the people themselves. Such disputes are nowhere lacking in the region under discussion, although there are differences in degree and frequency, correlated in part with density of population. The latter varies considerably among the various districts (*cantons*): while it is approximately

35 to the square mile for the region as a whole, it varies from 15 to 75 or even 125 to the square mile for the different *cantons*.

But land disputes occur in the thinly populated areas too. Deductive reasoning would lead one to suppose that the land there could scarcely have economic value and so be the subject of dispute. My original opinion was that these disputes are a recent phenomenon resulting from the coffee and cocoa cultivation which do give the land a potential commercial value. But this cannot be the correct explanation, or rather, cannot be the only one since discord over land also occurred in the past, before the arrival of the French. It was even one of the most frequent causes of the small wars which the villages used to wage among themselves.

Another explanation suggesting itself is that parts of *secondary* forest were the cause of dispute, not because of the intrinsic value of the land itself but because of the labour that goes into its first clearing; for we can conceive of a high value being placed upon the factor of labour in an under-populated area. But this explanation is not entirely satisfactory either because it seems that primary forest was also the subject of altercation in the past as well as in the present.

An important factor in these cases may be found in the fact that these villages regarded themselves as small sovereign states in possession of their own territories and not tolerating an attack on their sovereignty. Such an attack was deemed to have taken place if strangers settled and grew crops on the territory without first asking permission. In the event of permission being requested and granted, the persons concerned received usufructuary rights, at the same time becoming, as it were, members of the village. Such a village thus increased its numbers and thereby its prestige: in an area short of people, a gain in population definitely meant a gain in prestige.

The situation is entirely different in districts where the population density is seventy-five to the square mile or more. Given the extensive way in which land is used, one may speak here of overpopulation. This extensive use of land is not only seen in subsistence agriculture but equally in cash-crop farming. On coffee and cocoa farms the soil is seldom kept satisfactorily free of weeds, one

Special Studies

often even sees big trees among the coffee bushes or brushwood the height of a man. Only an occasional African farmer (and he is usually an immigrant, a Diula or a Baule) will follow more or less closely the working methods of the European plantations. Most of those wanting larger yields will automatically open up a new piece of land; it does not occur to them to work their existing plots more

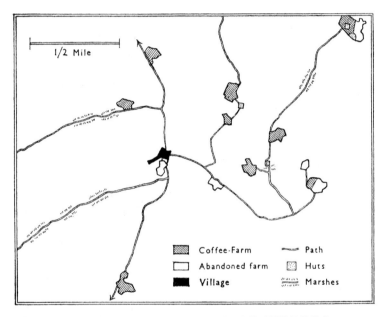

MAP VI. COFFEE FARMS OF TIRPOKO

intensively. This attitude is characteristic of a people who have always possessed an abundance of land, but is one which must lead to difficulties where the density of population has increased. These planters also feel most at their ease when their coffee fields are surrounded by uncleared land where the hunting and trapping are good, and where they can extend their farms without 'jumping' their neighbours' claims. Hence the wide differences in land usage in areas with different densities of population, as is demonstrated by the accompanying maps of the villages of Guézéhoa (canton N'Dri, one of a group of eleven villages situated close together)

Land as an Object of Gain in a Non-Literate Society 255

and Tirpoko (canton Tigrou, density of population 15 to the square mile). In other respects these villages have much in common.[6]

No wonder the Guézéhoa villagers *feel* themselves to be short of land and hampered in their way of life; indeed, they give continual verbal expression to this feeling. The differing densities of the population have come about partly through the removal of villages to or towards the roads. Another factor is that in these same roadside villages strangers (Diula, Wobe, Baule) have settled in large numbers to take up the cultivation of coffee. They acquire the necessary land by paying the autochthonous population for it. Attracted by the prospect of money which does not have to be worked for, Bete villagers provide these strangers with more land than they can do without themselves, thus enhancing difficulties. The nature of the disputes about land varies according to the groups involved. They occur among the members of one lineage-segment as well as between the various segments of a lineage; between neighbouring villages about the borders of their respective territories and, finally, with strangers about the land allotted to them. A few remarks may be made about each of these categories.

Within one lineage-segment discord can arise over the situation of a piece of land allotted to a man by his segment-elder: 'it is too close to a village and the goats will eat my young coffee plants', or, 'it is too far away and I'll lose a lot of time going back and forth from my field'. A complaint of totally different type occurs when the segment-elder, as occasionally happens, sells part of the family land without consulting the other members of the segment. Apart

[6] The maps derive from the *Service de l'Agriculture de la Côte d'Ivoire*. Attention is directed to the fact that only the coffee and cocoa-growing parcels are given, and not the (continually changing) plots where food crops are cultivated. Tirpoko's fields are so widespread that only part of them can be shown on the map. All coffee and cocoa fields of Guézéhoa are shown, with the exception of two which are situated at more than 2 miles distance.

GUÉZÉHOA		TIRPOKO	
Number of inhabitants	168	Number of inhabitants	138
Area in coffee	100 acres	Area in coffee	110 acres
Area in cocoa	20 acres	Area in cocoa	—
Number of farm owners	15	Number of farm owners	16
Average distance from fields to village, as the crow flies	0·5 mile	Average distance from fields to village, as the crow flies	1 mile

from plain covetousness, his motive may also be the need to continue playing the traditional role of segment-elder (viz., to have enough money for the marriage payments). Raulin (p. 101) gives an example of a man who in this manner sold land to the value of 235,000 fr. C.F.A. in eighteen months. This may even lead to an indictment by tribunal (Raulin, p. 85).

Most disputes between lineage-segments in one village arise because the groups concerned each claim that a certain piece of land was cleared by *their* ancestor, giving them the usufruct. Disputes between villages concern the borders of their territories. They are the sequel to the wars of the past, and conflict, involving the use of machetes, still often happens even though it is illegal and punishable.

The fights conducted for years over an area of land between the villages of Salokou and Bibié may serve as an example. As soon as one party planted anything in the disputed territory, the other party went out to destroy it. Blows were exchanged several times. In the end the affair was brought before the *Tribunal Coutumier*, whose President heard the old men from both villages and fixed an 'official' border, assigning the disputed land to Salokou. Salokou had no immediate need of the area and when the affair was properly settled, a few members of a third village, Zahivohio, requested the loan of part of the land and obtained it without difficulty, even receiving permission to fell the valuable palm trees. In my 'Planteur Noir' (p. 166) I have explained the heavy fighting which nevertheless took place in terms of prestige considerations and feelings of affronted sovereignty. Another factor, however, may have been awareness of the *potential* value of the land: should a Diula come along and pay for it, the money goes to Salokou and not to Bibié.

Most disputes with strangers concern either the amount and frequency of payments for land (see paragraph 3) or the extent of the land in question. It is not surprising that discord arises over the size of the plots, considering the haphazard agreements made about them, whereby it is customary to determine not the plot itself but merely a line from which the buyer or user may cultivate the land. Many of these agreements are now put in writing, and

Land as an Object of Gain in a Non-Literate Society 257

are further legalized and registered by the administration (the so-called *Conventions entre Africains*) but even so the territory concerned frequently remains insufficiently demarcated.[7] Conflict can be especially vehement when coffee is already being produced from the disputed land: the Bete owner wants his land back, including the coffee, while the stranger demands the highest possible compensation for the work he has put into it.[8]

III

The foregoing makes it apparent that conveyance of land is a frequent occurrence nowadays among the Bete and the Dida peoples themselves as well as between them and immigrants. What is the nature of these transactions and what rights has the stranger who occupies such a piece of land? We have to ask ourselves more particularly, whether *purchase* or *lease* are involved here. 'Purchase' is meant here to stand for an absolute transmission of propriety rights. 'Lease' for transmission of restricted rights, more particularly the rights of usufruct, the original owner keeping ultimate title. Superficial examination of the situation inclines one to settle for 'purchase', but a closer study reveals phenomena which cause one to hesitate before applying this term in all cases. For example, a Bete paid 3,500 fr. for a plot in a village of which he was not a native, and began the cultivation of coffee. The agreement was that the plot should 'belong to him', but the old man who had sold (?) it came repeatedly to demand a 'gift' of money, not as a present but as a right. This custom of demanding supplementary 'gifts' is widespread, and sometimes continues even years after the land has been transferred. It is typical that these demands are made after harvest time: a share of the harvest is claimed.

Europeans who come in contact with these methods often regard them as an expression of cupidity, an attempt to become rich in spite of idleness. The role of cupidity is undeniable, as is a certain measure of rancour because land which may have been disposed of for a few francs, now brings in thousands annually. Nevertheless, I am not entirely satisfied with this explanation; after all this

[7] See Raulin, 1957, p. 86, for a striking example. [8] Ibid., p. 119.

does not explain why these people express their cupidity in this particular way.

The following analysis may offer a more satisfactory explanation. Before the cultivation of cocoa and coffee, tracts of secondary forest were also disposed of although usually only for one year or a few years at the most, in order to grow rice. No immediate payment was necessary, merely permission. But it was the custom to present a few baskets of rice to the proprietary village at harvest time. Quantity was not fixed,[9] and varied according to the abundance of the harvest. This custom continues to exist in exactly the same way, albeit a small sum of money is now often requested as well. The present-day disposal of land for coffee-growing in the cases mentioned springs from this old tradition. Hence it is not to be wondered at that an analogous share of the coffee harvest is expected. But there is this difference: land for coffee-growing is 'loaned' permanently, since coffee continues to produce for a period of at least twenty years. The owners go on making the old unbusinesslike agreement that they are to receive presents 'at harvest-time', thus making it possible to return at every harvest. Of course numerous conflicts arise over the size as well as the frequency of the expected harvest gifts.

At the same time, by no means all landowners abuse their position; relations between native and stranger are sometimes almost friendly. But the latter is still more or less at the mercy of the person from whom he obtained the land. For instance, three strangers had settled on the territory of a Dida village: two Dida from elsewhere and a Yacuba. Since they had been there only a short time, their coffee plants had made no return as yet, but a 'gift' was to be requested after the first harvest, 'not much from the two Dida, whom we like, but a lot from the Yacuba because we are not so keen on him and really prefer that he goes away'. In the road-side villages, however, where the majority of strangers have settled, the situation described here has largely disappeared by now. Here, 10,000 fr. per hectare is usually paid and in most cases the transfer of land is recorded in a *Convention entre Africains*.

[9] Raulin (p. 77) says that one tenth of the harvest must be surrendered in such cases. This exact figure is undoubtedly a later addition by his informants.

Land as an Object of Gain in a Non-Literate Society

If the Bete still comes for his 'gift' after the harvest, the stranger can refuse it and his position is protected by the administration unless, of course, these 'gifts' or yet other arrangements are embodied in the agreement.

All in all, we find the following forms of land transfer coexisting in one and the same region:

(*a*) a grant of land for one year, with a 'gift' after harvest;
(*b*) ditto, plus a fixed sum of money in addition to the harvest 'gift';
(*c*) a land grant for an indefinite term, with 'gifts' following every harvest;
(*d*) ditto, plus a fixed sum of money; and
(*e*) a definite land grant against a fixed sum (usually 10,000 fr. per hectare).

One may safely state that this series is a diachronistic one, showing the trend of development in time, even though all these forms, from the most archaic to the most modern, co-exist.

IV

The subject of the disposal of land in Bete country has also been dealt with extensively by M. Raulin. My criticism of some of his findings by no means implies that I do not appreciate his work. On the contrary, his report has obliged me to revise some of my earlier opinions. It is apparent, for instance, that the outright sale of land to strangers occurs more frequently than I had originally thought (cf. pp. 181–182 of my 'Planteur Noir' with Section III of this paper). On the other hand, my objections to one aspect of his work seem to be of a sufficiently fundamental nature to justify a more explicit discussion of them here. M. Raulin has made a profound study of the official records of the *Tribunaux Coutumiers* as well as of the *Conventions entre Africains*. His conclusions are largely based on material obtained in this way. He believes it possible to 'juger de l'évolution du droit coutumier foncier *à travers la jurisprudence des tribunaux coutumiers*'.[10] But is he not overestimating the possibilities of this source? I think so, and shall try to show why from two examples.

The writer argues on p. 83 that private property of land was known traditionally, before the arrival of the French. This would have involved tracts of forest deriving their value from cola or palm trees. He bases this conclusion *inter alia* on a statement made by one of the parties during a session of the Tribunal Coutumier, 12–14th April 1956:

> Selon la coutume je suis seul propriétaire des terrains litigieux. Le nommé Agrubi Guépré est mon parent. C'est lui qui a acheté le terrain en question à Guissa Gnassayou. C'est bien avant la pénétration française.

This, however, is certainly insufficient ground on which to base the aforesaid conclusion, particularly because the writer himself has not been present at the session in question and has had no further discussion about it with the person concerned. Let us consider the sources of error possible in the situation. In the first place, the person concerned spoke no French, so a translation is involved here, with all the attendant possibilities of misunderstanding. Secondly, the report of the proceedings is no complete reproduction of what was said; the secretary of the Tribunal reports what he considers essential and this, too, may be a source of terminological error. Thirdly, assuming that the man in question had said 'I am the sole proprietor', would that really be so, or would he in fact be acting in the capacity of holder of his lineage segment? Fourthly, supposing that he is the sole owner in his own and his family's eyes, would this also be true of his ancestor who acquired the land?[11] Fifthly, to what does the ownership refer? To the land itself or perhaps merely to the valuable cola or palm trees? – like many other peoples, the Bete differentiate between ownership (or usufruct) of the land and of the trees.[12]

---

[10] Raulin, p. 83. [The italics are mine.]

[11] cf. Raulin's own words, p. 84.

[12] Raulin is well aware of this (see p. 108), but rejects it as an explanation because the limits of the plot are so clearly defined (p. 84). But if trees on a certain plot are the property of a particular person, would it not be possible to indicate, exactly, to which plot this applies?

Land as an Object of Gain in a Non-Literate Society 261

Personally, as opposed to Raulin, I think that the term private property in our sense of the word is not to be applied to the traditional Bete situation. Even today land may not be disposed of without the assent of all villagers,[13] as the following example may show. A Diula had lived for some years in the Dida village of Gagué, where he was employed as a labourer on the coffee farms. He requested a plot of secondary forest from the segment-elder on whose premises he lived, with the intention of growing coffee himself. The segment-elder gave him permission and allotted him part of 'his' land, at the same time calling a meeting of the village notables to inform them and obtain their assent. The Diula offered them six bottles of liquor, which they drank together. Thereupon the Child of the Earth (*Dodogba*) informed the Earth (and the ancestors?) and asked them not to harm the new occupant. The Diula paid nothing more then; he was to pay only after his first coffee harvest and only to the person from whom he had received the plot.

My second criticism of Raulin is this: when, he says, Bete transfer land to a stranger, the transaction is regarded as definite and they do not go back on it. As a proof he cites the fact that very few cases involving the return of land or supplementary obligations of the stranger come before the tribunal. But no wonder: cases of this nature are invariably declared inadmissible, and this, of course, is known to all. But the fact that people do not start such proceedings by no means implies that they do not really feel entitled to harvest gifts.

In the Ivory Coast area under discussion, as in many other parts of Africa, the anthropologist is no longer solely dependent on his traditional research techniques (participation and observation in a small community); nowadays other sources also yield much information of value. For the Ivory Coast, in addition to the above-mentioned court records and the register of the *Conventions entre Africains*, these sources include census data and data from the *Service de l'Agriculture*. The latter service deserves a special word of praise. It was instrumental in drawing up a map of each village,

---

[13] To avoid misunderstandings, let me say explicitly that Raulin does not suggest that *all* land formerly was private property.

indicating all coffee and cocoa farms and giving the number of farm owners per village.[14]

Data of this kind should certainly not be neglected, especially if we are anxious for our studies to attain a validity transcending the strictly local (the village). On the other hand, we should remain aware of the limits to their usefulness: not only do such administrative data often turn out to be unreliable,[15] there can be pitfalls in their interpretation as well. I believe that M. Raulin has placed *too* much reliance on data of this nature and, moreover, has paid attention too much to the most developed villages. This has resulted in a rather distorted image of reality. In my 'Planteur Noir', on the other hand, I have made too *little* use of administrative data and have given too much attention to villages lying off the beaten track, resulting in a work which distorts in the other direction.

V

Herskovits concludes his discussion of land-tenure in his book *Economic Anthropology*:

Nonliterate folk... are concerned with the products of the land, not with the land itself. This is perhaps a reflex of the lack of economic surplus, production thus being for use and attention being focused on yield rather than on the source from which the yield is derived. (p. 370.)

We have seen that this statement, strictly speaking, has never been applicable to the Bete and the Dida. But what a difference the last twenty-five years have brought! The Bete and the Dida now transfer plots of land for considerable sums. To give an example: in one village land to the value of 650,000 fr. was disposed of within a few years. A point of interest here is that the land concerned was also claimed by a neighbouring village, so that the transactions

---

[14] For examples see the maps in this paper, Raulin, pp. 11, 28 and 95, and Köbben, pp. 78 and 79.

[15] cf. Raulin, pp. 75 and 76, for a striking example.

gave rise to bitter dispute. Nowadays the Bete and the Dida are certainly not concerned merely with the products of the land, but more than ever with the land itself, this being a pre-eminent object of gain for them.[16]

REFERENCES

Delafosse, M. et Villamur, R.	1904.	*Coutumes Agnis.* Paris.
Dunglas, E.	1939.	'Coutumes et moeurs des Bete'. In: *Coutumiers juridiques de l'Afrique Occidentale Française*, t. III, pp. 363–451.
Fortes, M. and Evans-Pritchard, E. E. (eds.).	1950.	*African Political Systems.* London: Oxford University Press.
Herskovits, M. J.	1952.	*Economic Anthropology.* New York.
Köbben, A. J. F.	1956.	'Le Planteur Noir' in: *Études Éburnéennes*, V, 8–190.
Labouret, H.	1941.	*Paysans de l'Afrique Occidentale.* Paris.
Lowie, R. H.	1950.	'Some aspects of political organization among American aborigines'. In: *Journ. Royal Anthrop. Institute*, LXXVIII.
Raulin, H.	1957.	Problèmes fonciers dans les régions de Gagnoa et Daloa. Mission d'étude des groupements immigrés en Côte d'Ivoire. Paris.
Schapera, I.	1956.	*Government and Politics in Tribal Societies.* London.

RÉSUMÉ

Les Bete et Dida, peuples d'agriculteurs installés dans la région forestière de la Côte d'Ivoire, se sont depuis 1930 et particulièrement depuis 1945 consacrés à la culture du café et du cacao. Ils sont divisés en patrilignages exogamiques et sont virilocaux. A chaque village correspond un lignage; the village est subdivisé en segments (2 à 6). L'héritage est du type adelphique. L'aîné du segment est le possesseur de tous les biens familiaux. Tradition-

---

[16] This paper is based on fieldwork carried out in 1953 and 1954 (approx. six months with the Bete and the Dida) as a member of the *École Française d'Afrique* and with financial support from the Netherlands Organization for Pure Scientific Research. The writer is grateful to Mrs. Wentholt-Haig for her able translation of the original Dutch text.

nellement il n'y avait pas d'intégration politique au-dessus du village. Outre l'aîné du lignage, l'on rencontre dans chaque village le *Dodogba* ou 'Enfant de la Terre'. Les revenus annuels moyens provenant de la vente de café ou de cacao furent, en 1951–1952, 6,000 Frs. C.F.A. dans la subdivision Gagnoa (Bete) et 7,500 Fr. C.F.A. dans la subdivision Lakota (Dida).

Les traditions orales démontrent que la notion de terres sans possesseurs est étrangère à ces peuples. Chaque village a son territoire aux limites assez précises. Le village Bete ou Dida peut être considéré comme un petit état composé par un groupe souverain ayant son propre territoire.

Jadis, les limites de ces territoires pouvaient être changées suite à une guerre; actuellement les litiges entre villages sont tranchés par les Tribunaux Coutumiers. Le territoire du village est un ensemble différencié. La forêt primaire appartient à la communauté. Les parties du territoire qui, à un moment quelconque, ont été défrichées sont divisées entre les segments lignagers. On peut dire que ces segments ont 'la possession de l'usage héréditaire'.

L'aîné du segment exerce le contrôle sur ces parties; il décide de l'emplacement des rizières, mais ne supervise pas le travail. Après récolte, la rizière ou tout autre champ sont actuellement plantés de café. Ainsi donc la parcelle, pendant de nombreuses années, ne se trouve plus placée sous le contrôle du l'aîné du segment. Les revenus tirés de la plantation du café ou du cacao ne sont plus remis à l'aîné du segment – tout au moins pas par les jeunes, qui continuent cependant à s'acquitter des paiements cérémoniels. Les nouveaux fermiers ont aussi tendance à laisser leurs plantations à leur fils; ils le font surtout sous la forme d'une donation *inter vivos*. Cependant les cas se présentent aussi où les frères-héritiers remettent une plantation au fils du défunt. En même temps, se manifeste cependant le désir d'assurer aux fils un droit incontesté sur les produits des cultures pérennes. Ce mouvement en faveur des fils est loin d'être général et beaucoup dépend des qualités de leadership de l'aîné du segment.

Les disputes foncières sont très fréquentes chez les Bete et Dida. La fréquence et l'intensité de celles-ci sont liées à la densité de la population. Cependant les litiges fonciers dans les régions peu peuplées et qui ne sont pas de date récente, ne doivent pas être mis en rapport avec l'existence de cultures pérennes ou l'importance attachée à l'incorporation du travail personnel dans les forêts secondaires. Ils trouvent probablement leur explication dans le fait que les villages – petits états souverains – ne tolèrent pas les attaques contre leur souveraineté et que l'installation d'étrangers usufruitiers permettait au village d'accroître sa force numérique et son prestige.

La situation est sensiblement différente dans les régions à densités allant de 75 au mille carré à plus. Le caractère extensif de l'usage de la terre permet de parler de surpeuplement. La distribution inégale de la population est partiellement due au déplacement des villages le long des routes et à l'immigration d'étrangers qui paient pour l'usage de la terre. Les litiges fonciers se manifestent à l'intérieur du segment lignager concernant, par exemple, l'emplacement de la parcelle ou la vente de terres fait par l'aîné du lignage sans consultation des villageois. Ils existent aussi entre segments du village concernant, par exemple, les droits sur une terre défrichée et entre villages concernant les limites des territoires. Les disputes avec les étrangers ont trait au montant et à la fréquence des paiements ou à la taille de la parcelle accordée.

Les transactions foncières ne peuvent pas être considérées comme 'vente' pure et simple. Divers dons supplémentaires suivent généralement l'opération 'd'achat'. La cupidité, qui est invoquée parfois pour expliquer cette procédure, ne suffit pas. L'actuelle 'vente' de terres pour plantations de café puise ses origines dans certaines coutumes qui admettaient le transfert de terres pour un an ou plus moyennant la remise de redevances à la fin de chaque récolte.

Dans les villages situés le long des routes, où s'établissent le plus grand nombre d'étrangers, le système de redevances en sus du paiement initial est de plus en plus remplacé par un paiement fixe de 10,000 Frs à l'Ha.

Contrairement à ce qui a été affirmé par Raulin, qui a fait un examen attentif des documents officiels des Tribunaux Coutumiers et des conventions entre Africains, les concepts de propriété privée et de transfert définitif n'existent pas dans la société traditionnelle des Bete. Ces documents officiels, qui ne peuvent être ignorés des Anthropologues, sont sujets à caution et peuvent pécher par des erreurs d'interprétation.

XII. SOME EFFECTS OF THE INTRODUCTION OF INDIVIDUAL FREEHOLD INTO BUGANDA

AUDREY I. RICHARDS

The present system of land-tenure in Buganda is the result of one of the most interesting experiments in administrative and economic policy which has been made in East Africa during the past century – namely the sudden introduction of individual freehold into a tribal territory in which land had been held by chiefs and notables in feudal tenure from their king (*Kabaka*). This experiment was remarkable in that it took place so early in the history of the Uganda Protectorate. (The British Protectorate was proclaimed in 1893 and the Uganda Agreement, which embodied the new system of land-holding, was signed in 1900.) It was unusual also in that the new system of freeholding seems to have been introduced as part of the political settlement of the country rather than as an economic measure designed to give peasants greater security over their land and thus to encourage them to make more permanent improvements in their farms, the reason given in recent years for the introduction of individual titles to peasant plots in other parts of East Africa. Notable also was the allocation of large estates to traditional authorities rather than small plots to deserving peasants.[1] For instance, by the Uganda Agreement, the three Regents for the then infant Kabaka received 40–60 square miles in freehold tenure: 20 of the chiefs got 20 or more square miles: 150 others got 8–12 square miles and the majority 2 square miles.

The subsequent Buganda Land Law of 1908 stipulated that no individual owner might acquire more than 30 square miles without the permission of the Governor and this measure gives some indication of the size of estate thought possible.

The result of this measure – the so-called *mailo* system – was to create a number of large personal estates inhabited by peasants

[1] The recent Kenya land consolidation scheme for Kikuyu and other areas provides for individual titles to 8-acre plots.

and to make possible the buying or selling of land at will, except to persons who were not inhabitants of Uganda, when the permission of the Governor was required. The *mailo* system has obviously had very important economic and social effects on the development of Buganda and, since the introduction of individual land-holding and the creation of a class of specialist African farmers are measures now being considered by many African Governments, it is instructive to consider some of the main results of this Uganda experiment as they can be observed over the last 60 years.

THE ENVIRONMENTAL BACKGROUND

Buganda forms part of a plateau, 4,000 feet high, which lies along the north-western margins of Lake Victoria. It is the wealthiest area in Uganda with a fertile soil and a rainfall averaging 50 inches a year, although the figures for the two high-rainfall belts are higher, i.e., 45–70 inches and 40–60 inches respectively. The double rainy season makes possible the production of two annual crops instead of one. The staple food is the plantain, a crop which can be grown for many years on the same land and makes possible permanent settlement. Subsidiary crops are sweet potatoes, cassava, maize, ground nuts and a little millet.[2]

The population is unlikely to have been heavy at the time the *mailo* system was introduced. The population figure of 1,296,701, given in the 1948 census, includes 34 per cent. settled immigrants mostly from Ruanda-Urundi, who began to come in large numbers to Buganda from 1920 onwards, i.e., 20 years after the signing of the Uganda Agreement. Mukwaya reckoned the overall density of population in 1948 as 77 per square mile with closer settlement, as might be expected, in the high rainfall areas.[3] This density figure is likely to have been considerably lower in 1900.

[2] The dependence of the Ganda on the plantain is shown by the figures for acreage under cultivation given by the Agricultural Report for 1951, i.e., plantains 29 per cent.; sweet potatoes 6·1 per cent.; cassava 5·6 per cent.; maize 5·6 per cent.; ground nuts 3·5 per cent. and millet 2·1 per cent.; with cash crops, cotton 30·4 per cent.; coffee 9·5 per cent. (quoted by Mukwaya, 1953, p. 4).
[3] Mukwaya, op. cit. p. 4 and J. M. Fortt in Richards, 1954, chap. IV.

THE TRADITIONAL SYSTEMS OF LAND-TENURE

When European travellers first reached Buganda in the last half of the 19th century, Buganda was ruled by a powerful and autocratic monarch who had acquired the right;

(*a*) To appoint those he wished to favour to territorial governorships, sub-governorships and to a hierarchy of lesser chieftainships. Chiefs were made responsible for the collection of the king's tax, the leadership of feudal levies for his army, the making and upkeep of roads and the conduct of judicial courts. Each such chief had an official estate inhabited by peasants who gave him dues in labour and tribute. The chief held his office and estate at the king's pleasure and it passed to the next incumbent, if the office-holder died or was replaced.

(*b*) To allot tracts of land within these administrative districts to the members of his family, e.g., the queen mother, queen sister, princes and princesses. These received labour and tribute from their peasants and adjudicated in their cases. They were not liable to formal taxation. Princes maintained hereditary rights to their estates, but not the royal women.

(*c*) To allocate large or small estates to loyal followers, who held such land on feudal tenure in return for services rendered and undertook to provide and lead soldiers for the kabaka, or to bring him firewood or to do him other services. They also received labour and tribute from their peasants. Unlike the fief-holders of medieval Europe, they were rarely able to maintain hereditary rights to their estates.

(*d*) To appropriate estates of his own in any governor's district, or 'county'. These were also inhabited by peasants. Each new king chose such a royal estate during his life-time and called it by his name. The estate was then passed on to the next king.

The only hereditary officials in this system of government were the clan or lineage heads who occupied sites, usually hill-tops, which their ancestors had inhabited and where they were buried. Each of the 37 Ganda clans had a number of such estates occupied by lineage heads of different orders of magnitude. Roscoe gives as many as 37 in the case of one clan.[4] Unlike the land given out to administrative chiefs and fief-holders these were hereditary estates.

In this system peasants had rights to patches of land allotted them by their immediate lord, be he fief-holder, lineage head, prince or administrative chief. The peasant was secure in possession of this plot as long as he continued to give his land dues in tribute and labour. Unlike most medieval peasants he was free to move if he felt he was badly treated and since lords valued a large demesne peopled by willing peasants they presumably behaved so as to encourage their tenants to stay on their land.

Thus control over land in the traditional system was always associated with the exercise of political rights and duties. Its possession was very highly valued as a mark of office, status and also of the kabaka's favour. It enabled an office holder to build up a large enclosure inhabited by servants and courtiers and to put large banana gardens under cultivation through tribute labour. But except in the case of the king, the princes, the clan heads and a very few fief-holders no lord had hereditary claims over land or could even reckon to have the use of it at all permanently during his life-time. All these facts affect the reactions of the Ganda to the new system of freehold tenure introduced in 1900.

CHANGES BROUGHT ABOUT BY THE BRITISH OCCUPATION OF BUGANDA

From the point of view of land use the most important changes which resulted from the British occupation of Uganda were the following:—

(a) The allocation of large estates in freehold – the subject of this article – together with the introduction of compulsory registration of land titles and transfers together with plans. (Registration of Land Titles Ordinance 1908); legal provisions making it impossible to sell or purchase land without registration (Land Sale (and Purchase) Law 1939); and the starting of a

[4] Roscoe, 1911, chap. VI.

Effects of the Introduction of Individual Freehold

proper cadastral survey of Buganda land holdings now nearing completion.

(*b*) The introduction of cotton as a cash crop into this fertile area in 1905, to be followed by coffee which expanded rapidly after 1924 and now rivals cotton as a source of income in Buganda.

(*c*) The building of the railway from Nairobi to Kisumu, a port on the Kavirondo gulf of Lake Victoria in 1901 and its extension to Kampala in 1931, both steps which made it possible for the Ganda to export their cash crops.

A further factor which made for the prosperity of Buganda, though it was not a step undertaken by the Protectorate Government, was the constant influx of immigrant labourers from poorer parts of Uganda and from over-populated Ruanda and Urundi which enabled the Ganda to exploit their land with much less effort to themselves. Annual figures of immigrants by the South West routes into Buganda show how large these numbers were:

1938 71,516
1951 86,232[5]

In the light of these factors we should examine the development of land-tenure in Buganda since 1900.

In the first place how many Ganda acquired land in freehold at the beginning of the century? Sir Harry Johnston, the author of the Uganda Agreement of 1900, designed its terms to ensure the pacification of the country, disturbed by the bitterness left by the 'religious' wars between Catholic, Protestant and Moslem supporters, which had begun in 1892 and had led to the constant movement of peoples following their chiefs. All land was allocated to persons in authority, 1,003 square miles to the Kabaka, members of the royal family and the greatest of the chiefs and 8,000 square miles to be divided between 1,000 other chiefs and notables on the decision of the Buganda Council (*lukiko*). This latter number was increased to 3,700 persons in 1905.

Though some of this land was used for providing official

[5] See Richards, op. cit. pp. 254–5, for a discussion of these figures by P. G. Powesland.

estates for the administrative chiefs recognized by the Protectorate Government ('County' and 'Sub-county' chiefs) and appointment to these posts remained, theoretically at any rate, in the kabaka's hands,[6] yet the majority of the 3,700 recipients of land were immediately freed from their political duties vis-à-vis the kabaka, and acquired for the first time secure title to an economic asset, an asset which became more and more valuable with the introduction of cash crops and the building of a railway to carry them to the coast.

The first Ganda land-owners began feverishly to realize their assets in order to secure a quasi-European standard of living as to housing, furniture, clothing and education. They sold parts of their new estates, first in order to pay the heavy fees for land survey and registration, and next to buy consumption goods.

They sold to fellow Africans and also to Europeans and Asians.[7] They made money by accepting cash dues instead of tribute from their peasants and managed to raise these 'rents' (2 rupees in 1905: $3\frac{1}{2}$ rupees in 1910 and 5 in 1915). They claimed a proportion of the cotton when peasants asked for new plots on which to grow it. They exploited their traditional rights over peasant labour and the knowledge they had acquired in organizing labour on their official and private estates in the old days. Land-owners and ex-chiefs put big cotton plots under cultivation with the aid of peasant labour and from 1915 onwards began to emulate European settlers by starting coffee and rubber plantations.[8] (The latter have long since been abandoned.)

Peasants began to refuse tribute labour but from 1920 onwards land-owners had the assistance of immigrant labour, employed as jobbing labourers, piece workers, share-croppers or regularly employed 'by the month' as wage-labourers.[9]

In 1927 the Government intervened to protect the peasant by

[6] The kabaka was an infant at the time.

[7] The 1908 Buganda Land Law made it illegal to sell land to non-natives without the permission of the Protectorate and Buganda Government but in 1913 there were already complaints from the lukiko as to the sale of land to Europeans.

[8] See Powesland, 1957, for an account of the beginning of a policy of European settlement in Uganda and its abandonment in 1926.

[9] See Richards, op. cit., Chap. V.

Effects of the Introduction of Individual Freehold 273

quarantining him an occupier tenancy which secures him from eviction if he continues to cultivate and fixes his dues at 10s. a year per plot of any size (*busulu*) plus 4s. an acre or 8s. from 1 to 3 additional acres as (*envujo*), (Busulu and Envujo law of 1927). The fixed 'rent' of 10s. is greatly below the present value of the land in many areas. It is true that the land-owners retaliated to this form of rent control by asking 'key-money' from a peasant who took up a plot on their estates, yet the right of the peasant to occupy his plot and to pass it on to his heirs which was secured him in 1927, has certainly stopped many land-owners from putting large areas under the tractor in recent years.

By thus exploiting their new assets land-owners at the beginning of the century established themselves as a separate class. They still had the status attached to their old chiefly functions and continued to behave as lords to their peasants, but they added a new standard of living. Peasants began to buy land (see below) but the great land-owners created in 1900 had about 20 years' start. The first land-owners also used their money to acquire access to European boarding schools for their sons and daughters and even to send them overseas to be educated in England, India, Ceylon, or to a lesser extent, America. Their sons thus became specially fitted to fill posts in the Protectorate or Buganda Government as clerks, supervisors or chiefs. An analysis of career histories of chiefs made recently shows that out of 20 county chiefs 100 per cent. were land-owners (53 per cent. inherited and 47 per cent. bought) and out of 128 sub-county chiefs 97 per cent. owned land (47 per cent. inherited and 25 per cent. bought).

Land-owners also dominate the political councils of Buganda. Even small land-owners have a recognized right to sit on councils at a low level, and hence to be available for election to a higher council or to be chosen as a chief. It must be remembered also that land-owners were able for the first time to pass on land to their heirs. Buganda had in fact acquired something like an hereditary ruling class.

Peasants also began to see the possibilities of making money through growing cotton, although its cultivation had at first to be forced on them. They shared the traditional idea that the control of land was associated with status, and once they discovered that they could buy land on their own account its purchase became the great aim of thousands of Baganda and a 'primary incentive to work and saving'.[10] They took to wage labour with Europeans in order to make the necessary money since the purchase of a plot, however small, enabled them to 'become a chief' and incidentally to be free of tribute labour. Many of these peasants bought, and still buy, very small plots. A survey of villages made in 1951 showed that the average size of plots held by peasants in customary tenure was 2½ to 3 acres while that of land-owners only reached a figure of 6 acres.[11] The economic position of the customary tenant and the small land-owner is therefore very similar, yet the latter considers himself to be in an entirely different social class and has different political influence.

Both customary tenant and small land-owner were able to use immigrant labour, however intermittently, and both found themselves in opposition to the large land-owner on this point. Landowners tend to want to get key-money from immigrants and hence to allow them to settle permanently; customary tenants realize that settled immigrants will cease to want to work for their Ganda neighbours on piece-work or some other jobbing basis. (Figures collected in the immigrant labour survey of 1951 show that the majority of the immigrants in rural areas have managed to secure plots in customary tenure and are thus protected from eviction by the 1927 legislation as are Ganda peasants. In the three survey villages 65·2 per cent., 61·9 per cent. and 58·8 per cent. respectively had secured such plots.)[12]

THE DEGREE OF FRACTIONATION OF LARGE ESTATES

The *mailo* estates of the beginning of the century were at first decreased very rapidly by sale. In 1935 Thomas and Scott reckoned that the 3,700 holdings established in 1905 had increased to 20,000.[13] The Registrar of titles estimated in 1953 that there were 58,000

---

[10] *Annual Report of the Land and Survey Department 1926*, quoted by Powesland, op. cit., p. 22.
[11] Richards, op. cit., p. 124.
[12] Richards, op. cit., p. 130.   [13] Thomas and Scott, 1935, p. 103.

Effects of the Introduction of Individual Freehold 275

land-owners in Buganda allowing for claims not sent in. His office reckoned to register 5,000 claimants a year.[14]

It is clear however that prudent land-owners did not fractionate their land indefinitely. A sample survey of *mailo* estates in two counties completed by Mukwaya in 1952 certainly showed that the number of owners had gone up from 135 in 1920 to 687 in 1950. The average size of holding had also gone down from 382·48 acres in 1920 to 75·15 acres in 1950. Yet there were still large estates. In fact 75·3 per cent. of the land was owned by 13·2 per cent. of the owners and these estates averaged 427 acres.

It is true that more land-owners now acquire land by purchase than by inheritance. The figures for 637 estates show that 4·80 per cent. were estates allotted in 1900; 19·21 per cent. were inherited; 18·19 per cent. had been given by kinsmen; and 57·78 per cent. had been bought. Yet the majority of owners with estates over 100 acres were original owners or had inherited their land from such owners. That is to say 52·5 per cent. of the total land had been inherited and 23·84 per cent. had been bought. There is also a marked tendency for the Ganda to leave the greater part of an estate to one main heir. Thus 40 out of an original 98 estates were inherited without extensive subdivision, 17 of these being inherited whole, while in another 20 the principal heir received over half the land.

These figures show that some of the original receivers of lands valued their estates and wished to keep a major part of them intact. There is also evidence that this desire to keep and to acquire big estates is growing. Many big land-owners are becoming specialist farmers. In the rich coffee-growing areas of Buddu some farmers employ up to 100 immigrant labourers.

A few have become very wealthy indeed. One is known to have made at least £7,000 during one year of the recent coffee boom. Others have made money by purchasing lorries for the transport of plantains and other food-stuffs to the towns, or have hired Ankole herdsmen to look after dairy cattle kept as a commercial venture. Some have mortgaged their land in order to raise loans for setting up coffee processing plants or small shops.

[14] Quoted by Mukwaya, op. cit., p. 30.

The majority of the Ganda naturally do not achieve such wealth through agriculture yet they nevertheless now despise unskilled wage-labour in the new industries of Uganda and these are almost entirely dependent on immigrant labour. On a count made in 1950 only 29·7 per cent. of the number of wage earners in scheduled occupations in Buganda were Ganda. This figure represents 2·5 per cent. of the total Ganda population.[15] If Ganda cannot get semi-skilled work in these industries they prefer living in their traditional fashion on their plots. Immigrants also tend to prefer the go-as-you-please of casual work for Ganda farmers to the regular working-day of an industrial concern. Figures show that in 1938 the percentage of immigrants working for Government or private employers was 24 per cent. with 76 per cent. engaged in peasant agriculture: in 1950 a count of immigrants passing through Kyaka ferry shows 75 per cent. in peasant agriculture and 55 per cent. of those going through Kabale.[16] This is one of the regions of Africa where agriculture competes successfully for labour with industry.

SOME POINTS FOR DISCUSSION

1. It is clear that the *mailo* system has produced a wealthy class of land-owners whose advance has been helped by immigrant labour from poorer areas beyond Buganda's borders. This class had differential access to education and provided, and still provides, the administrative and other officials who have helped to develop Uganda. Recently also land-owners who either inherited large estates or who have added to small ones by purchase, have taken to farming on a commercial scale with considerable success.

Peasants have also bought land in large numbers and it is still their primary objective to do so. Though they started many years behind the first recipients of land under the 1900 Agreement yet some of them have reached the medium or big land-owner class by their exertions and social mobility in Buganda is marked. Estates have been allotted and squandered; fortunes made and lost;

---

[15] Richards, op. cit., p. 94.   [16] Ibid.

lorries bought and wrecked and yet Buganda as a whole has advanced.

Would the results have been the same:

(a) If the traditional political system of Buganda had not provided it with a hierarchy of feudal authorities accustomed to administer large estates and ambitions to raise their status in the new economic system?

(b) If the land had been given out more equably in 8- or 10-acre plots to many Ganda instead of big estates to a few?

(c) If European large-scale plantation had prospered in Uganda?

(d) If large numbers of immigrant labour had not been available and if the particular system of land-tenure in Buganda had not attracted them with promises of easy settlement?

(e) If the fertility of Buganda had not been so great?

2. All classes of Ganda evidently adopted western economic concepts readily. They were using a shell currency before the arrival of the British and the measurement and registration of land seems to have taught them to conceive of units of land in terms of money values, which has not happened in many other areas. The extraction of key-money and the forms of land speculation which go on round Kampala and Jinja show that Ganda land-owners have adopted many of the practices of their western counterparts without any formal instruction from Europeans. Yet the traditional association of status with land-owning remains, and the buying of land is still a primary objective for most Ganda. Land cases are heard by clan councils and heirs of estates still have to do formal homage to the Kabaka. This blend of traditional and western ideas is characteristic of the area.

3. The freedom of the Ganda to buy and sell land is envied by their neighbours the Soga and the Nyoro, who have frequently asked the Government to introduce the *mailo* system into their territories. What they envy is not the security of the peasant on his plot, for their own systems of land-tenure give the peasant the security he requires for cultivation. On the contrary, they value the Ganda's power of raising large sums of money for sale and

mortgage and thus making a big step forward in the economic sphere. Will the more recent schemes for introducing individual freehold on peasant plots satisfy Africans' needs for capital unless they are related to plans for rural credit and loans? How far will 4 acre or 5 acre schemes of individual holdings tend to lead to the purchase of a number of holdings by one individual interested in commercial farming, and is this to be desired?

REFERENCES

Mukwaya, A. B.	1953.	*Land Tenure in Buganda*. Kampala, East African Studies No. 1.
Powesland, P. G.	1957.	*Economic Policy and Labour*. Kampala, East African Studies No. 10.
Richards, A. I. (Ed.)	1954.	*Economic Development and Tribal Change: a Study of Immigrant Labour in Buganda*. Cambridge, Heffer.
Roscoe, J.	1911.	*The Baganda*. Cambridge.
Thomas, H. B. and Scott, R.	1935.	*Uganda*. Oxford.
Thomas, H. B. and Spencer, A. B.	1938.	*A History of Uganda Land and Surveys*. Entebbe.

RÉSUMÉ

L'actuel régime foncier du Buganda est le résultat de l'introduction brusque de la propriété foncière libre dans une région tribale où la terre avait été possédée par les chefs et notables sous un système de tenure féodale à la tête duquel était le Roi. Le 'Uganda Agreement' de 1900 assura l'attribution de larges domaines aux autorités traditionnelles. Le 'Buganda Land Law' de 1908 stipula qu'aucun propriétaire individuel pouvait acquérir plus de 30 milles carrés sans la permission du Gouverneur. Le système des *mailo* résulta donc en la création de grand nombre de domaines personnels et la possibilité de vendre et d'acheter des domaines. A la fin du 19ème siècle le Buganda était regné par un autocrate qui avait le droit: (1) de nommer et de destituer les grands et les petits chefs; (2) d'attribuer aux membres de sa famille certaines terres situées dans les différents districts administratifs, seuls les membres mâles jouissant de droits héréditaires; (3) d'attribuer des domaines aux serviteurs loyaux; (4) de s'approprier des terres dans les divers districts attribués aux Gouverneurs.

Les seules autorités héréditaires furent les chefs des clans et lignages, généralement installés près des sommets des collines. Chacun des 37 clans Ganda disposait d'un certain nombre de pareils domaines. Les paysans exerçaient donc des droits sur des parcelles qui leur avaient été attribuées par leurs seigneurs immédiats. Ils jouissaient de la sécurité de leurs tenures tant qu'ils continuaient à s'acquitter des tributs et corvées. Du point de vue de l'usage des terres, les changements les plus importants résultant de l'occupation de l'Uganda par les Anglais furent: (1) l'attribution de larges domaines à titre de propriété et l'enregistrement obligatoire des titres et transferts fonciers; (2) l'introduction du coton en 1905 et du café en 1924; (3) la construction du rail. Un quatrième facteur qui contribua à la prospérité du Buganda fut l'immigration continuelle de travailleurs provenant de régions plus pauvres de l'Uganda et du Ruanda-Urundi surpeuplé. Le développement depuis 1900 de la tenure foncière au Buganda peut être examiné à la lumière de ces facteurs. Suite aux dispositions légales de 1900 et de 1905, 3,700 personnes (chefs et notables, surtout) avaient obtenu des domaines et s'étaient libérées des devoirs politiques envers le Roi. L'introduction des cultures pérennes rendit à ces domaines une valeur de plus en plus grande. Les premiers propriétaires, dans le but de payer les frais d'enregistrement et de s'assurer un standing de vie quasi-Européen, commençaient à vendre des parties de leurs domaines. Ils mettaient aussi de larges parties de terres sous culture (coton et café), grâce surtout au travail tributaire de leurs paysans. Vers 1920, lorsque les paysans commençaient à refuser les corvées, les propriétaires fonciers disposaient de travailleurs immigrants. En 1927 le Gouvernement, pour protéger le paysan, lui garantit une location d'occupant moyennant le paiement de sommes fixes. Ainsi donc se développa au Buganda une nouvelle classe, qui pouvait entre autres employer son argent pour donner une meilleure éducation à ses membres; elle jouait aussi un grand rôle dans les Conseils politiques. Pour des milliers de Ganda l'achat de parcelles (souvent fort petites) devint un des buts suprêmes. Bien que la position économique du tenancier coutumier et du petit propriétaire foncier soit fort similaire, le dernier se considère comme appartenant à une autre classe sociale et exerce une influence politique différente. Le fractionnement des grands domaines accéléré au début du siècle par les ventes de terrain (en 1953, il y avait 58,000 propriétaires fonciers et l'accroissement était de l'ordre de 5,000 par an), se poursuit jusqu'à nos jours. Cependant les propriétaires prudents n'admettent pas un fractionnement indéfini; en outre, il existe la tendance de laisser la plus grande partie du domaine à un héritier principal. Plus nombreux sont les propriétaires fonciers qui ont acquis leurs terres par achat que par héritage. Le désir de conserver et d'acquérir de larges domaines est d'ailleurs général, à tel point que beaucoup de grands propriétaires deviennent fermiers spécialisés. La majorité des Ganda méprisent d'ailleurs le travail de salarié non-qualifié dans les nouvelles industries.

On peut se demander si ces remarquables résultats auraient été atteints: (1) si le système politique traditionnel n'avait pas pourvu le Buganda d'une hiérarchie d'autorités féodales habituées à administrer de larges domaines et pleines d'ambitions? (2) si la terre avait été attribuée, en petites parcelles, à grand nombre d'individus? (3) si les grandes plantations Européennes avaient prospéré? (4) s'il n'y avait eu la disponibilité de travailleurs migrants et si ceux-ci n'avaient été attirés par les promesses d'établissement facile? (5) si la fertilité du pays avait été moins grande? En outre, nonobstant l'adoption facile par les Ganda des concepts économiques Européens, l'association traditionnelle entre rang social et propriété de la terre reste ferme. Finalement, les nouveaux projets d'introduire la propriété individuelle satisferont-ils aux besoins africains, à moins qu'ils ne soient liés à des plans de crédit et de prêt ruraux?

XIII. LA PROPRIETE FONCIERE CHEZ LES KONGO DU NORD-OUEST. CARACTERISTIQUES GENERALES ET EVOLUTION

MARCEL SORET

INTRODUCTION

Les Kongo Nord-Occidentaux occupent le Sud-Ouest de la République du Congo, la pointe occidentale du Congo Belge et le Cabinda. Leur nombre approche du million. Leur Indice Démographique simplifié varie de 120 à 194, mais reste très progressif avec une valeur moyenne de 171.

Bien que le pays Kongo soit une des régions les plus urbanisées d'Afrique avec quelque 700,000 citadins (dont 350,000 allogènes), que ses villes soient toutes formées d'immigrés récents (guère plus de 25 pour cent des citadins sont nés en ville), les Kongo Nord-Occidentaux restent un groupe assez fermé aux étrangers. Les villes frontières comme Léopoldville ou Matadi ont, certes, une population ethniquement assez hétérogène, mais Pointe-Noire est à 80 pour cent Kongo et, dans les campagnes, les étrangers ne se rencontrent pratiquement jamais.

En beaucoup d'endroits, l'importance de cet exode rural (25 pour cent au moins des Kongo vivent dans les centres), le grand nombre des salariés ruraux (les détribalisés forment 30 pour cent de la population) auraient bouleversé les structures socio-économiques. Ici, l'évolution, malgré sa rapidité, n'a pu les détruire. Le pays Kongo se présente pourtant comme économiquement très développé. Pour sa seule partie intéressant la République du Congo, notons, entre autres, le plateau des Cataractes et la Vallée du Niari qui, outre le ravitaillement nécessaire à quelque 250,000 extra-coutumiers et 10,000 Européens, produisent encore pour l'exportation: des arachides, de l'huile et des noix de palme ainsi que du tabac.

Certes nous y trouvons quelques mines, quelques exploitations forestières, mais le Sud de la République reste essentiellement agricole. Le grand nombre de plantations européennes qui y sont installées ne fait que confirmer cette vocation. Ce nombre n'est toutefois pas tel qu'il pose des problèmes de partage des terres obligeant le Gouvernement à intervenir. Celui-ci s'est borné notamment, à coordonner les projets des planteurs et les cultures traditionnelles, à promouvoir les paysannats.

Les structures Kongo peuvent être considérées comme le type même de celles des sociétés à parenté matrilinéaire. L'évolution tend toutefois vers le patriarcat. Cette évolution a d'ailleurs pu être suivie sur une assez longue période: lors de la découverte, en 1482, de l'embouchure du Zaïre, le pays formait une série d'Etats organisés, connus sous le nom de Royaumes de Congo et qui comprenaient; le royaume de Congo proprement dit, divisé en six provinces et les trois royaumes de Ngoyo, Kakongo et Loango, plus ou moins soumis au premier. Le dernier de ces royaumes qui intéressait la zone côtière de l'actuelle République du Congo 'couvrait vraisemblablement de son autorité le Mayombe Français et une partie du Mayombe Portugais'. Un *no man's land* d'une centaine de kilomètres le séparait sans doute, à l'origine, des Téké dont le Royaume (dit du Makoko) s'étendait quelque 200 km plus à l'Ouest qu'à l'heure actuelle. Les Royaumes de Congo, fortement centralisés, étaient divisés en provinces, subdivisés en chefferies à base politico-sociale et hiérarchisées du clan primaire au lignage. L'évolution qui n'a cessé de s'accélérer du XV° siècle à nos jours a progressivement dispersé le pouvoir des mains du 'Roi' entre celles des chefs des lignages les plus réduits.

La tenure foncière a suivi le même mouvement.[1]

Caractéristiques générales de la tenure foncière

La lente évolution qui a ramené l'unité socio-politique du Royaume au lignage, s'est aussi répercutée sur la conception de la tenure. Celle-ci, comme presque partout en Afrique, est restée collective, mais l'importance du groupe propriétaire est allée en diminuant. Avant d'analyser les étapes et les causes de cette

[1] Pour de plus amples détails sur cette fraction des Kongo, voir: – Soret, Marcel; Les Kongo Nord-Occidentaux; Paris, Presses Universitaires de France, 1959; 1 vol., 144 p., 4 fig., 2 c. dont 1 h.t.; Collection Monographies Ethnologiques Africaines.

La Propriété Foncière chez les Kongo du Nord-Ouest

évolution, nous allons d'abord essayer de préciser les caractéristiques de cette propriété foncière.

La propriété est collective, mais sans communisme: 'Les membres du groupe attendent de la communauté, non des biens, mais des services' (Mauss); il y a communauté de droits individuels, sans finalité commune, ce qui, selon notre droit occidental, enlève la qualité de personne morale au groupe propriétaire, car 'les individus, et eux seuls sont titulaires de droits... que possèdent concurremment tous les individus en tant que faisant partie du groupement' (Malengreau).

Il ne s'agit pas, non plus, de co-propriété, cette dernière s'analysant 'en une somme de quote-parts individuelles abstraites, de fractions de droit mathématiquement déterminées ayant pour objet une chose mise en état d'indivision par la volonté des propriétaires, ou matériellement indivisible en raison de sa nature ou en raison de sa destination.... Tandis qu'ici, c'est le droit lui-même qui est indivis, la chose sur lequel il porte pouvant très bien, en fait, être et l'est parfois effectivement, partagée.

A l'heure actuelle cette propriété est généralement répartie entre les lignages. Le clan conserve toutefois un droit éminent: Le lignage a tous les droits du propriétaire, mais, s'il s'éteint, la terre retournera au clan et le chef pourra la remettre à un ou plusieurs autres lignages. Dans la région de Brazzaville c'est le lignage étroit qui a la libre disposition de ses terres dans la limite des lois traditionnelles. Plus à l'Ouest, où la population est moins dense, la 'terre', l'unité territoriale est entre les mains du lignage large, le clan primaire, ou tout au moins l'unité sociale qui se voudrait être le clan primaire ayant, en cas d'extinction du 'sous-clan', le droit éminent.

Quels sont les droits du groupe propriétaire?

La jurisprudence occidentale distingue différents droits de propriété, notamment: l'*usus*, le *fructus* et l'*abusus*. Tous les chercheurs reconnaissent au lignage l'*usus* et le *fructus*. Par contre l'*abusus* est âprement discuté: On a toujours considéré qu'une des caractéristiques essentielles de la propriété africaine était son inaliénabilité, que certains ont tendance à confondre avec le *jus abutendi*. En fait, ce qui est inaliénable, c'est le droit à la propriété: Le groupe a tous les droits sur son terrain, y compris celui d'en céder une partie. La seule chose qu'il ne puisse pas céder, c'est son droit à être propriétaire, donc, en fait, la totalité du terrain. Par contre il peut fort bien, ce qui est une des caractéristiques de l'*abusus*, détourner celui-ci de sa destination normale, par exemple niveler une colline ou combler un étang. Une autre caractéristique de l'*abusus*, pour la propriété mobilière, réside dans le droit de destruction. Elle ne saurait être prise en considération dans le cas de la propriété foncière car, alors, Dieu seul pourrait être considéré comme vrai propriétaire.

En définitive, les opinions concernant l'inaliénabilité peuvent se classer en deux groupes: Pour les uns, la propriété foncière n'existe pas, elle n'est qu'un usufruit perpétuel; c'est le cas, surtout, des ethnologues, des géographes qui ne voient dans cette inaliénabilité que le fait immédiat. Pour les juristes, l'inaliénabilité ne portant que sur le droit lui-même, le fait de la propriété n'en existe pas moins.

Pourquoi s'est-on si passionnément intéressé à cette inaliénabilité? C'est qu'en elle viennent se fondre toutes les autres caractéristiques de la tenure.

D'abord la propriété est inaliénable parce que collective. En effet la collectivité ne comprend pas seulement les membres vivants du groupe, mais encore tous les morts qui ont travaillé à la créer, et tous les individus à naître pour lesquels il faut la conserver. L'aliénation d'un bien indivis exigeant l'accord de tous les membres de la collectivité, ou tout au moins de la majorité d'entre eux, cet accord ne saurait être obtenu en raison de l'"absence" de la plus grande partie de ces propriétaires: l'innombrable cohorte des ancêtres, et la théorie non moins importante des héritiers à naître. Déjà Platon dans 'Les Lois' de son Etat idéal (XI, 923) écrivait: 'Vos biens et vous, vous êtes la propriété de votre famille tout entière, de celle qui vous a précédé, comme de celle qui vous suivra..."

Cette association à la propriété des générations futures et, surtout, des générations passées, est un sûr garant du respect des lois qui la régissent: Les ancêtres qui, en entrant dans l'immortalité, ont acquis des pouvoirs supranaturels sauront s'en charger: Leur vengeance, en cas d'infraction, atteindra aussi bien les acquéreurs que les vendeurs. Sautter nous cite le cas d'"une femme de Mindzo

(Bassoundi des environs de Mayama) qui, pour avoir défriché et cultivé un ancien emplacement de village Batéké avec tombeaux, a fait péricliter toutes les plantations du village; il a fallu se cotiser pour indemniser les Batéké' et apaiser les âmes des morts.

Nous reviendrons sur les modes d'acquisition de la propriété. Mais, même lorsque celle-ci a été acquise par la guerre, le droit éminent reste aux vaincus.

Quand, vers le milieu du XVIII° siècle, Jérôme de Montesarchio atteignit 'le Stanley-Pool, ou tout au moins le Congo dans ces parages, il fut empêché de franchir le fleuve par les Sundi, l'autre rive étant tenue par le roi d'Anzique (Téké) auquel eux-mêmes payaient tribut' (Soret). Or il nous apprend par ailleurs que les Sundi venaient de conquérir de vastes terrains sur les Téké. Ce 'tribut' était en fait le 'loyer' que les vainqueurs devaient aux vaincus pour le terre, les arbres plantés etc..., comme 'palladium' contre les vengeances des ancêtres qui vivaient toujours dans les rivières au voisinage de leurs tombeaux. Et l'avance a continué, puisque, du Zaïre, ils sont passés à la Foulakary, puis au Djoué, avant d'atteindre, au Nord-Est, le Djili. Chaque avance, chaque nouvelle acquisition était payée d'un prix minime, souvent d'une simple calebasse de vin de palme. Mais la cession n'est jamais considérée comme absolue: Les exilés ont laissé leurs morts et ils ont conservé le droit imprescriptible de revenir les voir. Il s'agit donc, en fait, d'un bail emphytéotique, qui a pu faire dire à Mlle Chaumeton: 'La propriété du sol, celle du chef de clan, doit être distinguée de celle du sous-sol, propriété des ancêtres qui s'y trouvent réunis en villages, et de celle des arbres fruitiers, toujours la propriété de celui qui les a plantés.' Mise à part la question des 'villages d'ancêtres dans le sous-sol' qui reste aussi discutable, l'erreur principale réside dans le fait que l'auteur dissocie le clan en ses éléments: Le chef, gérant de l'ensemble des biens, le travailleur, et les ancêtres, gardiens de la coutume. En réalité le clan comprend, indissolublement unis, les vivants et les morts; et le sous-sol, le sol et les plantes pérennes forment un tout indissoluble et inaliénable.

C'est cette raison aussi qui fait que les terres cédées aux Européens sont parfois réoccupées en cas de besoin: Une cession ne peut être définitive.

Quelles sont donc les limites de cette tenure?

Il faut ordinairement remonter à l'origine de la propriété pour les bien saisir. Cette origine se présente sous deux formes: l'appropriation de terres vides et la spoliation, lente ou brutale.

Lorsque les Kongo arrivèrent à Mbanza Kongo (San Salvador do Congo), il semble bien qu'ils trouvèrent la terre vide, comme, lorsqu'ils commencèrent leur éparpillement autour de leur capitale, la fraction occidentale et une grosse partie de la fraction centrale des Kongo Nord-Occidentaux durent, elles aussi, rencontrer des terrains vierges. Etant donnée l'étendue de ce *no man's land* et le nombre réduit des immigrants (mis à part les abords immédiats de Pointe Noire, et ceci tout récemment à cause de la proximité de la ville, toute, cette région n'atteint encore que rarement dix habitants au km^2 et ne dépasse souvent pas deux), le partage se fit sans difficultés. De nouveaux clans, de nouveaux lignages, même arrivés longtemps plus tard, recevaient facilement leur part. A l'heure actuelle encore, un rapport du Service du Cadastre qui étudie la possibilité d'établir un 'cadastre coutumier' pour l'ensemble du pays, constate que, dans cette région, quand il n'y a pas de limite naturelle (e.g., un fleuve), la limite est souvent imprécise avec 'une notion de *no man's land*', imprécision qui a favorisé l'installation des nombreux planteurs de la Vallée du Niari.

Par contre l'expansion vers le Nord des Bembe et des Balali-Bassoundi-Bacongo qui dut se faire au détriment du royaume Téké, ne put avoir lieu sans heurts. En fait il n'y a pas eu, tout au moins depuis longtemps, de guerre à proprement parler. Toutefois, quelle que fut la forme de cette spoliation, qu'elle fut lente ou brutale, la conclusion restait toujours la même: Les Téké reculaient en cèdant le terrain à bail emphytéotique, mais conservaient notamment le droit de revenir voir leurs morts.

Certes, une prescription de fait s'est établie, née de l'oubli des morts très anciens enterrés très loin, au profit des morts plus récents dont les tombeaux sont proches: Les Téké (mis à part le minuscule îlot resté sur la rive droite de la Foulakary) ne vont pratiquement plus au Sud de cette rivière. Par contre si les Balali les ont repoussés sur la rive gauche du Djili, si les Bassoundi ont atteint les sources de la Léfini, les Téké, dans toute cette région

La Propriété Foncière chez les Kongo du Nord-Ouest

récemment perdue, ont conservé leurs titres de propriétaires éminents qui se traduisent, en fait, uniquement par le droit de visite aux tombeaux que les Kongo respectent soigneusement.

Pour le reste, ces derniers jouissent de tous les droits effectifs du propriétaire. Nous avons parlé plusieurs fois d'emphytéose. Certes, la réintroduction de celle-ci dans le droit français par la loi du 25 Juin 1902 limite la durée du bail emphytéotique à 99 ans sans tacite reconduction et ne reconnaît pas le *jus abutendi* à l'emphytéote. Mais si nous remontons dans l'ancien droit coutumier occidental, ce bail pouvait alors être perpétuel contre une redevance parfois fictive (laquelle est d'ailleurs restée dans le droit actuel sous la forme du Franc symbolique de loyer, de dommages et intérêts etc...), l'emphytéote ayant alors tous les droits – et tous les devoirs – du véritable propriétaire.

Les limites matérielles de la propriété?

La forte densité de population dans la fraction orientale des Kongo Nord-Occidentaux fait que nous avons ici des limites très précises, surtout sur les bonnes terres ou dans les zones giboyeuses. Rivières ou sommets de collines sont soigneusement repérés. On va même, parfois, jusqu'à creuser un fossé, tracer un sillon. Ailleurs on plantera des arbres mitoyens dont les fruits seront également mitoyens. Par contre, dans les zones peu peuplées, de vastes étendues semblent rester sans propriétaires. Nous disons bien 'semblent' car, en fait, en Afrique, il n'y a jamais de terre vacante.

Ces deux aspects des limites matérielles sont entièrement logiques car, comme le fait remarquer le rapport préliminaire sur le Cadastre coutumier du Service du Cadastre 'Le terrain se mesure avec une précision du millimètre sur les Champs-Elysées et seulement au trait de charrue près des terres à blé'. Il est courant de voir noter sur le cadastre français 'limite imprécise à deux mètres', pour les terrains pauvres, les régions dépeuplées: 'La notion de limite n'existe que mal quand la surface disponible est supérieure aux besoins.'

Réelle par appropriation de terres vides, emphytéotique par spoliation, la tenure est donc essentiellement caractérisée par son inaliénabilité ou, plus exactement, par l'inaliénabilité du droit de propriété de la cellule sociale propriétaire. Une autre de ses caractéristiques importantes serait son exclusivité.

'Hospes, hostis... Etranger, ennemi' disaient les Romains dans une maxime valable pour tous les pays divisés, balkanisés à l'infini comme l'était l'Afrique Centrale à la veille de la pénétration Européenne. Toute terre lignagère était interdite aux étrangers à la tribu. Elle s'ouvrait encore difficilement aux membres de celle-ci, étrangers au clan.

Cette xénophobie était beaucoup plus théorique que réelle et si les Kongo sont renommés pour leur exclusivité, celà tient au fait que leur expansion démographique leur interdit souvent d'abandonner des terrains aux étrangers, plus même, les pousse à en grignoter chaque jour un morceau au détriment de leurs voisins Téké. Ceux-ci, non moins exclusifs pourtant que les Kongo (l'ensemble du pays Téké compte encore moins d'étrangers que les régions coutumières Kongo), n'en reculent pas moins chaque jour. Leur faible densité le leur permet.

Cependant aussi bien chez les Téké que chez les Kongo, il y a de nombreuses tolérances, surtout dans les régions les moins densément peuplées. Des autorisations d'installation à titre gratuit ou onéreux sont fréquemment données aux étrangers au clan, surtout s'ils font partie de la même tribu, du même groupe ethnique. En fait presque toujours, il suffit de demander l'autorisation de cultiver des terres inexploitées, mais cette demande est une condition *sine qua non*.

L'étranger autorisé à s'installer chez les Kongo pourra toutefois se voir imposer des conditions très variables en ce qui concerne ses plantations. D'une façon générale il obtient tous les droits de culture, y compris celui de planter des arbres, notion de droit africain très importante, car en maints endroits, cette autorisation correspond à une reconnaissance de propriété totale. Mais si, chez les Kongo, ce droit est assez facilement accordé, le bénéficiaire n'aura toutefois pas la propriété totale de ces arbres. Il en jouit, comme il jouit des cases qu'il a pu construire, tant qu'il réside dans le clan. S'il vient à partir, et s'il ne trouve pas acquéreur, ce qui est généralement le cas, il lui est absolument interdit de les détruire: Cases et arbres reviendront au clan. S'il meurt, il en sera

La Propriété Foncière chez les Kongo du Nord-Ouest

de même, à moins que l'autorisation ne soit renouvelée à ses héritiers.

Les 'loyers' sont très variables, de la calebasse de vin lors de la passation du contrat, à la moitié de la récolte. Il semble bien, toutefois que, si l'étranger, surtout s'il est de la même tribu, est établi depuis longtemps, le 'loyer' diminue progressivement pour n'être plus que fictif. Le 'locataire' s'intègre au groupe. Il créera son propre lignage. Il deviendra emphytéote.

La cession des droits de chasse et de pêche est, elle aussi, strictement limitée. Certes tout le monde peut chasser un peu partout, mais la coutume détermine avec précision la part de chacun, notamment celle du chef de la famille propriétaire du terrain: au moins une cuisse de chaque pièce de gibier abattu, sous peine de gros palabres, mais surtout de la vengeance des ancêtres qui puniront le coupable par l'insuccès dans ses chasses futures. La propriété des rivières apparaît comme encore plus exclusive. Même si l'exemple cité par Hubschwerlin chez les Balali-Bassoundi-Bacongo semble être un cas extrême, il n'en reste pas moins que, dans la région du district de Boko étudiée par lui, le pêcheur doit donner parfois jusqu'aux trois quarts du produit de sa pêche.

Nous effleurons ici la question des droits d'usage de la terre qui est hors de notre propos. Mais cet aperçu suffit pour nous montrer que l'exclusivité, dans les mêmes terres peut varier avec les produits.

EVOLUTION DE LA PROPRIÉTÉ FONCIÈRE

Les populations Kongo Nord-Occidentaux sont certainement parmi les plus évoluées d'Afrique Centrale, en même temps que les plus traditionalistes. Ce paradoxe apparent s'explique aisément: Placés depuis longtemps en contact direct et continu avec les Européens, les Kongo (nous avons vu qu'ils vivent dans une des régions les plus urbanisées d'Afrique et sur une voie de passage très fréquentée) ont subi au maximum l'influence de notre civilisation; mais leur traditionalisme inné 'les rend méfiants devant la nouveauté qu'ils ne se décident que lentement à accepter... Ils ne veulent prendre de notre civilisation que ce qui n'est pas en contradiction absolue avec leur culture' (Soret).

De toutes les structures traditionnelles, le tenure est certainement celle que les Kongo n'ont laissé évoluer que dans la mesure où les nouvelles conditions démographiques, sociales, économiques rendaient cette évolution nécessaire.

Le plus ancien texte de quelque importance concernant le Royaume de Congo est le récit d'Edouard Lopez (1598). La question de la propriété y est très brièvement traitée: 'Personne ne possèdant rien en propre et le roi s'attribuant la propriété de tout, les litiges ne peuvent pas être bien considérables'. Au cours des deux siècles suivants, de nombreux autres récits de voyage devaient permettre au R. P. Labat de compiler sa 'Relation . . .'. Celui-ci manque certainement d'esprit critique, mais, en faisant la part du vraisemblable et de ce qu'il s'est cru obliger d'interpréter à la manière occidentale, il nous est possible de nous représenter quelques uns des aspects de la propriété pendant les premiers siècles de l'histoire Kongo. Il n'est d'ailleurs pas nécessaire de remonter très loin. Ce n'est en effet guère plus d'un siècle avant le voyage de Lopez que les Portugais avaient touché l'embouchure du Zaïre et les Kongo n'étaient eux-mêmes arrivés dans la région de San Salvador qu'environ un demi siècle plus tôt.

L'occupation d'un pays vraisemblablement vide d'habitants a du se faire sans heurts, suivant les principes dont nous avons déjà parlé, et la tenure a du présenter, pendant longtemps, une différence assez nette avec l'aspect que nous lui connaissons actuellement. Il doit en effet y avoir une grosse part de vérité dans ce que Lopez et Labat nous avancent concernant le fait que le Roi (nous conservons les titres donnés par les voyageurs) était propriétaire absolu de la terre. En effet, les Kongo étaient arrivés sur la côte atlantique après de longues et lentes migrations et n'avaient pas, ici, de morts, gardiens du sol. Par ailleurs le roi était tout-puissant, déifié même. Son pouvoir, vers l'arrivée de Diego Cão, s'étendait sur les royaumes de Congo, Kakongo, Ngoyo et Loango. Propriétaire de la terre, il la remet aux rois des royaumes sujets et aux 'princes' gouvernant les provinces du royaume de Congo proprement dit, les tenures revenant au pouvoir central à la mort de l'usufruitier.

Il semble bien toutefois, quoique ni Labat ni Lopez n'en parlent, que le pouvoir des rois sujets se soit toujours transmis suivant les lois locales de dévolution avec, peut-être, renouvellement de l'"hommage".

Sous l'influence 'plus humaine' des Portugais, nous dit Labat, mais, plus vraisemblablement, sous celle des forces de désagrégation interne, les tenures confiées aux princes se sont très vite transmises héréditairement 'à moins qu'il n'y ait des plaintes considérables contre les premiers possesseurs qui fassent craindre avec raison que leurs héritiers n'en fissent un aussi mauvais usage' (Labat).

En fait ce que Labat, Lopez et autres prennent pour une apogée, nous apparaît, à nous, comme une étape dans la désagrégation des Royaumes de Congo:

Les légendes de toutes les populations Kongo leur donnent une origine commune, avec éparpillement à partir de Mbanza Kongo. Lors de la formation du royaume, comme pendant les migrations, un seul chef devait détenir le pouvoir suprême. Peu après leur arrivée à San Salvador, un certain nombre de tribus sont allées s'installer un peu plus loin. En principe dépendant du pouvoir central, elles ont très vite pris une autonomie de plus en plus grande. Bientôt leur chef s'est, lui aussi, arrogé le titre de roi, d'abord tributaire, puis indépendant.

On place à 1541 (décès du roi Manuel), le début du recul de la puissance Kongo. C'est au plus tard à cette date que les rois sujets ont fini de secouer le joug de San Salvador et à partir de cette date que les princes ont, à leur tour, commencé à prendre une autonomie de plus en plus grande. Très vite, le pouvoir des princes eux-mêmes s'est désagrégé...

Même lorsqu'ils étaient soumis aux Rois, les princes redistribuaient la terre à des chefs subalternes qui les répartissaient à leur tour entre les chefs de clans, de lignages etc.... La propriété foncière, d'abord remise à titre viager, puis conservée héréditairement, n'en était pas moins inaliénable parce que ce n'est que le droit d'usage qui est remis. La disparition du pouvoir suprême ne supprime pas l'inaliénabilité, le Roi-Dieu cédant progressivement la place à l'ancêtre demi-dieu et à tous ses descendants morts.

Au cours des trois siècles qui séparent le début de l'affaiblissement du pouvoir royal de la pénétration européenne, le pouvoir politique est allé en se divisant, entraînant par là, étant donnée la confusion des pouvoirs politique, social, économique et religieux, la division de la propriété foncière, ou, plus exactement, la multiplication du nombre des gérants de cette propriété.

Quelles sont donc les causes profondes ce cette désagrégation du pouvoir, de cette subdivision de la tenure?

Les coups des Portugais qui devaient même, en 1665 déclarer la guerre au Roi de Congo, l'invasion des Yaga qui, vers 1570, ravagèrent le pays n'ont fait qu'accélérer cette désagrégation dont le royaume de Congo portait les germes depuis sa création.

Ce ne furent vraisemblablement que quelques hordes qui arrivèrent au début du XV°siècle, ou, au plus tôt, à la fin du XIV° à Mbanza Kongo. La rude vie errante avait jusqu'alors opéré une dure sélection, complètée vraisemblablement par des abandons de familles entières qui s'installaient en cours de route. La vie sédentaire dans un pays relativement riche s'est avérée bien moins âpre: Les Kongo ont prospéré. Malgré les ponctions de la traite, nous comptons actuellement près d'un million de Kongo Nord-Occidentaux. L'ensemble des populations dont l'origine est à rattacher à Mbanza Kongo doit représenter un nombre pour le moins trois fois plus important. Pour combien au départ? Il est difficile de le dire, et les chiffres ne sauraient être que des conjectures: quelques milliers, quelques dizaines de milliers au plus, en tout cas une masse suffisamment réduite pour former une unité sociale, économique, religieuse. Le pouvoir pouvait être centralisé tant que les sujets restaient groupés. Mais l'éparpillement sur quelque 600,000 km² entraînait forcément une décentralisation.

Etant donnée l'unité socio-économique que chaque groupe voulait être, l'accroissement sans cesse plus important de la population, son éparpillement, ont fait que le pouvoir est passé des mains du roi à celle des princes, puis des chefs de clan avant d'aboutir entre celles des chefs de lignage. La tenure a suivi, parce que, à tous les étages, le pouvoir du chef Kongo est quadruple: politique, religieux, judiciaire et économique. De même que l'on

La Propriété Foncière chez les Kongo du Nord-Ouest 293

est d'abord passé du prince, gérant du bien royal, au chef de clan, gérant du bien princier, nous avons abouti au chef de ligange, gérant d'un bien qui, si ce lignage s'éteint, retourne au clan, sous le contrôle des ancêtres.

Cet éparpillement s'est accentué au cours du dernier siècle en même temps que s'émiettaient les pouvoirs des chefs, que se dispersait la tenure. L'expansion démographique, sans cesse accrue, à cause notamment de l'amélioration de l'état sanitaire, en était encore la base. 'Elle poussait à l'occupation de nouveaux terrains… qu'il fallait exploiter sans que toutefois le clan abandonnât complètement les domaines ancestraux où continuaient de vivre les morts, et obligeait une partie (du clan) à se déplacer et le chef de ce lignage mineur trouve une relative autonomie'. Mais la démographie n'est plus seule en cause. Là les déplacements 'sont activés par l'Administration qui veut regrouper les villages le long des routes, ailleurs c'est l'esprit chicanier de la "race" qui est en cause' et ces 'conflits que l'autorité traditionnelle minée n'arrive plus à réduire poussent l'émiettement jusqu'à l'atomisation', la sécurité permettant aux particularismes de s'extérioriser. 'Mais ces déplacements ont partout la même conséquence: la dispersion des pouvoirs du *mpfumu mpu* ou du *mpfumu tsi* "du chef de clan" entre les mains des *nkasi*, des chefs de lignage' (Soret) qui, entre autres, s'arrogent la gérance des biens immobiliers.

Suivant que l'expansion démographique est plus ou moins forte (les Kunyi et les Yombe sont même régressifs avec un Indice de 120 à 125), la dispersion de la tenure est plus ou moins prononcée. Dans la vallée du Niari et le Mayombe français, où la densité atteint rarement 10 et reste parfois inférieure à 2, la propriété est encore souvent à l'échelle de la *kanda*, du sous-clan. Là où la densité s'élève jusqu'à dépasser 50, elle est presque entièrement répartie entre les familles larges.

Une dernière évolution est celle qui autorise la vente. Nos informateurs fixent 1927 (?) comme la date à partir de laquelle on a commencé à trafiquer sur la propriété foncière. Mais cette vente n'apparaît souvent que comme une redistribution des terres du clan entre les différents lignages, les lignages pauvres ou numériquement faibles cédant une partie de leurs terres aux clans riches ou importants. Ailleurs elle se présente comme une tentative de regroupement lignager...

Et même, dans le cas de vente à des étrangers, les restrictions concernant les tombeaux des ancêtres etc.... font que l'on est encore très près du bail emphytéotique, d'un bail perpétuel à redevance unique....

SUMMARY

The Northwestern Kongo, who number about one million, live in an area comprising the southwestern part of the Republic of Congo (Brazzaville), the western extremity of the Congo Republic (Leopoldville), and Cabinda. Although many are now urbanized, they are still mainly farmers with a traditional outlook and inclined to be hostile to foreigners. Their matrilineal organization is being modified by increasing patrilineal ties. Authority is now exercised only by the heads of small lineages. Land holding is collective, but land is not worked communally. There is no question of common property since it is only the reversionary rights that are undivided. These rights are vested in the lineage, but if that dies out, the clan exercises its overall rights and redistributes the land to other lineages.

The right of the lineage to control use of land is conceded by all. Many, however, deny that it also holds rights of disposal. Thus they refuse to accord proprietary rights to the lineage, holding that land is inalienable. In fact, it is not the land itself that is inalienable, but the right of the group to ownership; thus the land as a whole cannot be sold. On the other hand, the lineage exercises all other rights, including the right to divert the land from its normal use.

Alienation of collective property requires the agreement of the owners, but this cannot be effected since both the ancestors and the future holders are 'absent'. Moreover, the dead are believed to punish infractions, more particularly by impoverishing crops. Even when land was obtained through war, the conqueror used to pay a 'rent', however small, to propitiate the ancestors of the conquered people still living there.

The Kongo probably first occupied most of their territory by appropriation of unoccupied lands. It was only later that the Bembe and Laadi-Sundi-Kongo expanded at the expense of the Teke kingdom. The Teke gradually abandoned the sites of their ancestral tombs and their rights in what had formerly been the southwestern corner of their kingdom. Near the limits of their present territory they retained the right to revisit their dead, the Laadi-Sundi having the full use of the land. The latter have virtually a perpetual lease of the land.

The precision of delimitation of boundaries varies. In fertile and thickly populated areas this can extend to the digging of a furrow. Elsewhere, apart from natural boundaries, they remain somewhat indefinite.

Rights in land are in principle exclusive to the group and clan land is forbidden to strangers. In fact, especially where the density is not high, permission to occupy land, whether or not subject to payment, is readily given. Permission to occupy land can be renewed for the heirs of the earlier occupiers, while the payments often decrease with time. In this way strangers may found a lineage and their descendants become integrated into the land-holding group.

Land rights have changed considerably since the sixteenth century, when, according to an early Portuguese traveller, 'nobody possessed anything in his own right, and the king claimed all property'. It was reported that as master of the land he gave rights in it to the chiefs of vassal states and to the 'princes' of the provinces, but these tenures reverted to the central power at the death of the holder. It seems, however, that vassal chiefs always recognized authority over land according to the rules of devolution in their own territory. But first vassal chiefs, then 'governors' of provinces, increased their autonomy and finally became independent. Since they delegated authority over land to the clan chiefs, who shared it with the lineage chiefs, etc., each of these tried in turn to free himself from his dependence. Tenure first granted for life then kept hereditarily was still non-transferable, for it was, in principle, a right of use only which had been received. The disappearance of central authority did not make tenure transferable.

The original migrating bands of Kongo which spread into

Northern Angola from the fifteenth century were few in number. Their continual dispersal weakened central control. Moreover, the kings lost authority owing to wars with the Portuguese and invasions by the Jaga. Thus the various local groups secured autonomous control of their lands and as these in turn disintegrated authority passed to the heads of small lineages. This decentralization has continued since the French penetration, chiefly because of population increase, and has further weakened central authority to the advantage of the heads of extended families.

XIV. DEVELOPPEMENT DU REGIME D'APPROPRIATION PRIVEE DES TERRES DE LA PALMERAIE DU SUD-DAHOMEY

CLAUDE TARDITS

Par Sud-Dahomey, on entend généralement la partie du pays qui s'étend de la côte aux environs du septième parallèle Nord. Elle contraste avec la région septentrionale par l'importance de la population qui y vit et la diversité de ses ressources économiques. Les deux tiers d'une population officiellement évaluée à 1·5 million d'habitants y sont concentrés, la densité moyenne s'établissant autour de 30 ha. et atteignant parfois 250 ha. au Km². Des foyers urbains s'y développèrent antérieurement à l'occupation européenne: Abomey, Hogbonou (future Porto-Novo), Ouidah, capitales ou ports des royaumes anciens du golfe du Bénin. A ces agglomérations traditionnelles s'est ajouté récemment l'important centre de Cotonou.

La vie économique repose en grande partie sur l'agriculture et, dans une moindre mesure, sur la pêche fluviale ou maritime. A des cultures vivrières variées (igname, manioc, maïs, haricot, etc. . . . .) qui permettent au pays d'assurer sa subsistance, s'ajoutent les ressources que lui procure l'exploitation d'une palmeraie de 400,000 ha. (voir la carte de répartition des peuplements de palmier à huile au Dahomey). L'*elaeis* a joué un rôle majeur dans l'histoire économique du Dahomey: c'est en effet le commerce de l'huile qui, au dix-neuvième siècle, s'est substitué au trafic négrier et a permis au pays de bénéficier sans discontinuité, depuis la fin du dix-septième siècle, d'échanges internationaux qui ont stimulé le développement intérieur d'une économie de marché. Les produits du palmier à huile représentent annuellement 70 à 75 pour cent. de la valeur des exportations. On conçoit que les efforts de planification aient largement visé à accroître les revenus de cette palmeraie en tentant d'une part de remplacer progressivement les plantations actuelles par des palmiers sélectionnés à meilleur rendement et en installant, d'autre part, dans le pays, un ensemble d'huileries industrielles. L'étude des régimes fonciers, menée en 1954, s'est inscrite dans le cadre des recherches utiles à l'exécution du deuxième plan quadriennal.

Les populations du Sud, qui appartiennent soit au groupe adja (hwéda, fon, gun, etc. . . . .) – le plus nombreux – soit au groupe yoruba, sont constituées en sociétés dont l'organisation repose sur le développement des patrilignages. Elles ont néanmoins connu des évolutions différentes selon qu'elles ont été ou non incorporées dans les royaumes de Porto-Novo et surtout d'Abomey où l'autorité politique était concentrée entre les mains du roi et d'une hiérarchie de dignitaires. Dans la limite des anciens royaumes, la concentration des segments des lignages, le respect de leur hiérarchie sont encore remarquables; dans les zones périphériques qui ont souvent servi de refuge, les éléments constitutifs des lignages se sont trouvés dispersés, chacun d'eux conservant son autonomie économique, les liens ne s'affirmant plus que sur le plan religieux.

Aux différences que l'histoire a créées et qu'elle a inscrites dans les structures lignagères correspondent aujourd'hui des transformations plus ou moins accentuées des règles coutumières relatives à la propriété indivise traditionnelle des lignages.

L'existence d'un troisième élément ethnique doit retenir l'attention: celui des 'créoles', parfois qualifiés de 'Brésiliens' composé, pour une faible part, par les descendants des quelques Européens, la plupart Portugais qui, au cours des siècles se fixèrent sur la côte et y firent souche, pour une autre, par ceux des Africains qui, au dix-huitième siècle, revinrent du Brésil, une fois libérés de l'esclavage et se fixèrent dans les ports de la côte – Ouidah, Agoué – d'où leurs pères et parfois eux-mêmes étaient partis. Ces personnes avaient reçu une éducation ou une formation européenne et ils contribuèrent à l'occidentalisation des sociétés côtières. Ils surent, entre autres, rendre des services aux rois dahoméens et reçurent en remerciement de larges domaines. Après la défaite d'Abomey en 1894, leur droit foncier qui avait un caractère précaire se trouva consolidé par la disparition d'un souverain qui avait théoriquement un droit de propriété éminent sur toutes les terres du royaume.

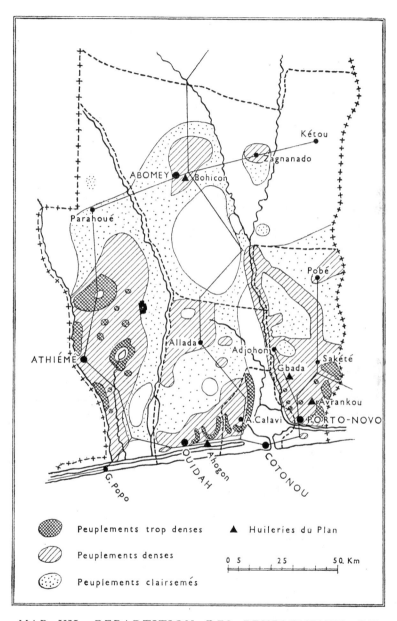

MAP VII. REPARTITION DES PEUPLEMENTS DE PALMIER A HUILE AU DAHOMEY

Lorsqu'ultérieurement la législation introduite par l'administration française permit d'établir des titres de propriété foncière ayant une valeur probante absolue, ils devinrent propriétaires au plein sens du code civil français. Ils furent suivis, dans les milieux urbains, par les Africains désireux de garantir les capitaux acquis dans le commerce, l'industrie ou les services publics.

Le Sud-Dahomey présente une distribution des modes de tenure des terres qui va de la propriété indivise lignagère à la propriété particulière établie selon les critères de la tradition romaine: entre ces deux pôles, on trouve des modes, peut-être transitoires, représentés par les droits dont sont titulaires les segments des lignages qui se décomposent entre les ayants-droit des collectivités pour aboutir à un droit d'appropriation privée: c'est ce droit plus précisément issu de la tradition foncière africaine que nous examinerons.

Les biens fonciers sur lesquels les droits sont reconnus selon les termes de la législation européenne sont encore peu nombreux: ce que cette dernière a d'ailleurs introduit c'est un mode de preuve. Il implique lui-même une évolution de la coutume, acceptée par l'opinion et c'est cette évolution qui doit constituer l'objet principal de l'observation.

A cette fin, la région située au bord de la vallée de l'Ouémé, au Nord de Porto-Novo, où se sont réfugiées, au dix-huitième siècle, des populations fuyant l'autorité d'Abomey, dont les lignages se sont dispersés dans toute la région, a été retenue pour l'étude. Pays qui ne semble jamais avoir connu de pouvoir central fort, malgré les prétentions à l'hégémonie d'un lignage particulier et où l'organisation traditionnelle subit une désagrégation qui permet précisément l'apparition de nouveaux rapports de droit.

La densité de la population est approximativement de 100 ha. au km², souvent groupés en gros villages d'un millier d'habitants. Celui de Mitro qui comptait, à l'époque de l'enquête, en 1954, 929 habitants, est situé dans la subdivision d'Adjohon (cercle de Porto-Novo), au bord de la falaise qui termine le plateau dominant l'Ouémé, à proximité immédiate de la plaine inondée annuellement par la crue du fleuve. Les villageois bénéficient des aptitudes de deux zones écologiques distinctes, de leurs champs dits des basses

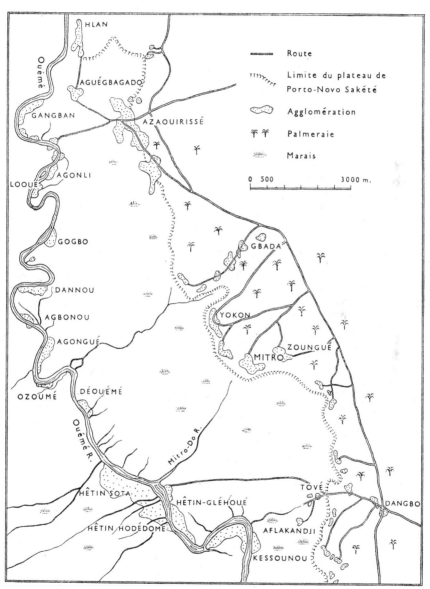

MAP VIII. EXTRAIT DE LA CARTE DRESSEE PAR LA MISSION DE L'OUEME: REGION DE MITRO

terres et de ceux du plateau, cultivés sous palmeraie. C'est également un point de rencontre entre les pêcheurs du fleuve et les cultivateurs de la palmeraie.

Quelle était, à l'époque, la situation foncière? Avant de l'examiner, mentionnons brièvement la composition des différentes unités qui caractérisaient l'organisation du village. La population née à Mitro appartenait à neuf lignages distincts – les *xenu* – représentés par des segments d'extension variée. Les membres des segments majeurs, répartis en quartiers d'ailleurs peu homogènes, vivaient dans cinquante-deux concessions distinctes – les *xueta* –. Chaque concession abritait un ou plusieurs ménages représentant, sur le plan de la structure lignagère, autant de segments qu'il y avait de branches de parenté et dont l'ordre était défini par la génération à laquelle appartenaient les parents. Ces *xueta* n'étaient donc pas constituées de segments structurellement équivalents: certaines étaient anciennes, abritant les représentants actuels des segments majeurs et englobant ceux que formaient leurs descendants vivant dans la même *xueta* ou au dehors; d'autres étaient récentes et composées de jeunes ménages formant le dernier ordre de segmentation (minimal linage). Il existait donc une hiérarchie à l'intérieur des *xueta* et entre elles, commandée par la place qu'occupaient les segments de divers ordres qui les composaient dans les lignages fixés à Mitro. La taille des concessions variait également; elles groupaient en moyenne dix-sept personnes (la plus importante d'entre elles en rassemblant cinquante cinq, la plus petite trois); le recensement des familles élémentaires-mari et femme (s), enfants et personnes à charge-permit d'en dénombrer deux cent sept. La taille moyenne était de 4·3 personnes, la polygamie se traduisant par un rapport moyen de cent trente femmes pour cent hommes. Le nombre d'enfants vivant par famille était de 2·5.

En regard il existait cent soixante-cinq exploitations (farms) dont cent cinquante-six étaient déclarées comme exploitations privées appartenant à des chefs de familles ou des individus isolés et neuf considérées comme des propriétés collectives, constituées par les biens indivis de segments lignagers, sur lesquelles vingt-deux personnes avaient des droits d'usufruit. La surface

Développement des Terres du Sud-Dahomey 303

moyenne exploitée aurait été, d'après les Services de l'Agriculture, de 2 ha.5. Ce chiffre nous parut bas mais nous n'avons pas été en mesure de procéder, dans les conditions de l'enquête, à une évaluation des surfaces. Elle n'est d'ailleurs pas indispensable à l'étude.

Quels étaient les caractères de ce régime d'appropriation privée? Les exploitants étaient titulaires d'un droit sur les terres-champs avec ou sans palmeraies – qu'ils tenaient de leur père – ou d'un frère du père, à la suite d'une succession, ou dans quelques cas fort rares d'un tiers, à la suite d'un achat. La succession avait été accompagnée, si plusieurs frères étaient héritiers, d'un partage et le lignage avait perdu tout droit de fair rentrer les terres à un fonds indivis dont les parcelles seraient susceptibles d'être redistribuées entre ses membres. Ce qui faisant de l'exploitant un propriétaire privé était le droit qui lui était reconnu d'opposer son titre aux autres membres de son lignage et, en particulier, à l'autorité hiérarchique dans le lignage, c'est à dire aux chefs des segments et aux conseillers qui les entouraient.

Que de tels biens aient été auparavant des biens collectifs sur lesquels des droits d'usufruit se sont trouvés, en raison de leur permanence, consolidés et opposables aux tiers membres du lignage, les informateurs eux-mêmes l'attestaient. Le fait remarquable était ici que l'accord de l'opinion publique s'était fait sur une transformation qui faisait de l'usufruit lignager une propriété. On en trouve une indication indirecte dans le fait que les villageois distinguaient bien les terres sur lesquelles les représentants d'une collectivité (segment lignager groupant plusieurs familles élémentaires), continuaient d'exercer des droits, des fonds qui avaient fait l'objet d'un partage considéré comme définitif. Fait important, l'accord de l'opinion est de nature à fonder une jurisprudence où se trouve enregistrée l'évolution de la coutume survenue en matière foncière. En effet, la législation prévoit que la coutume applicable devant les tribunaux peut aussi bien être traditionnelle qu'évoluée. L'opinion est, par le canal de l'appareil des tribunaux, en mesure de créer le droit.

Envisageons ici une réserve immédiate d'ordre juridique. Le droit reconnu de garder la disposition de terres reçues en héritage et partagées entre héritiers comportait-il également celui de les vendre? D'après les informations recueillies, certaines parcelles avaient été acquises par achat. Il reste difficile de répondre nettement à la question. La pratique de l'aliénation des terres à titre définitif ne s'introduit que lentement dans ce milieu: rappelons que la résidence y est patrilocale et que les hommes, qui sont chargés des travaux agricoles, forment l'élément fixe et stable de la société. Pour que pénètre l'habitude d'aliéner définitivement les terres, il faut que les vendeurs puissent procéder éventuellement à un remploi de leurs capitaux en achetant ailleurs d'autres champs ou palmeraies. Ceci implique une mobilité de la population paysanne masculine accompagnée, d'une fluidité des transactions qui ne se rencontrent pas encore. D'autre part, l'usage courant est, pour un cultivateur qui a besoin d'argent, de mettre en gage les terres. Ceci permet au propriétaire de mobiliser un capital à partir de ses biens, en lui laissant la possibilité de récupérer un jour son exploitation. L'homme garde donc un lien avec une terre à laquelle il peut être attaché pour des raisons affectives ou religieuses. L'exercice du droit de propriété privée connaît des limites mais celles-ci sont d'ordre extra-juridique; elles tiennent à la rigidité des structures patrilignagères dans lesquelles la terre fait figure de capital gelé lié à la stabilité des agnats.

Par quels facteurs peut-on tenter de rendre compte de cette situation?

Deux indications d'ordre général ont été recueillies: les propriétaires actuels expliquent leur option en faveur d'un régime différent de celui qu'ils ont connu par leur désir de mettre un terme d'abord aux handicaps économiques associés à la propriété indivise et ensuite aux désaccords intérieurs des familles.

Il est relativement aisé de voir à quelle situation réelle correspond la première indication. Les relations au sein d'un segment lignager majeur groupant les membres d'une large *xueta* et, éventuellement, ceux de plusieurs *xueta*, avaient un caractère hiérarchique. Sur le plan économique, le travail était organisé collectivement; les membres de la *xueta* travaillaient d'abord sur les champs du chef du segment lignager, ensuite sur les petites parcelles ou dans les palmeraies qui pouvaient leur être plus particulièrement réservées.

Développement des Terres du Sud-Dahomey

La conservation des stocks agricoles se faisait dans les greniers de la *xueta* sous le contrôle du chef de *xueta* – le *xuetagan* – qui remettait périodiquement à ses femmes et aux épouses de ses fils la part de vivres nécessaires à leur entretien. Les ménages pouvaient avoir quelques stocks de produits provenant d'une parcelle ou d'une palmeraie qui leur avait été attribuée; c'était les réserves du *xuetagan* qui servaient à assurer les soudures difficiles, celles des ménages étant insuffisantes.

La part ou l'excédent de récoltes vendue pour régler des dépenses en numéraire l'était par le *xuetagan*. Le segment lignager constituait donc un groupement socio-économique où la production, la consommation, la circulation et la disposition du capital en numéraire était, dans une large mesure, sous le contrôle de son chef. Telle était l'évocation de la condition traditionnelle des individus que nous avons recueillie. Entre les deux guerres et même dès avant 1940, ces relations avaient évoluées. L'obligation fiscale était personnelle: un chef de famille devait payer ses impôts et ceux de sa ou ses épouses; il n'avait pas à payer ceux des fils ou des neveux adultes. Le prix des 'dots' à verser pour procurer une épouse à un fils montèrent et si, traditionnellement, un père donnait sa première femme à un enfant, ce dernier devait se procurer les fonds nécessaires à l'obtention d'une seconde femme. La christianisation d'une fraction de la population a amené celle-ci à ne plus prendre la même part aux cérémonies funéraires et religieuses traditionnelles: les contributions en argent devinrent plus importantes et permirent même de se dispenser d'assister aux rites. D'une façon générale, le développement des marchés, l'introduction de produits rapidement recherchés par les villageois (matériaux de construction, ciment, zinc, produits pharmaceutiques, bicyclettes, etc. . . .) suscitèrent des besoins et des ambitions qui s'inscrivirent dans les rapports de compétition qui se développaient dans les jeunes générations.

Les individus virent leurs besoins d'argent grandir et ils furent incités à se dégager d'une situation économique dans laquelle ils ne disposaient ni de tous les produits le leur travail ni de ressources importantes en numéraire. Cette situation a généralement abouti, lors des successions, au partage du domaine exploité par un père et au maintien, entre les mains des héritiers, des parcelles qu'ils pouvaient avoir. L'évolution, largement amorcée entre les deux guerres, s'est ensuite précipitée. Ces faits ne paraissent pas très différents de ceux décrits, dans son étude du planteur noir par M. Köbben à propos des Bété de Côte d'Ivoire chez lesquels les jeunes gens sont soucieux d'échapper à un système d'obligations réciproques entre générations. Le désir de changement est analogue mais plus ancien au Dahomey où la palmeraie, il faut le souligner, n'est pas de constitution récente. Ce n'est toutefois pas le fait de planter des palmiers qui en augmentant les revenus, suscite des tensions à l'intérieur du lignage: la palmeraie se reproduit spontanément et son appropriation s'est produite au cours des migrations et des occupations. La situation dahoméenne diffère donc de celle des pays où se sont développées les cultures de café et de cacao: c'est l'inadaptation de l'économie lignagère à l'économie de marché qui permet de comprendre la désagrégation du régime de tenure ancien.

Quant aux désaccords également évoqués, ils peuvent recourir les frictions naissant précisément à l'occasion du travail ou du partage des produits, les conflits entre frères et surtout entre demi-frères, fréquents dans les sociétés africaines, enfin, aujourd'hui, des oppositions entre les générations, en particulier à la suite des progrès du christianisme qui touche, dans des proportions différentes, les groupes d'âge. A Mitro, 54 pour cent. des moins de vingt ans et 40·7 pour cent. des moins de quarante ans étaient chrétiens contre 17·5 pour cent. dans la tranche d'âge supérieure. Or, il est évident que ce sont en premier lieu les rapports entre générations qui se trouvent modifiés lorsqu'un chef de lignage perd le droit d'allouer les parcelles des terres indivises, de régler le travail et d'en partager les résultats.

Le caractère général des jugements portés sur la situation est à souligner car il laisse le sentiment que les villageois ne dissocient pas les uns des autres les facteurs qui concourent à la transformation actuelle. Ce qui est vécu, c'est une crise du lignage et l'autonomie économique du ménage paraît une tentative faite pour la résoudre par la dissolution des liens traditionnels.

Ce changement apporte-t-il les résultats escomptés? D'une

Développement des Terres du Sud-Dahomey

façon plus générale, quels sont les effets perceptibles de ce développement du droit d'appropriation privée?

Lié à une crise du lignage, il est normal qu'il affecte, en retour, l'ensemble des rapports au sein du groupe lignager. En affirmant son droit sur une terre, parallèlement, l'individu renonce à bénéficier de la solidarité d'un groupe qu'il ne veut plus lui-même faire profiter de son travail. Le groupe socio-économique représenté par un segment du lignage s'efface au profit du ménage; à la *xueta* de dix-sept membres s'oppose maintenant la famille élémentaire qui n'en a qu'un peu plus de quatre.

Les premières incidences portent sur l'organisation du travail. Notons préalablement qu'aucun changement notable n'est intervenu dans les techniques agricoles depuis un demi-siècle, que le travail continue de se faire avec un outillage à main, coupe-coupe, houe, herminette, qui ne permet que des progrès assez lents. D'après les informations recueillies sur place, la préparation d'une surface de terre d'un hectare exigerait la coopération d'un groupe de trois à quatre individus pendant une quinzaine de jours. La main d'oeuvre familiale composée d'une femme qui, traditionnellement, ne s'occupe pas des champs ni des palmeraies et de jeunes enfants ne peut suffire à l'exploitation des champs et des palmeraies. Quant aux équipes d'entr'aide – *adjolo* – constituées par les hommes appartenant à une ou plusieurs *xueta*, elles ont perdu une partie de leur efficacité en raison même de l'émiettement de l'autorité entre les différents chefs de famille. Ce moyen manque de souplesse lorsqu'il s'agit de répondre aux besoins concurrents de l'ensemble des chefs d'exploitations du village. Pour pallier ces insuffisances, les cultivateurs ont eu recours à une main d'oeuvre agricole salariée. Il s'agissait d'un travail d'appoint remunéré auquel consentaient ceux qui, au village, avaient besoin d'argent. Il y avait, pour une population active masculine de 366 personnes, onze manoeuvres agricoles 'à temps complet' contre quatre-vingt-quatorze ouvriers temporaires. Ce mode d'organisation du travail ne pouvait néanmoins s'étendre en raison du prix de la main d'oeuvre: la préparation d'une terre d'un hectare par un propriétaire aidé de trois manoeuvres travaillant ensemble quinze jours entraînait une dépense de 2,250 fr. Ce serait presque là l'équivalent d'un

x

revenu mensuel moyen qui, d'après les déclarations qu'on ne peut retenir si ce n'est comme ordre de grandeur, avait été, en juillet 1954, un peu supérieur à 3,000 fr.

L'étude de la répartition des parcelles a révélé une incidence indirecte mais importante de l'évolution du régime foncier. Il s'opère une redistribution des parcelles foncières pour remédier aux déséquilibres budgétaires qui se produisent dans les ménages villageois. Les difficultés budgétaires tiennent en effet aux dépenses irrégulières mais lourdes que les hommes sont obligés d'assumer à partir de leur revenu. La distinction des patrimoines masculin et féminin est de règle dans cette société patrilignagère où la femme n'est pas incorporée dans le lignage de son mari et conserve la propriété des gains provenant de son commerce. A partir des seules ressources provenant de la vente de ses produits agricoles ou de son travail, le chef de ménage doit assurer l'entretien de la femme et des enfants, les frais d'exploitation des terres, le paiement de l'impôt se montant à des sommes de l'ordre de 2 à 3,000 fr. et faire face aux dépenses rituelles qui occasionnent des débours de plusieurs dizaines de milliers de francs. Les difficultés des paysans tiennent à l'impossibilité où ils se trouvent d'équilibrer un budget où le rythme des rentrées ne correspond pas à celui des sorties. L'insuffisance de leurs ressources apparait dans l'exiguité des surfaces mises en culture par rapport aux surfaces disponibles. L'étendue des jachères dans la région étudiée est frappante et l'on peut constater que, dans la banlieue immédiate de Porto-Novo où le paysan dispose de surfaces de quelques ares, il n'hésite pas à raccourcir les jachères. Une estimation faite dans un village dont les caractéristiques sont voisines de celles de Mitro indique que les 3/10 èmes des terres disponibles sont mises en culture. Les paysans tentent d'équilibrer revenus et dépenses soit par la participation aux tontines ou sociétés d'épargne – les principes en sont trop connus pour que nous les exposions ici-soit en recevant des avances de son ou de ses épouses qui se trouvent garanties par une part des récoltes qu'elles recevront en remboursement et qui alimenteront leur commerce. Si ces moyens ne suffisent pas ils peuvent mettre en gage une ou plusieurs palmeraies et finalement émigrer vers les villes. Il est frappant que les sommes empruntées, garanties par les palmeraies, ne correspondent pas aux revenus que ces dernières procurent mais aux besoins en numéraire de ceux qui les mettent en gage. Cette opération vise d'abord à procurer l'argent manquant. A Mitro, sur les quatre cents parcelles entre lesquelles étaient divisées les exploitations, quarante neuf, soit 11 pour cent, étaient gagées. Ces mises en gage sont surtout le fait des propriétaires de deux ou trois parcelles qui disposent ainsi de l'une d'entre elles sans perdre tout leur bien; elles profitent surtout à ceux auxquels leur activité laisse des ressources suffisantes pour prêter de l'argent, par exemple au chef de village qui est le créancier gagiste le plus important. Les mises en gage ont donc une fonction latente, c'est d'opérer une redistribution sinon de la propriété (ce qui est parfois le cas lorsqu'un gage ancien passe pour une vente) du moins des terres exploitées.

Il apparaît que les domaines privés constitués par voie de partage, c'est-à-dire par un jeu de règles de droit, ne peuvent former des unités viables que dans un nombre limité de cas. Encore cette viabilité pourra-t-elle se trouver menacée par exemple par une succession de deuils frappant une famille. La réaction aux handicaps associés à l'organisation lignagère s'est traduite par la recherche d'un régime d'appropriation plus souple mais marqué d'insécurité qui soumet l'individu à l'accidentel, au hasard, dans une mesure inconnue ou différente de celle qu'il connaissait il y a deux ou trois décennies.

Une autre incidence de cette évolution est prévisible ou perceptible, c'est le démembrement des domaines accompagné d'une réduction progressive de la taille des exploitations. Le fait n'est pas encore marqué à Mitro où une seule génération aurait procédé au partage des terres et où les domaines sont encore beaucoup trop grands pour être exploités de façon satisfaisante. Dans la banlieue de Porto-Novo la densité de la population est de 250 ha. au km², le phénomène prend une autre ampleur: les 17 ha de terre sur lesquels, par exemple, furent installés les huileries de la région (Avrankou) étaient morcelés en deux cent-dix-neuf parcelles. Les mises en gage s'y étendaient à 30 pour cent de la propriété.

En conclusion, résumons ces observations:

(1) on constate un relâchement ou un rejet du système de droits et d'obligations qui donnaient ses caractéristiques au lignage. Il s'agit d'un fait global où l'économie de marché, l'introduction de nouvelles prescriptions et de valeurs différentes agissent concurremment;

(2) ceci se traduit par une autonomie accrue du groupe familial dans lequel l'élément qui représente le segment lignager élémentaire (minimal lineage) consolide son droit d'usufruit sur les terres et le transforme en un droit de propriété en le sous-trayant à tout rapport à la masse indivise des biens fonciers: c'est la naissance de la propriété privée des terres;

(3) les groupes socio-économiques qui se constituent sont soumis à une condition économique dont la précarité tient à la fois aux modes selon lesquels se constituent les exploitations privées et à la persistance de beaucoup d'obligations traditionnelles (versement de dot, cérémonies religieuses). Cette précarité peut varier selon la région et s'accentuera sans doute en même temps que se morcelleront les héritages. Les mises en gage constituent un palliatif et un processus de décomposition et de redistribution du domaine foncier se poursuit dont les effets passent largement inaperçus.

Nous n'abordons pas ici, si ce n'est très succinctement, l'examen des interventions de l'Etat dans cette situation. Ce qu'il faut souligner c'est qu'elles visent essentiellement à accroître les revenus agricoles en agissant sur les rendements agricoles: on s'est d'autant plus attaché à cet aspect de l'économie qu'il était important d'assurer l'alimentation en huile des usines. Le problème de la transformation de la société n'occupe pas de place dans l'esprit du planificateur. Les résultats ont été médiocres. La Commission chargée de l'étude des questions relatives au palmier à huile a conclu ses travaux en précisant que le paysannat était resté indifférent aux opérations conduites pour son bénéfice. Indiquons que le paysan ne peut guère être touché par des interventions strictement techniques qui ignorent, peut être par défaut d'information, plus vraisemblablement en raison d'une carence de la pensée économique et politique, les véritables difficultés dans lesquelles il se débat, qui ont été brièvement évoquées ici. C'est l'ensemble des problèmes que pose la constitution d'une société rurale stable et viable qui, à notre sens, n'a pas été pris en considération dans les plans quadriennaux élaborés jusqu'à présent.

SOURCES

Brasseur-Marion, P. et Brasseur, G. 1953. *Porto-Novo et sa palmeraie.* I.F.A.N., Dakar.
Herskovits, M. J. 1938. *Dahomey, an ancient African Kingdom*, New-York.
Mercier, P. 1954. Cartes ethno-démographiques de l'Afrique Occidentale, Feuille n° 5, I.F.A.N., Dakar.
Tardits, C. en collaboration avec Clerc, J. et Adam, P. 1956. 'Société Paysanne et Problèmes fonciers de la Palmeraie Dahoméenne', *L'Homme d'Outre-Mer*, 2.

Travaux de la Sous-Commission pour l'étude des questions relatives au palmier à huile, septembre 1958 – février 1959, Ministère de l'Agriculture et du Paysannat, Gouvernement du Dahomey.

SUMMARY

The economic life of Southern Dahomey is based very largely on agriculture (farming for food crops and palm plantations with a total area of 400,000 hectares) and, to a lesser extent, on river and sea fishing. The oil-palm (*Elaeis guineensis*) has played a prominent part in the economic history of Dahomey, and its products constitute 70 to 75 per cent. of the annual value of the exports. Economic planning has been mainly directed to increasing the yields from the oil-palm plantations (selection of oil-palms and the installation of industrial plants for oil-extraction).

The population of Southern Dahomey (whether belonging to the Aja or the Yoruba group) consists of societies organized in patrilineages; but their growth has followed different lines according to whether or not they were incorporated in the kingdoms of Porto-Novo and Abomey. In the first case, the segments of the lineages remain largely concentrated and there is still a considerable regard for their hierarchy; in the second case, the constituent elements of the lineages are scattered, each element often retains its economic independence, and the bonds between them are now only manifest in matters of religion. These differences in lineage structure coincide, at the present time, with more or less marked changes in the rules of the joint ownership of lineage property.

A third ethnic element is of importance, namely the Creoles, who, as a reward for services rendered to the Dahomean kings, received large estates. After the defeat of Abomey, their land rights were consolidated; under French legislation they often became landed proprietors in the full meaning of the French civil code.

Besides lineage property and private property, there are lands on which segments of lineages had title a few decades ago which are today split up among persons who behave as private and individual owners of lands on which their fathers and grandfathers had usufructuary rights as lineage members. This mode of tenure was studied in an area on the border of the valley of the Ouémé (north of Porto-Novo) and more particularly in the village of Mitro (929 inhabitants).

The population born in Mitro, investigated in 1954, belonged to the major segments of nine separate lineages (*xenu*); the members of these lineages were distributed in districts which were not uniform and lived in 52 separate concessions (*xueta*). The *xueta* did not consist of structurally equivalent segments. A hierarchy existed within the *xueta* and among them. The concessions, which varied in size, contained on an average 17 persons. There were 167 farms and of these 156 were stated to be privately-owned farms and 9 to be jointly-owned properties (by lineage segments).

The farmers had title to the lands which they held either as the result of an inheritance (accompanied, where circumstances so required, by a partition among brothers) or, less commonly, as the result of a purchase. It was acknowledged that a farmer had the right to maintain his title against the other members of his lineage segment. These properties were originally jointly-owned properties on which the rights of usufruct have become consolidated and maintainable against others in the lineage. The villagers drew a distinction between lands on which the representatives of a joint ownership continued to exercise rights and land which had been the subject of a partition regarded as final. The right to transfer property in a permanent manner is only slowly being introduced. The pledging of land is a common practice.

The present landowners explain their demand for the existing system by: (1) their desire to put an end to the economic handicaps associated with jointly-owned property. The unsuitability of a lineage holding to market economy makes it possible to understand the disintegration of the old system of tenure; (2) their desire to put an end to disputes within families arising from altered relationships between different generations.

This development of the right of private property affects the whole of the relationships within the lineage group. It has effects on the organization of work: the farmers make use of wage-earning agricultural labour, but this method of organization has not become widespread on account of the cost of labour. It influences the distribution of parcels of land and a redistribution of these parcels is taking place; furthermore, in order to balance receipts and expenditure, the peasants join savings associations or receive loans from their wives; and should these means prove insufficient, they may pledge one or more palm plantations. It also seems that the private estates formed as a result of partition only constitute viable units in a limited number of cases, with effects on the dismemberment and the size of estates.

The outstanding facts are therefore:

(1) A loosening or setting aside of the system of rights and obligations associated with the lineage. From this has followed:
(2) Increased independence of the family unit: the basic lineage segment consolidates its right of usufruct and converts it into a right of ownership.
(3) The socio-economic groups thus formed are subjected to an economic situation whose precariousness is due both to the methods by which the private farms are constituted and the persistence of many traditional obligations.
(4) Action by the State has been mainly directed to increasing the receipts from agriculture by improving yields; the general problems raised by the formation of a stable and viable rural society have not been taken into consideration.

XV. ESSAI SUR QUELQUES PROBLEMES RELATIFS AU REGIME FONCIER DES DIOLA DE BASSE-CASAMANCE (SENEGAL)

LOUIS V. THOMAS

I. PRESENTATION DE L'ETHNIE

La Basse-Casamance est peuplée, dans sa partie occidentale, par les Diola. Il s'agit d'un groupement fort attachant par sa mentalité et sa tradition, qui a mis au point une remarquable civilisation du riz, mais dont la société est faite d'hommes épris de liberté et rebelles à l'organisation habituelle au Sénégal comme le vérifient l'émiettement politique – qui frise l'anarchie – et la 'distribution en nébuleuse' de l'habitat.[1] Connus jadis par les Portugais sous le nom générique de Fellup et comprenant un certain nombre de sous-ethnies – comme le Dimat, le Floup, le Her, le Dyiwat, le Djiragone, le Kalunay, le Narang, le Bayot, le Djougout, le Kadyamutay, etc. . . . – l'ensemble diola comporte actuellement 160,000 sujets environ (140,000 demeurent dans le pays), avec une légère prédominance des femmes (52 pour cent.) et un taux d'accroissement appréciable qui vérifie sa profonde vitalité. Une telle société – dont l'activité majeure est centrée sur la riziculture – réalise un compromis original entre l'individualisme et l'esprit communautaire; elle s'organise autour de trois structures dynamiques fondamentales: la *parenté* comprenant le clan, le sous-clan, et le lignage, ce dernier étant le groupe le plus homogène et le mieux organisé; les *classes d'âge* diversement hiérarchisées selon les lieux mais toujours à finalité ludique (jeux, danses, luttes) ou utilitaire (travaux des champs, moralité publique); enfin les *chefferies animistes traditionnelles* – dont le pouvoir n'est plus que religieux (maintien du dogme et de la liturgie, administration des rites) – bientôt supplantées par l'autorité morale des

[1] Pour reprendre l'expression de M. Fortes et E. Evans-Pritchard (*African Political Systems*, 3è édit., Londres 1948, p. 5), la société est dépourvue 'd'autorité centralisée, de mécanisme administratif et d'institutions judiciaires constituées'. On n'y rencontre pas 'de divisions tranchées selon le rang, le statut ou la richesse'.

marabouts et de plus en plus négligées par l'administration centrale.

II. LA TENURE TRADITIONNELLE

Le régime foncier du Diola dépend de plusieurs conditions qu'il importe tour à tour d'examiner: la tenure des terres apparaît en effet comme 'un fait social total' où l'on retrouve des composantes religieuses, sociales, techniques et économiques.

A. *Le principe de la propriété foncière.*[2]

Le principe général de la propriété foncière chez le Diola était, à l'origine, une appropriation ethnique à base religieuse: la rizière, dit un proverbe, est un cadeau du ciel. Primitivement donc, toutes les terres appartenaient à Dieu (*Ata Emit*). Mais celui-ci, délaissant les choses terrestres, en confia l'administration aux génies-délégués (*boekin*, pluriel *ukin*) répartis selon un principe d'organisation hiérarchique à la fois mythique, génétique et territorial. Les génies, à leur tour, ne pouvant entrer en communication permanente avec chaque individu, transmirent leur pouvoir aux rois-prêtres (*oeyi*), souverains locaux, et à leurs successeurs qui détiennent encore – du moins en principe – leur droit de mouvance. Ces derniers enfin abandonnèrent à leurs collectivités l'usufruit éventuel des terres, tout en se réservant le droit de résoudre les conflits susceptibles de surgir entre villages ou familles. A partir de cette propriété-délégation, liée à l'existence du 'trône', des appropriations se précisèrent sans détruire toutefois le principe de la tenure collective. Ainsi un village, puis des lignages, devinrent les maîtres d'un terrain défini, possession vis-à-vis de la société et usufruit vis-à-vis des puissances religieuses. Si la dévolution des biens au roi-prêtre s'effectua directement pas saisine, de par la seule volonté des dieux et sans que le prêtre ait à intervenir – si ce n'est en transformant le droit en fait par la réalisation d'un sacrifice –, l'appropriation par un village et à plus forte raison, par un patriarche qui opérait au

[2] Pour ne pas allonger les descriptions nous utiliserons, malgré leur insuffisance, les termes français tels que 'propriété', 'possession', 'usufruit', 'usage', 'gestion', etc. ... Le terme diola 'ata' contient à lui seul toutes ces nuances; il est donc inutilisable.

nom de sa famille, faisait l'objet d'un contrat sacré, théoriquement inviolable mais pratiquement révocable, toujours authentifié par le roi-prêtre (*oeyi*) sur l'autel du génie spécialisé (*boekin*) et devant l'assemblée des notables. Malheureusement il est impossible de savoir quelle a pu être la répartition des territoires lors de l'installation de la société diola en Basse-Casamance; les mouvements continuels de population et l'extrême division actuelle des biens fonciers ont définitivement brouillé les cartes, tandis que l'absence de griots annalistes ou traditionnistes connaissant par coeur des généalogies interminables – comme cela est fréquent chez les Manding – et le caractère résolument individualiste du paysan casamançais, plus apte à vivre dans le présent qu'à reproduire le passé, rendent difficile la reconstitution historique (chaque Diola interrogé ne peut guère – et non sans peine – remonter au-delà de trois ou quatre générations). A défaut d'histoire véridique, c'est donc le mythe qu'il faut consulter. Quand un sujet-ou une collectivité-désirait une terre, le processus était toujours le même. Le patriarche ou le chef de village allait trouver le roi-prêtre (*oeyi*) pour présenter sa requête. Ce dernier vérifiait si le bien convoité n'avait pas déjà été requis, puis consultait les génies (*ukin*) qui fixaient le prix à payer en compensation du bien qu'il leur fallait abandonner. Au jour prévu, les animaux étaient sacrifiés sur l'autel du génie, placé sur le terrain convoité, tandis que la chair de la victime devait être consommée sur place par tous les invités-témoins. Il convenait, en effet, de donner à cette cérémonie un caractère public afin que tous sachent le nom du nouveau propriétaire. Le tenancier n'avait pratiquement que deux obligations: la première, sacrifier périodiquement au génie; la seconde, bien mettre en valeur la terre ainsi confiée, ce qui constituait une compensation au préjudice subi par la divinité qui abdiquait ses droits sur le bien considéré. Mais, si – pour des raisons diverses – la rizière n'était pas travaillée, si le lougan et la mangrove n'étaient pas défrichés, cette carence passait pour être une offense vis-à-vis des dieux et une incapacité vis-à-vis de la société des hommes. Alors la délégation de propriété cessait et l'*oeyi* recouvrait son droit entier de mouvance, à moins que le délinquant ne payât une forte amende et ne consentît à renouveler le sacrifice qui lui avait conféré le titre de propriétaire ou plutôt d'usufruitier. Il va sans dire que, dans cette appropriation, certaines parcelles de terrain demeuraient la propriété exclusive du génie. Deux cas sont à considérer: s'il s'agissait d'un lieu-sanctuaire il restait définitivement inaliénable[3]; mais s'il s'agissait d'une forêt sacrée, le droit de cueillir les fruits ou de ramasser le bois mort pouvait être délivré par le prêtre après consultation des génies et moyennant une compensation substantielle. Quant à la possibilité de pêcher ou de chasser, elle constituait – affirme la coutume – une tolérance consacrée par un contrat solennel dont les génies de l'association des chasseurs (*hufumben*) assurent encore le maintien; d'ailleurs, l'interdiction de tuer l'animal totémique (*ewum*) protégé des génies et l'autorisation qu'il faut réclamer au prêtre pour chasser dans un bois sacré rappellent cet état de chose.

Ainsi le régime foncier était et demeure tout entier sous la juridiction des génies représentants nécessaires de Dieu – seul propriétaire véritable – auprès des hommes. Il semble que nous soyons, avec un tel système, en présence d'une règle générale: en Afrique Noire, il n'y a pas authentiquement propriété de la terre, mais simplement usufruit collectif. Le patriarche n'est pas le 'maître' du champ ou de la rizière mais le responsable, devant les dieux, du maintien des clauses du contrat par lequel les 'anciens' ont acquis le monopole incessible – si ce n'est par héritage – et insaisissable – si ce n'est par le génie – de cet usufruit. Le seul mode 'd'établissement' vrai est le travail; et si le fils hérite de son père, c'est uniquement parce qu'il l'a aidé dans sa tâche journalière. L'homme dit-on n'a pas fait la terre, il ne peut donc l'acheter, la vendre ou l'aliéner de quelque manière; il n'en est que le dépositaire provisoire. Ainsi que l'indique un proverbe de Côte d'Ivoire: 'ce n'est pas l'homme qui est le maître de la terre, c'est la terre qui est le maître de l'homme'. Possédé et non possesseur, tel nous apparaît le Diola qui se comporte toutefois dans la vie quotidienne comme un propriétaire véritable. C'est donc le caractère religieux de la tenure foncière qui explique l'inaliénabilité des terres collectives. Mais si le lien qui unit l'homme à la terre est vital et sacré, pouvant rappeler une participation authentique, il n'en résulte pas nécessaire-

---

[3] Il en va de même pour les cimetières, domaines des ancêtres ou les lieux d'initiation (circoncision notamment).

ment que la terre soit 'une personne' ou 'un génie'. Le Diola vit de la rizière et pour la rizière, il ne lui voue aucun culte; s'il invoque les *ukin* pour assurer la fécondité de la terre il n'attache à celle-ci aucune valeur mystique.

Cette dévolution des biens fonciers par l'entremise des génies et des rois-prêtres semble de nos jours terminée puisque, pratiquement, la quasi-totalité des terres est attribuée, au moins au niveau du village; seul demeure le principe du contrat originel et la fonction de l'*oeyi* est d'en assurer le respect.

Ainsi de par la volonté d'Ata-Emit (Dieu), les Diola ont reçu un territoire à exploiter, source de patriotisme géographique ou, comme dirait, Lowie, de 'chauvinisme indigène'.[4]

Puis, par l'entremise des génies et conformément à leur juridiction topologique, ce territoire a été divisé au niveau des villages (zone de pâture, terrain de chasse, lieu de culture ou de pêche) et réparti-même s'il s'agissait des terres inexploitées – entre les principaux lignages ou segments de lignage. Il est probable que, dans un tel partage, les conflits armés ou simplement les actes individuels de violence, forçant les décrets sacrés, ont dû jouer un rôle appréciable: ainsi certaines familles, voire certains quartiers ont été expulsés par la force et furent contraints de s'établir sur des terres inhospitalières (villages de mangrove: Etama, Batinière, Ouloubalin). Les puissances religieuses ont légitimé après coup le droit des plus forts. En tout cas, de nos jours, les modes d'appropriation sont avant tout positifs; quelques exemples préciseront notre pensée.

1. *La conquête de nouvelles terres.* Quand un quartier ou un village a décidé, pour accroître ses cultures d'entreprendre un défrichement – notamment sur mangrove – tous les hommes et femmes valides participent à la tâche. Chaque famille conjugale abandonne sur le terrain nouvellement conquis un fagot de bois avec un pieu fiché en terre et portant une marque caractéristique. Dès que tous les travailleurs ont rejoint leur case, le patriarche fait lui-même la répartition des terres selon sa conscience en déposant le pieu signalétique sur la parcelle qui échoit à chacun. Il n'est pas

[4] Mythiquement le clan maximal embrasse l'ethnie diola: il s'y attache uniquement des devoirs de solidarité propres à toute conscience d'espèce.

prévu, à cette occasion, d'incantation ou de sacrifice: il y a là un véritable processus de désacralisation entériné par la coutume. C'est ainsi qu'une terre donnée jadis au village par les génies, mais jusqu'ici inexploitée, est répartie entre les diverses familles qui procèdent à sa mise en valeur[5] et ceci, compte tenu des enfants mâles, même en bas âge, que comporte chaque parentèle.

2. *Les modes d'acquisition.* Le travail – individuel ou collectif – constitue le titre principal du droit d'appropriation. C'est lui qui opère le passage de l'usufruit diffus ou implicite à l'usufruit de fait. L'action productive de l'homme justifie seule l'usage, maintien le droit d'exploitation ou de souveraineté, mais ne confère un droit de propriété authentique que sur les produits de la terre. On peut ainsi parler de *tenure communautaire avec jouissance individuelle* (les jeunes gens affranchis ou en âge de se marier en sont les bénéficiaires) *ou jouissance collective au niveau de la famille conjugale :* c'est le cas des rizières, des lougans où l'on cultive l'arachide, le mil, le sorgho, le maïs et des kahat (jardins) réservés au niébé, au manioc ou à l'igname. L'usufruit peut encore s'appliquer à la *concession* (le *hãk* diola); il porte alors plus particulièrement de nos jours, sur le lougan où paissent les animaux en liberté, les étendues non encore défrichées, les marigots, les forêts, les terrains à paille, les zones de pêche ou de chasse.

C'est ici qu'interviennent les structures sociales, notamment *les règles de parenté,* car il existe une véritable correlation entre la répartition ou l'usage des biens fonciers et le statut familial.[6] On peut, au sein de la parenté, discerner schématiquement trois organisations majeures: *le lignage étroit* (2 à 3 générations) qui comporte

---

[5] Ce droit de culture équivaut à un droit de gérance devant la puissance religieuse, à un jus utendi et à un jus fruendi devant les hommes. Il peut donner l'illusion d'un droit de propriété effective, indivise au niveau du groupe; mais en fait, il n'a rien du jus abutendi pouvant devenir source indirecte de profit par location ou vente. Le père de famille n'est pas le maître de la terre, il en est plutôt le gérant-doyen.

[6] La parenté est plurilinéaire et patrilocale; ou, plus précisément, c'est la filiation masculine qui joue le rôle principal: les plus importants des liens sociaux d'un Diola sont ceux qui l'attachent aux membres de son propre lignage agnatique; secondairement, à ceux du lignage agnatique de sa mère; éventuellement, mais dans de rares circonstances, au lignage agnatique de son conjoint. En tout cas, la filiation utérine – qui intervient dans certaines circonstances bien définies sur le plan religieux – n'a que peu d'incidence au niveau du régime foncier traditionnel.

la famille conjugale occupant la case et une sorte de communauté reliant ascendants, descendants et collatéraux immédiats, lesquels se groupent dans la concession (hãk); *le lignage étendu* qui se confond avec un ensemble de *hãk* apparentés (hukin) ou clans locaux (4 à 6 générations); enfin le *clan* (nominal) proprement dit (représenté par 'l'animal totémique' – *ewūm* – symbolisant l'ancêtre commun) qui a quasiment perdu son unité territoriale de jadis (le village) et n'a plus qu'une fonction matrimoniale (exogamie) ou religieuse (initiations, funérailles). Par suite des règles de partage, la tenure foncière des terres à culture a successivement glissé des clans aux *hukin*, des *hukin* aux *hãk* suivant en cela, la contraction du lignage; elle tend de nos jours à se stabiliser autour de la famille conjugale (voire de l'individu) sans abolir de nombreuses survivances.[7] Or, si le mariage est un acte nécessaire, il est aussi une association fragile car les divorces semblent fréquents; le couple n'a en effet qu'une valeur pragmatique ou conventionnelle et ne se définit que par sa double fonction sociale: assurer le travail des rizières ou des lougans et permettre la continuité de l'espèce. Sans doute, la femme diola joue un rôle sociale éminent; elle n'en demeure pas moins un être subordonné qui appartient plus encore à son clan d'origine qu'à son mari; en dehors de ses vêtements et de ses instruments de cuisine elle ne possède rien et ne doit rien revendiquer; la propriété foncière, dans un tel système, ne peut être qu'agnatique. Toutefois, certaines nuances s'imposent.

Rappelons, à ce sujet, les règles de l'héritage. Dans la subdivision de Bignona la femme n'hérite jamais de son mari; les biens fonciers sont partagés par le fils aîné entre tous les enfants mâles et, autant que possible, sur la base de l'égalité – même s'il s'agit de demi-frères de père – ou de sujets adoptés.[8] Si les enfants sont min-

---

[7] Il faut souligner que l'opposition entre el *jus in re* et le *jus in personam* d'une part et la distinction entre les droits réels et les droits individuels l'autre, restent souvent diffuses dans la société diola traditionnelle. Quant à l'oralité de la coutume, elle rend difficile – du point de vue européen – l'administration de la preuve.

[8] Les demi-frères de mère ou de père appartiennent au lignage agnatique de l'engendreur. S'ils sont batards et de père inconnu ils peuvent être adoptés par le mari de leur mère. Quant au fostering, il ne confère aucun droit à l'héritage sauf s'il y a ultérieurement adoption. Puisqu'il n'y a pratiquement pas, chez le Diola, de familles privilégiées – exception faite des 'rois' – l'inégalité actuelle dans la répartition des terres provient soit de l'héritage toujours proportionnel au nombre

eurs c'est le plus âgé des frères du défunt qui gérera les biens jusqu'au majorat de ses neveux. Cependant les filles – chez les Djougout Nord par exemple – peuvent revendiquer un lougan et si la famille est très riche, le gérant (frère aîné ou frère du père) leur abandonne parfois une rizière à titre de 'dot' quand elles se marient. Cette terre, en cas de décès, retournera, bien entendu, à la famille paternelle (frères, neveux). Une femme peut encore être amenée à restituer une rizière lorsque sa propre mère ou une autre épouse de son père vient à mettre au monde de nouveaux héritiers mâles. Sur la rive gauche de la Casamance, rizières et lougans reviennent de droit aux fils du défunt mâle (ou provisoirement au plus vieux frère du défunt quand les enfants sont mineurs) et, à défaut, à ses frères, puis à ses neveux et à tout le lignage agnatique. Chez les Dyiwat (Diembereng), les Bayot (Nyassia) et les Diola de Seleky les femmes peuvent posséder quelques rizières acquises par voie d'échange (rizières contre bovidés); celles-ci seront après le décès partagées entre les enfants des deux sexes, les fils ayant habituellement une part plus substantielle (les 2/3, voire les 3/4 des rizières). Quand les héritiers sont mineurs, c'est aux oncles maternels (frère de la mère) ou même au père de la mère que revient la gestion transitoire des biens; si la femme meurt sans laisser d'enfants, les biens fonciers retournent à son père ou, à défaut, à ses frères et à ses neveux.[9] En Guinée Portugaise, l'ordre successoral préférentiel est le suivant: fils à égalité; puis frères paternels par âge décroissant, les âgés ayant priorité; les plus proches parents paternels (père, frères du père...); les neveux paternels utérins (fils de la soeur) la fille du mort, la veuve du mort etc.... Comme l'on ne passe à un nouveau degré de succession que si le degré précédent n'offre aucun représentant, on comprend aisément que la ligne utérine ne profite jamais – ou presque – de l'héritage. Par conséquent, si hommes et femmes jouissent au même titre – sauf exception – des biens produits en tant que travailleurs, la tenure foncière est un usufruit

---

de fils du défunt, soit d'une arrivée tardive du groupe de parenté dans un village après la distribution principale; soit d'une spoliation consécutive à une faute grave ou à un conflit.

[9] De son vivant la femme gère seule ses biens paraphernaux, mais ses frères peuvent avoir droit de regard.

collectif qui se transmet avant tout par ligne masculine, selon un partage égalitaire pour les descendants et inégalitaire pour les collatéraux et les ascendants. Un tel état de fait aboutit à *un morcellement* excessif[10] qui exige périodiquement (5 ou 6 générations) une redistribution partielle au niveau du lignage. Ainsi l'aspect inorganique du cadastre rappelle curieusement l'astructuration effective de l'habitat et de l'organisation politique: la société diola est une 'société sans état'.

D'autres coutumes se présentent. Le *don*, exception faite pour les terres à arachide, n'existe pas effectivement puisqu'il prend la forme d'une lieutenance non définitive (par exemple quand le Diola, après consultation du conseil de famille, abandonne une rizière non défrichée à un étranger, il arrive que ses héritiers de la 3ème ou 4ème génération viennent réclamer devant les tribunaux ce qu'ils estiment devoir leur revenir).[11] Aussi le seul don réel ne peut être qu'une avance sur l'héritage. *Les prêts de terrains* ne sont pas rares et ne donnent lieu à aucune redevance locative.[12] Le droit de possession à fin d'usage est en permanence révocable mais le retour des biens au propriétaire suppose certaines règles: par exemple, s'il s'agit d'une rizière, la révocation du contrat ne peut se

[10] Ce morcellement peut se faire partiellement avant le décès du chef de famille, celui-ci pouvant donner à ses fils devenus majeurs une ou deux rizières toujours cultivées en commun, ce qui leur permettra de subvenir en toute indépendance à leurs besoins, car la récolte leur revient de droit. Cette coutume est récente. Si l'héritier cultive mal, ne cultive pas ou ne fait pas cultiver par une société de jeunes, les rizières retournent de jure et de facto au patriarche-gérant. Dans les années qui suivent le mariage (entre 2 et 5 ans selon la richesse en terres ou la fécondité des jeunes mariés) le garçon reçoit encore d'autres rizières. Le couple peut alors revendiquer son indépendance au sein de la communauté et gérer son propre patrimoine.

[11] On imagine volontiers l'embarras des pouvoirs publics devant de telles situations. Signalons encore que l'absence de droit écrit ou de bornage effectif et la *dispersion* des terres possédées supposent, de la part du Diola, une étonnante mémoire topologique Toutefois les cartes dessinées par l'indigène à notre demande sont plus habiles à exprimer les données linéaires (qui rejoignent deux lieux) que les surfaces.

[12] L'abandon – temporaire – du droit d'usage, peut toutefois s'accompagner d'une offrande. Celle-ci n'est que le 'sceau du transfert'; elle n'équivaut pas à un loyer, à plus forte raison à un prix de vente. Un système nouveau tend à s'instaurer dans la zone arachidière (Diola musulman et surtout Diola mandinguisé). Certains jeunes – qui manquent de terres – fuient l'autorité paternelle, se livrent à une sorte de navétanat. Ils sont logés et nourris par le propriétaire des lougans et versent, à titre de redevances, le $\frac{1}{10}$ de la récolte en arachide ou la totalité de la production en mil et sorgho cultivés en association. L'importance numérique de ce phénomène nous est malheureusement inconnue.

faire entre le débroussaillement et le repiquage, à plus forte raison entre le repiquage et la récolte. En principe, un terrain ne saurait être réclamé qu'à la condition de prévenir le possesseur, au moins une 'saison' à l'avance. Quant à la *vente* – ou la mise en gage – et pour des raisons que nous avons précisées, elle n'existe pratiquement pas chez le Diola traditionnel; toutefois il se produit quelques échanges de terres à fin de remembrement – fait rare – ou des tractations (notamment lors des circoncisions) au cours desquelles on en vient à céder une rizière contre du bétail. En bref, quel que soit le mode d'obtention ou de cession, l'homme, en tant que représentant le lignage agnatique, demeure toujours le principal gestionnaire de la terre: le titulaire apparent du droit ne peut être que le représentant du groupe de parenté, structure fondamentale de la société diola.

B. *Tenure foncière et structure agraire*

Il n'est pas possible de séparer la tenure foncière de la structure agraire, cette dernière étant sous la dépendance des exigences botaniques et pédologiques. Le Diola, compte tenu de l'outillage dont il dispose, ne possède que des rizières d'inondation ou de ruissellement. C'est pourquoi le principe général de l'hydraulique consiste à diviser la rizière en carrés ou rectangles d'étendues variables (de 30 à 350 m²) – que l'on nomme 'nikin' – limités par une digue percée aux endroits voulus et parfois munie d'un tronc de rônier évidé. Quand le paysan estime qu'un 'nikin' est suffisamment arrosé, il ouvre la digue et l'eau s'écoule selon la ligne de plus grande pente. Une telle division topologique donne aux rizières diola un découpage très particulier que la photographie aérienne met en évidence. Une même famille peut posséder entre 30 et 100 nikin, rarement plus et jamais moins. Plus exactement, les surfaces rizicultivées – calculées par planimétrie – s'élèvent, pour le pays diola, à environ 33,997 hectares, soit une moyenne approximative de 25 ares par habitant. Mais les rizières sont inégalement réparties sur tout le territoire, certains cantons donnant une moyenne de 50 à 60 ares par habitant tandis que d'autres dépassent à peine 5 ares.

Y

On peut critiquer l'*éparpillement* des 'nikin'[13] cultivés par le même sujet – ils sont parfois distants de plusieurs kilomètres – ce qui accroît la fatigue et cause une perte de temps. Mais ce double état de morcellement et de dispersion, impossible avant l'établissement de la paix française, provient, nous l'avons dit, du jeu parfois bizarre de l'héritage et peut, dans certains cas se révéler fort utile, le Diola devant, pour équilibrer sa production, posséder simultanément des rizières profondes et des rizières hautes.[14]

III. PROBLEMES ACTUELS

1. La poussée démographique,[15] malgré l'attrait exercé par les centres urbains sur les nouvelles générations, ne manque pas d'agir sur les besoins en terres neuves[16] qu'il faut gagner sur les vasières de l'estuaire. Pour maintenir la population au niveau de vie actuel, il importe de développer les rizières de ruissellement et d'inondation ce qui 1° exige un travail long et difficile (car la préparation

[13] L'éloignement est tel que parfois l'indigène doit se livrer à de véritables migrations qui le contraignent à aller – au moment des cultures ou de la récolte – s'installer dans un village provisoire: c'est ainsi que les habitants de Garabane, dans l'île de même nom, vivent 4 mois par an à Effram.

[14] La productivité de ces rizières varie avec l'importance de la pluviométrie; la rizière profonde exigeant plus d'eau que la rizière haute.

[15] Par exemple, la densité moyenne de la population passe, entre 1952 et 1957 de 21·83 à 28·45 pour la subdivision d'Oussouye; de 18·81 à 27·34 pour la subdivision de Ziguinchor; de 19·20 à 22·59 pour la subdivision de Bignona.

[16] L'accroissement des surfaces (en ha) dans les 15 dernières années est de 15,938·22 pour les 3 subdivisions d'Oussouye, de Ziguinchor, et de Bignona. Signalons que le pays diola présente approximativement 65,800 ha de mangroves classées, 28,700 ha de marais et mangroves non classées, 353·760 ha de surfaces libres et 119,069 ha de forêt. Dans un sondage d'opinion – ne portant, il est vrai, que sur 100 chefs de famille – les sujets devaient répondre à la question: Manquez-vous de terres? Nous avons eu les réponses suivantes.

Personnes interrogées	Manquant: de terres	Ne manquent: pas de terres	Sans réponse	Total
Diola animistes	10	38	2	50
Diola mandinguisés ou Diola musulmans	20	19	11	50
Total	30	57	13	100

d'une rizière sur mangrove avec son jeu de digues périmétrales s'étale entre 7 et 9 ans), 2° rend probable l'éventualité d'une redistribution des terres conformes aux exigences démographiques et qui ne peut plus se faire d'après les canons animistes traditionnels. Des conflits risquent alors de se produire que seule une politique habile pourra éviter.

2. Le manque de terres, sensible dans les régions de forte densité et le passage graduel du droit de village au droit de lignage, voire de l'usufruit collectif à l'appropriation individuelle, ne sont pas les seules caractéristiques de l'époque actuelle. Avec le prodigieux développement de l'Islam, les cultures sèches (riz de montagne, arachide surtout) deviennent prépondérantes[17] depuis les 30 dernières années.

Trois raisons expliquent cet état de fait: 1° le passage de l'économie de subsistance à l'économie monétaire (le Diola répugne à vendre le riz; seule l'arachide est commercialisable); 2° la diminution du temps de travail (1 ha de rizière exige 750 heures de travail environ, 1 ha d'arachide 540 heures); 3° le prestige dont jouit auprès du Diola le Manding, grand cultivateur d'arachide.

Les incidences des cultures commerciales sur la tenure foncière sont évidentes:

(*a*) *accélération du processus d'individualisation* (nue propriété, recherche du profit personnel, inexistence de règles traditionnelles dans l'attribution);

(*b*) *désacralisation de la terre:* celle-ci n'est plus qu'un instrument de production qu'on utilise jusqu'à son usure (ceci est particulièrement évident au niveau du mouridisme);

(*c*) *disparition relative du morcellement et de l'éparpillement* des terres cultivées par une famille (plus de problème d'hydraulique; homogénéité des sols sablonneux ou silico-argileux; conquête

---

[17] Le pourcentage des zones cultivées est le suivant:
—Régions islamisées (rive droite de la Casamance): arachide 42·6 pour cent; riz 28·4 pour cent.
—Régions en voie d'islamisation (îles): arachide 30·6 pour cent; riz 53·8 pour cent.
—Régions animistes traditionnelles (rive gauche de la Casamance): arachide 7·8 pour cent; riz 89·8 pour cent.

facile des terres sur la forêt; absence d'interdits attachés aux lieux, etc. . . .).

(*d*) *apparition – timide il est vrai – de la succession testamentaire* et consolidation de la filiation patrilinéaire.

(*e*) *instabilité du cadastre* (épuisant très vite le sol, l'arachide suppose une culture itinérante sur brûlis se faisant au détriment de la forêt: ce qui fait contraste avec la permanence des zones rizicultivées).[18]

Il y a donc, chez le Diola, deux systèmes fonciers ou deux profils agraires en compétition correspondant à deux idéologies culturelles (superstructure animiste ou islamique) et à deux modes de vie matérielle (infrastructure économique de subsistance ou d'échange). C'est la *rupture culturelle* causée par l'Islam qui est responsable des modifications les plus profondes apportées à la tenure coutumière des terres.[19]

3. Le système foncier du Diola reste malgré tout sous l'emprise de la tradition animiste. Il suffisait pour une économie autotrophe et à une époque où les contacts sociaux semblaient limités. Mais de telles positions sont de nos jours révolues. Et la Basse-Casamance – qui passe fréquemment pour être le 'grenier du Sénégal' – ne doit pas manquer de se moderniser. De fait, les pouvoirs publics s'intéressent tout particulièrement l'Indépendance, depuis, à sa promotion économique et sociale. Dans quel sens ira la réforme? Comment s'effectuera l'investissement humain? Qui l'emportera du riz ou de l'arachide?, de l'individualisme ou de l'esprit collectiviste?; s'orientera-t-on du côté de la culture mécanisée? Il est trop tôt pour se prononcer. Toutefois, l'accroissement de la pression démographique, le développement de l'économie d'échange – qui devra porter sur le riz aussi bien que sur l'arachide –, la perspective d'une

---

[18] Permanence qui s'explique à la fois par la prégnance des règles traditionnelles et par ce fait que, la rizière ne perd que très lentement sa puissance humifère.

[19] Traditionnellement trois sortes de liens définissent le régime foncier

(*a*) rapports hommes/puissances religieuses (rapports mystiques)
(*b*) rapports hommes/groupes de parenté (rapports sociaux)
(*c*) rapports hommes/terre (rapports technologiques).

De nos jours, '*a*' perd de l'importance au profit de '*b*', et '*b*' s'efface lentement en faveur de '*c*': '*a*' devient un fait historicomythique; '*b*' se limite en étendue et en force; '*c*' est un rapport entièrement positif et pragmatique.

concurrence prochaine touchant l'exploitation des terres finiront par donner aux lougans ou aux rizières *une valeur marchande* qui s'ajoutera à leur signification classique (ou se substituera à elle). Que deviendra, dans cette défonctionnalisation du système foncier, l'amour profond du Diola pour ses terres ? Quelle mesure faudra-t-il prendre pour sauvegarder envers et contre tous cette union quasi biologique du paysan et du sol qu'il cultive ? Quelle que soit la réforme économique escomptée elle devra sans doute s'accompagner d'une conversion du régime foncier – tout particulièrement d'un remembrement des terres et d'une réorganisation des circuits d'échange ou de distribution des biens –; mais elle sera vouée à l'échec si elle ne respecte pas certaines valeurs traditionnelles du type communautaire et si elle ne suppose pas une éducation profonde des masses.

L'intérêt d'une enquête sur le régime foncier diola est double. D'une part, il s'agit d'épargner l'oubli définitif à un jeu de coutumes qui risquent prochainement de disparaître tant est rapide le processus d'acculturation. D'autre part, puisque malgré tout une réforme s'impose, il importe de bien connaître les structures agraires traditionnelles, leurs lois propres, les fonctions qu'elles remplissent, avant de procéder à l'instauration de l'ordre social nouveau. Ce dernier ne doit pas simplement être plaqué sur l'ancien ou se substituer radicalement à lui; il faut plutôt élargir celui-ci pour retrouver celui-là. Dans le domaine foncier, comme sur le plan culturel, qu'il s'agisse des rapports entre les hommes ou de rapports entre l'homme et la terre, il vaut mieux adapter et construire que juxtaposer ou détruire.

SUMMARY

Traditional land rights among the Diola of the Lower Casamance (Senegal) cannot be described without taking account of religious, technical, social and economic factors. Two main aspects must be considered – the mythical and historical order of land division, and land-tenure as a system of relationship.

The first may assume schematically the form of a dialectic in four parts, each finding expression in a kinship unit: (1) the maximal clan, which merges with the Diola ethnic group, distributed over a territory given by God at the beginning of time (sphere of myths); (2) the clans which are represented by 'totemic animals', the symbols of the basic lineal ancestors, and distributed by villages or by groups of villages; with them appear the first divisions, the outcome in most cases of military conquest (common sphere of myths and history); (3) the extended lineages (4 to 6 generations) which originate from the demo-geographical rupture of the clans and form the *hukin*, associated territorially with the villages or organized in districts; the principle of the allocation of land at this level is practically identical with that which characterizes the clans – right of the first occupier, expulsion, uncontested reclamation of the mud-flats of the estuary (history tends to become separated from myth); (4) the restricted lineages, comprising two social structures which remain the concrete and definitely localized centres of reference for land rights: (*a*) the *hãk* or concession, that is to say the extended family occupying the 'carré' (cultivated patch) and under the authority of its priest head, but at the present day rapidly disintegrating; (*b*) the *butog* or elementary family, living in its household, which is becoming the predominant group.

The restricted lineages form mainly patrilocal and patrilineal associations which control the agnatic distribution of the land in accordance with a principle of relative equality. They are responsible for parcelling out the cultivated land.

The second aspect – land-tenure as a system of relationships – brings sacred and profane elements into relation: (1) *Ata-Emit*, God, the possessor, absolute master and creator of everything that exists, has 'lent' the rice fields to the Diola, his 'favourite sons'. (2) *Ukin*, spirits intermediate between God and man, who presided over the distribution of land at the clan and extended lineage level. They are able to make the rice-fields sterile or fertile, withholding or giving rain, and sanctuaries are assigned for their worship. (3) *Oeyi* – Chiefs and other earthly representatives of the *ukin*, who possess the right of effective distribution and supervision of land, according to the demands of the *ukin* and in conformity with the needs of the village or lineages. It is incumbent upon them to sanctify, by sacrifice, the act of allocation. As men, they have themselves a right of use over certain portions of land. (4) *An Ahan* – elders, heads of the *hãk* and managers of the land handed over to the lineage. They are responsible to the king and the *ukin* for the use of land allocated to their lineage, since work alone confers a legal claim to the right of cultivation. They may give plots of land to their sons who are of marriageable age and sometimes, but this is of less frequent occurrence, to their daughters. (5) *An* – an adult male upon whom the task of working the soil devolves. He has no personal rights of use over land so long as he is unmarried.

As the land is increasingly parcelled out, in passing from village rights to rights of the restricted lineage, or from collective usufruct to the individual appropriation, the relationship of men to the sacred powers loses its importance at the expense of the relationship of the individual to his kinship group and the latter gives way to an increasing extent in favour of the relationship of a man to a plot of land.

Land-tenure is affected directly by agrarian customs, and consequently by the technical conditions (tools), the pedological conditions (deep rice fields, low-lying rice fields) and the botanical conditions (varieties of rice). The Diola are obliged to cultivate an equal number of high-lying and low-lying fields in order to balance their production. Consequently, in addition to splitting up the land into small plots, the holdings become widely scattered. As a result of demographic pressure, the collective reclamation of new land from the mangrove swamps becomes a periodic necessity, as does the redistribution of the rice fields at lineage level every five or six generations.

In addition to the progressive individualization, the influence of Islam affects the present-day revolution in regard to land, which rests on the gradual substitution of the ground-nut 'lougan' for the traditional rice-field. Several consequences result: (*a*) Greater individualization, change from subsistence economy to cash-crop economy, emphasis on personal advantage, breach with traditional rules governing the allocation of land. (*b*) Desacralization of land as a means of production, to be employed until the soil is exhausted for commercial purposes. (*c*) Disappearance of the allocation and dispersal of the lands cultivated by the family (no problem of water supply, homogeneity of the soils producing ground-nuts, land easily reclaimed from the forest, no prohibitions associated with particular places). (*d*) The instability of exploitation. As it exhausts the soil very quickly, the growing of ground-nuts pre-supposes frequent change of site, in contrast to the permanence of the areas where rice is cultivated. (*e*) The tentative emergence of testamentary inheritance and consolidation of patrilineal succession.

The system of land-tenure among the Diola is still under the dominance of an animist tradition. But this is becoming outmoded. The Lower Casamance, often called the 'granary of Senegal', cannot fail to undergo modernization, and the public authorities have been particularly concerned to promote it economically and socially. The increase in demographic pressure, the development of the exchange economy, affecting both rice and ground-nuts, the prospect of competition in the near future regarding the uses of land, will end by giving the 'lougans' or the rice-fields a marketable value. What will become of the deep attachment of the Diola for their lands? Any economic reform should undoubtedly be accompanied by modifications in the system of land-tenure – more particularly the consolidation under a single ownership of land that has been fragmented and a reorganization of the channels for the exchange or distribution of property; but it will be doomed to failure if it does not respect traditional communal values.

XVI. PROBLEMES POSES PAR L'INTRODUCTION DE NOUVEAUX MODES D'USAGE DES TERRES CHEZ LES ZANDE VUNGARA DU CONGO [1]

JACQUES VANDERLINDEN
Assistant à l'Université libre de Bruxelles
Chargé de Cours visiteur à l'Université Lovanium

Les Zande vungara occupent, dans le nord de la Province Orientale du Congo, les territoires d'Ango et de Dungu, respectivement limitrophes de la République centrafricaine et de la République du Soudan, ainsi que différentes parties des territoires de Bambesa, Niangara et Poko. Dans ces territoires, ils se groupent en deux blocs, dont l'un est constitué par les territoires d'Ango et de Dungu, et par une circonscription dans chacun des territoires de Bambesa et Niangara et l'autre par cinq circonscriptions du territoire de Poko et une du territoire de Niangara. Le premier bloc est de loin le plus important puisqu'il groupe les trois quarts de la population totale du pays zande, soit environ 196,000 habitants pour un total général de 258,000 âmes environ. C'est de lui qu'il sera uniquement question dans cet essai.

Le groupe des Zande vungara est constitué d'un amalgame de populations plus ou moins différentes à l'origine, qui toutes ont été coulées dans un même moule par les Zande du clan des Vungara, envahisseurs venus du nord. Ceux-ci ont complètement *zandéisé* les peuples qu'ils ont soumis et leur ont donné leur nom, leur langue et leurs coutumes. C'est ainsi que l'on peut parler aujourd'hui du *pays zande* pour désigner la région sur laquelle s'exerce l'empire des Vungara. Nous emploierons d'ailleurs le terme Zande pour désigner les habitants du pays indistinctement et nous réserverons le mot Vungara pour les membres du clan dominant.

La société zande traditionnelle se présente comme *une société de type monarchique, exclusivement politique, organisée hiérarchiquement, et composée de cultivateurs vivant dans un habitat dispersé et*

[1] Les données présentées dans cet essai sont le fruit d'un séjour de six mois en pays zande, d'avril à septembre 1959. Elles ont été confrontées avec les données fournies par la littérature déjà publiée et notamment par Baxter (P.T.) et Butt (A.), *The Azande* (Ethnographic Survey of Africa), London. 1953.

instable, et y pratiquant, en famille, une agriculture rotative de stricte subsistance. Cette définition, un peu lourde peut-être, réunit les différents éléments qui joueront un rôle dans la transformation des systèmes agraires. C'est dire assez que pareille définition est essentiellement relative et ne se comprend qu'en fonction de notre sujet.

1. *La société zande est une société de type monarchique.* Elle a à sa tête un chef (*gbia*) qui possède aussi bien à l'égard de ses sujets qu'à l'égard des biens meubles et immeubles se trouvant dans les limites de la chefferie, tous les pouvoirs indistinctement; son pouvoir est donc absolu. Et cet absolutisme s'exprime parfaitement dans les expressions *ira Azande* et *ira sende* qui sont appliquées au chef et à lui seul. Toutes deux expriment cette réalité que le chef est vraiment le *maître des Zande*, comme il est le *maître de la terre.* Ceci veut-il dire qu'il s'agit là d'une tyrannie sans frein qui se traduit par l'esclavage des sujets? Non. En effet il existe un frein à l'absolutisme du chef, et il est d'une efficacité telle qu'il est fort rare qu'un chef abuse des pouvoirs illimités qui lui sont théoriquement conférés. Ce frein est la possibilité qu'ont toujours les sujets de quitter le territoire de la chefferie si le chef leur y fait la vie impossible; et au cas où les abus du chef prendraient un caractère généralisé, l'exode pourrait devenir massif. Le résultat en serait la diminution du prestige et du pouvoir du chef et même, dans les cas extrêmes, la disparition totale de ce pouvoir, puisqu'il n'y a pas de chef sans hommes à qui commander.

2. *La société zande est une société exclusivement politique.* Ceci veut dire qu'hormis la structure relativement simple formée d'une part par le chef et ses délégués et d'autre part par les sujets, il n'existe dans le pays aucune autre structure sociale de quelque nature qu'elle soit. Ce fait s'explique par l'acharnement qu'ont mis les Vungara à combattre les institutions antérieures à la conquête, une fois celle-ci achevée. Aujourd'hui le Zande sait encore qu'il appartient à un clan déterminé, mais ce clan ne joue plus aucun rôle en tant que tel. Il est dispersé aux quatre coins du pays et, si des membres d'un même clan sont réunis en un endroit, c'est plus souvent en raison d'autres liens que ceux de la solidarité et de l'unité claniques.

3. *La société zande est organisée hiérarchiquement.* Elle se présente comme une pyramide dont le chef est le sommet et les sujets la base, les échelons intermédiaires étant occupés par différents fonctionnaires appelés par l'administration *notables* et *capitas*. Ce qui doit être souligné, c'est l'absence de tout rapport entre ces fonctions administratives et un quelconque droit sur la terre. Les membres de la hiérarchie ont un pouvoir indiscutable de commandement sur les sujets du chef, mais ils n'ont, quant à l'utilisation du sol, aucun droit qui les différencie du commun des sujets.

4. *La société zande est composée d'agriculteurs.* Les seules ressources du pays sont en effet agricoles. Les individus vivant en milieu dit extra-coutumier n'y sont pas nombreux et on peut dire que tout Zande est un cultivateur. Les rares exceptions à cette règle, indépendamment de certains individus vivant dans les centres, sont les artisans. Ils ne sont plus nombreux à l'heure actuelle, devant céder le pas à la concurrence des produits manufacturés européens. Quant au chef, il est agriculteur comme tout le monde, avec toutefois cette différence qu'il l'est par personne interposée, des corvées venant faire dans ses champs les travaux généralement réservés aux hommes.

5. *Ces cultivateurs vivent dans un habitat dispersé et instable.* Aucune explication pleinement satisfaisante n'a jusqu'à présent été donnée de la dispersion de l'habitat en pays zande. Certains estiment que c'est là un reflet de l'importance de la superstition: le Zande s'éloignerait de ses frères uniquement pour fuir les mauvais sorts que ces derniers pourraient être tentés de lui jeter. D'autres estiment qu'il faut chercher la cause de cette dispersion dans le désir de l'homme de protéger sa femme des convoitises de voisins trop entreprenants. Enfin on la justifie par la nécessité de posséder de vastes espaces de terrain autour de chaque habitat dans un système de cultures rotatives. Sans doute faut-il tenir compte de toutes ces explications et vraisemblablement en existe-t-il d'autres que nous n'avons pu découvrir jusqu'à présent. En outre, l'habitat du Zande est instable. Peut-être l'individu ne s'en rend-il pas compte, mais cette instabilité existe néanmoins. Ses causes sont multiples mais peuvent se ramener à deux grands ordres de facteurs. D'une

part des facteurs économiques ; à un moment déterminé l'épuisement du sol autour de l'habitat oblige le cultivateur à déplacer celui-ci sur des terres plus fertiles afin de pouvoir continuer à assurer sa subsistance. D'autre part des facteurs psychologiques ; l'individu peut estimer que certains évènements qui l'atteignent dans sa personne ou celle de ses proches, ou encore dans ses biens, sont la preuve du fait que l'endroit où il est installé ne lui est pas favorable. Il ne lui reste plus alors qu'à quitter cet endroit pour une terre plus hospitalière.

6. *L'agriculture pratiquée en pays zande est d'une part rotative et d'autre part de stricte subsistance.* L'agriculture rotative implique le déplacement régulier des champs dès que le sol ne parvient plus à supporter les cultures assurant la subsistance de l'individu. Elle est justifiée par la pauvreté relative du sol dans les régions occupées par la grande majorité des Zande. Il s'agit en outre d'une économie de subsistance. L'individu produit ce qui est nécessaire pour subsister et ne cherche pas à augmenter cette production, étant donné qu'il ne lui trouverait pas de débouché dans une société peu spécialisée où tout le monde vit précisément de l'agriculture.

7. *Dans la société zande, la cellule de base est le groupe familial.* Ce groupe est en l'occurrence très restreint. Il se compose de l'homme, de sa ou de ses femmes, et de ses enfants mineurs. Dès que ces derniers ont atteint l'âge requis, les filles sont mariées et les fils s'installent indépendamment. La séparation du milieu familial se fait d'ailleurs progressivement au fur et à mesure que le garçon grandit. Il fait ainsi l'apprentissage de sa vie d'homme sous la surveillance de son père. Outre ces éléments de base, la famille peut aussi comporter différents parents recueillis dans la famille de l'homme, et, plus rarement, dans la famille de la femme.

Quant au droit foncier zande, il est extrêmement simple, et nous voyons à cette simplicité deux raisons majeures.

D'une part, et c'est sans doute la raison fondamentale, la terre ne présente pour ainsi dire aucune valeur aux yeux de l'individu. En effet, pour le chef, ce sont davantage les hommes qui comptent que la terre et il vaut mieux avoir des hommes et peu de terres que beaucoup de terres et aucun homme. Quant à l'individu, sujet du chef, la terre n'a de valeur pour lui que dès qu'il y a incorporé une certaine quantité de travail. C'est donc plus le fruit de son travail que la terre *per se* qui l'intéresse. De cette absence de valeur de la terre découlera notamment l'absence de litiges en matière foncière. Or si nous considérons que les règles de droit existent précisément pour permettre de trancher d'une manière prévisible les litiges qui peuvent surgir entre les hommes, nous devons aussi admettre que là où il n'y a pas de litiges, les règles de droit n'ont guère de raison d'être.

D'autre part, la structure sociale du pays est elle aussi relativement simple. Il n'existe en fait que des individus titulaires de droit. Et parmi les individus il n'y a encore que deux possibilités: ou bien on est un chef, ou bien on est un sujet. Cette simplicité de la société contribue certainement à la simplicité du droit foncier.

Indépendamment des deux espèces de titulaires de droit que nous venons de mentionner (le chef et le sujet) il existe, comme éléments constitutifs du système du droit foncier zande, deux espèces de droits et deux espèces de notions de la terre.[2] Commençons par celles-ci.

On peut opposer à cet égard ce que nous appellons la terre brute à la terre travaillée. La première n'a qu'un nom; c'est le *sende*. La seconde a autant de noms qu'il est possible de rencontrer d'occasions de travailler la terre dans un but déterminé. Ainsi, par exemple, la terre travaillée pour y établir l'habitat sera le *kpolo*; si on parle d'une terre qui doit devenir un champ ce sera *bino* et ainsi de suite.

Quant aux droits, ils peuvent être appelés absolus ou relatifs selon qu'ils impliquent, dans le chef de leur titulaire, la totalité des pouvoirs sans aucune restriction de quelque sorte qu'elle soit, tant en ce qui concerne l'acquisition ou l'extinction de ce droit, qu'en ce qui concerne son exercice, ou que leur acquisition, leur extinction ou leur exercice est soumis au contrôle d'une personne titulaire, sur ce même objet, d'un droit absolu.

Les six éléments que nous venons de mentionner (titulaire des droits, objet des droits, nature des droits) peuvent se combiner de telle sorte qu'on aboutit à trois règles de base:

[2] Voir à ce sujet, J. Vanderlinden, Principes de droit foncier zande, in *Revue de l'Institut de Sociologie*, 1960, pp. 557–610.

(1) Le droit relatif appartient à tout le monde sur tout.
(2) Le droit absolu appartient à tout le monde sur la terre travaillée.
(3) Le droit absolu appartient au chef seul sur la terre brute.

Reprenons chacune de ces règles.
1. Le droit absolu dont est titulaire le chef sur la terre brute implique dans son chef trois pouvoirs fondamentaux.

Le premier, qui est celui de décider librement de devenir ou de cesser d'être titulaire du droit absolu, existait indiscutablement traditionnellement. Il se manifestait par la décision du chef d'installer son groupe sur un territoire déterminé. Le chef créait ainsi entre lui et la terre un lien complémentaire à celui qui existait déjà entre lui et les membres du groupe politique. Ce pouvoir n'existe guère plus aujourd'hui de même que n'existe plus le pouvoir d'éteindre tout droit existant en son chef sur la terre par la simple remise en mouvement du groupe et donc par la rupture du lien formé entre le chef et la terre. Le seul mode qui subsiste pour le chef d'acquérir ou d'éteindre un droit absolu sur la terre brute est de le recevoir ou de le transmettre de ou à autrui.

Le deuxième pouvoir du chef est celui de déterminer la surface exacte sur laquelle portera son droit absolu. Il l'exerce en définissant les limites de sa chefferie et en déterminant par conséquent le champ territorial d'application de son droit. Une fois ces limites établies, il est bien entendu le seul à pouvoir les modifier. Aujourd'hui la stabilisation des chefferies par l'administration européenne et l'ingérence de cette administration dans l'organisation des chefferies à également eu pour résultat une diminution considérable de ce pouvoir du chef zande. Il est encore consulté mais il n'est plus libre de décider seul comme autrefois.

Le troisième pouvoir du chef est enfin celui d'exercer ou de laisser exercer, sur l'objet du droit, la terre brute, par la personne qui lui plaît, n'importe quelle action, à n'importe quel endroit, à n'importe quel moment et à n'importe quelle condition.

De cette analyse du droit absolu du chef deux points se dégagent. Le premier est relatif au pouvoir qu'exerce encore le chef aujourd'-

Les Zande Vungara du Congo

hui de permettre la présence ou d'exiger le départ de toute personne sur ou hors des terres de la chefferie comme il lui plaît. C'est ici une trace de l'importance traditionnelle des rapports personnels dans la société zande. L'individu est, avant toute chose, l'homme d'un chef auquel il doit obéissance. Et personne ne peut être sur les terres du chef si celui-ci ne consent à cette présence. Le second point est relatif à la grande tolérance dont fait preuve le chef zande en ce qui concerne l'exercice de différents droits sur la terre brute ou travaillée par les sujets. En fait il n'existe guère de limites à ces droits sauf celles inhérentes à leur nature et encore ont-elles été réduites au strict minimum. Il n'existe en tout cas aucune idée de gestion économique de ses terres par le chef. On peut dire que les pouvoirs qu'il exerce sont plutôt de nature politique.

2. Le droit absolu dont est titulaire, tout individu (chef ou sujet) sur la terre travaillée implique également un triple pouvoir.

Le premier, qui est celui de décider si l'on devient ou si l'on cesse d'être titulaire du droit absolu, existait traditionnellement et existe encore aujourd'hui quoiqu'il soit limité en matière agricole comme nous le verrons plus loin. L'individu décide en effet de s'installer quelque part et d'y cultiver la terre, et, par cette décision et l'action qui la suit, il établit entre lui et la terre travaillée un rapport dont le résultat est l'existence en son chef d'un droit absolu sur cette terre, qu'il s'agisse d'un site d'habitat, d'un champ, etc.... De la même façon, l'individu peut décider de se déplacer, de rompre son lien avec la terre travaillée la laissant retourner à l'état de nature brute. Il éteint alors le droit absolu dont il était titulaire pour peu que cet abandon soit volontaire et définitif. Enfin, l'extinction du droit peut se faire par sa transmission à une autre personne.

Le deuxième pouvoir est celui de déterminer librement sur quelle surface portera le droit absolu. En ce qui concerne le droit sur la terre travaillée la surface sur laquelle il portera sera en pratique directement proportionnée aux besoins de l'individu, mais surtout aux forces dont il dispose au sein du groupe social qu'il dirige, la famille. Ainsi, les champs du chef seront nombreux car le nombre de ses femmes est grand. Il y a donc un rapport direct entre les capacités physiques de l'homme et de ses proches et la surface cultivée.

Le troisième pouvoir est enfin celui d'exercer librement, sur la terre travaillée, n'importe quelle action, à n'importe quel moment, avec la participation de n'importe quelle personne, à n'importe quel endroit et à n'importe quelles conditions. Dans la pratique il s'agira uniquement des membres du groupe familial restreint décrit précédemment, le louage de services comme le louage de fonds étant inconnu en pays zande. Le travail et l'emplacement sur lequel s'exerce ce travail seront déterminés, pour chacun, par le chef de famille. De même celui-ci décide d'accomplir personnellement ou non tout acte sur la terre travaillée qui le loge et le nourrit ainsi que sur les fruits que cette terre porte.

3. Finalement tout le monde (chef comme individu) est titulaire d'un droit relatif sur tout (terre brute comme terre travaillée). Il est inutile de parler ici de droit relatif du chef sur la terre brute ou de celui de tout individu sur la terre travaillée; ils sont normalement compris dans le droit absolu dont ces personnes sont titulaires sur ces sortes de terres. Nous parlerons donc seulement du droit relatif sur la terre brute.

Le futur titulaire du droit relatif ne peut pas décider seul de devenir titulaire de ce droit. Il doit nécessairement obtenir le consentement d'une autre personne, en l'occurrence le titulaire du droit absolu sur la terre brute, le chef. De même, il ne peut acquérir ce droit d'une autre personne qui ne soit pas le chef. Quant à l'extinction du droit dans son chef, elle ne peut se faire que par le fait de quitter le groupe qui l'avait accueilli; l'extinction par la transmission directe à une autre personne est impossible, sauf accord du chef, ce qui ne se produira jamais dans la pratique. Un second mode d'extinction existe toutefois, qui est indépendant de la volonté de l'individu. C'est celui de l'exclusion du groupe politique par la volonté du chef; c'est là un cas très fréquent. De plus, le titulaire du droit relatif n'est pas libre de déterminer sur quelle surface portera son droit. Cette surface, qui est celle du *sende* ou terre brute, a été déterminée et continue à l'être par la personne titulaire du droit absolu sur cette terre, le chef. Il ne peut être question de dépouiller celui-ci d'un des pouvoirs qu'il exerce en vertu de son droit absolu. Enfin, si l'individu titulaire du droit relatif n'est pas libre de laisser exercer par une autre personne que lui un acte quelconque sur la surface du *sende*, il semble que lui-même, du moment qu'il est devenu titulaire du droit relatif puisse, sur cette surface déterminée par le chef, exercer n'importe quelle action à n'importe quel moment, à n'importe quel endroit et dans n'importe quelles conditions. L'individu jouit donc d'une très grande liberté dans l'exercice de son droit relatif. Et il serait vain de vouloir essayer d'énumérer tous les pouvoirs particuliers qui contribuent à la formation de ce droit complexe; l'exercice de ceux-ci reste toutefois, en définitive, subordonné à l'autorisation du chef qui peut toujours la retirer.

De cette analyse, il résulte cinq principes qui gouvernent l'ensemble du droit foncier zande.

1. Le premier de ces principes consacre la prééminence absolue du chef non seulement dans ses droits sur les personnes mais aussi dans ses droits sur la terre. Ce principe qui tient dans l'expression qui qualifie le chef de *ira azande* et de *ira sende* ne souffre, théoriquement du moins, aucune exception. S'il est des pouvoirs que le chef n'exerce temporairement pas, ceci n'empêche pas qu'il en soit toujours titulaire et puisse les exercer dès qu'il le désire.

2. Le deuxième consacre l'existence, au sein de la société, d'un équilibre entre ce pouvoir absolu du chef et la nécessité pour celui-ci d'avoir des *sujets* s'il veut survivre en tant que chef. Il en résulte, plus particulièrement dans le domaine foncier, l'existence de droits extrêmement importants dans la pratique qu'il s'agisse du droit relatif sur la terre brute ou du droit absolu sur la terre travaillée.

3. Le troisième consacre le divorce total qui existe entre le droit dit absolu d'une part et le droit relatif de l'autre. Cette différence se manifeste en effet sur de nombreux plans. Le droit absolu, au contraire du droit relatif qui s'exerce indistinctement sur toute partie de la terre, ne porte que sur une partie bien déterminée de celle-ci, celle dont l'homme a effectivement modifié la destination par son action. Le droit absolu, au contraire du droit relatif dont toute personne sans aucune distinction est titulaire par le seul fait de son appartenance au groupe politique, n'a qu'un titulaire bien déterminé, la personne qui a voulu la transformation constitutive de droit dans son chef. Le droit absolu, au contraire du droit relatif qui soumet son titulaire à la volonté du titulaire du droit absolu dont

il est la dégradation, ne requiert aucune intervention d'un tiers que ce soit dans son acquisition ou dans son exercice. L'individu est réellement le maître aussi bien de ce droit que de l'objet sur lequel il porte.

4. Le quatrième principe consacre le rapport étroit qui existe, dans la société, entre les différents droits que ses membres possèdent et exercent. L'origine de la véritable chaîne de droits qui peut s'établir ainsi est le droit absolu du chef sur la terre brute. C'est là, si on peut parler ainsi, le plus absolu de tous les droits. Au moment où le chef, qui en est le seul titulaire, décide de laisser exercer une partie de ses droits en conférant à l'individu qu'il admet sur le *sende* un droit relatif le premier chaînon se forme. Ensuite, dans l'exercice de ce droit relatif, le sujet est amené à poser des actes qui transformeront la destination de certaines parties du *sende*; de terre brute qu'elles étaient, celles-ci deviendront terre travaillée. En reconnaissant à l'individu un droit absolu sur ce résultat de l'exercice de son droit relatif, le chef admet une nouvelle dégradation de son droit absolu sur la totalité des terres quelles qu'elles soient de sa chefferie. Ainsi se forme le second chaînon qui réunit tous les droits entre eux et complète l'articulation parfaite du système.

5. Le cinquième principe découle de la confrontation des caractères de l'économie zande et de l'étendue des droits reconnus par les chefs, sur la terre, à leurs sujets. Nous avons vu en effet que l'agriculture pratiquée par les Azande était une agriculture de stricte subsistance et qu'elle ne dépassait pas ce stade. En outre, nous avons vu que l'individu possédait une grande liberté dans la définition du champ d'application territorial de son droit absolu sur la terre travaillée, en raison, d'une part, de l'abondance des terres dans le pays zande et, d'autre part, du fait que les limites de ses capacités physiques et de celles de ceux qui dépendent de lui ne lui permettaient pas d'étendre de manière importante le champ de ce droit absolu. Or on peut se demander, en anticipant quelque peu, si, dans un avenir plus ou moins rapproché, les transformations de l'agriculture zande ne pourraient pas amener l'individu non plus à travailler la terre à la tête d'un groupe restreint comme le groupe familial mais à la tête d'une main d'oeuvre relativement importante et, d'autre part, si ce travail de la terre ne pourrait pas

porter non plus sur une surface restreinte du *sende* mais plutôt sur une grande surface sinon sur la totalité de celui-ci. A ce moment, l'individu, dans le seul cadre de l'exercice de son droit relatif sur le *sende* acquerrait une richesse, et partant une puissance, qui pourrait contrebalancer et même combattre celle du chef. Il est alors douteux que celui-ci demeure inactif et ne prenne pas des mesures, soit pour exiger que les individus se maintiennent dans les cadres d'une économie de subsistance, soit les fasse participer, eux les chefs, aux bénéfices d'une pareille exploitation de leurs terres, bénéfices qui ne sont en somme que le résultat de leur grande tolérance quant à l'usage que peuvent faire les individus du *sende*.

Sur le plan économique enfin, le pays zande est une région déshéritée. Les sols sont, à l'exception de quelques poches un peu plus riches, extrêmement pauvres et les grandes voies de communication, plus particulièrement le rail, se trouvent à une centaine de kilomètres de la région nord du pays. La combinaison de ces éléments réduit cette région à une économie agricole basée sur des produits pauvres dont le prix de revient est lourdement grevé par les frais de transport jusqu'au rail. L'élément de base en est le coton. Celui-ci est cultivé suivant des règles rationelles élaborées par le colonisateur; quant au système dit du *paysannat*, il n'est appliqué que dans une partie fort restreinte du pays (la chefferie Mange en territoire de Bambesa) et il n'y a pas apporté d'autres transformations que celles constatées partout ailleurs.

Mais quels furent les grands caractères des transformations agraires dans le pays zande? Ils sont au nombre de quatre: d'une part l'étroite association des pouvoirs publics et du secteur privé dans l'oeuvre de transformation, ensuite malgré l'absence de transformations radicales, l'hostilité du paysan zande à la nouvelle politique, puis l'absence d'un stimulus économique permettant de vaincre naturellement cette hostilité, et enfin le caractère obligatoire ou semi-obligatoire des transformations avec son corollaire, la collaboration forcée ou non des chefs.

1. Le premier de ces caractères est que les transformations de l'agriculture zande traditionnelle sont le fruit d'une étroite collaboration des pouvoirs publics et du secteur privé. Les premiers

nommés ont apporté principalement le poids de leur autorité, que ce soit par la promulgation de textes législatifs ou règlementaires, ou par l'activité de ses agents, et le second, non seulement le zèle de ses agents et les principes de culture, mais aussi son intérêt profond à ce que les transformations se produisent rapidement et de manière satisfaisante puisque c'est de leurs résultats qu'il tire ses revenus. La conséquence semble avoir été une antipathie profonde du Zande à l'égard des agents du secteur privé qui sont souvent considérés comme la cause de tous ses maux.

2. Le deuxième caractère est que, bien que les transformations n'aient pas été radicales, – elles ont consisté d'une part en l'introduction de cultures industrielles et d'autre part en une sélection par voie d'autorité des gîtes d'exploitation agricole, – ces transformations n'ont pas rencontré, du moins dans la plupart des cas, l'approbation de la masse des cultivateurs qu'elles étaient censées toucher.

D'abord, l'introduction du coton a soulevé en soi une certaine opposition. Celle-ci semble due au fait qu'elle réduit considérablement la liberté dont jouissait précédemment le cultivateur. Nous avons vu en effet que le chef ne se souciait pas d'intervenir dans l'exercice par ses sujets du droit relatif qui leur était reconnu; ses pouvoirs n'avaient aucun caractère de gestion économique. Or le coton doit être planté à date fixe, entretenu régulièrement, récolté à date relativement fixe également et enfin tous les plants doivent être arrachés après la récolte par mesure phytosanitaire. Il y a là évidemment un travail considérable qui réduit fortement la liberté du sujet. D'autre part, l'introduction de rotations nouvelles (par exemple – manioc-coton-arachides) oblige l'individu à cultiver trois champs importants par an en y ajoutant le fait que les produits de la rotation manioc sont souvent trop abondants pour la consommation de subsistance et par conséquent doivent souvent être sacrifiés. Or l'étendue de manioc cultivé ne peut être réduite car le manioc ouvre la voie au coton. Enfin l'autre culture de complément, les arachides, est en plus grande partie consommée sur place; l'excédent n'a pas grande valeur sur le marché. On voit donc comment l'introduction de nouvelles cultures et rotations devait heurter le Zande. Elle lui imposait immédiatement un travail considérable qui rompait nettement avec les traditions et lui supprimait une grande partie de sa liberté. Enfin, il semble que le temps requis par ces cultures ait eu un effet néfaste sur le maintien de la grande variété qui caractérisait traditionnellement la diète zande; le cultivateur absorbé par les champs officiels ne consacre plus à ses jardins, où poussaient en effet une grande variété de plantes, le temps nécessaire.

La seconde transformation réalisée en pays zande est la sélection, par voie d'autorité, des gîtes agricoles et éventuellement le groupement de ceux-ci en *avenues* de champs. Le choix des emplacements de culture par voie d'autorité (que ce choix soit exercé par un agent européen ou africain importe peu en l'espèce; dans les deux cas il s'agit de quelqu'un ayant reçu un minimum d'instruction en matière agricole et ce plus particulièrement en ce qui concerne les cultures de base nouvellement introduites) fut immédiatement considéré par le Zande comme une nouvelle limitation au droit absolu qu'il possède sur toute terre travaillée. Non seulement il ne pouvait plus choisir, comme précédemment, quelle plante cultiver ni comment la cultiver, mais encore il n'était plus libre de déterminer à quel endroit il allait établir ses cultures. En même temps, une certaine surface de culture lui était imposée et par là aussi un droit fondamental, celui de déterminer sur quelle surface doit porter son droit absolu sur la terre travaillée, lui est retiré. Il en résulte de fréquents conflits entre propagandistes agricoles et paysans, la discussion portant, d'une part, sur l'opportunité du choix de tel ou tel emplacement (il faut reconnaître que les propagandistes n'étaient pas toujours bien inspirés) et d'autre part, sur la surface à cultiver. Ainsi dès que cette surface excède les besoins de subsistance de l'agriculteur (notamment pour la culture placée après le coton dans la rotation) il n'est pas rare qu'il la réduise. Enfin, le comble fut atteint pour le Zande lorsqu'on entreprit, par mesure de rationnalisation des exploitations agricoles, de grouper les champs de différents individus en *avenues* de parfois plusieurs dizaines de champs. A ce moment le cultivateur, étant donné la dispersion de l'habitat dans le pays, est obligé de quitter sa maison et de parcourir des distances pouvant atteindre une dizaine de kilomètres pour parvenir à son lieu de travail. Il est inutile d'insister sur le caractère impopulaire de pareille mesure. On constate d'ailleurs une forte tendance à boycotter les *avenues* et à établir les champs (surtout pour les cultures qui suivent le coton dans la rotation) à proximité de l'habitat sans en tenir compte.

3. L'impopularité des mesures que nous venons de décrire aurait bien entendu pu être combattue s'il avait été possible de la contrebalancer par un stimulus économique adéquat. Nous touchons ainsi au troisième point caractéristique des transformations de l'agriculture zande. En effet, toute transformation suppose, en vue de réussir, que l'individu trouve un intérêt dans le surcroît d'activité que lui demande la transformation. Or il est certain que l'individu, du moins dans la partie nord du pays zande, ne voit pas l'intérêt du travail qu'on veut lui imposer. En effet, le rendement (et nous touchons ici aux problèmes économiques esquissés dans le cours de cette étude) qu'il peut espérer du sol, combiné avec le prix qu'on lui offre des produits de ce sol, ne justifie aucunement les efforts qu'on l'oblige à effectuer. Pour prendre un exemple, le revenu moyen de la population coutumière du territoire de Dungu se chiffrait en 1958 à moins de mille francs par an. On comprendra facilement que l'individu ne soit pas prêt à consentir les efforts que requiert la transformation de son agriculture traditionnelle, si c'est pour tirer aussi peu de bénéfices de cet effort. C'est sans doute là le problème fondamental de toute l'économie du pays zande et celui qui constituera pendant longtemps encore la principale pierre d'achoppement de toute transformation de l'agriculture : l'individu ne voit dans cette transformation que des ennuis et aucun intérêt. Le problème est d'autre part tellement complexe du point de vue économique que l'on serait bien mal venu de jeter la pierre à qui que ce soit. Il sera indiscutablement intéressant à cet égard de connaître le résultat des expériences actuellement en cours en pays zande en vue d'y établir la culture du café.

4. Du rapprochement de ce que nous avons vu jusqu'à présent, on peut conclure qu'il n'y avait logiquement qu'une solution pour transformer l'agriculture zande. En effet, la transformation ne pouvant s'accomplir avec la collaboration des intéressés, il fallait l'imposer. En vue de faciliter cette imposition forcée de la nouvelle politique agricole, le premier souci de ses promoteurs a été de

rallier à leur cause les chefs. Ce ralliement a lui-même été soit forcé (combien de fois n'entend-on pas les qualités d'un chef estimées, dans tous les milieux, par la quantité de coton que ses sujets ont produit au cours de la campagne agricole précédente? Et qui dit estimation, implique la possibilité de démettre de ses fonctions celui qui n'est pas considéré comme bon), soit fortement encouragé (par l'octroi au chef d'un pourcentage sur les sommes versées aux individus). Enfin, il semble que les chefs aient vu, dans l'occupation permanente de leurs sujets aux champs, un moyen de conserver plus facilement l'ordre dans leur chefferie. Ils se sont donc révélés généralement d'efficaces soutiens de la politique nouvelle.

Mais d'autre part, ce soutien qu'ils ont accordé à la transformation de l'agriculture de leur pays a sensiblement modifié le caractère des pouvoirs qu'ils exerçaient sur la terre. Nous avons vu en effet que le chef exerçait traditionnellement sur celle-ci des droits qui portaient uniquement sur la terre brute. La terre travaillée ne l'intéressait pas et l'individu jouissait à cet égard d'une grande liberté. Il n'en est plus de même aujourd'hui. Les pouvoirs du chef sur son domaine ont virtuellement disparu. Par contre, ses interventions en ce qui concerne l'utilisation de la terre par les individus ont été croissant; le chef exerce ainsi des pouvoirs de gestion économique qui n'existaient pas précédemment, alors que ses pouvoirs étaient de nature essentiellement politique.

Telles sont donc les transformations de l'agriculture traditionnelle en pays zande. On peut dire que, par de nombreux aspects, elles sont étrangères, voire hostiles à la mentalité zande. En outre, elles n'offrent pas à l'individu de stimulus économique qui lui permettrait peut-être de vaincre sa répugnance pour ce bouleversement de son mode de vie. Et il est certain que, si certaines modifications ont été possibles jusqu'à présent, c'est uniquement grâce à un concours de circonstances dont il n'est pas certain qu'il se maintiendra toujours. En effet, les transformations réalisées jusqu'à présent supposent l'existence conjointe d'un dispositif législatif sanctionnant l'opposition à la politique économique, du maintien de l'autorité des chefs et de leur intérêt dans la politique nouvelle, et du prestige de l'européen qui par son activité réussissait souvent à convaincre les plus obstinés. De ces trois facteurs, nous voyons que de nombreux d'entre eux ont disparu ou sont menacés de disparition. C'est le cas pour l'appareil législatif (il n'existe plus quoique les cultivateurs l'ignorent le plus souvent); quant à l'autorité politique des chefs et au prestige de l'européen, les circonstances politiques actuelles ne permettent pas de nourrir de grands espoirs quant à leur maintien. Il ne reste dans ce cas qu'une solution: la valorisation des cultures. On en parle depuis longtemps mais il semble que si elle ne se réalise pas aujourd'hui, tout l'acquis des dernières années (et il est malgré tout important) risque de s'en aller à vau-l'eau.

Ce n'est pas dans le cadre d'une note aussi courte qu'un problème aussi vaste et aussi complexe peut être épuisé. Il demande la collaboration de tous ceux que passionnent les problèmes posés par l'adaptation des peuples d'Afrique à un mode de vie dont nous avons voulu leur donner le goût et dont il faut maintenant qu'on leur donne les moyens d'y parvenir.

SUMMARY

Zande country is remote from the main lines of communication (particularly the railways) and soils are extremely poor. The agricultural economy is therefore limited to low-cost products. Apart from the standardization of the price of cotton, little has been done to stimulate the economy in this region.

Traditional Zande society may be regarded as a monarchy based on a strict hierarchy, controlling peasants who live in scattered homesteads of small family groups, engaged in shifting subsistence agriculture. The development of agriculture has consisted chiefly in the introduction of new crops (especially cotton) and in the rationalization of agricultural methods (selection of agricultural areas and grouping of the fields in avenues). These methods immediately aroused opposition. On the one hand, the new crops required far more care and obligations from the cultivator than the traditional ones, so that there was a considerable increase in work without any apparent compensation for the effort required. On the other hand, the selection of the new sites and their grouping in avenues gave rise to conflict between the local population and the authorities responsible for that choice and grouping. The qualities attributed to tracts of land by the authorities were not accepted and long daily journeys to the fields from the scattered homesteads were resisted.

A good reward for the extra work might have overcome these difficulties. As voluntary support from the population could not be obtained, support was sought from the chiefs, who were encouraged by the payment of a share in the profits from the cotton campaign.

Thus agricultural changes in the Zande country have been effected through legal coercive measures, the support of Zande chiefs and, last but not least, the prestige and zeal of Europeans interested in agricultural problems. Should these conditions not be maintained, one can fairly assume that all that has been done could die out.

XVII. LES REGIMES FONCIERS RUANDA ET KUBA – UNE COMPARAISON

JAN VANSINA

Dans cette contribution nous comparons deux systèmes de tenure de terres africains atypiques et très différents l'un de l'autre, celui du Ruanda et celui des Kuba.[1] Le régime foncier dans une culture est conditionné par toute une série de facteurs naturels et culturels: densité de la population, structures économiques, sociales et politiques, parfois religieuses, etc. De la comparaison de ces deux systèmes très différents nous espérons dégager les différents facteurs qui en sont la cause et d'en saisir l'importance les uns par rapport aux autres. Nous exposons d'abord le régime foncier du Ruanda, puis celui des Kuba et nous terminons par la comparaison entre les deux.

I. LE RUANDA

A. INTRODUCTION

Le Ruanda s'étend sur une superficie de 26,338 km² et compte une population d'environ deux millions et demi d'âmes. Sa densité est de 90 au km². Le pays forme un royaume, dont toutes les régions ne sont pas identiques culturellement. La description du droit foncier que nous donnons s'applique surtout au Ruanda central.

La population du pays appartient à trois castes différentes: les Tutsi dominants qui sont avant tout des éleveurs, les Hutu agriculteurs et les Twa chasseurs, potiers ou policiers. Ces derniers constituent seulement 1 pour cent. de la population et l'on peut donc dire que pratiquement tous les habitants ne vivent que d'élevage et d'agriculture. Les Ruanda sont patrilinéaires et viri-patrilocaux. Ils se groupent en patrilignages (*umuryaango*) de 4 à 6

[1] Cette note est basée sur les articles suivants: Maquet, J. J., Naigiziki, S., 'Les droits fonciers dans le Ruanda ancien' – *Zaïre*, 1957, 4, pp. 339–359 et Vansina, J., 'Le régime foncier dans la société Kuba' – *Zaïre*, 1956, 9, pp. 899–926 et sur des données personnelles inédites. Les recherches au Ruanda et au Kasai étaient patronnées par l'I.R.S.A.C.

générations de profondeur. Ceux-ci sont sous-divisés en lignages minimaux (*inzu*) de 2 à 4 générations de profondeur. L'*inzu* est toujours localisé, l'*umuryaango* l'est souvent. Les lignages appartiennent tous à un des quinze clans (*ubwooko*) connus. Mais l'*ubwooko* ne joue aucun rôle effectif dans la structure sociale et le lien qui unit plusieurs lignages de même clan est si ténu qu'on peut pratiquement le considérer comme absent. La résidence est dispersée sur les collines et on retrouve partout de petits groupes de huttes occupées par une famille étendue patrilinéaire.

Le Ruanda formait un royaume dont le roi était maître absolu. Il gouvernait avec l'aide de favoris choisis par lui-même et pour autant de temps qu'ils lui plaisaient. Aucun conseil institutionalisé ne participait au pouvoir réel. Seuls quelques fonctionnaires politico-religieux, les *abiiru*, dont la charge était héréditaire, le conseillaient. Le pays était divisé en provinces, administrées par des gouverneurs nommés par le roi et révoquables, appelés 'chefs du siège'. La province était divisée en cantons dirigés par deux chefs: un chef de la terre responsable de la rentrée des produits agricoles et un chef du bétail, responsable du tribut en bétail. Les chefs de betail avaient préséance sur les chefs de terre. Personne ne pouvait cumuler les trois fonctions décrites à l'exception des princes de sang royal. Le chef du siège et le chef du bétail étaient souvent la même personne et étaient en même temps les commandants d'un bataillon de l'armée. Les cantons étaient divisés en sous-chefferies (*imisozi*) administrées par un sous-chef. Les sous-chefferies étaient souvent divisées en voisinages (*ibikiingi*) dont les représentants étaient des chefs d'*umuryaango*. En dehors des provinces régulières il existait des lieux francs dépendant directement du roi. C'étaient les régions entourant les capitales. Celles-ci étaient nombreuses et dans chacune d'elles vivait une épouse ou une concubine du roi. Les terres de chaque capitale fournissaient les vivres nécessaires à leur capitale.

En dehors de ce système administratif une organisation militaire existait également. L'armée était divisée en bataillons (*umutwe*) qui étaient cantonnés dans différentes provinces, surtout aux frontières du pays. L'armée avait son propre bétail et nous rappelons que le commandant de chaque bataillon était souvent également le chef du bétail dans la province. Il était d'ailleurs souvent lui-même chef de province. Chaque lignage ruanda dépendait militairement d'un commandant de bataillon.

Une dernière structure politique était l'institution de la clientèle (*ubuhake*). Chaque possesseur de bétail pouvait donner l'usufruit de son bétail à d'autres personnes qui devenaient ses clients. Elles devaient travailler pour leur seigneur pendant la moitié des jours de travail reconnus et lui fournir toute assistance demandée. En théorie le bétail appartenait au roi. Tous ceux qui le détenaient étaient ses clients. En pratique ceci signifiait que le roi cédait l'usufruit d'un troupeau à un grand seigneur, toujours un Tutsi, qui en cédait à son tour l'usufruit à un autre Tutsi qui le cédait encore à un autre Tutsi ou à un Hutu. Les obligations de clientèle étaient des liens sociaux qui jouaient un rôle primordial dans la structure politique du pays.

Chaque homme adulte au Ruanda était donc soumis à trois chefs différents: le sous-chef administratif, le commandant de bataillon et le seigneur de qui il détenait son bétail. Il pouvait donc s'appuyer sur les uns quand il s'estimait lésé par un autre et vice-versa. Le roi trouvait dans la triple structure existante la certitude qu'une trahison envers sa personne lui serait rapportée très rapidement par les chefs ennemis de celui qui pensait trahir. En fait le système maintenait, d'une part, la domination Tutsi et l'absolutisme royal et donnait, d'autre part, au peuple hutu l'occasion de se défendre contre les exactions exagérées de Tutsi particuliers.

B. LE RÉGIME FONCIER RUANDA

Le droit foncier du Ruanda a évolué au cours des siècles. Nous le décrivons tel qu'il existait en 1900. A ce moment la densité de la population était déjà grande et posait des problèmes fonciers. Les terres n'étaient pas toutes affectées à l'agriculture, même dans les régions peuplées, car la caste dominante, les Tutsi, était composée d'éleveurs qui se réservaient des terrains de pacage. Ce fait explique l'existence d'un droit foncier agricole et d'un droit foncier pastoral dont les dispositions ne se recouvrent pas. Par ailleurs il existe deux grands types de terre au Ruanda. Les régions occupées depuis longtemps par les cultivateurs et les pasteurs et les régions nouvellement gagnées sur la forêt. Ces dernières jouissaient d'un statut foncier à part. De là trois types de régimes fonciers: les pâturages, les terrains agricoles et les terrains forestiers.

(*a*) LES PÂTURAGES

Vers 1900 il n'existait pratiquement plus de pâturages communs. Les terrains étaient soumis à des droits exclusifs et s'appelaient *ibikingi*, comme le voisinage. L'*ibikingi* pouvait être un domaine privé ou un territoire administratif. Dans ce dernier cas le chef administratif du voisinage avait des droits exclusifs sur les terrains de pâturage qu'il contenait. Il pouvait les garder pour son troupeau ou les concéder à des membres de sa parenté ou à des étrangers, contre paiement d'une ou de plusieurs génisses. Même si son prédécesseur avait accordé des terrains de pâturage à des titulaires privés, ceux-ci devaient lui repayer la location, car on considérait que tous les anciens contrats étaient dissous à cause du changement de chef administratif. En cas de départ du titulaire, d'extinction de son troupeau ou simplement en cas de défaut du titulaire d'observer les prestations pastorales dues, le chef administratif pouvait lui retirer son terrain. En fait celui-ci disposait à son gré de ces terrains. Le titulaire, qui avait obtenu un *igikingi* du chef administratif pouvait à son tour le sous-louer à des membres de sa parenté, mail il ne pouvait pas morceler le terrain. Le prix de la location se payait en cruches de bière pour une saison et en une génisse ou un taurillon pour une période plus longue. Comme le terrain n'était pas morcellé il arrivait fréquemment que le bétail du locataire paissait avec celui du titulaire. Celui-ci en prenait la charge et se faisait payer divers avantages pour le service rendu ainsi à son locataire. A la mort d'un titulaire privé, son *igikingi* passait en colocation à ses héritiers; à la mort du chef administratif, il passait à son successeur, qui n'était pas nécessairement un des héritiers. Ce droit sur les *ibikingi* variait en pratique d'après la densité de la région considérée. Dans les régions très peuplées, les *ibuhutu*, le chef administratif se réservait personnellement le peu de terrain non utilisé pour la culture et n'en concédait que parcimonieusement. Dans les terres *ibututsi*, moins peuplées, il concédait plus facilement des *ibikingi* à des éleveurs privés et dans les terres *umukende* très peu peuplées, c'était le chef du bétail qui se réservait certains pâturages et en laissait d'autres à la disposition de tous les éleveurs. Dans ces zones on ne concédait pas d'*ibikingi*.

(*b*) TERRAINS AGRICOLES

Il existe deux types de terrains agricoles, les terrains 'individuels' *amasambu*, et les terrains collectifs de lignages: *ingobyi*. En principe les terres non collectives appartiennent à l'autorité administrative qui peut les concéder à des titulaires privés. Ceux-ci devront payer des redevances en nature et seront de corvée deux jours sur les quatre ouvrables que compte la semaine. Tout ceci en dehors du paiement de tribut destiné au roi. Il existe différents types d'*amasambu* suivant le mode d'acquisition, qui est à nouveau en relation avec la densité de la population. Dans les régions à forte densité toutes les terres étaient occupées. Il fallait attendre qu'un *isambu* tombe en déshérence, soit abandonné par son titulaire ou que celui-ci soit expulsé pour pouvoir l'acquérir. Il devenait alors un *inkungu* (fonds sans titulaire) et pouvait être concédé par le chef administratif. Dans les régions moins peuplées des terrains *umukende* inoccupés pouvaient être concédés directement. Dans les régions encore moins peuplées on pouvait s'approprier un terrain non concédé, un *indeka* et payer ensuite au chef administratif les prestations requises.

En fait il existe une très grande similarité entre la concession d'*amasambu* et de *ibikingi*. On pouvait sous-louer un *isambu* à des locataires temporaires ou à de véritables clients fonciers qui reprenaient envers leur maître toutes les obligations que celui-ci avait envers le chef administratif. Eux-mêmes n'avaient des obligations qu'envers leur maître et non pas directement envers le chef administratif. Le maître pouvait donc utiliser leurs jours de corvée et leurs contributions pour remplir ses propres obligations envers le chef local. Les clients pouvaient à leur tour sous-louer leur parcelle comme ils l'entendaient. Les locataires temporaires n'habitaient pas le fonds qui leur était concédé pour un court terme et ne pouvaient le sous-louer. Ils payaient une contribution en vivres à leur titulaire.

Les terrains de lignage, *ingobyi*, sont gérés par un lignage qui en possède les droits d'exploitation en commun. Ils pouvaient être saisis par l'autorité politique, mais le lignage ne payait aucune redevance en dehors du tribut royal. Le chef d'*umuryaango* ou de l'*inzu* propriétaire attribuait des parcelles *umunaani* aux chefs de familles de son groupe de parenté. Les *iminaani* étaient considérés comme faisant partie du domaine collectif. Ils pouvaient être hérités, mais jamais on n'oubliait qu'ils faisaient partie de l'*ingobyi* et en cas de déshérence ils revenaient au fonds commun. Les veuves cultivaient l'*umunaani* de leur époux décédé et les enfants naturels en recevaient un chez leur oncle maternel.

(*c*) RÉGIONS FORESTIÈRES

Les régions de forêt non défrichées étaient le domaine des Twa qui réclamaient tribut aux caravanes qui la traversaient et y chassaient en toute liberté. Ils ne payaient qu'un tribut politique au roi. Les zones défrichées récemment appartenaient à ceux qui les avaient ouvertes à la culture. Ils payaient un petit tribut aux Twa pour en obtenir la concession définitive. Ces champs défrichés s'appelaient *ubukonde*. Ils payaient également le tribut royal et en contrepartie ils étaient reconnus par l'autorité centrale comme chefs administratifs sur les régions qu'ils avaient défrichées. En général il s'agissait ici de chefs de lignage qui travaillaient avec les membres de leurs groupes de parenté et fondaient un *ingobyi* sur les terrains conquis sur la forêt. Eux aussi pouvaient avoir des locataires et des clients fonciers. Mais les redevances qu'ils en demandaient étaient peu élevées car ces gens étaient considérés plutôt comme des collaborateurs que comme de véritables locataires ou clients. Avec le temps les occupants de l'*ubukonde* devenaient clients de Tutsi dont ils recevaient du bétail et devaient leur concéder des *ibikingi* sur leurs terres. Après un certain temps l'*ubukonde* devenait *ingobyi* ou même *isambu*, par le renforcement du contrôle politique central.

C. DROIT FONCIER ET STRUCTURE POLITIQUE

La densité de la population explique en partie le régime foncier du Ruanda. L'influence de ce facteur a été indiquée au cours de l'exposé. Notons encore qu'elle apparaît dans la pratique de délimiter soigneusement les terres, souvent par des fossés ou des haies mitoyens.

Mais c'est la structure politique qui a modelé le régime foncier ici. L'autorité politique concède les terres, et c'est tellement vrai que dans le cas de l'*ubukonde*, le défricheur est considéré comme autorité politique qui est garante des droits de chacun, notamment en ce qui concerne les limites des terres. Elle peut arbitrairement reprendre par droit prioritaire les terrains concédés. C'est elle la véritable propriétaire du sol dans le pays. Ceux qui détiennent cette autorité la tiennent du roi absolu et leurs pouvoirs sur les terres découlent des siens. Le roi seul est ultime propriétaire, et du bétail qu'il prête à ses chefs, et des terres qu'il concède. Il reprend ce qu'il veut quand il le veut. Les chefs agissent de même envers leurs subordonnés. En fait il existe ici une identité de mécanisme politique entre le régime de l'*ubuhake* et le régime foncier. On pourrait alors considérer la structure administrative du Ruanda comme un *ubuhake* portant sur des terres et prétendre que le tribut du roi était un prix de location des terres. N'allons pas jusque là. En effet ce paiement assurait la subsistance de tous les gouvernants et rendait possible une spécialisation politique. C'était le prix payé pour le maintien d'une structure politique qui assurait l'ordre et défendait le pays, autant sinon plus qu'un simple prix de location.

II. LES KUBA

A. INTRODUCTION

Le nom Kuba s'applique à une série de tribus[2] formant une fédération dirigée par le chef des Bushong, qui sont la tribu centrale. Les Kuba sont 70,000 et occupent une superficie équivalente à celle du Ruanda. La plus grande partie du pays a cependant une densité de 4 au km². Les Kuba vivent d'agriculture, de pêche quand ils

[2] Les Kuba habitent au Kasai, principalement dans le territoire de Mweka.

sont riverains des grands fleuves, et de chasse. Ils s'adonnent également à un artisanat de tissage, boissellerie, ferronnerie, etc. fort poussé dont ils écoulent les produits sur des marchés intérieurs et extérieurs. Ils sont matrilinéaires et le plus souvent viripatrilocaux, quoique d'autres formes de résidence se rencontrent fréquemment et qu'une famille nucléaire change deux ou trois fois de résidence pendant son existence. Il existe des matrilignages (*ikwuun*) profonds de 2 à 4 générations qui se groupent en clans matrilinéaires (*iloonc*). L'unité résidentielle est le village qui se compose de plusieurs matrilignages appartenant à des clans différents.

Les villages sont la plus petite unité politique. Ils se groupent en chefferies subdivisées ou non en cantons. Les chefferies dont les chefs appartiennent au même matriclan sont groupées en régions. Il existe entre elles un pacte d'assistance mutuelle. Les régions se groupent en tribus dont les membres s'unissent pour se défendre contre les tribus voisines. Les tribus enfin font partie du royaume dirigé par la tribu Bushong qui ne compte qu'une seule grande chefferie dont le chef est roi des Kuba. En pratique ce royaume fonctionne comme une fédération de tribus. Il n'existe pas de conseil général et le seul lien qui unit toutes les tribus est la personne du roi et était l'armée bushong.

Parmi les croyances religieuses des Kuba il faut noter l'absence d'un culte des ancêtres, ce qui démontre la faiblesse de l'organisation des lignages et la présence d'un culte des esprits de la nature (*ngesh*) qui entraîne une limitation de l'exploitation des terres.

B. LE RÉGIME FONCIER KUBA

Le village est l'unité foncière. Les terres d'un village sont séparées par des limites naturelles, rivières, forêts, arbres, etc. des terres des villages voisins. Elles s'acquièrent, soit par le droit du premier occupant, soit par la fusion de deux villages et de leurs terres, soit par la renonciation de terres d'un village en faveur d'un autre. Généralement celle-ci n'entraîne aucune contrepartie et il ne s'agit donc pas de 'vente'.

Tous les habitants du village jouissent en commun de l'usufruit du domaine. Tout habitant cultive où bon lui semble. Le droit d'exploitation d'un lopin de terre devient alors un droit personnel, de celui qui l'a mise en valeur pour une durée du cycle de la culture (environ six ans) et le droit s'éteint seulement lorsque la jachère se recouvre de petits buissons. La seule limitation du droit de cultiver où on veut est de ne pas empiéter sur des terrains déjà occupés par d'autres. Les cas de litige sont tranchés par le conseil du village qui comprend les aînés de tous les matrilignages qui y résident. Tout le système est régi par deux règles juridiques: le droit du premier occupant et le droit du fabricant sur le produit de son travail.

Des exemples d'autres applications de la seconde règle sont les suivants. Le produit de palmiers appartient toujours à celui qui les a plantés, même s'il ne fait plus partie de la communauté du village. Les viviers creusés par un matrilignage leur appartiennent en propre. Le produit de la chasse collective appartient aux participants et les prises sont distribuées suivant le rôle joué par chacun à la chasse. La même règle s'applique à la pêche au filet. Le butin pris au piège, le poisson capturé dans la nasse appartient à celui qui a placé les engins, etc. Le seule exception à cette règle est le paiement d'un tribut politique dont une partie, la plus grande, va au chef de village, une autre chez le chef de la tribu et le reste chez le roi.

Les étrangers ne peuvent pas cultiver sur les terres du village. S'ils veulent le faire ils doivent venir s'y établir. Occasionnellement ils peuvent y chasser, moyennant autorisation et bénédiction par le chef du village et contre paiement d'un tribut à la fois au chef et au conseil du village. La location de terres et la clientèle par octroi de terres n'existent pas ici et ne sauraient y exister puisqu'il suffit de s'établir dans un village pour pouvoir y exploiter des terres.

C. LE RÉGIME FONCIER ET LA STRUCTURE POLITIQUE

Le roi exerce la souveraineté sur tout le pays. Il possède les droits éminents sur les terres et ceux qui y habitent sont ses sujets parce qu'ils occupent les terres. C'était par la force physique qu'il maintenait ses droits. Il les rend tangibles en exigeant de tous, ce qu'on peut appeler le tribut noble p.ex. les défenses d'éléphant, les peaux de léopards, etc. Ce tribut est différent du tribut annuel composé de denrées courantes (vivres, tissus, etc.). Le premier est vraiment un tribut payé pour l'occupation des terres, le second n'est que la fourniture des moyens financiers nécessaires au maintien des structures politiques en place. Les chefs dans leurs chefferies jouissent d'un statut analogue au roi; tandis que les chefs de canton ou de village ne reçoivent que des tributs de la seconde catégorie.

Comme au Ruanda la structure politique est garante ici des droits fonciers et les conditionne fortement, mais de façon entièrement différente.

III. COMPARAISON DES DEUX SYSTÈMES FONCIERS

A première vue les systèmes fonciers kuba et ruanda ne semblent pas comparables. Mais une analyse même superficielle fait apparaître une série de concordances et permet de retrouver les facteurs responsables des divergences observées. Ces facteurs sont: la densité de la population, les différences d'exploitation économique, la structure sociale, la structure politique des groupes comparés.

La différence en densité de la population au Ruanda et chez les Kuba explique la présence de propriété individuelle (*ikingi, isambu*) au Ruanda et les limites très précises et garanties par l'autorité qui y démarquent les champs, ceci en opposition avec les droits collectifs kuba et l'imprécision relative des limites des domaines fonciers.

La structure économique du Ruanda est pratiquement exclusivement orientée vers l'agriculture et l'élevage. Les Kuba ne sont pas pasteurs, mais la chasse et la pêche occupent chez eux une place plus importante. Ces différentes utilisations du sol ne semblent avoir qu'un intérêt mineur pour le régime foncier. En effet au Ruanda les règles concernant les *ibikingi* pastoraux ne sont pas différentes de celles qui traitent des *amasambu* et les produits de la chasse et de la pêche sont pratiquement traités comme des produits d'agriculture chez les kuba. Dans les cas étudiés ici au moins on est forcé à la conclusion que le mode d'exploitation du fonds n'a pas beaucoup d'importance. Le seul facteur qui en a, est le fait que cette exploitation fait l'objet d'un droit individuel quand elle représente un travail personnel et pour la durée des effets de ce travail. C'est le cas des arbres fruitiers (bananiers au Ruanda, palmiers kuba) et des cultures sur pied. Cet aspect du droit foncier prendra toute son importance quand il s'agira de *cash-crops* qui supposent une longue occupation du sol et qui demandent beaucoup de soins comme le café ou le coton p.ex. On en arrivera alors à la propriété quasi individuelle.

Les Kuba sont matrilinéaires et les Ruanda patrilinéaires. A première vue cette différence n'influe pas beaucoup sur le régime foncier. En réalité cependant les règles de descendance sont inséparables des règles de résidence au mariage et de formation de groupes sociaux et celles-là sont d'une grande signification pour le droit foncier. La descendance patrilinéaire semble favoriser le mariage viripatrilocal et la constitution de lignages résidentiels importants qui possèdent alors des droits de contrôle sur la terre et d'usufruit en commun. C'est le cas de l'*ingobyi* ruandais et du régime foncier dans des nombreuses sociétés patrilinéaires segmentaires. La descendance matrilinéaire ne favorise généralement pas la création de grands lignages résidentiels parce que la résidence n'est pas uxoriavunculolocale. En fait elle a la tendance à ne pas suivre une règle unique et les familles semblent beaucoup plus mobiles que dans une société patrilinéaire.

Tout ceci favorise l'apparition d'un domaine foncier basé sur le village, la communauté résidentielle qui est socialement hétérogène. Le cas kuba est analogue à celui de nombreuses autres sociétés matrilinéaires de la Rhodésie du Nord ou du Kwango qui connaissent des régimes fonciers comparables. Ces différences de structures sociales expliquent alors l'opposition de l'*ingobyi* ruandais au domaine foncier du village kuba.

Le facteur politique est également fort important dans la constitution d'un régime foncier. Le Ruanda et le pays kuba forment deux royaumes et les droits éminents sur la terre appartiennent dans les deux cas au chef de l'état, le roi au Ruanda, le roi avec ses conseils chez les Kuba. Au Ruanda le roi utilise fréquemment ce droit éminent pour spolier les uns et récompenser les autres, chez les Kuba il ne le fait pas. Au Ruanda le roi délègue ses pouvoirs éminents au chefs, chez les Kuba il les délègue au village ou mieux aux conseils de village. Enfin la possibilité de louer des terres ou de les donner à une clientèle, qui existe au Ruanda, y est lié au système de l'*ubuhake* qui est un système politique. Elle est absente, comme l'*ubuhake* l'est, de la société kuba.

IV. CONCLUSION

La comparaison des systèmes fonciers ruanda et kuba nous permet de déceler une corrélation entre des niveaux de structure sociopolitique et des faisceaux de droits qui y correspondent.

A la structure politique correspond normalement le faisceau de droits éminents et en plus c'est cette structure qui sanctionne et garantit tous les autres droits de la société, qu'ils soient fonciers ou non. De là l'importance du facteur politique dans la constitution d'un régime foncier.

Aux groupes sociaux, composés généralement de groupes de parenté, correspondent une série de droits qu'on pourrait appeler d'usufruit. Des terres sont réservées aux membres de ce groupe qui peuvent les exploiter sous le contrôle et dans des limites fixées par le groupe. Mais ces droits d'usufruit restent eux-mêmes soumis aux droits éminents et sont sanctionnés par la structure politique. Là où le groupe politique et le groupe social se superposent, comme c'est le cas pour des lignages dans beaucoup de structures segmentaires, les droits éminents et d'usufruit sont réunis dans un même groupe. Dans le cas de microstructures politiques, comme les villages matrilinéaires indépendants (exemple : les villages Lele) qui sont socialement hétérogènes, les droits éminents et d'usufruit appartiennent à la communauté politique. Les groupes sociaux n'en conservent qu'une minime partie ou ils les perdent complètement.

Aux individus enfin ou aux petits groupes sociaux, familles nucléaires ou composées, correspondent un faisceau de droits d'exploitation de terrains particuliers. Ces droits comportent la propriété des produits de ces terrains et ils se fondent principalement sur le droit de propriété plus général que l'individu possède sur le produit de son travail. Les modalités qui règlent l'application de ce droit d'exploitation dérivent des limites fixées par le droit d'usufruit et le droit éminent.

C'est donc la structure de la société qui va le plus influencer son droit foncier. La densité de population et les types d'exploitation du sol pourront intervenir également, mais sont accessoires. Ils affectent tous deux surtout le droit d'exploitation et le droit d'usufruit. Ces droits deviendront de plus en plus précis en cas d'augmentation de la densité de la population et de la raréfaction des terres qui l'accompagne. Ils changeront considérablement de nature avec l'introduction de modes d'exploitation qui consisteront en une occupation plus prolongée du terrain et un investissement plus grand de travail. Mais il est difficile à prévoir si le développement de cultures industrielles, qui en sont un cas, fera évoluer les droits d'exploitation et d'usufruit vers une attribution individuelle ou vers une attribution à des petits groupes sociaux.

SUMMARY

The various districts of the kingdom of Ruanda, which has a population density of 80 inhabitants per square kilometre, are not uniform as regards rights to land. The present analysis applies mainly to Central Ruanda. The population consists of three distinct castes: the dominant Tutsi who are stock-breeders, the Hutu who are farmers, and the Twa who are primarily hunters and potters. The Ruanda are grouped in patrilineages, frequently localized, of 4 to 6 generations, which are subdivided into minimal lineages (always localized). Their dwellings are scattered and the hills are dotted with clusters of huts occupied by an extended family.

The kingdom was divided into provinces, cantons, sub-chiefdoms and neighbourhoods; in addition to the provinces, there were also zones surrounding the numerous capitals. The provinces were controlled by 'stool chiefs'; the cantons simultaneously by a land chief and a cattle chief. There was also a separate military organization. The various units of the army were quartered mainly on the frontiers of the country. Their chiefs however were frequently 'stool chiefs' and at the same time 'cattle chiefs'. Through the institution of clientage owners of cattle gave the use of their cattle to others who became their clients.

At about 1900 three types of land-tenure were in existence in Ruanda in relation to grazing grounds, farm lands and forest lands.

(1) Grazing grounds were subject to exclusive rights; they might be a private estate or an administrative territory; in the latter the administrative head held exclusive rights over the grazing grounds contained in the territory. In well-populated districts he reserved the limited areas of land not used for cultivation for his personal needs and was niggardly in making grants of such lands. In less populated areas he made grants of estates more readily, while in sparsely-populated areas no grants of properties were made, but the chief of the cattle reserved certain grazing grounds for himself and left the remainder at the disposal of all stock-breeders.

(2) Farm lands: there were two types of such land.

  (a) individual holdings belonging to the administrative authority which might grant them under certain rules to other holders in return for rents and duty labour; these varied according to the manner in which they had been acquired and in relation to the density of the population; holdings could be sub-let to temporary tenants or to long-term land clients.

  (b) lineage land which was the common property of the lineage. It was liable to seizure by administrative authorities. The head of the lineage allocated parcels of land to the heads of families of his kinship group.

(3) Forest areas: these were the domain of the Twa; more recently cleared districts belonged to those who had opened them up for cultivation in return for a small tax paid to Twa.

The density of population accounts for some features of the system of land-tenure in Ruanda (*inter alia* with regard to the practice of carefully marking the boundaries of land). But it is the political structure which has set the pattern of the system. The political authorities make grants of land, guarantee everybody's rights, and are the real owners of the soil. The king alone is the ultimate owner of the cattle which he lends to his chiefs and of the land which he grants to them. The political mechanisms of the system of clientage and the system of land-tenure are similar.

The Kuba consist of a series of tribes which form a federation of which the chief of the Bushong is the head. They live by agriculture, fishing, hunting and handicrafts. Descent is matrilineal but residence is patrilocal; matrilineages of 2–4 generations are grouped in matrilineal clans. The village is the residential unit; it is composed of matrilineages originating from different clans. The villages are grouped in chiefdoms, which may be subdivided into cantons. Chiefdoms controlled by chiefs belonging to the same matriclan are grouped in districts, which together form the tribe. The only bond which united the tribes was the person of the paramount Bushong chief and the army.

The village is the largest unit of land-tenure. Boundaries divide the village lands. These lands were acquired by occupation, by fusing the lands of two villages, or by waiving the right to land. The inhabitants possess a common right to the usufruct of the land. The entire system is governed by two rules: the right of occupation and the right of a person to the product of his labour. In order to cultivate on the village lands, an outsider must come and settle there. The political structure is the guarantee of land rights and governs them to a considerable extent.

The variable factors to be considered in accounting for the differences between the Ruanda and the Kuba systems of land-tenure are: density of population, type of exploitation of the land, social organization and political structure.

(1) The existence of private property rights and of definite boundaries in Ruanda is to be explained by the density of the population.
(2) The type of exploitation in farming did not greatly affect rights in the cases that were investigated, the only important consideration being that of personal work. The methods of cultivation only become really important where cash crops are concerned.
(3) The differences in social structure (patrilineal descent and patrilocal residence promote the formation of extensive residential lineages, whereas matrilineal descent and virilocal marriage do not promote large residential kin-groups)

Les Régimes Fonciers Ruanda et Kuba 363

explain the contrast between the holding of the land by lineage in Ruanda and by village among the Kuba.

(4) The most important factor is the political structure; in both countries the ultimate rights to land belong to the head of the state. In Ruanda the king frequently exercises this right; among the Kuba he does not do so. In Ruanda the king delegates his powers to various chiefs; among the Kuba he delegates them to the village and its council. The possibility of renting land, which does not exist among the Kuba, is bound up in Ruanda with the system of clientage, which is part of the political system.

It is possible to trace correlations between different levels of socio-political structure and different rights in land. The political authority retains pre-eminent rights over land, while the social groups exercise the rights of usufruct. Rights of usufruct and pre-eminent rights are merged where the local social group as a whole has political power. Rights to work land are vested in individuals. These are limited by dispositions belonging to the rights of usufruct, which are themselves limited by dispositions of the pre-eminent rights.

The social and political structure of the society is then the main factor in the creation of a system of land-tenure. Density of population and type of exploitation may also affect land-tenure but then mainly through rights to work land and rights to the usufruct of land. This is why it is difficult to say whether the introduction of new cash crops will lead to a greater attribution of land rights to the individual or to the small social group.

XVIII. FACTORS DETERMINING THE CONTENT OF AFRICAN LAND-TENURE SYSTEMS IN NORTHERN RHODESIA

CHARLES M. N. WHITE

Since 1956 a systematic survey of African land-tenure in Northern Rhodesia has been in progress, and at the moment of preparing this paper all provinces except Barotseland have been studied. In all the areas so far studied it is possible to express the potential land rights of an individual within a common framework, and then consider what factors in a given area will determine how far these rights will in fact be realized.

Specific land rights are acquired and exercised by individuals. Such land rights are attributes of persons, and they emerge as individualistic rights, except in the limited cases where some element of lineage land holding is present. These cases are rare because there are few areas where the villages in which individuals live are predominantly unilinear groups. Consequently in general the sum total of rights which make up the features of African land-tenure in Northern Rhodesia can only be regarded as equivalent to individual tenure.

The essential common elements which are potentially realizable are:

Acquisition: an individual establishes rights by opening up land over which no prior individual has already established rights.

Security: The rights of an individual once thus established remain permanent unless the individual transfers them to another, extinguishes them by abandonment, or terminates them by his own death. Rights over fallow or resting land are therefore normal and regular unless the agricultural system as in the case of shifting agriculture with *chitemene* precludes the maintenance of rights over fallows.

Transfers: an individual may transfer his rights over land to another by loan or gift, i.e. temporarily or outright. He may in certain areas transfer his rights for a consideration from the transferee; this is a sale of land. The conception that Africans do not sell land cannot in my view be sustained. A sale is merely an outright transfer for a valuable consideration in the form of cash; a gift is an outright transfer in which the consideration takes the form of goodwill between kinsmen or neighbours. Sale is therefore a simple development of the latter within the cash economy, and not a new and revolutionary principle, given the type of structure of villages found in Northern Rhodesia.

Transmission and succession: if a land holder dies, a relative may take over his land if he wishes to do so. This is rarely found to take the same form as inheritance of other forms of property or succession to office, because it is rare to find a society in which land rights pass in a unilinear manner among kin.

Abandonment: whether or not an individual has abandoned rights previously established over a piece of land is a question of fact and cannot be ascribed to any formal act. In case of doubt it is usual to ask the individual concerned or his representative should a subsequent comer wish to open up the land. The majority of tribes in Northern Rhodesia are matrilineal, although patrilineal and bilateral groups are also represented. It is proposed to examine the operation of the general features set out above in respect of three contrasting matrilineal peoples, and consider what circumstances affect the full realization of potential land rights.

The first example to be taken is the *Bemba*. The Bemba practice uxorilocal marriage for at least the earlier years of a marriage, and Bemba villages usually include a proportion of the headman's matrilineal relatives with emphasis upon his sisters and their daughters, but a strong bilateral element is present with a proportion of patrilineal relatives, and other accreted groups of kin. The proportion of village residents who are close matrilineal kin of the headman varies widely from village to village. Thus no unilinear feature is present. Secondly the agricultural methods of the Bemba depend upon shifting agriculture with large areas of trees lopped to provide the branches for burning and fertilizing a smaller area under cultivation. A garden is cultivated for generally 4–6 years without any crop rotation, but with a crop sequence, finger millet being the initial crop. Annual extensions are cut so that at an established village there are fields of various ages, new gardens coming into use each year, and exhausted gardens being abandoned. Villages are obliged to move at periodic intervals when the trees available for cutting in the vicinity are exhausted, or are too far away to be conveniently accessible. Population densities in Bemba country are comparatively low, and there is therefore no shortage of land in Bemba areas. It will of course be observable that with the agricultural methods used the actual carrying capacity is very low, and well under 10 per square mile if time for proper regeneration is to be allowed. Finally the soils in Bembaland are generally of low productivity, the area is far from markets except for limited local markets, crops which grow there such as finger millet are of very limited use as cash crops, and the area has the highest incidence of migrant labour of any part of Northern Rhodesia. Consequently there has been virtually no commercialization of land or of agriculture, and shifting cultivation for subsistence requirements is the prevailing picture.

The content of realized land rights is therefore limited. The features already noted for acquisition and security are found, and gardens are sometimes lent or transferred by gift. The limited life of a garden precludes any but the most limited inheritance of land, and this and the absence of population pressure or commercialization of land has likewise prevented land acquiring a value which might find expression in sales of land.

The Bemba are thus typical of one extreme which arises when a cash economy is introduced. They seek money by migrant labour and not by the commercialization of local agricultural resources. Land is plentiful, agricultural systems have changed little, the content of land rights has remained undeveloped, and the evaluation of land has remained low in terms of economic values.

The second illustration by way of contrast will be taken from the *plateau Tonga* of the Southern Province. The Tonga practice virilocal marriage. Tonga villages are often composed of rather dispersed hamlets and there is no dominant group of matrilineal kin of the headman found in them. Their residents may be linked by kinship matrilaterally, patrilaterally or affinally or by vague and untraceable genealogical links and by mere acquaintanceship.

Matrilineal kinship certainly operates in certain fields of Tonga life such as in inheritance or in funerals, but does not determine the pattern of residence or of land holding. Matrilineages themselves are often rather ill defined, for they have shallow genealogical depth, and the Tonga themselves commonly equate actual matrilineally linked kinship groups with matrilineal clanship, using the same terminology for both. In illustration of the limited extent of links created by unilateral kinship among the Tonga it is noteworthy that feuds and vengeance in Tonga society operated within neighbourhoods rather than between purely unilateral groups.

The Tonga have long been affected by commercial agriculture. They live close to the railway line in the main maize-growing belt of Northern Rhodesia, and their country includes some tolerably good maize soils. Improved agriculture has been a feature of the Tonga for over twenty years, and although not all Tonga farmers by any means qualify strictly for the title of Improved Farmers, many not thus qualifying practice some degree of improved and therefore more or less stabilized farming. Manure is widely used, and is indeed saleable. Soil conservation, crop rotation and contour ridging have been actively pressed by the Agricultural Department and good farming encouraged by the payment of bonuses calculated on an acreage basis to Improved Farmers. Population pressure is also a feature of Tonga country. There is competition between man and his cattle for land for their respective arable and grazing requirements, and since no traditional system of allocation of land operates, there is a tendency for farmers to open up larger and larger acreages for arable purposes, and thus to make inroads into the amount of land available for grazing.

The Tonga therefore lend and give land freely and in an increasing number of cases transfer it for a cash consideration, for land has both a scarcity and an economic value. Sales of land still exhibit certain undeveloped features. It is not usual to find a piece of land sold at an all-in price. Rather the vendor takes into consideration the value of labour and improvements such as buildings, fruit trees, fencing, money expended on clearing, stumping, contour ridging and manuring; from this a price is calculated. The process of evolution of land as an economic asset is proceeding quickly. In a recent example, an individual living near Monze, who was a successful farmer, died. His relatives, who lived in the Gwembe area some distance away, assembled to deal with the inheritance of his property. They decided that in view of the distance it would be impracticable to inherit his land, and none of them wished to move to Monze so as to take it over. Under such circumstances one would expect the land to be abandoned, and then to become available for another comer to open up. But the land had an economic value and could not be lightly abandoned. When their intention to give it up was made known, and a local resident signified that he would then take it over, the relatives demanded a price for its improvements and this accrued to the estate of the deceased to be shared by his heirs. This case is of some interest since it shows the emergence not merely of a transfer *inter vivos* for cash which is becoming increasingly common, but of the realization of the assets in land of a deceased person for the benefit of his heirs.

Land is regularly inherited among the Tonga, and is a regular method of acquisition of land by individuals. Unresolved problems are making themselves felt here, since the Tonga are matrilineal, but in modern practice, a Tonga farmer often farms with the help of sons, and would like them to inherit his land. The Tonga Native Authority has so far declined to avail itself of the right to make a local rule permitting individuals to make wills, but in fact a number of Tonga farmers are making wills leaving property including land to sons, and hoping that by the time of their deaths, the situation will have changed, the wills being given effect to enable their sons to inherit. In the meantime cases arise in which compromises are reached between the matrilineal relatives of a deceased person in which the latter permit sons to retain part of their father's property.

The Tonga in various ways provide a sharp contrast to the Bemba; land has acquired a positive economic value both because of scarcity and of cash cropping. Social consequences of the cash economy are appearing, with an increasing emphasis upon the bilateral nuclear family at the expense of the unilateral matrilineal group. The extent to which land is regarded as a valuable asset is illustrated by an increasing demand for the introduction of some

African Land-Tenure Systems in Northern Rhodesia 369

form of land registration with individual documentary title in this area.

I turn now to the third matrilineal society to be considered. These are the Luvale or Lwena of the north-west of Northern Rhodesia. Luvale villages appear to be unique in Northern Rhodesia in that they are overwhelmingly unilinear groups, about 80 per cent. of the householders of a Luvale village being matrilineal relatives of the headman. Moreover, since marriage is invariably virilocal, the village matrilineage has a clearly defined male core. The Luvale also contrast with other tribes in Northern Rhodesia in the depth, genealogically, of their matrilineages which may be preserved for as many as 17–20 generations in oral record. The Luvale like the Tonga exercised social control by vengeance or feuds, but these feuds were the concern of unilinear groups of kin. Unlike the Tonga also the Luvale never equate their matrilineages of deep genealogies with their matrilineal clans.

Unlike the Tonga and Bemba the Luvale are cultivators of cassava, and surveys show that cassava gardens are able to withstand long cultivation for over 30 years of continuous cultivation without appreciable loss of fertility. Consequently Luvale cultivation, while not stable in the strict agricultural sense of being stabilized by appropriate modern agricultural methods, is at least semi-stable in terms of the long periods over which a given piece of land is cultivated. This stability is in turn reflected in the long periods of attachment of Luvale villages to a given spot, alternated with moves at intervals of several generations. Records of these periods of stability and occasional shifts are preserved orally in conjunction with the long matrilineal genealogies.

Population density is high in Luvale areas, for water supplies largely necessitate population being distributed in a ribbonwise fashion along main rivers. Land is also commercialized since the Luvale produce cash crops of cassava and ground nuts. Owing to the stable nature both of villages and of cultivation land is regularly inherited and transferred. Since a village uses the same area of land for a long period, individuals join or leave a village or die off over a long period of a village's existence. Their land is nearly always inherited or transferred between matrilineally related kin, as might be expected from the composition of a village. But if no one wishes to inherit it or to take it over, it is not abandoned, but left to rest and regarded as land of the village matrilineage to be reopened later by some member of the village. Thus unlike other parts of Northern Rhodesia, a Luvale village lays corporate claim to areas of resting land which are not identifiable as the resting land of an ascertainable individual.

Land sales are common in some of the more heavily populated and commercialized Luvale areas, such as at Chavuma on the Angola border. It is a feature of Luvale land holding that individuals transfer land by gift to kinsmen but by sale to a stranger. However, when land is transferred thus to a stranger in another village, the land rights pass completely, and thus the situation does not arise of a stranger acquiring only a secondary estate in the lands of the village lineage. It is noteworthy that land opened up from bush by an individual can in this area be converted into lineage land if he vacates it without transferring the rights to another, or if he dies and his land is not inherited. In this sense and because of the unilinear nature of Luvale villages, it is here that one encounters in Northern Rhodesia the nearest approach to corporate unilinear groups as land holding groups. Nevertheless it appears that even here an individual holds his land in a highly individualistic manner since he can transfer it without the formal consent of other lineage members in his village.

In the comparison just made of Bemba, Tonga and Luvale land holding a number of factors affecting the full emergence of land rights of individuals can be discerned. Shifting agriculture inhibits the full emergence of rights of transfer, and inheritance; these possibilities call for a more stable form of agriculture. Secondly the commercialization of land and pressure of population upon it appear to play a part, and in particular seem to affect the degree to which land sales appear. I wish to draw attention here to the fact that proprietary rights of this sort in some parts of Africa have been ascribed to the cultivation of perennial cash crops, such as coffee or cocoa. It is evident that an annual crop such as maize may induce similar effects if it is commercially important and accompanied by some stabilization of farming. Cassava likewise can hardly be termed a plantation crop, but gives rise to similar effects when it is a cash crop.

In the instances examined I have drawn attention to differences in social structure, but apart from the features of Luvale lineage structure, I have not yet attempted to relate these differences to land holding. I should like to pose rather than answer the question as to how far uxorilocal marriage inhibits, and virilocal marriage facilitates the full realization of land rights of the categories set out at the beginning of this paper. It so happens that in the matrilineal societies in Northern Rhodesia those associated with uxorilocal marriage are largely people who are shifting agriculturalists with imperfectly developed or almost absent rights over resting land, while the societies practising virilocal marriage have more fully realized land rights with rights over fallows and transfers and inheritance of land as a regular feature. We have unfortunately no good example of a virilocal and uxorilocal matrilineal people living in the same area and showing these contrasts side by side. But we have in the Fort Jameson area in the east an interesting contrast provided by matrilineal uxorilocal Chewa and patrilineal and extensively virilocal Ngoni living together. The Chewa abandon land rather than maintain rights over fallows, and inheritance is uncommon and not clearly unilateral so that transmission of land rights rather than strict inheritance occurs in these cases where a land holder dies. Among the Ngoni rights over fallows are strongly developed, and inheritance, generally patrilaterally, like general Ngoni inheritance occurs. In the Luapula valley where there is extensive uxorilocal marriage but cassava is grown, and therefore more stable agriculture, land rights of a deceased person are commonly acquired by some other person, but only about half the cases are of strict matrilineal inheritance.

Both Chewa and Ngoni live in the same area, overlapping territorially; both are subject to population pressure on the land, and in fact as far as commercialization of agriculture is concerned this is far more developed among Chewa than among Ngoni. But the latter exhibit a much better defined pattern of fully realized land rights. This might be taken as evidence that virilocal marriage with land rights owned by men is more conducive to the full realization of a full content of individual land rights. Such an interpretation finds some support in the fact that in the Luapula valley, although the agricultural system permits the inheritance of land, it has not yet emerged as a property right to be inherited in a mainly unilinear fashion on account of the prevalence of uxorilocal marriage. Obviously uxorilocal marriages accompanied by relatively high instability give limited possibilities to men marrying uxorilocally to acquire full land rights; nevertheless one might have expected to see a fuller development of the rights among women living in their own matrilineages than in fact is found. Alternately one might expect to find such rights accruing more clearly to male matrilineal relatives of such women. Unfortunately data from Nyasaland which might throw further light on this question is very scanty and to some extent contradictory and in any case pressure of population on the land in Central and Southern Nyasaland has resulted in local matrilineages strengthening their corporate claims to land holding. In Northern Rhodesia there is interaction between uxorilocality, lack of agricultural stability and the extent to which land rights of individuals are fully realized, but further comparative investigation from other areas is required before these interrelationships can be fully analysed.

RÉSUMÉ

Dans toutes les régions de la Rhodésie du Nord, à l'exception du Barotseland, la tenure foncière africaine présente des caractéristiques communes. Les droits fonciers sont acquis et exercés par les individus et la tenure foncière prend la forme de tenure coutumière individuelle. Leurs aspects essentiels sont:

(1) Acquisition par défrichement de terres qui ne font pas l'objet de droits déjà existants.
(2) Sécurité d'occupation aussi longtemps que l'individu la réclame.
(3) Droit de céder la terre à un tiers, soit temporairement soit complètement. Dans certaines régions, les ventes de terres ont commencé.

(4) Transmission et héritage des droits fonciers du titulaire défunt.

(5) L'abandon est une question de fait pour un cas donné et n'est pas associé à un acte formel.

Ces droits représentent un potentiel réalisable; cependant différents facteurs déterminent la mesure dans laquelle ils seront réalisés. Ce point est illustré pour trois sociétés. Les *Bemba* sont agriculteurs itinérants, ayant des terres en abondance mais ne faisant pas de cultures commerciales. Rarement la terre est héritée; elle n'est jamais vendue. Le contenu des droits fonciers n'est pas développé; la terre n'a pas de valeur économique importante.

Les *Tonga* comprennent beaucoup de fermiers stabilisés pratiquant l'agriculture commerciale. Il y a pression foncière. La terre est d'une grande importance économique; elle est régulièrement héritée, cédée et, de plus en plus, vendue. Le prix des terres vendues est calculé en rapport avec les améliorations effectuées par le vendeur. Le contraste avec les Bemba est marqué.

Les *Luvale* diffèrent des deux sociétés précédentes par ce qu'ils ont des villages unilinéairement structurés et des généalogies à grande profondeur. Ils pratiquent l'agriculture commerciale, qui est basée sur la production de manioc et des arachides. Il y a pression foncière. La terre est presque toujours héritée unilinéairement; elle est souvent vendue aux étrangers, mais aux parents elle est cédée en guise de don. Les villages Luvale diffèrent aussi de ceux des Tonga et Bemba du fait qu'ils présentent des aspects de tenure lignagère, ainsi qu'on peut le déduire d'ailleurs de leur structure.

Ainsi donc agriculture itinérante, manque de cultures commerciales et absence de pression démographique sont associés avec des droits fonciers potentiels détenus par les individus et imparfaitement développés. L'inverse est vrai lorsqu'il y a cultures commerciales, agriculture stable et pression de population. En Rhodésie du Nord, le mariage uxorilocal semble également être associé à l'existence de droits fonciers individuels imparfaitement développés. Le mariage virilocal a un effet opposé. De nouvelles études comparées de ce phénomène sont nécessaires pour d'autres territoires appropriés.

XIX. EFFECTS ON THE XHOSA AND NYAKYUSA OF SCARCITY OF LAND

MONICA WILSON

This paper is concerned with the effects of a growing scarcity of land on the social structure of the Xhosa of Keiskammahoek District in the Eastern Cape Province, and the Nyakyusa of south Tanganyika. There are important differences between these peoples, but the changes taking place in land-tenure are basically similar, and the comparison illustrates certain common reactions to pressure on land. Both peoples have ceased to be isolated and economically self-sufficient, and both have increased so that the land they occupy can no longer maintain them unless they change their techniques.

They are alike in that both were traditionally cattle-keepers and hoe-cultivators, patrilineal by descent, and grouped in small chiefdoms; they differed, however, in their local organization and political systems. The Xhosa lived in scattered homesteads, each occupied by the men of a small patrilineage, together with their wives and unmarried daughters, while the Nyakyusa lived in villages composed of men who were age-mates, with their wives and young children. Their sons joined new villages. These age-villages formed political divisions of the chiefdom, and every generation a ritual was held at which power was handed over by the fathers' generation to that of the sons. The political divisions of the Xhosa, on the other hand, were districts, occupied mainly by the men of one clan. Age-groups were of no political importance.

Both Xhosa and Nyakyusa were skilful cattle men, practising a rotation in grazing. Their constant aim was to build up the herds, and breeding stock was rarely slaughtered except in sacrifice to the shades. They differed radically, however, in their techniques of cultivation, and in the value they laid on it. The Xhosa were essentially pastoralists, practising a little shifting cultivation and moving on if they lacked elbow room to shift fields or change herds from one pasture to another. Manure piled high in the open byres and was never spread on any crop. Cultivation was primarily the work of women, though men helped in clearing the land on the fringes of forest or bush. The traditional crops were millet, sorghum, and pumpkins, and no rotation was followed.

By contrast, the Nyakyusa practised contour ridging and green manuring, and followed a crop rotation. Men did the heavy hoeing, women the planting and weeding, and they preferred cultivated to virgin land; it has been shown that villages remained on the same small area for seven generations, though virgin land adjoined it. They grew quantities of bananas and plantains, as well as millet, beans, pumpkins, peas, ground-nuts, and various root crops. Cattle were stalled indoors at night and the manure, which was cleared daily, kept the banana plantations round the homestead fruitful.

The Xhosa took to the plough 100 years ago, and with it there came a change in the division of labour, the men doing the major part in the cultivation. Maize was largely substituted for millet, and nowadays wheat and potatoes are grown also, but the people have been slow to use manure on their fields and the techniques of cultivation are elementary. No cash crop is grown in any quantity. The one product which is really profitable is wool, but the grazing is limited.

The Nyakyusa also adopted new crops for their own consumption, notably maize and sweet potatoes, and they grow rice and coffee for export. Ploughs are used in the rice fields. With the Nyakyusa, also, there has been a change in the division of labour, but in a different direction from that among the Xhosa. Traditionally, Nyakyusa women never did the first heavy hoeing, turning over the soil, and piling ridges; the few women who attempted it in 1935, because their husbands were away, were the subjects of much comment and commiseration. By 1955, however, women were hoeing regularly, feeding their families from their fields, and growing millet (which traditionally was a man's crop) to brew beer in order to buy clothes. Young boys, instead of herding or working full time in their mothers' fields as formerly, were also working plots for themselves and selling the produce.

When Europeans first knew them, both Xhosa and Nyakyusa had all the land they could use, but that condition ceased among the Xhosa more than 150 years ago, and about 10 years ago among the Nyakyusa. The increasing scarcity of land has been due to four factors:

(I) large increases in the indigenous population;
(II) competition with immigrant whites for the land;
(III) the introduction of the plough, which enables each family to cultivate a larger area than formerly;
(IV) the use of land for market crops.

The Xhosa people have nearly tripled in numbers during the past 50 years. They also lost a considerable portion of the land previously occupied by them in the border wars of the nineteenth century. Increasing numbers and a shrinking area of occupation have meant a greatly increased density, now almost 120 per square mile on the village lands (as opposed to white farms), in the Keiskammahoek District, and about 139 if the temporary migrants who support families at home are included in the population.[1] As for land for cash crops, the Xhosa have not attempted to cultivate for the market to any extent but there is an unceasing demand for grazing, both for cattle and sheep.

The Nyakyusa, also, have been increasing rapidly in numbers, the figures given for 1931, 1948 and 1957 respectively, being 159,044; 197,700; and 224,590. Very little land in Rungwe District has been alienated and the area has been more than compensated by land occupied by Nyakyusa outside their traditional holding, during the last 25 years. The density for the Nyakyusa area as a whole is now 247 to the square mile and it reaches 349 on the Lake shore plain if migrant labourers, who also want land, are included.[2] Moreover, the Nyakyusa have been exporting coffee and rice for twenty-five years, so there is a great demand for land to grow cash crops. There has been a marked increase in the areas cultivated during the past 20 years, and a decrease in the land available for grazing.

[1] Houghton and Walton, 1952, pp. 6, 126–30.
[2] Gulliver, 1958, p. 47.

Effects on the Xhosa and Nyakyusa of Scarcity of Land

Crude densities are, of course, misleading if other factors are not taken into account. The rainfall in Rungwe District is nearly 5 times that in Keiskammahoek District (averaging over 100 inches as opposed to 22 inches a year); the Rungwe climate permits of two crops a year on the same field; and banana groves bear continuously. Equally important is the difference in techniques of cultivation.

The area traditionally cultivated for subsistence by each Nyakyusa family was probably about 6 acres, or ½ acre for each man, woman and child.[3] Today it ranges from ½ to 30 acres for each *man* on the Lake plain, and averages 1½ to 3 acres[4] for those men who have land, but in some chiefdoms more than ¾ of the men under 30 have no land. Such men, however, work with their fathers and every Nyakyusa household is still self-supporting in food. Among a Xhosa-speaking people, in 1931, in an area in which land was still available and ploughs were used, the average area cultivated by *each married woman* was 2·3 acres. Today in Keiskammahoek District an average of 3½ to 11 acres (depending upon the type of tenure) for each family of 7 members which has land is available for cultivation, but over 30 per cent. of the *married* men have no land. The grain produced is less than half the requirement of the district in a good season and about one-twentieth in a poor year. Nearly 60 per cent. of the cash income of each family is spent on food alone, and a substantial proportion of this is on grain. The average cash income for a family is £45 a year, most of which comes from migrant labourers.

Among both Xhosa and Nyakyusa there has been a shift from dependence upon milk as a staple food to grain, due, at least among the Xhosa, to a smaller number of cattle per man, as well as a decline in the pasturage. The earliest records for the Xhosa indicate that the areas cultivated were small and the milk supply plentiful. The Xhosa themselves date the change in their diet to 1857 when they killed almost all their stock in response to a prophecy that if they did so the dead would rise – both men and cattle – and that the whites would be swept into the sea. Rebuilding herds has never been possible because, with the grazing now available, a quarter to

---

[3] Monica Wilson, 1951, p. 55.
[4] Gulliver, pp. 15, 25.

a third of the cattle die in every drought. Though the cattle are fewer, now, than the men, they, together with the sheep and goats grazed, are nearly twice too many for the pasturage available.

The Nyakyusa, also, are said by early travellers to have had ample supplies of milk and they lost many cattle in the rinderpest epidemic of 1896, but there is no clear evidence of a decrease in the number of cattle per head of the population. In 1955 the proportion of cattle to men was slightly lower than among the Xhosa (0·4 as against 0·5) and the grazing land available per head was probably rather less. It was obvious in 1955 that the cattle were in much poorer condition than they had been 20 years previously. In many villages the pastures were scanty and overgrazed, a meagre stubble remaining where 20 years earlier the grass had been waist high. Also, in 1955, the cattle were cared for by young children in place of adolescent boys, and often were riddled with ticks, being no longer carefully hand-dressed. It is probable that the village milk supplies had diminished considerably.

Among both Xhosa and Nyakyusa attitudes appropriate only to pastoralists with ample land survive. Both people regard investment in cattle as the best form of saving and much of money earned by migrant labourers in the industries of the Union and Northern Rhodesia is spent on cattle. At least in the Keiskamma valley this money is largely wasted for, as already shown, the land is so overstocked that up to a third of the cattle die in each drought.

Reference has already been made to men leaving their homes and going as temporary migrants to work for whites. This began long before there was any shortage of land. It was precipitated among the Xhosa by the famine of 1857 but had begun sporadically before that, and it was appreciable among the Nyakyusa by 1934. Except during the Xhosa famine men went, at first, in order to buy the goods of civilization and the Nyakyusa still do so, but the Xhosa now go in order to buy food – even maize – as well as clothes and tools, and to pay their taxes, and school and Church dues. The proportion of men of all ages away from Keiskammahoek District is 45 per cent.; of women 15 per cent. *All* the able-bodied men who are not in local employment such as teaching are away for part of the time, and men continue as migrants until past middle age. Some

Effects on the Xhosa and Nyakyusa of Scarcity of Land 379

women go to accompany their husbands but many of the female migrants are widows or unmarried mothers going to earn food for their families. Among the Nyakyusa the proportion of men away is 25 per cent.; and there is this difference that most of them are under 35 and the majority of them are unmarried. The older men stay at home and earn essential cash by selling produce.

I have often asked myself why the Nyakyusa took to market crops and the Xhosa did not. Most of the Xhosa have not sufficient land even to feed themselves, but those on freehold land have, as will be shown, and it might have been expected that some, at least, of them would turn into full-time farmers as a number of Nyakyusa rice and coffee growers have done. The cause lies partly in the difference in economic tradition: the Nyakyusa were skilled cultivators before the whites came, whereas the Xhosa were primarily pastoralists. But there is another factor which I believe to be equally important – the competition for markets between white and black in Southern Africa.[5] The Xhosa have had almost no encouragement to produce for a market and become full-time farmers, whereas, in the early 1930s, the Nyakyusa were persuaded to start coffee and the Agricultural Department undertook the marketing of it. Subsistence cultivation offers no attraction to men who can earn considerably more than the value of the crops they grow at home, by working in town; farming will only attract the efficient when they can grow a *cash* crop, as well as feed themselves. In South Africa, as soon as it is suggested that pineapples, or sugar, or oranges might be grown in the Reserves, there are protests from white farmers, who say that already there is 'overproduction' in these profitable crops.

The potential carrying capacity of land is, of course, nothing absolute, but depends upon techniques, capital investment, and the standard of living demanded, as much as upon soil and climate. What is certain is that *the Xhosa population domiciled in the Reserves cannot live off the land they occupy and even feed themselves, without a revolution in techniques and large capital investment*. At present one-third of the *married* men are without arable land, and no family

[5] Cf. W. K. Hancock, *Survey of British Commonwealth Affairs*, vol. II, part II, pp. 104–13.

produces sufficient food for itself. All are dependent upon the earnings of one or more members working in towns, and with the money so earned they buy food grown on white-owned farms. The agriculturalists insist that production in the Reserves can be increased only if:

(*a*) there are fewer people on the land, and

(*b*) those that are there are full-time farmers, and not migrant labourers.

In contrast to the Xhosa, the Nyakyusa feed themselves and export coffee and rice worth £570,000 a year, but pastures are contracting and deteriorating; young men are unable to get land for rice on the plain and are beginning to find difficulty in getting land for coffee in the hills. They, too, are dependent upon migrant labour to maintain their present standard of living.

What are the effects of this ever-increasing demand for land on the forms of tenure? The traditional system among the Xhosa was that so familiar in Africa, whereby land was held by a group; political authority included control of land, and political allegiance implied the right to use land. The largest independent unit was the chiefdom; it was subdivided under district chiefs, each acknowledging the authority of the senior chief, and districts were again subdivided under headmen. The boundaries of each chiefdom, district, and headman's area were more or less clearly defined, but chiefdoms were commonly separated by belts of unoccupied country and boundaries were seldom very stable. A stranger wishing to settle in a chiefdom, whether alone or with a party of followers, paid one or more head of cattle to the chief in acknowledgment of his authority, and then was allocated an area in which to build, and cultivate, and graze his stock.

The homesteads within one headman's area shared common grazing land and each woman selected her own field for cultivation; provided she did not impinge on an area previously cultivated or about to be cultivated by someone else, her choice was free.[6]

---

[6] Hunter, 1936, p. 113.
Reports and Proceedings of the Government Commission on Native Laws and Customs, G. 4–'83, p. 78.

Effects on the Xhosa and Nyakyusa of Scarcity of Land

Fields reverted to common pasture as soon as the crop was reaped, but the right to cultivate them was maintained so long as the family using them lived in the district, and when a woman died her rights over fields were inherited, along with her other personal property, by her youngest son. However, these rights were of little importance unless the field was in the alluvial soil of a river valley.

Areas were set aside by the senior chief, and also by district chiefs, for cattle posts to which stock were sent to graze at certain seasons, and use was made in this way of different types of pasture – sweet and sour veld as it is called in South Africa. There was a regular practice of transhumance, sending stock to the mountains in the summer, or to sourveld patches near the sea, but that changed after the Xhosa lost much of their land to whites, and themselves increased in numbers.

Three systems of tenure have long operated side by side in the Keiskammahoek District. A hundred years ago, after the Border wars, the experiment was tried of settling Xhosa-speaking people on freehold land, on the same terms as whites were settled. The size of the farms granted averaged about 40 acres with additional grazing rights on a village common. Most of the farms are still held by the descendants of the original owners, but they have been subdivided among various members of the lineage, and the freeholders, like white farmers, permitted landless families to settle on their holdings. These so-called 'squatters' at first paid rent in labour, as they did on white farms, but most of them freed themselves of irksome dues by moving to the common, where they have lived ever since, with the tacit consent of the freeholders. They have no fields of their own but they hire land or work on shares with the freeholders. The 'squatters' now outnumber the freeholders, so the density of population on freehold land and the adjoining common is not very much lower than it is where land is held on other types of tenure. Freehold land may be disposed of at will. Few holdings have been sold, during the 100 years that have passed, and those only when they were mortgaged and the mortgagee foreclosed; there is an intense reluctance to sell, but subdivision is customary. For an heir to keep even 10 acres of freehold land to himself when his brothers, or a married sister, are without land is regarded as highly immoral.

The second type of tenure is quitrent. Surveyed plots were again granted to individuals, but under certain conditions. The land cannot be subdivided and inheritance must follow the traditional Xhosa law regarding cattle, so that the land goes from father to eldest son, or failing a son to the senior male kinsman. It cannot be bequeathed by will, or pass to a daughter, as freehold land sometimes does.

The third type of tenure is a development of the traditional system whereby a group of villagers hold a given area of land communally, the original members each being entitled to a piece of agricultural land, and to grazing on the common. As families increased, more and more of the common land was brought under cultivation, but the number of fields is never now sufficient to give one to every married man. Allocation of fields is made by the village headman in council, subject to the Native Commissioner. When a man dies first preference is given to his heir, but there is no assurance that a son will inherit his father's land because the area which one man may occupy is strictly limited and if the field is large it may be divided, or if the heir is still a child the Native Commissioner may insist on its being given to some adult man. This the villagers resent. Everyone envies the freeholders their security in land rights. No mortgage or sale is permitted on communal land and no sale of houses or improvements were traced. A demand for the right to sell hardly exists; those who have got any land cling to it.

There is much greater demand for freehold land than there is land for sale, and those who buy such land as comes into the market (which has more commonly been land owned by whites in the District than by Africans) are often townsmen. They alone have the cash to pay for it and they want land *not* to farm, for the profits from cultivation are negligible, but for 'a home' as they put it. Ownership of land gives a security which is absent in towns, for there is almost no urban area in the Republic where Africans can buy land on which to build a house.

Landless men get a patch to cultivate by share-cropping, borrowing, or hiring land. Of these means share-cropping is by far the commonest.

Six important points emerge from the Keiskamma study:

(1) The old idea that the use of land is a right to which every elementary family is entitled survives to the degree that few freeholders will turn kinsfolk off their land, and the group of freeholders as a whole has permitted a population of landless families, larger than themselves, to occupy their common. The quitrent holders also accommodate kinsfolk and other landless families on their common so that in practice these two types of tenure approximate much more closely to communal tenure than they do in theory.
(2) Subdivision of land has gone considerably further in practice than it has on paper, because share-cropping, lending, and hiring of land are widely practised.
(3) No one is engaged in full-time farming, and no family is self-supporting from farming. All are dependent upon the earnings of some members of the family in town.
(4) Though the sale of freehold and, subject to certain conditions, of quitrent land is possible there is extreme reluctance to sell.
(5) The demand for land in the country is increased because there is no security or opportunity for an African to buy a house in town.
(6) The effects of different types of tenure on productivity have been negligible.

Turning now to the Nyakyusa, we find a traditional system similar in many respects to that of the Xhosa but with one radical difference. Land within a chiefdom was allocated to villages whose members shared common pastureland and exercised exclusive rights over fields, so long as they were cultivated, much as the Xhosa did, but among the Nyakyusa no boundaries were permanent; there was a new deal in land each generation when the heir to a chiefdom succeeded and the government of the country was handed over by the fathers' generation to that of their sons. One type of land only was excluded from the new deal, and that was the most valuable of all, the land in old craters which was peculiarly well watered and fertile. It was inherited, like cattle, within patrilineages. Fruit trees and bamboos were also excluded in the sense that the former owner could return to pick the fruit, or cut the bamboos, if he had not moved to another chiefdom.

A redistribution in each generation operated without much friction so long as land was plentiful and there were few permanent improvements or long-term crops, but as land became more scarce and men built more lasting houses and planted coffee, then it became impossible. Owners were neither prepared to lose the improvements they had made nor, having secured fertile land, to vacate it. Nowadays all arable land is inherited as the land in craters used to be, even in those chiefdoms in which a ritual for handing over power from one generation to the next is still celebrated. Each village still holds pasture land but the area of the commons is diminishing as more and more land is cultivated.

The right of each family to the use of land for cultivation and grazing is taken for granted. The issues that are discussed are who is entitled to the relatively scarce rice lands on the plain, or, in certain hill chiefdoms, the best coffee land, and what acreage one man may hold. Also, whether the modern practice of absentee landholders is to continue or not. Traditionally no man sought land in another chiefdom, for he could find plenty at home, and no one thought it worth while to obtain land at varying altitudes in order to grow a greater variety of crops, but since rice and coffee have become valuable men living in the highlands and middle belt seek to obtain rice land on the plain, and men from the middle belt look for coffee land in highland villages.

As yet there is no sale of land among the Nyakyusa or (so far as the evidence goes) any hiring of land, but the sale of coffee trees takes place and, more rarely, houses are sold standing. Judging by the history of clove plantations in Zanzibar, the sale of a long-term crop leads fairly rapidly to the sale of land on which it stands.

Dependence upon inherited land, and the absence of sale, imply that men are tied to their home villages, and moving is very difficult. Among the Xhosa, men can now move only to towns, or white-owned farms. The Nyakyusa, who, twenty-five years ago, moved sometimes two or three times during a lifetime, do so with greater difficulty and less frequently, for strangers are no longer welcomed in the villages of some chiefdoms, whereas formerly every village sought to attract more men. This implies that quarrels which used to be dealt with by social separation must now be otherwise resolved, and the men must learn to live together. In South African terms there is 'no further trek'.

It will be remembered that the Xhosa lived traditionally in scattered homesteads, and the Nyakyusa in villages. Modern conditions have had curiously contradictory effects on this. The Xhosa still prefer to scatter and freeholders do so, each man living on his own land, but the population is too dense for them to disperse very much. Administrative pressure is all towards concentration of population, so on quitrent and communal land people are compelled to build close together. The reason given is that when the village is compact the homesteads take up less room and more land is available for grazing. This is a curious argument since stock graze up to the doors of the huts, wherever they may be, but a concentrated group is, of course, easier to control.

Nyakyusa villages in rice-growing areas are still compact, but the territorial separation of generations is blurred and will certainly disappear, since it was dependent on a new deal in land in each generation. Development in the hills is different. Those who plant coffee are tending to build farther and farther apart, with the coffee plantation surrounding the homestead; these large holdings are referred to as 'farms' and are characteristic of go-ahead men anxious to plant as much coffee as possible. Sons of such men often build on their father's 'farm' and not in close-set village streets with age-mates of their own, so local kinship groups are tending to replace age-groups in the hills, and the villages are less compact.

Land shortage increases the unity and exclusiveness of villages, whatever the type of tenure or crop, so long as pasture is held in common, but the type of tenure and crop radically affects the position of village headmen. Where arable land is held by a village, among the Xhosa, the village headman and council are far more important than they are where land is held on freehold or quitrent, for everyone is in some measure dependent upon the headman for his holding. Evidence on the position of Nyakyusa headmen is conflicting: in some hill chiefdoms the office has lost prestige, and few men are prepared to undertake it, but on the Lake plain, where rice land is so scarce, the office is sought after.

We have noted that in all the systems of tenure discussed a common is held by each village for pasture. The development of commons has scarcely begun but it must do so if the productivity of stock is to be increased at all. The choice has yet to be made whether the common will continue to be used by the village as a unit or divided into individual holdings. If it continues to be held by villages, and is developed, the functions of the village headman may increase. The difficulty about a common is to reach agreement on the principles by which stock is to be limited. If a maximum number of cattle which every villager may graze is fixed the rich object; they lose more than the poor. If, on the other hand, each man is allowed a proportion of his present holding the poor may lose all the rights they have; or if, on the advice of a veterinary officer, the weakest stock are culled, the poor again are likely to lose. An alternative is to put the common on a cash basis and charge each villager a fee for every animal grazed, but this has proved singularly unpopular among the Xhosa.

The radical choice, now urgent among the Xhosa and beginning to appear among the Nyakyusa, is whether the land is to be subdivided and subdivided in order to give every family a share, or whether the population is to divide into landowners and landless, farmers and hired labourers or industrial workers. As we have seen, the attitude of both Xhosa and Nyakyusa is still that the use of land for cultivation and grazing is a right to which every man is entitled and in practice they criticize any individual who lays field to field and leaves his brother landless. The administration of the Republic of South Africa has also, for the past sixty years, consistently refused to allow any accumulation of land by individual Africans and wherever it had control (as on quitrent and communal land) it has insisted on the principle of 'one man one lot'. The present aim is to have as many men as possible rooted in the Reserves. The economists, with equal consistency, have opposed fragmentation of holdings, and insisted that the African population must divide into farmers with economic holdings, labourers, and industrial workers.

The necessity of choice between fragmentation and a landless population is masked by the black-white conflict in South Africa. Most Africans believe that if the division of land between black and white were equitable there would be ample land for everyone. Most whites believe, or act as if they believed, that there is still room in the Reserves for all Africans to have a plot.

Fragmentation of land necessarily implies a system of migratory labour for, as has been shown, a Xhosa family in the Keiskamma valley cannot even feed itself off its holding, much less pay for clothes, soap, light, schooling, and medical attention on the barest level. The Nyakyusa of the Lake plain are also unable to maintain the standard of living they have achieved unless the younger men go out as migrants to the copperbelt or the mines of the Republic, for they cannot get land. No one who has observed the long-term effects of a system of migratory labour on families in both town and country is likely to commend it as a permanent solution. I have found it more disruptive of family ties and a sense of responsibility for local affairs than anything else.

Any division of the population into landowners and landless, or any system which gives the more efficient larger acreages of course tends towards the development of class distinctions. These have long been apparent in the freehold villages of the Keiskamma valley, the landowners holding themselves somewhat aloof from the so-called 'squatters'. They are appearing, also, on the Lake plain in Tanganyika.

REFERENCES

Elton Mills, M. E. and Wilson, Monica 1952. 'Land Tenure'. *Keiskammahoek Rural Survey.* Vol. IV. Pietermaritzburg.
Gulliver, P. H. 1957. 'Nyakyusa Labour Migration'. *Human Problems in British Central Africa,* 21.
 1958. *Land Tenure and Social Change among the Nyakyusa.* Kampala, East African Studies, No. 11.
Hancock, W. K. 1942. *Survey of British Commonwealth Affairs.*
Houghton, D. Hobart and Walton, E. M. 1952. 'The Economy of a Native Reserve'. *Keiskammahoek Rural Survey.* Vol. II.
Hunter, Monica 1936. *Reaction to Conquest.* London.

MacLean, Colonel	1858.	*A Compendium of Kafir Laws and Customs.* Mount Coke.
Mountain, E. D., *et al.*	1952.	'The Natural History of Keiskammahoek District'. *Keiskammahoek Rural Survey.* Vol. II.
Reports and Proceedings of the Government Commission on Native Laws and Customs, G. 4–'83. 1883. Cape Town.		
Wilson, Godfrey	1938.	*The Land Rights of Individuals among the Nyakyusa.* Rhodes-Livingstone Papers No. 1.
Wilson, Monica	1951.	*Good Company.* London.
	1958.	*Communal Rituals of the Nyakyusa.* London.
Wilson, Monica, *et al.*	1952.	'Social Structure'. *Keiskammahoek Rural Survey.* Vol. III.
Union of South Africa	1946.	Social and Economic Planning Council: Report No. 9. *The Native Reserves and their Place in the Economy of the Union of South Africa.* U.G. No. 32/1946.
	1955.	*Summary of the Report of the Commission for the Socio-Economic Development of the Bantu Areas within the Union of South Africa.* U.G. 61/1955.

RÉSUMÉ

L'Auteur analyse les effets exercés sur la structure sociale des Xhosa et Nyakyusa par la pénurie croissante des terres. Les deux peuples sont pasteurs; ils pratiquent l'agriculture à la houe, sont patrilinéaires et sont organisés en petites chefferies. Entre les deux peuples, il existe, cependant, de grandes différences au point de vue de l'organisation sociale et politique, des techniques agricoles et des valeurs qui y sont attachées. Traditionnellement, les Xhosa pratiquent l'agriculture itinérante; ils migrent facilement, préfèrent les terres vierges, n'emploient pas d'engrais et laissent le travail agricole aux femmes. La charrue ayant été introduite depuis un siècle, les hommes ont commencé à assurer la plupart des travaux agricoles. Il n'y a cependant pas de cultures commerciales. Les Nyakyusa pratiquent l'agriculture sur buttes, appliquent la rotation culturale et les engrais, préfèrent les terres déjà cultivées, cultivent le riz et le café pour l'exportation et n'emploient la charrue, récemment introduite, que pour la culture du riz.

Les Xhosa depuis 150 ans, les Nyakyusa depuis 10 ans, ne disposent plus de terres abondantes. Cette pénurie peut être attribuée à un ensemble de facteurs: augmentation de la population, compétition avec les immigrants européens, introduction de la charrue et des cultures commerciales. Chez les Xhosa il existe une forte demande pour les pâturages, chez les Nyakyusa pour les terres propres aux cultures commerciales. Contre la forte densité, entrent en ligne de compte chez les Nyakyusa la pluviosité qui permet deux cultures annuelles, les techniques culturales et l'existence de bananeraies permanentes. Chez les Xhosa, la production par homme disposant de terres est suffisante pour la consommation locale. Cependant, les trois quarts des hommes au-dessous de 30 ans et 30 pour cent. des hommes mariés n'ont pas de terres; 60 pour cent. des revenus sont employés pour acheter les vivres nécessaires. En même temps que la pénurie des terres, l'on note chez les deux peuples un important changement diététique (passage du lait aux céréales), ainsi que la survivance d'attitudes typiques pour des pasteurs ayant des terres abondantes. Aussi le travail migratoire temporaire est-il fortement développé. 45 pour cent. des hommes chez les Xhosa et 25 pour cent. des hommes chez les Nyakyusa sont partis du milieu rural. Différents facteurs (tradition agricole bien établie; encouragements de la part du Département d'agriculture), présents chez les Nyakyusa mais absents chez les Xhosa, ont incité les premiers à s'orienter vers les cultures commerciales. Chez les Xhosa, habitant les réserves, une amélioration de la situation n'est possible que moyennant une révolution de techniques et l'investissement considérable de capitaux. En outre, la production ne peut être augmentée que s'il y a moins d'hommes sur la terre et pourvu qu'ils soient agriculteurs à temps plein et non pas travailleurs migrants.

Traditionnellement, chez les Xhosa la terre était possédée par un groupe. La chefferie était la plus grande unité indépendante; elle était subdivisée en districts et en régions. Longtemps trois systèmes de tenure ont fonctionné dans le District du Keiskammahoek. D'après le premier système les Xhosa furent installés aux mêmes termes que les Blancs sur des terres tenues en propriété perpétuelle et libre (*freehold*); des familles sans terres furent autorisées à se fixer sur ces terres; elles devinrent squatters, infiltrèrent sur les communaux et sont actuellement plus nombreuses que les propriétaires. Dans le système de tenure à redevances (*quitrent*), les individus reçurent des parcelles prospectées; ces parcelles ne peuvent être subdivisées et doivent être héritées selon les règles Xhosa valables en matière de succession à la propriété du bétail (succession du père au fils aîné). Dans le troisième système, qui est un développement du régime traditionnel, un groupe de villageois possède un domaine en commun; chaque membre du groupe a droit à un lopin de terre pour ses cultures et droit de pacage sur le communaux. Au fur et à mesure que la population s'accroît, de plus en plus grandes parties de communaux sont mises sous culture; cependant le nombre des champs disponibles reste insuffisant pour en donner à chaque homme marié. En cas de décès, la préférence va à l'héritier; mais il n'y a aucune garantie que le fils héritera des champs de son père. Hypothèques ou ventes ne sont pas admises sur ces communaux.

Les aspects essentiels de la situation foncière chez les Xhosa sont les suivants: (1) Etant donné que dans les systèmes du *freehold* et du *quitrent* peu de propriétaires écartent leurs parents et alliés de leurs terres, les deux systèmes se rapprochent en pratique considérablement du système communautaire; (2) la subdivision des terres est allée très loin; (3) personne n'est fermier à temps plein; aucune famille vit entièrement de l'agriculture; (4) bien que la vente de terres, tenues sous les régimes du *freehold* et du *quitrent*, soit possible, les Xhosa répugnent à l'idée de les vendre; (5) la demande de terres en milieu rural a augmenté parce qu'il n'y a pas de sécurité ni possibilité pour un Africain d'acheter une maison en ville; (6) les différents types de tenure, ont eu un effet négligeable sur la productivité.

Le régime foncier traditionnel des Nyakyusa est similaire à celui des Xhosa; la différence fondamentale réside dans le fait qu'il n'existait pas de limites foncières permanentes; à chaque nouvelle génération la terre était redistribuée. Seule la terre fertile dans les vieux cratères n'était pas redistribuée. Tant que la terre était abondante, le système n'amenait pas beaucoup de conflits; avec la pénurie croissante des terres, les possesseurs voulaient préserver les améliorations réalisées par eux et ne voulaient plus abandonner les terres fertiles. Aujourd'hui toutes les terres arables sont héritées; chaque village possède encore des communaux, dont la superficie diminue constamment. Les droits de chaque famille sur les terres de culture et de pacage restent indiscutés. Cependant, puisque le café et le riz ont acquis une très grande importance, les hommes vivant dans les terres plus hautes cherchent à obtenir des rizières dans la plaine et ceux des terres basses cherchent des terres propres pour la culture du café dans les régions plus hautes. Cependant, la vente de terres reste inconnue aux Nyakyusa.

Les Xhosa préfèrent vivre dans des fermes dispersées, mais la population est devenue trop dense pour permettre cette dispersion. Les villages Nyakyusa, dans les régions où l'on cultive le riz, sont compacts, mais la séparation territoriale entre générations disparait lentement. Dans les terres plus hautes, les plantations de café entourent les fermes et il y a une tendance de se disperser. Souvent les fils se fixent sur les fermes de leurs pères; leur groupes de parenté locaux commencent à remplacer les groupes d'âge.

La position du chef de village est également influencée par le type de tenure et de cultures. Là où chez les Xhosa la tenure est communautaire, le chef de village et son conseil ont une importance plus grande que dans les régions où les systèmes du *freehold* et du *quitrent* prévalent. Chez les Nyakyusa, les évidences sur la position du chef de village sont contradictoires. Le choix qui s'impose aux Xhosa, et qui commence à s'imposer aux Nyakyusa, est celui entre la subdivision continue de la terre de façon à en donner une partie à chaque famille et la classification de la population en propriétaires fonciers et sans-terres. La fragmentation de la terre implique nécessairement le travail migrant, car pour les Xhosa et les Nyakyusa il est impossible de maintenir leur niveau de vie à moins que les jeunes hommes qui ne peuvent obtenir de la terre quittent comme travailleurs migrants. Ceux qui ont pu observer les désastreux effets à long terme, qu'exerce sur les familles ce système de travail migrant, ne pourront jamais le recommander comme solution permanente du problème.

XX. PROBLEMES SOCIAUX POSES PAR LA TRANSPLANTATION DES MOSSI SUR LES TERRES IRRIGUEES DE L'OFFICE DU NIGER

DOMINIQUE ZAHAN

Le groupement humain auquel se rapporte cette communication est originaire du royaume mossi du Nord de la Haute Volta (Royaume du Yatenga, Cercle de Ouahigouya).

Il a été transplanté de son habitat d'origine par étapes, à partir de 1937 quand les premières 129 personnes fondèrent le village de colonisation de Ouahigouya (Centre de Kokry – Kolongotomo).

A l'heure actuelle les colons Mossi de l'Office du Niger comptent 5,882 personnes sur 33,400 habitants de différentes races installés sur les terres irriguées et exploitées par cet organisme, soit 17 pour cent.

Territorialement, ils sont dispersés en trois groupements, correspondant aux casiers agricoles. Le groupe le plus important est celui de Kokry – Kolongotomo comptant 531 familles, soit 4,554 personnes, et représentant 38 pour cent de la population totale du centre. Viennent ensuite: les Mossi du casier de Niono avec 85 familles, soit 789 personnes et représentant 6 pour cent de la population du centre; les Mossi du casier de Kourouma, avec 84 familles dont le total s'élève à 539 personnes, soit 12 pour cent de la population du centre.

D'une manière générale, les Mossi constituent dans chaque casier agricole des groupes compacts, vivant dans des villages à eux. On compte ainsi 14 agglomérations dans le centre de Kokry – Kolongotomo dont 12 sont cent pour cent mossi, 5 dans le centre de Niono dont une seulement est entièrement mossi, 4 dans le centre de Kourouma dont deux sont cent pour cent mossi et deux autres très voisines de ce chiffre (99 pour cent et 85 pour cent).

Pour un observateur non averti une des premières questions qui se pose lorsqu'il regarde une carte des populations vivant sur les

Problèmes Sociaux

Terres Irriguées est la suivante: pourquoi a-t-on fait appel pour le peuplement de ces Terres aux Mossi et aux Samogho, distants de la zone d'irrigation de plus de 600 kms?

On sait que l'Office du Niger a été prévu pour la mise en valeur de quelques 900,000 has. Selon ce plan et selon, aussi, le mode d'exploitation envisagé (mise en valeur des Terres par les Africains eux-mêmes), l'on devait y prévoir environ 800–900,000 habitants. Le chiffre retenu pour la densité de peuplement fût, en effet, celui d'un habitant à l'ha aménagé. Or, d'une part, le Delta Central Nigérien était une région à très faible densité de peuplement.[1] D'autre part, les Territoires limitrophes du delta possédaient un potentiel humain excédant de beaucoup les faibles ressources économiques du pays. Il était donc évident que l'Office du Niger devait s'orienter vers une formule de peuplement de ses Terres basée sur des mouvements d'émigration des régions à forte densité de peuplement. Il est certain qu'en dépit de l'optimisme que manifestaient les dirigeants de l'Office du Niger pour la réussite de l'entreprise sur le plan du peuplement des Terres Irriguées, il y avait au fond de leurs préoccupations beaucoup d'appréhensions, car à l'époque l'aspect humain du projet d'aménagement des Terres ne pouvait être basé que sur des considérations d'ordre démographique, économique et statistique.

A quelque distance, dans le temps, des débuts de l'Office du Niger nous pouvons mieux déterminer les causes profondes de l'émigration mossi. Car, en somme, la surpopulation d'une région, même conjuguée à l'insuffisance des ressources économiques n'est pas toujours une raison suffisante pour déterminer des mouvements d'émigration importants et durables. L'amour du sol natal, surtout en Afrique, peut être plus fort que les promesses, souvent aléatoires, du bien-être. Maints exemples peuvent être apportés à l'appui de cette affirmation.[2]

Quelles étaient et quelles sont encore aujourd'hui les causes

---

[1] En 1935 il y avait environ 100,000 habitants dont 60 à 70 pour cent représentaient des pasteurs (Foulbés et Rimaïbés) et des pêcheurs (Bozo) s'adonnant peu à l'agriculture.

[2] Les Dogon, par exemple, vivent sur un sol exigu et se soumettent à des travaux agricoles pénibles au milieu des rochers, mais ne quittent pas les Falaises pour autant.

internes de l'émigration mossi? La réponse à cette question n'est pas simple, il s'en faut de beaucoup.

Il convient de mentionner en premier lieu la tension entre 'l'homme de la rue' et ses chefs autochtones. Il est bien connu que l'Administration Française depuis environ 60 ans qu'elle se trouve en pays mossi a toujours respecté, et encouragé même, les institutions indigènes de tout ordre. Les royaumes mossi, à cause de leur forte organisation politique, paraissaient plus faciles à administrer d'une façon indirecte que si l'autorité française s'était substituée à la chefferie locale. Les chefs furent ainsi maintenus en place et continuaient d'excercer l'autorité sur leurs sujets presqu'au même degré qu'avant l'occupation française du territoire.[3] Cette situation fût différemment interprétée par les chefs et par ceux qu'ils commandaient. Les premiers se complaisaient très souvent dans des exactions de caractère féodal, telles qu'elles étaient pratiquées dans l'ancien temps, alors que les seconds entendaient trouver dans l'autorité française une instance d'appel et une protection. Les invitations que l'Office du Niger lança à partir de 1935 en faveur du peuplement des Terres Irriguées furent considérées par le simple Mossi comme une possibilité d'évasion de l'étreinte de la chefferie locale. C'est ainsi que des familles entières se déplacèrent dans le Delta Central Nigérien rompant avec le passé auquel le bon sens paysan n'accordait plus une très longue existence. Il importe, toutefois, d'être nuancé lorsque l'on parle de ces premiers exodes mossi. Certains émigrants partaient pour se soustraire volontairement à l'autorité de leurs chefs, d'autres par contre se virent obligés à partir étant considérés par ces derniers comme des sujets revêches. Le ressentiment de cette seconde catégorie d'émigrants à l'égard de leur exode, en quelque sorte imposé, se traduisit plus tard, à partir de 1945[4] par leur retour dans le pays d'origine ce qui provoqua sur les Terres Irriguées une légère crise démographique. Une autre cause interne de l'émigration mossi fût la tendance innée de ce peuple vers l'expansion et la conquête. Race prolifique et

---

[3] Des restrictions sensibles à leur pouvoir furent, cependant, apportées en matière de justice criminelle notamment.
[4] Date de la promulgation de la charte de Brazzaville qui accorda aux Africains la qualité de citoyens au sein de l'Union Française.

Problèmes Sociaux

guerrière, le Mossi, a cherché à empiéter sur ses voisins tout au long de son histoire. Dans les temps très proches de nous la conquête guerrière devint une conquête pacifique. Depuis quelques dizaines d'années environ 300,000 émigrants mossi se sont établis au Sud du pays Bobo et au Nord de la Côte d'Ivoire. Dans le Cercle de Dédougou (Subdivision de Nouna) l'on en trouve approximativement 30,000 installés là en moins de 10–15 ans. Il importe de faire remarquer que tout un ensemble de causes ont favorisé cette expansion silencieuse. Le sécurité qui existe sur les différents territoires, la création de voies de communication, l'introduction des moyens rapides de transport en sont parmi les plus importantes. Au demeurant, l'expansion récente des Mossi est en grande partie l'oeuvre de la présence française en Afrique.

En troisième lieu l'émigration mossi est, si non provoquée, du moins favorisée par la faculté d'adaptation de cette race à des habitats qui ne rappellent que de loin l'horizon familier du sol natal, ainsi que par sa polyvalence en matière de cohabitation avec les autres races Noires. Alors que les Bambara, les Samogo, les Minianka, ou les Bobo ne s'adaptent pas et cohabitent mal avec une majorité Mossi, ces derniers d'accommodent parfaitement de tous leurs voisins immédiats ou lointains. Chose caractéristique, cependant, ils ne se laissent jamais assimiler, mais assimilent plutôt ceux au milieu desquels ils vivent.

Toutes ces causes, et sans doute pourrait-on en trouver d'autres si l'on voulait faire une analyse serrée de l'émigration mossi, ont joué lors des premières émigrations vers les Terres Irriguées de l'Office du Niger. Dans une certaine mesure elles constituent encore de nos jours des atouts appréciables pour le peuplement progressif du Delta Central Nigérien.

Vers 1946 il se dessina en colonisation un mouvement inverse à celui qui amena les immigrants dans le Delta Central Nigérien. Il n'était pas provoqué uniquement par la nostalgie du pays d'origine; des causes à notre avis beaucoup plus profondes que ce sentiment ont agi sur les colons mossis.

Tout d'abord la nature même des villages de colonisation n'était pas favorable aux immigrants. Ceux qui sont familiers avec ces problèmes connaissent le rôle considérable que joue la grande famille indivise chez les Noirs de l'Afrique moyenne. Les descendants d'un même ancêtre sont groupés par quartiers, ou par villages, sous l'égide d'un chef qui représente l'autorité religieuse et sociale du groupe. Or, les villages de colonisation n'ont pu tenir compte de cette structure ancestrale des groupements humains parce que les immigrants n'ont pas quitté le sol natal par familles compactes, mais par familles *stricto-sensu*. Les villages créés par l'Office du Niger étaient ainsi des agglomérations artificielles où les habitants n'avaient d'autres liens communs que ceux causés par les amitiés contractées sur place et par l'appât du bénéfice sur les récoltes.

En second lieu, et conséquemment à cet état de choses, les colons mossis se heurtaient aux difficultés que posait le problème du mariage au sein de leur communauté. Une des prérogatives fondamentales du chef de la grande famille indivise est de consentir au mariage de toutes les jeunes filles de sa lignée. Or, d'une part, le plus souvent cette autorité était restée dans le pays d'origine; d'autre part, les jeunes filles qui se trouvaient en colonisation étaient presque toutes financées à des hommes restés eux aussi dans le pays d'origine. Les conséquences de cette situation se firent vite sentir. Les jeunes filles nubiles devaient retourner au village natal à l'occasion du mariage et les jeunes gens, aussi, pour obtenir leur fiancée.

L'Office du Niger ne pouvait pas intervenir directement pour résoudre ces problèmes. Néanmoins, des mesures furent prises pour regrouper les colons qui le désiraient dans les villages de colonisation selon leurs lignées consanguines. Les mêmes dispositions furent appliquées aux nouveaux colons qui désiraient se fixer sur les Terres Irriguées. On essayait, en somme, d'homogénéiser les villages de colonisation. Par ailleurs, les vieux chefs de famille étaient conseillés de demander à leurs aînés du pays d'origine une délégation de pouvoir en matière matrimoniale. Dès 1950 la situation commença à se redresser et grâce, d'une part, à l'accroissement démographique des colons; grâce, d'autre part, aux nouveaux arrivants, le volume des communautés mossis des Terres Irriguées commença à augmenter. En 1953 la nouvelle communauté qui s'établit dans le centre cotonnier de Kourouma fut installée selon les principes énoncés plus haut. A présent on

Problèmes Sociaux

est en droit de croire qu'à l'égard de cette population voltaïque, les Terres Irriguées entrent dans une nouvelle phase; celle de la stabilisation de la population existante et de l'arrivée massive de nouveaux immigrants.

Mais, à côté de ces problèmes qui, encore, de nos jours restent très actuels, il s'en trouvent d'autres, spécifiques des transformations internes que subit le groupement de colons Mossis.

Lorsqu'on songe que chaque nouveau colon passe sans aucune transition d'un système agraire basé sur des complexes mythico-religieux à un système dépourvu de tout concept non – rationnel, on peut entrevoir la révolution psychologique qui doit s'opérer dans l'esprit des immigrants. Lorsqu'on songe, aussi, à la distance qui sépare le mode de production dans l'économie traditionnelle africaine de celui que pratiquent les habitants des Terres Irriguées, il est possible de mesurer les transformations que doit subir l'individu, la famille et la communauté villageoise.

Quant à cette révolution psychologique qui affecte la mentalité des individus on connaît, par exemple, le rôle que joue le 'Maître de la terre' et de l'eau dans le système agraire africain traditionnel. Ce personnage est le seul habilité à traiter avec les puissances célestes de tout ce qui touche à la graine, à l'âme des céréales et à l'ensemble des processus de germination et de maturation des semences. La notion de 'Maître de la terre' est tout d'abord profondément religieuse, mais elle est aussi sociale.[5] Or, que se passe-t-il en colonisation? Par la force des choses, le système religieux traditionnel africain n'est plus applicable là où nous avons introduit des méthodes rationnelles d'exploitation de la terre. Les idées religieuses qui meublent l'esprit des immigrants à leur arrivée en colonisation se trouvent vides de sens devant les résultats économiques obtenus autrement qu'au moyen de sacrifices sanglants. L'arrivée de l'eau est obtenue par un simple réglage des hausses d'un barrage et par l'ouverture appropriée des vannes. Le 'Maître de la terre' et de l'eau devient une notion désuète et dépourvue d'efficacité. En somme, n'importe qui peut être dispensateur de l'eau. Ce

---

[5] Cette notion s'est beaucoup dégradée et a même disparu dans certaines région bambara, mais elle est très vive en pays mossi où le rouage politique de la royauté fonctionne encore de nos jours.

processus de laïcisation de la pensée africaine est le même, sans doute, que celui qu'a subi notre société occidentale. Avec cette différence, dependant, qu'ici il est brutal et sans transition. Il n'est pas étonnant dans ces circonstances que les colons, surtout les Mossi, se tournent de plus en plus vers l'Islam qui se présente à leurs yeux comme une religion africaine mais aussi efficace, par ailleurs, que celle des Blancs. Sans doute, certains nous considèrent-ils comme des 'Super-Maîtres de la terre', cependant à part eux-mêmes ils savent bien que notre conquête des éléments est plus une affaire d'intelligence que le résultat de la coopération avec les puissances invisibles.

L'ébranlement des notions fondamentales de la religion ancestrale amène des changements d'attitude de l'individu vis-à-vis des catégories sociales dont l'existence et le fonctionnement étaient supportées par ces notions. Si le 'Maître de la terre' n'est qu'un vague mot, le chef l'est lui aussi, puisque les deux concepts sont corrélatifs. L'autorité traditionnelle est ainsi sapée par la base. Nous avons conservé à l'Office du Niger, dans le groupe mossi, les cadres de la chefferie à l'instar de ceux qui existent dans le pays d'origine. Cependant, il se trouve qu'à la suite du processus psychologique décrit ci-dessus, ces cadres n'ont d'autre sens pour les colons que celui de personnages officiels administratifs sans aucune attache profonde avec l'âme des sujets.

Quant aux transformations imputables aux facteurs économiques, les conséquences sociales du passage de l'économie du troc à l'économie monétaire on constate tout d'abord chez les colons mossi un commencement de différenciation sociale[6] par la constitution, non pas de classes sociales (le terme serait trop fort), mais de catégories sociales. Il y a, d'une part, les colons proprement dits, il y a d'autre part la foule de parents, amis et connaissances des premiers qui s'engagent comme salariés chez les colons en attendant, le plus souvent, le moment où ils pourraient être installés à leur tour sur les Terres Irriguées. Embaucheurs et embauchés vivent de la même vie commune, sous le même toit que le chef de ménage, toutefois ce dernier fait partie d'une catégorie privilégiée, celle de

[6] Le phénomène est connu et a été signalé déjà, cf. R. Dumont, *L'Economie agricole dans le monde*, Dalloz, Paris 1954, page 117.

'colon' qui touche en fin de campagne le bénéfice des récoltes et qui pose dans une certaine mesure comme un 'patron'. L'embauché, par contre, n'est qu'un 'manoeuvre'. Sans vouloir exagérer l'importance de cette différenciation sociale, des attitudes se dessinent néanmoins dans le comportement de l'un et l'autre de ces deux catégories: les colons sont des 'riches', les manoeuvres des 'pauvres'. Il faut se garder, bien sûr, de donner à ces notions, dans ce milieu, les valeurs qu'elles ont dans notre mentalité occidentale. L'on sait bien qu'en Afrique moyenne un fils de chef acceptera volontiers la condition de domestique chez un autre chef, de moindre valeur sociale que son père, s'il y trouve un intérêt quelconque. Dans l'économie du troc, surtout, personne n'est 'pauvre' s'il a la subsistence assurée. Il ne faut pas oublier, cependant, que les colons évoluent vite sous la poussée de l'économie monétaire et que dans leur esprits, aussi, 'richesse' et 'pauvreté' prendront sous peu le sens de notre vocabulaire économique et social.

On se trouve, en second lieu, en colonisation en présence d'une désintégration de la famille. Ce phénomène se passe sur deux plans différents: celui de la famille agnatique et celui de la 'famille conjugale'; il est dicté, lui aussi, principalement par la nouvelle économie monétaire.

La colonisation commence à être connue de plus en plus en pays mossi comme un endroit où l'on gagne de l'argent.[7] Les membres de la famille agnatique restés sur place, ainsi que les chefs eux-mêmes, attendent donc, de leurs parents, ou anciens sujets, des secours monétaires ou des dîmes, choses parfaitement normales à leur sens. Cependant, la mentalité des émigrants est toute autre. Jusqu'il y a quelques années ils se pliaient encore à ces exigences. A la fin de chaque campagne agricole des sommes d'argent importantes étaient expédiées par les colons mossi dans le pays d'origine.[8] A

[7] Des renseignements contraires étaient diffusés en pays mossi jusque vers 1949 par les colons eux-mêmes qui tenaient à camoufler ainsi leur situation matérielle. Depuis 9 ou 10 ans, cependant, les membres de la famille restés en pays d'origine s'informent directement de la situation de leurs parents colons en venant leur rendre visite précisément à l'époque où ceux-ci sont payés sur la vente des récoltes (Janvier, Février, Mars).

[8] On comprend qu'il est malaisé, à cause du secret professionnel du personnel des P.T.T., d'avoir des renseignements précis sur ce point. Selon des informations

présent le mouvement est de plus en plus freiné, car les colons ne désirent qu'une chose: se détacher le plus possible des ramifications de la parenté étendue. Ceci ne va pas sans de gros risques pour les 'renégats'. D'une part, en effet, ils se voient refuser par ceux du pays des filles en mariage pour leurs garçons, qui sont obligés ainsi 'd'enlever' leurs fiancées et de se marier en dehors des coutumes.[9] D'autre part, si un accident (mort ou divorce d'un des conjoints) vient réduire le noyau familial du colon, le reste du groupe est le plus souvent dans un désarroi total. Il n'est plus accepté par la grande famille qu'il avait reniée tandis que les charges économiques continuent à peser sur le ménage. Ceci oblige le conjoint vivant soit à se remarier en faisant un mariage interracial, soit à quitter la colonisation pour refaire sa vie d'une façon anonyme ailleurs.

A son tour, la famille conjugale étendue, ou ce que l'on peut appeler en colonisation 'le ménage', est battue elle aussi en brèche par l'économie monétaire. Celle-ci augmente la hantise du gain du chef de ménage. Or, l'inassouvissement du besoin d'argent crée des conflits entre celui-ci et sa famille. Si le ménage est composé de plusieurs couples ceux-ci demandent à se séparer de leur chef de case pour former des familles strictement conjugales.[10] Si l'on est en présence déjà de ce dernier type de famille, le conflit se produit entre le père et ses fils, qui estimant ne pas recevoir assez d'argent à la fin de la campagne, quittent la famille et se dirigent vers des centres urbains ou vers des chantiers où ils s'engagent comme manoeuvres.

La liste des problèmes sociaux que l'on rencontre dans la popula-

---

de seconde main, le montant mensuel des envois en pays mossi en 1950 se chiffrait à 150,000–200,000 Frs. pendant 2 à 3 mois de l'année, soit une moyenne de 1,200 Frs. environ par chef de famille colon.

[9] Il est bien entendu que les jeunes filles, et même des femmes mariées, sont consententes à ces 'enlèvements'. Très souvent elles apprécient davantage un mari hardi qu'un homme suivant strictement les coutumes matrimoniales traditionnelles. Cette émancipation un peu forcée de l'homme, mais volontaire de la femme mossi, amène des situations compliquées du point de vue coutumier pour le statut des enfants notamment.

[10] Le démembrement des ménages va à l'encontre de la politique poursuivie par l'Office du Niger dans l'attribution des lots-types aux colons. Les associations de familles pour l'attribution de ces lots sont de plus en plus précaires. Etant donné que nous nous trouvons là en présence d'un phénomène social à peu près général en colonisation, le problème mérite toute l'attention des techniciens.

tion mossi pourrait être sensiblement allongée. Nous en avons choisi à dessein les plus actuels. Il est incontestable, par exemple, que l'organisation du travail en fonction des cycles culturels différents de celui du mil, l'emploi des moyens de production nouveaux, posent des problèmes d'adaptation des nouveaux colons dont nous avons de la peine à apprécier l'importance. La transplantation des émigrants elle-même, ainsi que le choc de dépaysement qui s'en suit créent des complexes émotionnels qui influencent pendant quelques mois au moins les nouveaux colons. Le faible rendement caractéristique de la première campagne s'explique, ainsi par tout un ensemble de causes qui à première vue échappent à l'observation. Que dire encore des problèmes d'ordre plus général qui touchent au statut même des colons et à leur position vis-à-vis des autres paysans, ainsi que vis-à-vis de l'organisme tuteur. Plus l'Office du Niger s'étendra, plus l'importance du nombre de ces problèmes peut s'accentuer. Il importe donc, de connaître la colonisation non seulement par son côté économique et financier, mais aussi sous son aspect humain et social. On ne pourra jamais connaître les motivations de telle ou telle attitude collective des colons sans une connaissance du milieu social où ils se trouvent et des problèmes qui s'y posent.

SUMMARY

Since the Middle Niger Delta was a region with a very low population density and the territories adjacent to the delta are a rich potential source of population, the Office du Niger was obviously inclined to base the peopling of its land on migration.

This group of Mossi colonists on the lands of the Office du Niger came originally from the kingdom of Yatenga in the north of the Upper Volta; it was transplanted in stages, beginning in 1937. At the present time the colonists form 17 per cent. of the persons settled on the irrigated lands. They consist of three territorial groups (Kokry-Kolongotome; Nione; Kourouma) corresponding to the agricultural divisions, and form compact groups living in their own villages in each agricultural division.

Mossi emigration was favoured by the tension between the

ordinary individual and his chiefs. Invitations issued by the Office du Niger with the object of promoting the peopling of the irrigated lands were often regarded by the Mossi as a possible means of breaking loose from the grip of the local chiefdom. Others were compelled to leave. Since 1945 large numbers of emigrants in this second category have returned to their country of origin.

The traditional tendency of the Mossi people towards expansion and conquest also favoured migration. In a few decades about 300,000 Mossi have settled in the south of Bobo Country and in the north of the Ivory Coast. Mossi migration has been fostered by their adaptability in living together among many other different peoples. They never allow themselves to be assimilated, but rather assimilate those among whom they live.

About 1946 a reverse movement began to take shape in response to conditions among the Mossi colonists. The character of the villages in the immigrant colonies had disregarded the part played by the extended family. The immigrants had set out as elementary family units, so that villages became artificial agglomerations. The colonists also met difficulties concerning marriage within their own community, since the head of the extended family, who remained behind in their country of origin, had the prerogative of consent to the marriages of all the women of his lineage, and moreover the young women among the colonists were almost all betrothed to men who remained behind. Thus nubile girls were obliged to return to their native village in order to be married, and the young men had to do likewise to obtain their brides.

The Office du Niger has endeavoured to make the colonization villages more homogeneous and to encourage elders in the country of origin to delegate their powers in matrimonial affairs. As long ago as 1950 the situation began to improve. At the present time the irrigated lands are entering a new phase in which the existing population is becoming stabilized and a large body of new immigrants is arriving.

Other problems are due to the effects of the internal transformations to which the group of Mossi colonists are subjected. Firstly, there is the psychological upheaval in the mind of the Mossi colonist who passes abruptly from an agrarian system set in a magico-religious complex to a system entirely destitute of such concepts. The 'Master of the land' and of the water becomes an ineffectual notion. This process of secularization is abrupt and it is therefore not surprising that the Mossi colonists are turning towards Islam. Changes of attitude are also evinced with regard to social classes; the chief and the framework of the chiefdom, concepts retained by the Office du Niger, have become administrative officials without any underlying ties with their subjects.

The beginnings of social differentiation by the formation of social classes due to economic factors is observed among the Mossi colonists. Besides the actual colonists there is the crowd of relatives, friends and acquaintances who take up employment as wage-earners with the colonists while awaiting the time when it will be possible for them to be settled in their turn. Employers and hired workers live together, but the former are the privileged class and behave, to some extent, like the masters; they are the rich men, while the hired workers are only 'labourers'.

Hence there is a disintegration of the extended family and even of the conjugal family. The settlement is also widely regarded as a place where money is to be earned, and the members of the extended family who have remained behind have expected to receive financial assistance from their immigrant relatives. Until a few years ago the colonists conformed to these demands; but now they are repudiating the ramifications of extended kinship. The colonists in turn find themselves being refused young women in marriage by those in the home country, and, if accident reduces the family nucleus of the colonist, the remainder of the group is no longer accepted back by the extended family. Unsatisfied needs for money also give rise to disputes between the head of the household and the remainder of the family.

Problems of adjustment also arise owing to the reorganization of work in relation to cultivation cycles which differ from those of millet, the use of new means of production, the transplanting of the emigrants and the shock of being uprooted from their own country, and through the general status of the colonists and their position with respect to other farmers.

INDEX

Abandonment, 365
Aburi, 211, 212, 214, 220, 221
Adja, Aja, 297–313 *passim*
Agni, 248
Agriculture, 11, 12, 27, 28, 54, 61–3, 66–71, 138–9, 153, 188–9, 216, 333–4, 340–7, 365–6, 367, 369, 375; *see also* Cocoa, Coffee, Crops, Ground-nuts, Rice
Akim, 203–223 *passim*
Akwapim, 203–223 *passim*
Alienation, definition of, 34, 60, 88; *see also* Sale of land
Alur, 27, 37
Amba, 32
Ancestors, and land, 3, 5–6, 18, 35, 36, 37, 38, 56, 147, 164, 186–7, 194, 247, 284, 294
Ankole, 275
Ashanti, 34, 40, 209
Awutu, 223

Bakutu-Mongo, 12
Bambara, 12, 395
Bambote, 39
Banande, 84
Bantu Kavirondo, 10, 23
Barotse, 2 *n.*, 4 *n.*
Bashi, *see* Shi
Baule, 254, 255
Bavongini (Mayumbe), 23–4
Bemba, 365–6, 368, 369, 373
Bembe, 39, 48, 61, 92, 286
Bete, 39, 48, 245–66, 306
Bobo, 395
Bora, 38
Bozo, 393 *n*
Buganda, 48, 267–80
Bushong, 354, 355, 362

Castes, 124–8, 134, 348–54 *passim*, 360
Cattle, 140, 191, 275, 350, 354, 374, 377–8

Chewa, 28–9, 371
Chiefdoms, chiefs, 1, 2, 32–3, 36, 54, 88–9, 99, 157–72 *passim*, 186, 187, 194, 195, 267, 269, 292–3, 305, 331–41 *passim*, 345, 349–50, 355, 356, 360–3, 380, 383, 384, 385, 389, 391, 394, 397–8, 402
Chuka, 224
Clan, *see* Social Organization
Cocoa, 43, 247, 264, 306; — farmers, 203–23
Coffee, 227, 228, 229, 232, 240, 243, 247, 250–2, 255, 264, 275, 306, 358, 375, 376, 379, 380, 384, 385
Cokwe, 178
Congo, 5, 21, 23–5, 26–7, 33, 34–8 *passim*, 49–50, 52–3, 83–100, 157–72, 173–84, 281–96, 331–47
Control of Settlements Regulation (Nigeria), 72–3
Cotton, 271, 272, 273, 342, 346, 358
Creole, 298, 312
Crops, 7, 76, 140–1, 144, 231, 245, 268, 369, 375, 379–80; *see also* Cocoa, Coffee, Ground-nuts, Rice
Cults, *see* Ancestors, Religion

Dahomey, 10, 297–313
Dida, 39, 61, 245–66
Dinka, 16
Diola, Diula, 3, 37, 254, 255, 314–30
Dogon, 383 *n*

Egoji, 224
Ewe, 223

Family, 78–9, 82, 146–7, 296, 307, 313, 324
Fanti, 223
Farms and farm plots, size of, 67–9, 73–4, 148, 188, 192, 203–4, 210–11, 217, 235, 275, 377

Index

Fishermen, fishing, 11, 12, 116, 124-5, 135, 141, 175, 289, 317, 356
Fon, 3
Freehold, individual in Buganda, 267-80
Fulani, 22

Ga, 204-23
Ganda, 22, 267-80
Ghana, 12, 34, 43, 203-23
Gomoa, 223
Government reforms and schemes, 42-51 *passim*, 54, 61-3, 71-9, 81, 137-56 *passim*, 190-9, 233-41, 243-4, 310-11, 341-6, 393-402
Ground-nuts, 70, 281, 325, 330, 342
Guan, 223

Hausa, 12, 22, 76
Haute Volta, 392-403
Havu, 99
History, 20-5, 117-21, 133-4, 163, 267-8, 269, 285, 286, 290-3
Hunting, 11, 39, 53, 87, 166, 175, 183, 289, 317
Hutu, 348, 350, 360

Ibo, 10, 17, 37, 40
Igembe, 224
Imenti, 224-44
Inheritance, 30-1, 49-50, 59, 128, 144, 196, 208-9, 211-12, 231, 245-6, 251-2, 275, 303, 320-2, 368, 382
Islam, 120, 130, 134, 135, 325, 326, 329, 398
Ivory Coast, 49, 245-66, 392-403

Jukun, 40

Kabaka, 267, 269, 270, 271, 277
Kano, 76
Kariba Resettlement Programme, 137-56 *passim*
Keiskammahoek, 195-6, 375-91 *passim*
Kenya, 23, 224-44
Kikuyu, 108-110, 114-15, 224, 237, 281-96
Kings, 267, 269, 298, 349-50, 354, 355; see also Chiefs, Kabaka

Kinship, see Social Organization
Kongo, 17, 21, 83, 84, 281-96
Konkomba, 39
Krobo, 204-23
Kuba, 36, 91, 92, 99, 348, 354-7, 362-3
Kumu, 85
Kwango-Kwilo, 27

Labour, division of, 69, 307, 375; see also Women, work of
Lala, 26
Lali, 36, 286, 289
'Land', definition of, 101-2, 111-12
Land Husbandry Act (Southern Rhodesia), 185-202
'Land Tenure', definition of, 101-15, 111-12
Land tenure systems, indigenous and traditional, 14, 20-5, 54-6, 121-8, 134, 141-8, 153-5, 176-8, 183, 186-8, 225-6, 250-2, 264, 265, 269-70, 282, 290, 315-24, 334-41, 350-4, 355-9, 380, 381, 397-8, 403; — changes in, 75-9
Lega, 21, 85, 87, 90
Lele, 83, 92
Lendu, 27, 92
Lese, 85
Lineage, see Social Organization
Litigation, 33, 55, 60, 95, 100, 128-9, 135, 252-3, 256, 264, 265
Logoli, 17, 31, 34
Lowiili, 3
Lozi, 40
Luba, 37, 38, 84, 178
Lugbara, 92
Lulua, 87
Lunda, Luunda, 1, 22, 36, 40-1, 84, 87, 88, 90, 92, 99, 157-72
Lungu, 28
Luvale (Lwena), 369-71, 373

Mambwe, 26
Mandari, 38, 61
Manding, 316, 325
Marriage, 7, 143, 154, 196, 246, 305, 358, 362, 366, 369, 371-2, 373, 396, 400, 402

Index

Mayumbe, 23–5, 33, 34, 36, 91, 92, 95, 96, 178
Meru, 224–44
Migrants, migration, 23, 65–6, 139, 193, 198, 207, 208, 268, 271, 276, 378–9, 392–403 *passim*
Minianka, 395
Miutini, 224
Mixed Farming Scheme (Nigeria), 70–1
Mongo, 83, 85
Mossi, 39, 61, 392–403
Muthambe, 224
Mwimbi, 224

Ndebele, 36, 185
Ngoni, 28–9
Nguni, 185
Nigeria, 65–82
Nsaw, 2
Nuer, 9, 16
Nupe, 68, 77
Nyakyusa, 32, 48, 374–91 *passim*
Nyanga, 5–9, 11, 37, 52–3, 92
Nyanja, 22

Office du Niger, 392–403 *passim*
Oil Palms, 281, 297–313, 356

Pledging of land, 308–9, 310, 312, 313
Political systems, traditional, 88–9, 119–29, 157–63, 169–70, 171, 186, 225, 246, 263, 283, 331–4, 346, 349–50, 361
Population, density and numbers, 26, 27, 65, 76, 138, 157, 189–90, 230, 247, 253, 268, 281, 297, 300, 314, 331, 348, 354, 376–7, 392, 393
Porto Novo, 297, 298, 300, 308, 309, 311
Portuguese, 290–2, 295, 296, 298
Private appropriation and ownership of land, 47–8, 50, 63, 75, 78, 82, 178–9, 184, 260–1, 265–6, 267–80, 302, 303, 304, 309, 310, 313, 352, 362, 368
Pygmies, 21, 83, 85

Quitrent, 382, 383, 385, 386, 390, 391

Religion, 5–6, 35–41, 60–1, 164, 186–7, 195, 247, 315, 329, 355, 397–8; *see also* Ancestors, Sacred lands
Resettlement, 73–4, 149–52, 235–6, 392–403
Rhodesia, 13, 33; — Northern, 26, 28, 38, 49, 58–9, 137–56, 364–73; — Southern, 185–202
Rice, 314–30 *passim*, 375, 376, 379, 380, 384, 388, 391
Rozwi, 185
Ruanda, 11, 348–63
Ruanda-Urundi, 268, 271, 279

Sacred lands, 10, 36, 37, 38, 40, 41, 60–1, 317
Sale of land, 18, 34, 56, 206, 226–9, 258, 259, 262, 265, 268, 272, 273, 274, 279, 304, 323, 367–8, 370, 382, 383–4
Samogo, 395
Scarcity of land, 26–9, 57–8, 190, 374–91
Senegal, 13, 116–36, 314–30
Shai, 204–23 *passim*
Shendam Resettlement Scheme, 73–5, 78, 81
Shi, 12, 21, 49, 50, 84, 86, 89, 99, 178
Shona, 35, 185, 186–9, 196, 200, 202
Social Organization, 6, 9, 10, 17, 24, 28–33 *passim*, 84–6, 99, 121, 134, 142–5, 154, 165–6, 171, 188, 196–7, 204, 209, 245–7, 255–6, 263–4, 292–3, 302–13 *passim*, 319–20, 328, 348–9, 354–5, 358, 366–7, 373, 374, 396, 402
Squatters, 195, 381–2
Strangers, 34, 188, 203–14 *passim*, 255, 256, 257, 265, 288–9, 295, 356, 380
Sundi, 36, 285, 286, 289

Tallensi, 9, 22, 40
Tanganyika, 374–91
Teke, 17, 21, 36, 37, 282, 285, 286, 288
'Tenure', definition of, 102
Terminology, 1–19
Teso, 23

Index

Tigania, 224
Tiv, 3, 9, 17, 23, 36, 105–7, 113, 115
Tonga, Plateau, 366–9, 373; —, Valley, 38, 61, 137–56
Toucouleur, 116–36
Tshela, 96
Tutsi, 348, 350, 353, 360
Twa, 348, 353, 360

Uganda, 267–80

'Vacant' lands, 49–50, 55, 174–5, 183
Villages, 187, 245, 355, 370, 374, 382, 385, 386, 391, 395–6
Vungara, *see* Zande

Wanderobo, 109
Wobe, 255

Wolof, 116
Women, rights to land of, 142, 146, 151, 155, 192, 216–17, 321; — work of, 66, 69, 144, 146–8, 155, 216–17, 375

Xhosa, 31–2, 48, 374–83, 384, 385, 386, 387, 388, 389, 390, 391

Yacuba, 258
Yao, 22, 23
Yatenga, 39
Yeke-Sanga, 88
Yoruba, 297–313 *passim*
Yumbe, 84, 85, 87, 96, 97, 99

Zande, 86, 88, 92, 99, 331–47
Zulu, 36, 186

CLEF FRANÇAISE

Au lieu de traduire l'index entier, nous donnons seulement l'équivalent français de tous les mots que nos lecteurs français pourraient avoir de la difficulté à trouver dans l'index anglais.

Appropriation privée: Private appropriation
Arachides: Ground-nuts
Bétail: Cattle
Chasse: Hunting
Chefs, chefferies: Chiefs, chiefdoms
Colonisation: Resettlement
Etrangers: Strangers
Femmes: Women
Fermes: Farms
Gagement des terres: Pledging of land
Héritage: Inheritance
Litiges: Litigation
Main d'oeuvre: Labour
Palmiers à huile: Oil palms
Pêche: Fishing
Pénurie des terres: Scarcity of land
Régime foncier: Land tenure
Rois: Kings
Terres sacrées: Sacred land
Vente des terres: Sale of lands